유·초·중등 예비교사들의 원(학교) 수업 설계를 위한

교육방법 및 교육공학의
이론과 실천

Instructional Method & Educational Technology

교육방법 및 교육공학의 이론과 실천

신재흡 저

교육방법의 이해

학습이론

학습자 중심 교육방법

교수이론

교수자 중심 교육방법

교수전략

교수설계 이론과 모형

구성주의 교육방법

교육공학의 이해

하이브리드러닝

4차 산업혁명과 미래교육

교육방법이란 교수-학습활동에서 피교육자의 개인적 특성과 학습지도의 모델, 비용과 시간적 여유에 대한 고려, 학습환경 등을 고려해서 수업 목표에 도달하기 위한 학습설계·개발·적용·관리·평가를 위한 제반 활동으로 정의할 수 있다.

『신재흡(2019). 21세기 스마트 시대의 교사 양성을 위한 교육방법 및 교육공학』에서

동문사

머리말

최근 4차 산업혁명이라는 화두는 사회의 모든 영역에서 급격한 기술변화에 대한 수용과 적응을 요구한다. 연결, 지능화, 융합으로 복잡하게 얽힌 첨단 테크놀로지의 시대에서 교육은 기술에 종속되지 않고 고유의 인간성을 가진 인재를 키워내야 하는 사명을 가진다. 또한, 교육을 통해 공감, 소통, 협력에 능하고, 창의적이고 비판적인 사고를 할 수 있는 사람을 키워낼 것을 요구받고 있다.

교육의 중요한 영역은 교수-학습활동으로 볼 수 있다. 가르치는 사람과 배우는 사람이 교육 내용을 매개로 하여 교육환경 내에서 상호작용하는 과정, 그것을 교수-학습 과정이라고 할 때, 어떻게 하면 그 과정을 즐겁고 효과적으로 할 수 있을까 하는 것은 교육과 관련된 모든 사람들의 당면과제가 되어 왔다고 할 수 있다.

따라서 오늘날 4차 산업혁명에서 훌륭한 교사란 교과에 대한 전문적 지식 및 능력뿐만 아니라 교육방법 및 교육공학적인 측면에서 우수한 교사로 확대 인식되고 있다. 이러한 시대적 흐름에 접하여 어떻게 하면 참다운 교육, 인간다운 교육이 될 수 있을 것인가를 가르치고 연구하는 학자로서 이 문제에 대한 대안들을 모색하고자 했다. 특히 교직과목인 "교육방법 및 교육공학"의 이해가 다른 어떤 교과목보다 어렵다는 학습자들의 반응은 이 교과목을 가르치는 저자에게 안타까움과 책임감을 느끼기에 충분했다.

따라서 본서는 장차 교사가 되려는 학습자와 현재 교육현장에 몸담고 있는 교사들에게 이해하기 쉽고 실제 적용이 용이한 교재를 집필하게 한 동기가 되었다. 본서의 구성을 소개하면 다음과 같다.

제1장 교육방법의 이해(교육방법의 의미, 교육방법의 역사적 변천, 교육방법 탐구의 목적, 교육방법 유형, 교육방법의 선정과 활용, 교육방법과 교육공학의 관계), **제2장 학습이론**(행동주의 이론, 인지주의 이론, 인본주의 이론, 구성주의 이론, 학습이론의 특징 비교), **제3장 교수이론**(Glaser 수업모형, Bruner의 발견학습, Carroll의 학교학습모형, Bloom의 완전학습모형, Gagné의 처방적 교수이론, Ausubel의 유의미 언어학습 이론, Cronbach의 적성-처치 상호작용 모형), **제4장 교수자 중심 교육방법**(강의법, 토의법, 플립러닝, 팀티칭, 팀 기반학습), **제5장 학습자 중심 교육방법**(자기 주도학습, 계약학습방법, 협동 학습), **제6장 구성주의의 교육**

방법(문제해결학습, 발견학습, 구안학습, 앵커드 수업모델, 인지적 유연성 이론, 인지적 도제이론, 자원기반학습), **제7장 교수전략**(교수전략의 개념, 교수전략의 종류, 수업 진행을 위한 교수전략, 학습 동기유발 전략, 교수전략 사용의 고려 사항), **제8장 교육공학의 이해**(교육공학의 출현 배경, 교육공학의 정의, 교육공학의 역사, 교육공학의 탐구 영역, 교육공학의 적용, 교육방법에 대한 교육 공학적 접근), **제9장 교수설계 이론**(교수설계의 역사적 배경, 교수설계의 개념 및 필요성, 교수설계의 변인, 교수설계모형의 분류, 교수설계의 기본원리, 교수설계의 이론적 특징)과 교수설계의 모형(Tyler의 합리적 교육과정 개발모형〈미시적 교수설계모형〉, Dick과 Carey 모형〈거시(체제) 교수설계모형〉, Smith와 Ragan 모형〈거시 교수설계모형〉, 교수체제 개발의 일반모형: ADDIE 모형〈거시(체제) 교수설계모형〉, Gerlach와 Ely의 체제적 교수설계모형〈미시(체제) 교수설계모형〉, Willis의 R2D2 모형〈구성주의적 학습환경설계모형〉, ASSURE 모형〈거시(체제) 교수설계모형〉), **제10장 하이브리드 러닝**(e-러닝, u-러닝, m-러닝, 블렌디드 러닝, 스마트 러닝, MOOC, 소셜 미디어〈블로그, 위키미디어, 유튜브, 트위터, 페이스북〉), 제11장 4차 산업혁명과 미래 교육(4차 산업혁명과 교육, 최근 교육공학의 동향, 미래 교육의 설계, 미래학교의 모습) 등을 다루었다.

본서는 교육의 현장에서 교육 발전에 진력하고 계신 유·초·중·고등학교에 재직하는 여러 선생님들과 교직과목을 이수하는 예비교사들에게 크게 도움이 되리라 생각합니다. 아직은 이 방면의 연구가 미흡하지만 갖고 있는 자료들을 정리해서 앞으로 지속적으로 보완할 것을 약속드립니다. 독자 여러분의 아낌없는 지도와 충고를 바랍니다.

이 책의 내용 측면에서 꼼꼼하게 교정을 도맡아준 큰딸 신샛별에게도 고마움을 표시합니다. 지금까지 학문적 탐구 여행을 할 수 있도록 곁에서 묵묵히 지켜준 내자 김화영에게도 항상 고마운 마음을 전합니다. 마지막으로, 출간을 맡아 주신 동문사 이중수 사장님과 좋은 책을 만들려고 애써주신 편집부 여러분에게도 깊은 감사를 드립니다.

2025년 5월

한성대학교 연구관에서

저자 신재흡 識

차 례

Chapter 07 교수전략

Chapter 08 교육공학의 이해

Chapter 09 교수설계이론과 모형

Chapter 01

교육방법의 이해

제1절 교육방법의 의미

제2절 교육방법의 발달과정

제3절 교육방법 탐구의 목적

제4절 교육방법 유형

제5절 교육방법의 선정과 활용

제6절 교육방법과 교육공학의 관계

〈학습 목표〉

1. 교육방법의 개념을 이해할 수 있다.
2. 교육방법의 역사적 발달과정을 설명할 수 있다.
3. 교육방법 탐구의 목적을 이해할 수 있다.
4. 교육방법의 유형을 제시할 수 있다.
5. 교육방법의 선정과 활용을 설명할 수 있다.

〈Key Word〉

교육방법, 교육방법의 발달과정, 교육방법의 탐구, 교육방법의 유형, 교수 능력, 교수 기회, 교수 유인, 전인적 교수 행위, 교수자, 학습자

교육방법이란 학습자를 정해진 학습 목표에 도달시키기 위하여 투입한 각종 자원의 최적 결합 및 상호작용임을 의미한다. 다시 말하면, 교육목표를 성공적으로 달성하기 위하여 선정된 교육과정을 학습자에게 효과적으로 제시하는 형태 및 전달하는 수단으로 볼 수 있다. 결국, 교육방법은 인류 문화를 전승하기 위한 교육 활동의 수단으로 발전되어 왔다.

따라서 1장에서는 교육방법의 의미, 교육방법의 역사적 변천, 교육방법 탐구의 목적, 교육방법 유형, 교육방법의 선정과 활용, 교육방법과 교육공학의 관계 등에 대해서 고찰하기로 한다.

제1절 교육방법의 의미

인간에 대한 교육의 의미는 철학적·사회적·심리적 기초 위에서 교육적 기능을 발휘하기 위하여 지속적인 노력을 하는 것으로 볼 수 있다. **교육의 본질적 기능을 소개하면** ① 유기체 측면에서 개인적 성장 및 발전을 위한 기능, ② 교육을 통하여 이전 세대가 가지고 있는 문화유산을 내면화하여 동화시키는 문화전달의 기능과 새로운 세대에게 행복과 발전을 지향하기 위한 진보적 시각을 가진 문화 창조의 기능, ③ 사회의 유지, 존속 및 변화, 개혁을 조정하기 위한 기능이다. 이와 같은 교육적 기능을 수행하는 데는 교육이 개인과 사회를 위하여 어떤 방향으로 목표를 설정하고 성취해 나가는가가 중요하다. 따라서 가치체계와 연관된 목적론적 접근과 이것의 접근을 달성하는 방법론적 접근이 수반되어야 할 것이다. 또한, 인간적 가치의 형성과 실현을 목적으로 하는 교육을, 물품을 생산하는 기계처럼 단일화·규격화할 수는 없으므로 교육방법은 다양하고 다채롭게 연구 및 개발되고 있다. 즉 인간의 신체적 및 정신적인 구조가 복잡한 만큼이나 교육방법도 복잡하기에 결코 일정한 개념으로 규정지을 수 없기 때문이다(유승우 외, 2018). 교육방법은 상황에 따라서 수업방법, 교수 방법, 교수 기법 등 다양한 용어로 지칭되고 있다.

교육방법에 대한 다양한 학자들의 견해를 소개하면 다음과 같다.

① **변영계**(2007: 18~19)는 "교육방법은 구체적으로 교수 방법을 의미하며, 이 교수 방법은 교사 및 기타 교수자들이 학습을 발생시키기 위한 목적하에 설계·개발·적용·관리·평가를 위한 지식과 실행력"으로 정의하고 있다. 또한, **좋은 교육방법은 효과적이고 효율적이며, 매력적이고 안전한 것이어야 한다고 하였다. 효과적이란** 목표로 하는 학습이 발생했느냐를 보는 것이고, **효율적이란** 얼마나 경제적으로 그 목표가 달성되었느냐를 보는 것이다. **매력적이란** 학습자와 교수자가 얼마나 그 과정을 좋아하며 흥미를 가지고 참여할 수 있느냐에 대한 고려이고, 안전하다는 것은 교육방법이 실천과 수행상 도덕적으로 문제가 없다는 것을 말한다.

② **Heinich**(1996)는 "교육공학에서 본 교육방법의 개념을 전통적으로 교수 내용을 제시하는 형태(presentation forms)", 즉 교수 형태를 의미한다고 하며 매체와 메시지의 관계를 설명하고 있다. 여기서 매체란 통신수단으로 정보원(source)과 수신자(receiver) 간의 정보전달 수단이며, 이를 예시하면, 필름, TV, 인쇄자료, 컴퓨터 등으로 교육의 목적을 달성하기 위해 메시지를 전달할 때 교수 매체가 되는 것이다. 메시지란 의사소통이 이루어지는 정보로서 매체를 통해서 메시지가 전달되고 교수 방법은 교사들이 학습 목표를 달성하는데 도움을 주기 위해서 또는 메시지나 교수 내용을 내면화하기 위하여 선택되어진 수업의 절차이다.

③ **노승윤**(2000)은 교육방법을 교육목적, 교육목표의 달성을 위하여 주어진 수단을 조직하고 운영하며 관리하는 일련의 과정으로 정의하였다.

④ **이용한 등**(2001)은 교육방법의 개념을 생각할 때 몇 가지 고려사항을 제시하고 있다.

i) **학습지도모델의 설정이다.** 이것은 이수하여야 할 과제의 특성을 파악하여 과연 과제의 특성과 학습지도모델이 잘 부합하는가를 고려하여야 하며, 또 학습자의 개인적 특성과 선정된 모델이 잘 부합되는가도 고려되어야 함을 의미한다.

ii) **비용과 시간적 여유의 고려이다.**

iii) **개인적 특성이다.** 동일모델과 동일시간, 비용이 투입되더라도 학습에 임하는 학습자의 동기와 지능, 그리고 학습 준비성의 차이에 따라서 결과는 달라질 것이다. 즉 퍼스낼러티의 특성, 포부 수준, 성취동기, 자아개념, 학업 적성, 흥미 등에 따라서 결과는 달라진다는 것이다.

iv) **상황적 맥락이다.** 학습자가 처한 학습환경을 의미하며, 학급이나 학교환경, 가정환경, 지역사회의 제반 특성들이 학습자의 학습 목표 도달에 영향을 미친다는 것이다. 이와 같이 교육방법이란 어느 한 가지 측면만을 고려하는 것이 아니라 제

요소의 복합적인 작용을 의미한다.

상기에서 교육방법에 대한 학자들의 견해를 종합하면, **교육방법이란** 교수-학습활동에서 피교육자의 개인적 특성과 학습지도의 모델, 비용과 시간적 여유에 대한 고려, 학습환경 등을 고려해서 수업목표에 도달하기 위한 학습설계·개발·적용·관리·평가를 위한 제반 활동으로 정의할 수 있다. **좋은 교육방법은** 학습자와 교사가 효율적이고 효과적이며 매력적이고 안전하게 교수-학습활동을 할 수 있다면, 학습자가 지적 영역의 학습에 필요한 시간을 최대한 줄일 수 있다는 가설을 바탕으로 하고 있다. 이렇게 학습자가 학습에 투자해야 할 시간이 줄게 되면 나머지 시간을 보다 인간적인 활동에 쓸 수 있다는 것이다. 교수-학습활동에 좋은 교육방법이 도입되면 수업목표에 효과적으로 도달할 수 있으며, 학습활동 이외에 다양한 활동을 할 수 있도록 도와주는데 있다는 것을 항상 생각하며 교육 활동에 임해야 할 것이다(신재흡, 2019: 재인용).

제2절 교육방법의 발달과정

교육 활동은 인류의 탄생과 더불어 진전되었을 것이다. 다양한 교육 활동에는 반드시 교육 방법적인 요인이 함의되어 있을 것이다. 다시 말하면, 각 시대의 교육이념, 교육목적, 교육 내용, 교육제도 등은 오늘날 교육 활동에 어떤 형태로든 영향을 미치고 있는 것은 사실이다.

따라서 교육방법의 역사는 인간에 대한 교육의 변천 과정으로 볼 수 있다. 고대 그리스 철학자의 강의와 토론식 교수법, 소크라테스의 문답법 등은 그 이후의 교육에 많은 시사점을 주었다. 또한 12~13세기 수도원 교육에서 스콜라식 교수 방법을 통하여 신학과 철학의 명제들을 학생의 견해를 바탕으로 그들 스스로 결론에 도달하게 함으로써 지식에 대한 태도를 계발하도록 하였다. 17세기 시작과 함께 인간교육에 대한 목적, 내용, 방법에 있어서 시대정신과 사회상황의 요청을 반영하는 노력이 계속되면서 새로운 교육방법에 대한 이론과 실천 원리가 개발되었다(이성흠 외, 2009: 81). 소크라테스(Socrates), 에라스무스(Erasmus), 코메니우스(Comenius), 루소(Rousseau), 페스탈로치(Pestalozzi), 프뢰벨(Fröbel), 헤르바르트(Herbart), 듀이(Dewey), 킬패트릭(Kilpatrick), 브루너(Bruner), 마카렌코(Makarenko) 등 대표적인 이론가들의 교육에 대한 전문적인 통찰이 교육방법 향상에 많은 기여를 하였으며, 현대 학교 학습에서 사용되고 있는 교육방법의 주요 원리를 제공하고 있다. 〈표 1-1〉은 20세기 중반까지 교육방법의 변천 과정에서 중요한 몇몇 이론가들의 교육관과 교육방법에 대하여 나타낸 것이다.

<표 1-1> 교육방법의 변천 과정과 주요이론

이론가	교육관	교육방법
Sophist	• 인본주의	• 웅변술 • 수사학 • 강의법
Socrates	• 무지에 대한 자각	• 문답법(대화법) • 발견적 학습의 원리
Platon	• 이상국가의 유능한 인재양성 • 절대적 선의 이데아 실현 • 전인적 인간	• 본성에 적합한 교육 • 상기설 • 변증법
Aristoteles	• 개인의 행복 증진	• 관찰법 • 경험중심 교육 • 개별화 교육 • 삼단논법 • 귀납적 추리
Erasmus	• 아동의 흥미와 심리 고려 • 언어 교수는 자연과 연관된 직관교육	• 교재 선택 시, 아동에게 적절한 것, 아동이 좋아하는 것, 아동이 사랑하는 것을 선택
Comenius	• 지식, 도덕, 순종이 교육목적으로 교육은 인간다운 삶을 위한 준비 수단	• 경험론에 기초한 교육방법 • 대교수학(*Great Didactic, 1628*) • 세계도회(*Orbus Pictus: The World in Picture, 1658*)
Rousseau	• 자연인 육성 • 자연주의 교육	• 소극적 교육과 발달단계에 따른 교육
Pestalozzi	• 직관, 경험, 관념, 자발성을 결합한 기초 교육원리	• 직관주의 교육방법 • 활동 중심 교수법(Leinhard & Gertrund)

이론가	교육관	교육방법
		• 은자의 황혼(*Die abendstande eines einsiedlers, 1780*)
Fröbel	• 아동의 본성이 자유롭게 전개되는 교육적 상황 제공	• 통일의 원리 • 자기 활동의 원리 • 노작의 원리 • 놀이의 원리
Herbart	• 아동의 흥미 유발을 통한 도덕적 품성 계발	• 새로운 관념을 기존 관념에 유화(類化, apperception)시키는 방법 • 교수 단계: 명료(clearness) - 연합(association) - 체제(system) - 방법(method)
Dewey Kilpatrick	• 사회 개조와 자기 성장의 조화 • 통찰적 지성과 실천적 태도 형성	• 진보주의 교육이론에 기초한 학습자 중심 교육방법 • 반성적 사고(reflective thinking) 개발을 위한 문제해결법 • 구안법(project method)
Makarenko	• 집단교육	• 집단에 대한 충성심 함양 • 노동 중시 • 교과 외 행사 중시 • 다면적 교육
Bruner	• 사회변화에 적응하는 인간개발	• 교육의 과정(*The Process of Education, 1966*) • 지식의 구조화, 발견 및 탐구학습, 교육방법의 학습(learning how to learn)

• 자료: 이성흠 외(2009). 교육방법 및 교육공학 -의사소통, 교수설계, 그리고 매체 활용-. 서울: 교육과학사, p. 82에서 인용해서 재구성함.

그리고 20세기 후반에 시작된 컴퓨터를 중심으로 한 다양한 매체의 교육적 활용은 교육방법 개선에 획기적인 공헌을 하였으며, 미래의 교육방법에 대한 방향을 제시하고 있다. **최근의 교육방법의 연구**는 구성주의적 지식관에 기초한 문제 중심 학습, 학습자 중심, 학습과제와 교수-학습 매체를 통합한 교육방법 등을 지향하는 다양한 방법이 개발되어 교육현장에 활용되고 있는 실정이다(이성흠 외, 2009). 또한, **21세기**에 접어들면서 교육에서는 교사 중심에서 **학습자 중심의 교수-학습 방법**으로 급격하게 변화되고 있으며, 개인 간의 경쟁보다는 다른 사람과의 상호작용을 중시하는 **협동 학습**을 강조하고 있다. 게다가 **자기 주도학습, 개별화 학습** 등을 중심으로 개인 간의 능력 차이에 초점을 둔 교수-학습 방법이 나타나고 있다.

제3절 교육방법 탐구의 목적

어떻게 가르칠 것인가? 어떻게 가르치는 것이 가장 잘 가르치는 것일까? 이러한 의문은 유치원 교사, 초·중·고등학교 교사, 대학교수, 기업체나 각종 교육기관에서 가르치는 일에 종사하는 모든 사람에게는 보편적인 의문임에 틀림없다. 교수 방법을 탐구하는 근본적인 목적은 잘 가르치기 위해서이다. 즉 잘 가르치기 위한 제 조건 중에서 가장 중요한 것은 교수 방법일 것이다. 따라서 본 절에서는 교육방법을 탐구하는 이유, 전인교육에서 교수 행위의 본질, 교수 방법의 탐구의 전제 조건을 고찰하기로 한다(이성호, 2001).

1. 교육방법을 탐구하는 이유

오늘날 제기되고 있는 교육과 관련된 제 문제는 전적으로 교사들에게 달려 있는 것은 아니다. 즉 교사들이 학생들을 잘못 가르치고 있는 데서 비롯된 것은 아니다. 그러나 이러한 문제점을 면밀히 검토하면, 교수 방법과 연관된 부분이 있음을 인정해야 할 것이다.

여기서는 **교육방법 탐구 목적의 단서를 탐색하는 의미에서 세 가지 측면인 교수 능력, 교수 기회, 교수 유인의 문제 등을 제시**해 보고자 한다.

① **교수 능력의 문제이다.** 교사가 많은 지식과 다양한 경험을 소유하고 있다 해도, 그러한 지식과 경험을 학생들과의 상호작용을 통하여 효과적으로 전달할 수 있는 능력을 구비하지 못한다면, 교수 능력에 문제가 있는 것이다. 종종 수업 현장을 관찰하면, 교수 행위가 지극히 형식적이고 기계적인 절차에 따라 전개되고 있음을 볼 수 있다. 즉 수업이 교사가 준비한 도입, 전개, 정리로 이어지는 공식화된 절차를 통해 진행되며, 그저 수업 활동이 획일적이고 표준화된 과정을 통해 이루어지고 있다. 이러한 일련의 과정들이 획일적이고 과학적인 절차에 수용되는 것이 문제이다. 교수 활동에는 다양한 방법이 있지만, 대부분의 교사들이 교수 방법을 활용할 수 있는 지식과 경험, 능력

갖추지 못해서 그러한 기계적이고 공식적인 절차에 구속될 수밖에 없다면, 이것은 대단히 큰 문제임이 틀림없다. 또한, 예비교사 과정에서 교수 능력을 향상시킬 기회가 부족하고 교육현장에서도 다양한 교수 방법을 연마할 수 없다면, 교사로서의 전문성을 주장하고 옹호할 수 없을 것이다. 따라서 교사가 교수 능력을 구비하는 것이 필수적인 전제 조건이 된다는 데 이의를 제기할 사람은 없을 것이다.

② **교수 기회의 문제이다.** 오늘날 교육현장에서 교사들이 가르칠 수 있는 능력을 갖추고 있어도 그것을 발휘할 수 있는 기회를 얻지 못하여 교실 속에서 수업 활동이 제대로 이루어지지 못하는 것을 많이 볼 수 있다. 그리고 **교사에게 교수의 기회가 제대로 제공되지 못하는 이유를 교사의 외적인 요인**에서 찾으면 다음과 같다.

i) **초·중·고등학교 선생님들의 과중한 수업 부담을 지적하고자 한다.** 주당 15~20시간 정도 수업을 해야 하는 교사들이 매 시간마다 수업 준비를 위해 온갖 정성과 노력을 다하고 자신의 수업 능력을 최대한으로 발휘해서 가르치기가 매우 어려운 실정이다.

ii) **과도한 교수량이다.** 우리나라 초·중등교육과정은 연간, 월간, 주간 교수량이 과도하여 교사들의 교수 기회를 억제하고 있다. 수업시간에 다루어야 할 교수-학습 진도의 분량이 많아서 다채로운 교수 방법을 활용하기가 어려운 실정이다.

iii) **교내·외 각종 행사는 교수의 기회를 제한하고 있다.** 학교의 각종 행사로 말미암아 단축 수업을 허다하게 실시하고 있으며, 지역사회에서 주관하는 행사에 학생들의 잦은 동원, 계절에 따라 수없이 반복되는 글짓기 대회, 사생화 대회, 영어 말하기 대회, 과학탐구 대회 등은 교수 기회를 억제하고 있다.

iv) 교육행정가들의 편협한 사고방식, 교육관, 습관적인 타성으로 인해 교사들의 다양한 교수 방법을 제한하며, 또한, 학부모들의 지나친 간섭도 그러한 기회를 억제한다.

③ **교수 유인의 문제이다.** 교사가 열심히 가르치고 싶어 하는 내적인 동기가 형성되지 않으면, 그는 교실에서 학습자들을 효율적으로 가르치기가 어려울 것이다. 오늘날 학교현장은 우리 선생님들의 자아 내적인 동기 형성에는 도움을 주지 못하고 있다. 예를 들면, 교육 활동의 평가를 학생들의 성적이나 명문대학에 몇 명의 학생들을 합격시켰는가 등으로 나타나고 있다. 이러한 상황 속에서 교사들의 내적인 동기 형성을 이끌어내는 것은 상당히 어려운 일일 것이다.

따라서 교사는 학습자의 개인 내·외적 차이를 최대한 고려하며, 수업현장의 심리적·물리적 분위기를 폐쇄적이기보다는 개방적으로 만들어야 할 것이다. 즉 닫힌 교실(closed classroom)보다는 열린 교실(open classroom)을 만들어서 학습자 개개인의 발달을 극대화시킨다는 노력이 필요하다. 이러한 교수자들의 열(熱)과 성(誠)을 다하는 노력 없이 교육의 효과를 기대한다는 것도 그저 구호에 그칠 수밖에 없을 것이다. 교육현장에서 교수-학습활동은 교사가 신바람이 나서 학생들을 가르치고자 하는 동기 요인만 가진다면 쉽게 풀릴 수 있는 문제이다.

2. 전인적 교수행위의 본질

그동안 교육계의 동향을 살펴보면, 전인교육은 학생들의 전인적인 발달을 강조해 왔으나, 교사들의 전인적 교수 행위에 대한 것은 간과되어 왔다. 학습자를 전인으로 육성시키기 위해서는 그들을 가르치는 교사가 전인적으로 발달되어야 하며, 교수 행위 자체가 전인적이어야 한다는 것이다. 전인적 교수 행위는 지·덕·체가 종합된 예술가로서의 행위로 정의할 수 있다. 이러한 정의를 뒷받침하는 학자로서 Seaberg(1974)를 들 수 있다. 그는 교육의 목적을 자아실현에 두면서, 인본주의 심리학을 토대로 교육의 인간화를 위한 **교수자의 역할을 정치적 환경, 현상학적 환경, 기술적 환경, 심미적 환경 등 네 가지로 설명**하고 있다.

① **정치적 환경**은 교실 속의 대인관계 환경을 의미하는 것으로 이는 교실 안에 정치적 음모가 깔려 있다는 것이다. 교실 속에서는 학습자들 상호 간에 개별적 및 집단적으로 권위와 힘의 관계가 형성되고 있으며, 이러한 관계의 형성에는 어떠한 방침, 규칙, 의사결정 등이 수반되며, 복잡한 정치적 네트워크를 세우게 된다. 따라서 하나의 학급은 하나의 작은 사회가 되어, 학생들은 타인과 협동하는 방법과 경쟁하는 방법을 학습하는 것이다. 이처럼 정치적 성향이 강한 학급환경 속에서 교수자가 우선 수행해야 할 책무는 관계 형성자로서의 역할이라 할 수 있다.

② **현상학적 환경**은 학습자 개개인이 각기 고유한 자신의 지각을 형성하게 된다는 믿음에서 출발하고 있다. 이러한 환경에서 교수자의 역할은 학습자 지각의 장을 세밀히 통찰하여 어떠한 것이 발생하는지를 진단하는 일이다. 이때 교수자가 진단해야 할 항목으로는 학습자의 신체적 특징, 가정적 배경, 자아개념, 학습자의 잠재능력, 학습양

상, 학습준비도, 학교 교육 경험의 영향 등으로 이것은 진단자로서의 역할로 볼 수 있다.

③ **기술적 환경**은 학습자와 교육과정 간의 관계를 연계시켜 주는 것을 의미한다. 여기서 기술적 의미는 가르치는 데 대한 과학적 원리들을 실제로 적용한다는 측면에서 붙여진 표현이다. 이때 교수자가 해야 할 기본적인 역할은 중재이다. 중재자로서 교수자는 학습자들의 창의적인 지적 사고의 과정을 개발시켜 주어야 하며, 개념과 기능을 육성하고, 학급 내의 물리적 환경을 학습 과정 및 교육과정과 부합하도록 조장하여야 하며, 학습을 위한 사회 심리환경을 조성해 나가는 것을 의미한다.

④ **심미적 환경**이다. 상기에서 밝힌 내용을 정리하면, 정치적 환경은 타인과의 관계 형성을, 현상학적 환경은 개개인의 잠재능력 개발, 기술적 환경은 사고 및 창의력 개발에 초점을 맞추고 있다. 이는 세 가지의 환경이 서로 연계됨으로써 하나의 교수-학습 형태를 이루게 되며, 교수자에 따라 여러 가지 선택과 결정을 할 수 있는 여지가 있다. 즉 교수자가 독특하게 가르치는 예술을 창출할 수 있다는 것으로 이것을 심미적 환경으로 볼 수 있다. 따라서 교수자는 관계형성자, 진단자, 중재자의 역할을 종합적으로 연출하는 예술가가 되어야 하며, 이러한 사실은 전인적 교수 행위의 본질을 나타내는 것으로 볼 수 있다.

이러한 전인적 교수 행위의 본질을 바탕으로 한 **전인적 교수 행위의 특성**은 다음과 같다(이성호, 2001).

① **무한한 가능성의 예술이다.** 가르친다는 것은 지극히 복잡하고, 역동적인 과정으로 볼 수 있다. 개인마다 교수 및 학습의 목표, 내용, 조건 등에 따라서 수업방법이 다양하게 될 수 있다. 교수 행위는 사적인 과정이며, 개별적 독특성을 전제로 한다. 이러한 사실은 도공의 도자기 제조과정과 유사하다. 어떤 도공이라도 동일한 재료, 소재, 작업공정 및 조건을 갖고 같은 작품을 만들지라도 똑같은 도자기를 만들 수는 없을 것이다. 교수 행위의 개별적 독창성은 최적의 교수 방법 존재의 어려움을 나타내는 것이다. 이는 가르치는 데 있어서 최상의 방법은 없다는 것이다. 교사는 각기 자신의 최적의 교수모형을 창조하면서 발전된 교수 방법을 개발하고자 하는 기대를 가질 수 있다. 이것은 교수 방법이 무한한 가능성의 예술적 노력임을 나타내는 것으로 볼 수 있다. 학습자를 전인으로 발전시키기 위해서 교수자도 교수 방법의 개발과 창출의 노력을 해야 한다. 이렇게 함으로써 교수자는 자신의 교수 방법을 무한하게 발전시킬 수 있을 것이다.

② **내면화된 자유화의 예술이다.** 가르치는 방법이나 행동은 연극과 같지는 않다. 때로는 수업 연구처럼, 즉 무대에서 상연되는 연극처럼 할 수도 있지만, 궁극적으로 교사의 가르치는 행위는 그의 인격화된 결정체이다. 교수-학습활동 속에서 교사의 모든 것이 표면화되는 것이다. 따라서 전인적 교수 행위란[1] 지(知)·정(情)·의(意)를 가르치는 행위이며, 학습자의 성공적인 학습을 내면화 또는 자유화, 의식화 등의 표현을 사용하여 이상적으로 묘사하는 것이다. 이러한 것이 전통적인 교수 행위에서 탈피할 수 있는 유일한 것이다. 전인적 교수 행위에서 중핵적인 목표는 인간을 가르치는 것이지 지식을 가르치는 것이 아니라는 점이다. 즉 전인교육이란 학습자를 인간으로서 성숙되어 감을 돕는 데 있다. 인간을 가르치고 인간을 학습할 때 전인적 교수 행위가 이루어질 수 있다는 것이다. 이러한 상호작용을 통하여 가르치고 배우는 측면에서 내면화가 이루어진다고 볼 수 있다.

③ **평등한 삶의 예술이다.** 교수-학습활동은 가르치고 배우는 사람들이 상호 삶의 의미를 공유하고 도우면서 서로 성장을 하는 것으로 볼 수 있다. 이는 학교를 평등한 삶의 장소로 볼 수 있다는 것이며, 이러한 과정 속에서 전인적 교수 행위가 이루어질 수 있다는 것이다. 삶으로서의 가르치고 배우는 과정은 교수자와 학습자 간 형성되는 공동체 내에서의 상호작용을 의미한다. 이 상호작용의 과정에서 교수자와 학습자들은 자신들의 서로 다른 삶의 역사와 환경, 그리고 목표를 갖고 들어온다. 그러고는 서로 다른 준거 틀을 통해서 표출되는 행동을 하면서 상호작용을 이루게 되는 것이다.

교수자와 학습자의 상호작용 관계에 대하여 Runkel(Gage, 1963)은 **[그림 1-1]**과 같이 체계화시키고 있다.

[그림 1-1]에서 보는 바와 같이, 삶의 상호작용 과정에서 중요한 것은 교수자와 학습자 간의 평등한 공동 교수-학습의 원리이다. 다시 말하면, 교학상장(教學相長)이란 것은 가르치는 자와 배우는 자는 서로 성장한다는 것이다. 이제 더 이상 교수자와 학습자 간에 일방적인 관계가 있을 수 없다는 것이며, 함께 살며, 함께 연구하며, 함께 배우는 과정으로 이해해야 할 것이다. 이러한 과정 속에서 평등한 공동 교수-학습의 원리가 형성되는 것이다.

---

1) 지성(知性)·감정(感情)·의지(意志) 인간의 세 가지 심적 요소를 이름.

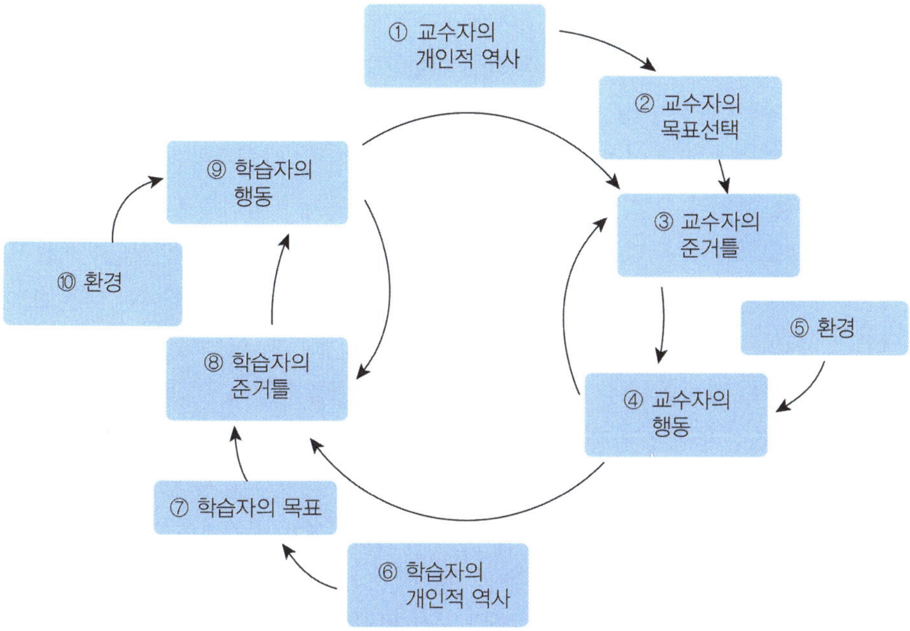

[그림 1-1] 교수자와 학습자의 상호작용 관계

• 자료: Gage, N. L.(1963). Handbook of Research on Teaching. Chicago : Rand McNally & Co., p. 101.

3. 교수 방법 탐구의 전제 조건

다양한 교수 방법을 탐구하는 데 있어서 몇 가지 전제 조건을 생각하지 않을 수 없다. 이러한 조건을 고려함으로써 탐구하고자 하는 교수 방법을 명확히 이해할 수 있으며, 그것을 활용 측면에서 보면 매우 중요함을 시사하고 있다.

교수 방법 탐구의 전제를 다섯 가지로 분류해서 소개하면 다음과 같다(이성호, 2001).

① **모든 상황에서 똑같은 효과를 거둘 수 있는 교수 방법은 없다.** 교수 방법에 있어서 최선(best)의 정답은 없다. 최적(best-fit)의 교수 방법만이 존재할 뿐이다. 그러나 한 가지 교수 방법을 제 상황에 적용할 수는 없다. 즉 질문식 교수 방법은 사회과, 수학과, 도덕과 수업 활동에 주로 사용할 수 있으며, 또한 질문식 교수법의 효과가 항상 동일

할 수는 없다는 것이다. 그래서 우리가 교수 방법을 탐구하는데 있어서 먼저 깊이 생각해야 하는 것은 교수-학습의 극대화에 대한 문제로서 어떠한 교수 방법이 학습자를 위한 교수 방법인가는 신중하게 고려되어야 할 것이다.

② **학습자의 학습효과에 영향을 미치는 요인은 다면적이다.** 학습자의 학습효과는 인지적, 정서적, 동기적, 문화적, 정치적, 경제적 요인 등이 복합적으로 작용하여 교수-학습의 효과를 나타내는 것으로 볼 수 있다. 이것으로 학습자에게 영향을 미치는 요인은 다면적임을 알 수 있다. 그러나 교수자의 독특한 교수 방법이 그 어떤 다른 요인보다 결정적인 영향을 미친다는 것을 부인할 수 없을 것이다. 예를 들면, 교실에서 경험하는 교수자의 보편적 교수 행동이나 교수과정, 시험출제 유형, 부과하는 과제의 유형 등 일련의 교수 방법에 관련된 특별한 행위가 학습자의 학습에 대한 태도, 참여도, 주의 집중도, 흥미, 이해 등을 결정짓는데 크게 영향을 미친다는 사실이다. 교사가 어떤 교수 방법으로 교수 활동을 하느냐에 따라 학습자들에게 직접적인 영향을 미치는 것을 실제 학교생활에서 체험하고 있다.

③ **교수자의 철학, 신념, 태도, 성격 등이 교수 방법 선정에 영향을 미친다.** 모든 교수자는 각기 저마다 교육에 관하여 그의 독특한 신념이나 철학을 가지고 있다. 이러한 신념이나 철학은 교사의 모든 행동에 그대로 반영되어 교수자의 모든 행동이 부지불식간(不知不識間)에 그 교사가 갖고 있는 신념이나 철학에 근거하여 이루어지게 마련이다. 일부 교수자는 항상 하나의 교수 방법으로 교수-학습활동을 이끌고 나가지만, 대부분의 교수자는 다양한 교수 방법을 사용하여 교수-학습활동을 한다. 교수-학습활동은 교수자의 교육에 대한 신념이나 철학 또는 성격 등에 따라 이루어지는 것으로 볼 수 있다.

④ **교수자는 그 나름의 독특한 교수 방법을 창출한다.** 상기에서 여러 교수 방법 가운데 최적의 교수 방법을 선택하는 일은 매우 중요함을 시사하였다. 이는 교수자마다 최적의 교수 방법을 창출해야 됨을 의미하는 것이다. 다시 말하면, 최적의 교수 방법을 수업조건에 따라 개발해야 한다는 것이다.

⑤ **교수 방법을 통한 학습자에 대한 교수자의 영향은 무한하다.** 교수 방법의 탐구에 있어서 학습자에게 미치는 교수자의 영향은 실로 무한하다는 것이다. 교실에 교수자가 서 있다는 존재만으로도 학습자에게 영향을 미친다.

『**왜 어린이들은 실패하는가?**』**라는 책을 썼던** Holt(1964)는 다음과 같이 기술하고 있다.

> "교실 속의 선생님은 아주 밝은 손전등을 손에 들고 밤에 숲 속에 서 있는 사람과도 같다. 그가 그의 불빛을 어디로 비추든 간에, 그 불빛이 비추는 생물체들은 그것을 알고, 그들이 어둠 속에서 행하던 대로는 행동하지 않는다. 이처럼 그들의 행동에 대한 그의 주시만으로도 그들의 행동을 아주 다른 무엇인가로 바꾸어 놓는다. 그러나 그가 어디를 비추건, 그는 그 숲속에서 밤의 생활의 많은 것 모두를 결코 알 수는 없다."

교실에서 있는 것만으로 영향을 미치는 교수자, 그리고 교실에서 손전등을 비추듯 어떤 특정한 교수 방법을 활용하면서 학습자들을 비출 때 학습자에게 미치는 영향은 실로 엄청나다. 따라서 하나의 교수 방법으로 전체 학습자들을 비추며 가르칠 수는 없다는 것을 우리는 명심해야 할 것이다. 그리고 학습자의 학습활동은 실로 복잡하고 미묘한 것이기 때문에 그 어떤 특정한 방법만으로 할 수 없다는 것도 교수자가 명심해야 할 일이다.

제4절 교육방법 유형

고대로부터 후세를 가르친다는 것은 중요한 사회적 덕목으로 간주하였으며, 이를 담당하는 전문가들이 나타났다. 서양 교육사를 살펴보면, 기원전 5~4세기의 소피스트(sophist)가 가르치는 일을 담당했다. 소피스트는 준비된 강연, 즉흥적 강연, 자유 토론 등 세 가지 방법을 주된 교수법으로 활용했다. 당시 큰 비중을 차지한 것은 수사법의 학습으로, 소피스트들은 수사법을 가르치는 데 이론과 실제를 접목시켰다. 이들은 수사의 원칙과 이론을 가르친 이후, 모범 사례를 제시함으로써 학생이 이를 모방, 분석, 토론하고 실제로 연습해 볼 수 있게 하였다. 그 이후에 학습 목표를 효과적으로 달성하는 다양한 방법이 탄생하고 발전하게 되어 오늘에 이르게 되었다(백영균 외, 2018).

교육목적을 달성하기 위한 교육방법 유형은 학자마다 다양하게 나타나고 있다.

① **정순목·김인회**(1985)는 교육방법의 유형을 "인간의 자연적 성장 가능성을 믿는 자연주의적 교육방법 및 이론, 인간의 조작적 변화 가능성을 믿는 행동주의적 교육방법 및 이론, 인간의 초월적 전환과 비약의 가능성을 믿는 실존적 또는 선불교식 돈오(頓悟) 본각(本覺)의 교육방법 및 이론 등으로 나누고 있다"고 제시했다.

② **Miller**(1988)는 교육방법의 유형은 "ⅰ) **전달형 학습**(transmission learning)은 지금까지의 전통적인 학교에서처럼 교과에 중심을 둔 교수-학습 방법에 의하여 가르쳐 온 입장이며, ⅱ) **교류형 학습**(transaction learning) 입장은 학습자와 학습과제와의 사이에 상호과정으로서 포착하고 그 과정 중에서 학습자는 스스로 지식을 부단히 재구성하는 것을 의미한다. ⅲ) **변용형 학습**(transformation learning)은 전체성과 통합성을 강조한다"고 보고 있다.

③ **Borich**(2007)는 교육방법의 유형을 "직접 교수전략, 간접 교수전략, 발문 전략, 자기주도학습, 협동 학습 등의 분류 등 다양한 분류방법이 소개되고 있다"고 했다.

④ **Joyce**와 **Weil** 및 **Calhoun**(2004)은 교육방법의 유형이란 "정보처리 모형, 사회적 모형, 개인적 모형, 행동주의 체제모형 등 네 가지로 분류하고 있다"고 했다. 이를 좀 더 구체적으로 설명하면 다음과 같다.

ⅰ) **정보처리 모형이다.** 데이터를 수집 및 조작하고, 문제를 파악하고 해결책을 제시하며, 이를 전달하기 위해 개념과 언어를 개발하는 등 세계를 이해하기 위한 인간의 기본적 욕구를 증진시키는 방안을 강조한다. 이 방법에는 귀납적 사고(inductive thinking), 개념 획득(concept attainment), 과학적 탐구(scientific inquiry), 탐구훈련(inquiry teaching), 창조공학(synectics), 선행조직자(advance organizer), 지력개발(developing intellect) 등이 있다.

ⅱ) **사회적 모형이다.** 여러 명이 모여 학습공동체를 건설하고 집단의 시너지 효과를 얻을 수 있는 방법들이다. 학습 파트너(partners in learning), 집단조사(group investigation), 역할극(role playing), 법률조사(jurisprudential inquiry) 등이 있다.

ⅲ) **개인적 모형이다.** 학습자가 자기 자신을 보다 잘 이해하고 자신의 미래에 대해 스스로 책임을 져, 보다 질 높은 삶을 살도록 하는데 그 목적이 있다. 비(非) 지시적 교수와 자아 존중감 향상 등이 있다.

ⅳ) **행동주의 체제모형이다.** 사회학습이론, 행동수정, 행동 치료, 자동 제어학으로 알려진 이 모델 군은 학습자가 자신의 학습수행에 대한 정보를 바탕으로 스스로 행

동을 개선해 나갈 수 있다는 입장에 서 있다. 완전학습과 프로그램 학습, 직접 교수, 시뮬레이션, 사회학습 등을 들 수 있다.

⑤ **이성호**(2001)는 "**교육방법의 유형**을 수업 주체(교수-학습 과정을 누가 주도하느냐)에 따라서 교수자 주도, 학습자 주도, 혼합형(상호작용)으로 구분하고, 교수-학습의 목적, 내용, 방법으로 이어지는 논리적 우연성 관계를 준거로 네 가지 교육방법의 유형(행동적 변화, 인지적 사고, 사회적 관계 개발, 인본적 자아 이해)을 〈표 1-2〉와 같이 제시하고 있다.

<표 1-2> 수업의 주체와 수업목적 및 내용에 따른 교육방법의 분류

구분	교수자 주도	학습자 주도	혼합형(상호작용)
행동적 변화	• 강의식 지시적 교수법 • 수사학 교수	• 완전학습법 • 개별화 교수법 • 프로그램 교수 • 컴퓨터 보조수업	
인지적 사고	• 유의미 수용학습 • 과학탐구 교수 • 사회탐구 교수	• 개념 성취 교수법 • 개념 개발 교수법	• 인지적 도제 교수법 • 발문 교수법 • 대화 교수법 • 시네틱스(synetics)
사회적 관계 개발	• 법리적 교수	• 집단조사 • 소집단 협동 학습법 • 토의식 교수법 • 회의식 교수법	• 역할극
인본적 자아 이해		• 비 지시적 교수 • 자아 이해	• 계약학습 • 생애개발

⑥ 교육방법을 학습집단의 크기를 개인과 집단으로, 학습에 대한 철학을 수용학습과 발견학습으로 나누고 이것을 조합하여 2차원의 행렬표(matrix)로 작성한 교육방법을 제시하면 [그림 1-2]와 같다.

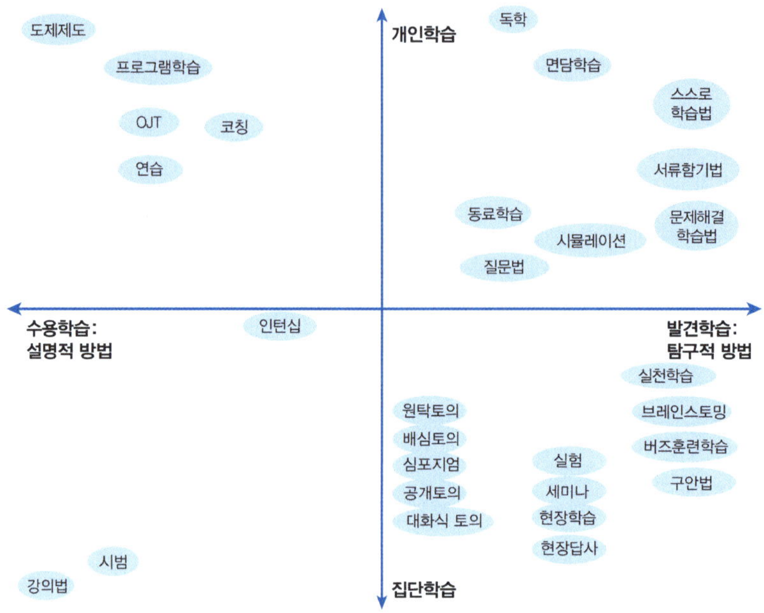

[그림 1-2] 집단의 크기와 교육철학에 따른 교육방법의 유형

• 자료: 유승우 외(2018). 교육방법 및 교육공학. 파주시, 경기도: 양서원, p. 28.

제5절 교육방법의 선정과 활용

1. 교육방법의 선정

교육현장에서 활용할 수 있는 교육방법은 다양하다. 여러 가지 교육방법 가운데 교수-학습 과정에서 적절한 교육방법의 선정은 수업을 설계하고 교실에서 직접 수업을 담당하는 교사의 몫이다. 교육방법의 선정 기준은 교육 내용, 학습자, 교수-학습자원 및 환경, 조직의 기대 등이며, 이들의 기준을 종합하면 **[그림 1-3]**과 같다 (Reay, 1994).

교육 내용	학습자
•지식, 기능, 태도 •논쟁의 여지가 있는지 •일반적 혹은 구체적	•학습 스타일 •학습 경험 •학습자의 수 •학습자의 위치 •지속적인 교육의 필요성 •학습 기대치
조직의 기대	**교육자원**
•선호하는 교육방법 •구체적인 학습 목표 •평가나 측정의 구체적인 방법	•교육 기술과 경험을 갖춘 사람을 요청할 수 있는 여부 •새로운 교육자원의 개발 •장소 •시간

[그림 1-3] 교육방법의 선정 기준

• 자료: Reay, D.(1994). Selecting Training Methods. London: Kogan Page.

[그림 1–3]에서 살펴본 바와 같이, **네 가지 기준**(**교육내용, 학습자, 조직의 기대, 교육자원**)**을 근거로 교육방법을 선택할 때 고려 사항**은 다음과 같다.

① **교육 내용이다.** i) 학습 내용의 성격이 지식·기능·태도(또는 인지적 영역·정의적 영역·신체적 영역) 중 어느 것인지, ii) 학습 내용이 정확한 답을 요구하는 것인지, 아니면 논쟁의 여지가 있는지, 혹은 교육의 목적이 기준을 명확히 잡는 것인지, 아니면 보다 나은 해결책을 찾는 것인지에 따라, iii) 학습 내용이 일반적인 수준의 학습만 하면 되는 것인지, 아니면 자세히 학습해야 하는 것인지에 따라 고려한다.

② **학습자(교육 대상)이다.** i) 학습자의 학습양식(적극적, 성찰적, 논리적, 실용적 등) 차이, ii) 학습 경험의 정도 또는 학습자의 수준(연령, 학년, 학업성취도 등), iii) 학습자의 수, iv) 학습자의 위치, v) 지속적인 교육의 필요성, vi) 학습자가 학습으로부터 얻고자 하는 기대 정도 등이다.

③ **교수-학습 자원 및 환경이다.** i) 교육 기술과 경험을 갖춘 사람을 요청할 수 있는지, ii) 얼마나 쉽게 새로운 학습 자원들을 개발할 수 있는지, iii) 훈련을 실시할 장소가 있는지, iv) 시간의 제약이 있는지를 고려한다.

④ **조직(학교)의 기대이다.** i) 조직(학교)에서 선호하는 교육방법, ii) 조직(학교)이 요구하는 구체적인 학습 목표의 유·무, iii) 조직(학교)이 요구하는 구체적인 측정과 평

가방법의 유·무 등이다.

상기에서 제시된 기준은 교육방법 선정에서 절대적인 기준은 아니다. 여기에 제시된 네 가지 기준에 추가하여 교수자 준거를 추가할 수 있다. 교수자의 교육방법 활용에 대한 준비의 정도, 교육철학이나 교수-학습의 관점, 선호하는 활용 매체 등에 따라 교육방법 선정은 달라질 수 있을 것이다(이성흠 외, 2009: 89). 각기의 교육방법은 그 나름의 존재 이유와 필연성을 지니고 있으며, 이론적 근거도 갖고 있다. 특정 방법을 획일적으로 결정할 것이 아니라 교육목적과 교육 대상 및 교육 상황에 비추어 최적의 방법을 강구하면 좋을 것이다(유승우 외, 2018).

2. 교육방법의 활용

교육방법의 활용에 대해서는 여러 학자들마다 견해가 상이하게 나타나고 있다.

① **Gropper(1983)**는 좋은 교육방법의 특징을 교수의 조건과 교수의 처방이라는 측면에서 설명하고 있다. 그는 좋은 교육방법이란 학업성취 수준을 최대로 높여주는데 그 목적이 있다고 주장하면서, 이러한 목적을 달성시키기 위하여 i) 학습자가 직면하게 될 교수의 조건인 학습요구와 학습 장애 요소에 대하여 정확하면서도 종합적인 확인이 이루어져야 하며, ii) 확인된 교수의 조건에 대하여 적절한 교수처방이 제공되어야 한다고 주장하고 있다(박성익, 1997: 재인용).

② **Weinstein과 Mayer(1985)**는 "좋은 교육방법이란 학습자들에게 학습하는 방법, 사고하는 방법, 학습자 스스로 학습 동기를 증진시키는 방법을 가르쳐 주는 것"이라고 정의했다(유승우 외, 2018: 재인용).

③ **Gagné(1985)는** "좋은 교육방법이란 학습자의 내적 조건인 선행학습, 학습 동기, 자아개념, 주의력 등이 고려되고 또한, 학습자의 외적 조건인 근접의 원리, 반복의 원리, 강화의 원리가 반영된 것이다."라고 인지 및 정보처리이론의 관점에서 설명하고 있다.

좋은 교육방법의 조건을 학습자와의 관련 속에서 고찰하면 다음과 같다(박성익, 1997).

① 학습자는 목적을 추구하는 유기체이므로 교수 목표의 명확성과 일관성이 유지되는 수업이어야 한다.
② 학습자는 통합된 전인적인 존재로서의 유기체이므로 민주적인 인간관계를 유지하는 수업이어야 한다.
③ 학습자는 활동적이고 탐구적인 존재이므로 탐구 태도를 중시하는 수업이어야 한다.
④ 학습자는 탐구적인 존재이므로 학습결과의 정착을 중시하는 수업이어야 한다.
⑤ 학습자는 통합된 유기체로서 동시학습을 수행하게 되므로 학습의 전이력을 높여주려는 수업이어야 한다.
⑥ 학습자의 흥미와 능력 수준은 각기 다르기 때문에 탄력성이 있는 수업이어야 한다.
⑦ 학습자는 지적 능력, 성격, 흥미 등의 다양한 심리적 특성 면에서 개인차를 나타내므로 학습자들의 개인차에 알맞은 수업이 이루어져야 한다.

그리고 한국교육과정평가원(2004)에서는 2004년 전국의 100개 초·중등학교에 근무하는 교사들을 대상으로 설문조사를 실시하고 **교사들이 생각하는 좋은 수업의 특성**을 다음과 같이 밝히고 있다.

① 수업 준비와 계획이 철저한 수업,
② 수업목표에 도달하는 수업,
③ 흥미 있고 재미있는 수업,
④ 학생들이 적극적으로 참여하는 수업,
⑤ 교사-학생 상호작용이 활발한 수업,
⑥ 학생을 이해하고 눈높이에 맞추는 수업,
⑦ 효과적인 수업 모형 및 방법 적용 수업,
⑧ 내용이 분명하게 전달되는 수업,
⑨ 수업 자료, 교수 매체 등이 잘 갖추어진 수업,
⑩ 평가를 통해 학생 이해와 흥미를 높이는 수업,
⑪ 교실 환경이 잘 정비되고, 효과적인 학급운영,
⑫ 교사가 반성하고 연구하는 수업 등을 제시했다.

또한, **조벽**(2001)**은 유능한 교수자의 핵심 특성**으로 **[그림 1-4]**와 같이 전문지식, 강의기술 및 학습자들을 위한 배려하는 마음 자세를 제시하고 있다.

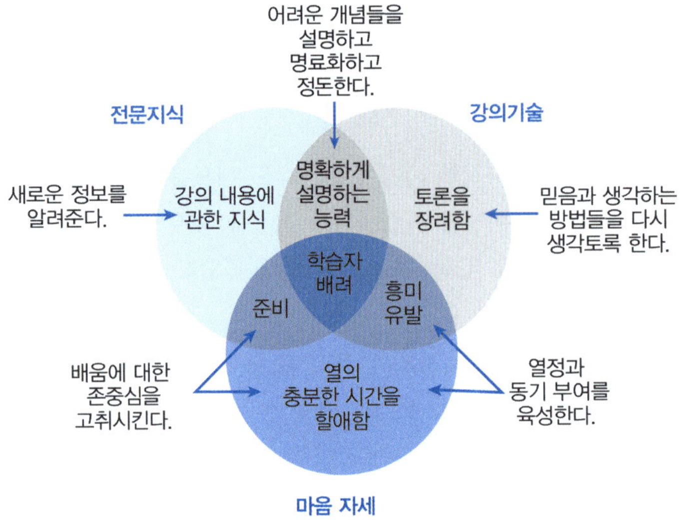

[그림 1-4] 전인적 교수자의 핵심 요소

• 자료: 조벽(2001). 조벽 교수의 명강의 노하우 & 노와이. 서울: 해냄.

상기에서 제 학자의 견해를 정리하면, **좋은 교육방법이란** 학습 목표, 학습자의 특성, 학급 규모, 학습 내용, 자원의 활용 가능성, 가용 시간, 교수자의 교수법에 대한 지식 등에 따라 적절히 선택적으로 활용하는 데서 만들어진다. 또한, 교육 활동 시 다양한 교육방법을 복합적으로 활용하면 각 방법의 장점을 살리면서도 단점을 서로 보완할 필요가 있다. 특히 어느 교육방법이 적합한지는 학습자의 능력과 수준에 적합하면서, 학습자의 흥미와 경험에 적합해야 한다. 그 이유는 교육 활동에서 가장 중요한 변인은 학습자이기 때문이다. 교사가 전문성이 있고 열정이 있다고 하더라도 학생이 수업 활동에 적극적으로 참여하지 않으면 효과적인 수업활동은 불가능할 것이다(유승우 외, 2018).

제6절 교육방법과 교육공학의 관계

교육방법과 교육공학이 쌍둥이처럼 붙어 다니는 이유는 우리나라 사범대학 교직과정에 명시되어 있기 때문이다. 학자에 따라서는 교육공학과 교육방법을 굳이 구별하지 않고 설명하는 경우도 있고(김신자·이인숙·양영선, 1999; 나일주·정인성, 2006), 별도로 정의하는 경우도 있다(변영계·김영환·손미, 2007).

외국 교육공학자의 경우는 수업전략이나 교수 방법을 교수설계와 개발의 하위범주로 인식하여 이를 굳이 정의하지 않는다. 이처럼 교육방법과 교육공학을 엄격히 구분하는 것은 우리나라만의 풍토인 듯하다. 교육공학이 교수와 학습을 설계하고 실행하는 포괄적인 영역과 문제를 고려하는 체제적 접근을 취하고 있기에 교육방법과 교육공학은 불가분의 관계라 할 수 있다(정미경 외, 2020).

교육방법과 교육공학의 관계는 다음과 같이 몇 가지 점에서 함께 논의되고 취급된다(변영계 외, 2009).

① **교육공학이 실제적으로 가장 역동적이고 긴밀하게 적용될 수 있는 분야는 교육방법과 관련된 영역이므로 이 둘은 아주 긴밀한 관계를 가지고 있다.** 방법이 이론과 실행으로 구성되었듯이 공학 역시 과학적 지식과 그의 적용(실행)을 중심으로 하기 때문이다.

② **교육공학은 첨단 정보공학을 교육에 도입하여 더욱 다양한 교육방법의 가능성을 열어주고 있다.** 멀티미디어, 인터넷, 위성방송과 인터넷방송, 각종 첨단 정보공학을 이용한 원격교육 및 개별화 교육은 그 좋은 예이다.

③ **교육공학의 과학적인 접근법은 수업현장과 교육현장에서의 교육방법의 질적 개선을 위한 구체적이고 실무적인 지침을 제공해 준다.** 예를 들면, 수업을 설계하기 위한 학습자의 분석, 목표의 분석, 필요한 매체의 분석 등을 통한 정확한 자료의 수집과 이해는 수업방법의 개선을 위한 자료를 제공한다.

④ **교육공학의 체제적 접근법은 교육방법이 가지고 있는 각종 교육환경과 관련된 체제적 문제의 해결을 위한 구체적이고 실무적인 지침을 제공해 준다.** 교육방법에 대한 개선은 비단 학습자에 대한 분석 등 수업 현장에 관련된 분석만을 통해 이루어지는 것은 아니다. 여기에 환경적인 특성, 교사와 학습자 간에 형성된 관계, 사용할 수

있는 매체 그리고 수업방법에 영향을 주는 기타 제반 환경 등과의 복합적이며 체제적인 변인에 대한 이해와 적응도 필요하다. 교육공학의 체제적 접근법은 이러한 문제의 해결을 위한 안목과 방법을 제공한다.

상기에서 고찰한 바와 같이, **교육공학**은 '교수-학습에 대한 문제를 해결하기 위해 사용할 수 있는 기술적인 과정과 도구의 활용'이라고 할 수 있다. 이에 반해 **교육방법**은 수업상황에서 교수자와 학습자가 교육 내용을 가지고 소통하는 구조로서의 방법 또는 프레임으로 볼 수 있다. 이렇게 보면, **교육공학이라는 개념은 교육방법보다 좀 더 넓은 의미로 사용**되고 있다는 것을 알 수 있다(김진영 외, 2023).

연습 및 탐구문제

1. 조 벽 교수가 제시한 전인적인 교수자로서의 일곱 가지 핵심 요소〈**[그림 1-4]** 참조〉 각각에 대해 자신의 현재 준비 정도를 10점 만점 중 몇 점인지 자기 스스로 진단해 보고, 향후 보완 방법에 대해서 동료들과 같이 생각해 봅시다.

2. 학생들이 적극적으로 참여하는 수업을 만들려면 어떤 노력이 필요한지 팀을 구성하여 토의해 봅시다.

3. 학습자의 올바른 발달을 위해 교육방법과 교육내용 중에서 어느 것이 더 중요한지 동료들과 함께 토의해 봅시다.

4. 각자가 생각하는 교육방법을 기술하시오.

5. 교육방법과 교육공학의 관계에 대해 토의해 봅시다.

Chapter 02

학습이론

제1절 행동주의 이론
제2절 인지주의 이론
제3절 인본주의 이론
제4절 구성주의 이론
제5절 학습이론의 특징 비교

〈학습 목표〉

1. 행동주의 학습이론이 교수설계에 주는 시사점을 설명할 수 있다.
2. 인지주의 학습이론이 교수설계에 주는 시사점을 설명할 수 있다.
3. 인본주의 학습이론이 교수설계에 주는 시사점을 설명할 수 있다.
4. 구성주의 학습이론의 학습 원리를 설명할 수 있다.

〈Key Word〉

행동주의, 인지주의, 인본주의, 구성주의, Pavlov의 고전적 조건형성이론, Skinner의 조작적 조건형성이론, 강화, 소거, 자동적 회복, 일반화, 변별, Köhler의 통찰이론, 정보처리이론, 감각 등록기, 단기기억, 장기기억, Piaget의 인지발달이론, 스키마, 동화, 조절, 감각운동기, 전조작기, 구체적 조작기, 형식적 조작기, Maslow의 욕구 위계 이론, Rogers의 학습이론, 구성주의 인식론, 객관주의, 인지적 구성주의, 사회적 구성주의, 근접발달영역(ZPD)

교육 활동을 원만하게 수행하려면 학습이론과 연계된 이론에 대한 이해가 요구된다. 학습이론(learning theory)이란 학습이 어떠한 심리적 기제(機制)로 이루어지며, 어떠한 기제가 학습을 성립시키는가를 설명해 주는 법칙이나 이론의 체계를 말한다. 인간의 다양한 행동의 대부분은 학습의 결과이기 때문에 학습이론은 인간행동을 설명하는데 가장 필수적인 것이며 따라서 학습이론이 심리학의 제 이론 중에서 가장 중심적인 이론이라고 할 수 있다.

인간이 어떻게 학습하는가는 심리학의 지속적인 관심 분야였다. **19세기 말** Wundt(1932~1920)의 심리학 실험실이나 Ebbinghaus(1850~1909)의 언어학습 실험 등은 먼 훗날 학습이론에 중대한 영향력을 미쳤다(Shunk, 2004). 하지만 학습이론에 대해서는 어떤 일치된 견해가 존재하지 않는다. 20세기 초반에는 행동주의 이론이 학습에 관한 개념과 원리를 제시했고, **20세기 중반**에 행동주의 심리학이 Skinner가 제시한 행동주의 심리학의 원칙에 의해 크게 영향을 받았다. 이는 교육이 학생의 관찰 가능한 행동 변화와 주변 환경의 함수처럼 기술될 수 있다는 것이다. **1970년대**에 행동주의 패러다임은 인지심리학의 아이디어에 의해 확장되기 시작했는데, 교육 현상에 대한 설명은 기억이나 동기와 같이 관찰 불가능한 개념에 의지한다는 것이다. 그러나 대다수 심리학자와 교육자는 단순히 행동주의 교육원칙에 인지주의 교육 원칙을 추가하고 있을 뿐이다. **1980년대**에 이르러 구성주의 이론이 등장했다. 이는 과거의 패러다임(행동주의와 인지주의)이 피교육자를 교육자, 책, 다른 교육 매체에 의해 세상에 대한 지식을 담는 물통으로 간주했다고 주장했으며, 한편 **구성주의 이론**은 학습자를 능동적인 지식의 창조자로 바라보는데, 학습자가 세상을 관찰하고 조직하고 해석함으로써 지식을 습득하는 것이다(백영균 외, 2018).

2장에서는 크게 행동주의 이론과 인지주의 이론, 그리고 인본주의 이론, 구성주의 이론으로 구분하며, 행동주의 이론에서는 Pavlov(1849~1936)와 Skinner(1938) 이론을, 인지주의 이론에서는 Köhler(1887~1967)의 통찰이론, 정보처리이론, Piaget(1896~1980) 이론을, 인본주의 이론에서는 Maslow(1943)와 Rogers(1961)의 이론을, 구성주의 이론에서는 구성주의 개념 및 기본가정, 구성주의 인식론, 구성주의 유형, 구성주의 교수-학습 원리, 구성주의에 입각한 교수 방법 등을 살펴본 후 학습이론의 특징 비교를 고찰하기로 한다.

제1절 행동주의 이론

행동주의 이론은 Darwin의 진화론에 영향을 받아 Thorndike(1913)와 Pavlov(1927)에 의해 20세기 초부터 시작되었다. 이 학습이론에서는 모든 행동은 경험의 산물이라고 가정하고 인간의 연구도 과학적 방법과 명백한 행동(overt behavior)을 대상으로 규명해야 한다고 주장하였다. 즉 관찰 가능한 행동에 초점을 맞추고 있다. 그 결과 환경을 조절함으로써 인간의 행동을 조절할 수 있다고 하였다. 따라서 환경을 적절히 조절하면 인간의 모든 학습도 조절이 가능하다는 것이다. **행동주의 이론의 근본 원리**는 자극(stimulus)과 반응(response) 간의 연합에 있다. 자극이란 학습자에게 제시되는 모든 환경을 의미하며, 반응은 자극에 의해 발생하는 학습자의 행동을 의미한다. 이들 자극과 반응 간의 연합이 곧 학습이라고 보는 것이다. 행동주의 이론은 외적인 행동과 관찰 가능한 반응에 주로 초점을 둠으로써 인간의 내적 과정을 설명하지 못한다는 점이 비판을 받기는 하였으나, 행동주의 이론에서 제시하는 다양한 기법은 학교현장과 일상생활 속에서 여전히 적용되고 있는 실정이다.

여기에는 행동주의 학습이론의 대표적인 이론으로 Pavlov의 고전적 조건형성이론과 Skinner의 자극-반응이론에 대해서 알아보고자 한다.

1. Pavlov의 고전적 조건형성이론

1) 고전적 조건형성 모형

고전적 조건형성(classical conditioning)이론은 구소련의 대뇌 생리학자인 Pavlov(1849~1936)의 조건 반사설에 이론을 둔 고전적 행동주의자들이 주장해 온 학습이론이다. Pavlov는 **[그림 2-1]**과 같은 장치를 하고, 개의 소화기관에 관한 연구를 하였다. 개를 대상으로 하여 메트로놈 소리를 약 30초 들려주고(조건자극: CS, conditioned stimulus), 약간의 고기(무조건 자극: UCS, unconditioned stimulus)를 준다. 이와 같은 실험을 5분 또는 10분 간격으로 6~10회씩, 매일 또는 격일로 여러 번 계속한 결과 나중에는 고기를 주지 않고 메트로놈 소리만 들려주어도 개는 침을 흘리게 되었다.

[그림 2-1] Pavlov의 실험장치

• 자료: Hulse, S., Egeth, H., & Deese, J.(1981). The Psychology of Learning. New York: McGraw Hill.

조건반사는 이렇게 성립되며 고기가 주어짐으로써 분비되는 침을 무조건 반사(UCR: unconditioned reflex)라 하고, 실험 결과 메트로놈 소리를 듣고 분비되는 침을 조건반사(CR: conditioned reflex)라고 하였다.

이때 메트로놈 소리가 처음과 같이 침 흘리는 반사와는 관계없는 경우를 무관(無關) 반사 또는 중립자극이라고 부른다. 이와 같이 처음에는 소리를 듣고 침을 흘리는 반응을 실험이 반복됨에 따라, 메트로놈이란 자극이 침을 흘리는 반응을 수반하여 새로운 자극-반응의 결합이 형성되는데 이 과정을 조건화(conditioning)라 한다. **조건화 과정은 도식화**하면 [그림 2-2]와 같다.

자극		반응
(1) 조건형성 이전		
중성 자극(NS: 종소리)	→	무반응 또는 관계없는 반응
무조건자극(US: 음식)	→	무조건 반응(UR: 침)
(2) 조건형성 도중		
중성 자극(NS: 종소리)	→	무조건 반응(UR: 침)
무조건자극(US: 음식)	→	무조건 반응(UR: 침)
(3) 조건형성 이후		
조건자극(CS: 종소리)	→	조건 반응(CR: 침)

[그림 2-2] 조건화 과정

[그림 2-2]에 의하면, Pavlov의 고전적 조건형성이론은 미국의 Watson의 행동주의와 결합하여 조건형성설이라 불리게 되었다. 이 이론은 새로운 행동의 성립을 조건화로 설명하였다. 반응의 대상이 전혀 다른 것이라도 어떤 일정한 훈련을 받으면 동일한 반응이나 새로운 행동의 변용을 가져올 수 있다고 하여 모든 학습의 과정을 자극 상태와 그것에 대한 반응 행동 간의 조건형성 과정이라고 보았다.

2) 고전적 조건형성이론의 교육적 적용

우리들의 일상생활에서 조건형성의 원리로 설명되는 경우가 많이 있다. 유아의 이름을 계속 부르면 그 유아는 그것이 자기의 이름이라는 것을 알게 되는 것이다. 또한, 아동의 언어 습득에는 환경적인 자극이 중요하다. 우리가 환경적 사상에 대하여 반응을 일으키는 과정은 단어나 사고에 대해 반응을 일으키는 과정과 마찬가지이다.

2. Skinner의 조작적 조건형성이론

1) 조작적 행동

조작적 조건형성(operant conditioning)이론은 Thorndike에 의해 시작되어 Skinner에 의해 발전되었다. Skinner는 '스키너 박스(Skinner Box)'에 동물을 넣어 실험을 했다. 스키너 박스는 그가 고안한 실험장치로 그 안에 먹이 접시와 지렛대, 물통, 전구 등을 설치하였다. 실험동물은 이 실험 전 매일 일정한 시간에 먹이를 주는 환경에 순응시킨 후 굶주린 시간을 이용해 **[그림 2-3]**과 같이 상자 안에 넣어 실험을 하였다.

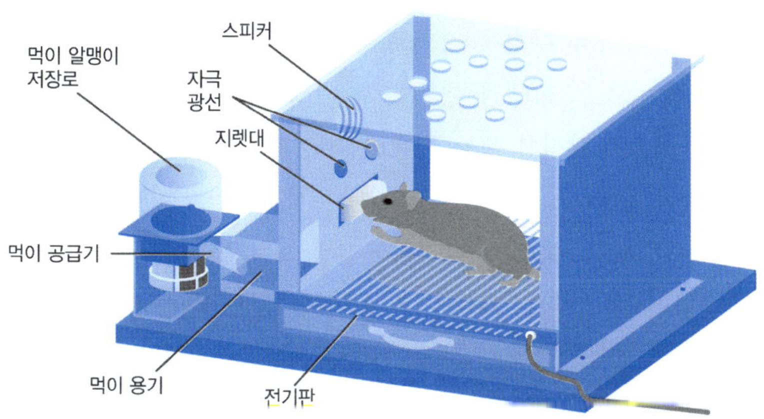

[그림 2-3] Skinner 상자

• 자료: Skinner, B. F.(1938). The Behavior of Organisms: An Experimental Analysis. Englewood Cliffs, N.J.: prentice-Hall.

[그림 2-3]에서 보는 바와 같이, 동물이 지렛대를 누르면 자동적으로 먹이가 접시에 떨어진다. 지렛대를 눌러 먹이를 먹는 동작이 **조작적 조건형성**이다. 여기에서 지렛대를 누르는 것은 **반응**이고, 지렛대를 눌렀을 때 나오는 먹이는 **강화**이다. 조작적 조건형성에서는 고전적 조건형성과 다르게 유기체의 행동이 자발적 또는 의식적으로 일어난다. 의식적으로 일으키는 행동을 **조작적 행동**(operant behavior)이라 하고, 조작적 행동을 통한 **조건형성을 조작적 조건형성**(operant conditioning)이론이라고 한다. 이 실험에서 Skinner는 반응 다음에 오는 강화로 학습이 이루어진다고

하였다. 그의 학습 원리를 대표하는 중요한 개념으로는 강화(reinforcement), 소거(extinction), 자동적 회복(spontaneous recovery), 일반화(generalization), 변별(discrimination) 등이 있다.

2) 조작적 조건형성이론의 교육적 적용

(1) 강화

유기체가 그 행동의 결과로 얻은 만족스러운 자극에 의해 지속, 반복되는 현상을 강화(reinforcement)라고 한다. 학생이 인사를 할 때마다 칭찬을 하게 되면 계속 인사를 잘하게 되는 것도 강화에 해당된다.

강화는 긍정적 강화와 부정적 강화로 분류할 수 있다.

학생을 칭찬하는 것은 학생의 행동에 대해 **긍정적 강화(positive reinforcement)**를 하는 것으로 이것은 바람직한 행동에 대해 어떤 자극(칭찬)을 줄 때 형성될 수 있다. 그 반면에 **부정적 강화(negative reinforcement)**는 싫은 것을 제거해 주는 경우로서 학생이 지시한 일을 행할 때 싫은 것(교사의 문책, 또는 벌)은 기피하게 되는데 부정적 강화는 학생·성인 할 것 없이 그들의 행동을 통제하는 데에 가장 흔히 쓰이는 방법이다.

강화계획이란 보상을 얼마나 많이, 얼마나 번번이, 언제 사용해야 하는 문제에 대해 계획을 세우는 것을 뜻하는 것으로, 강화계획에는 고정적 강화와 간헐적 강화 두 가지 형태가 있다.

고정적 강화에는 고정간격 강화계획(fixed interval schedule)과 고정비율 강화계획(fixed ratio schedule)이 있고, **간헐적 강화**에는 변동 간격 강화계획(variable interval schedule)과 변동비율 강화계획(variable ratio schedule)이 있다. 학생의 바람직한 행동을 지속적으로 유지하면서 학습 효과를 이끌어 내려면 여러 가지 강화계획을 잘 활용하여야 한다. 처음에는 계속 강화로 강화를 듬뿍 주어야 하고, 일단 습득된 행동을 장시간에 걸쳐 유지하고자 할 때 간헐적 강화계획으로 바꾸어야 효과적이다.

(2) 소거

유기체가 취한 행동이 만족스러운 결과를 가져다주지 않거나 불쾌한 경험을 동반하게 될 경우에 유기체는 그 행동을 지속하거나 반복하지 않으려는 경향이 있다. 이 과정이 일관적으로 시행되면 그 행동의 빈도는 점점 줄어들다가 결국은 불이 꺼지듯 소멸해 버린다. 이러한 과정을 **소거**(extinction)라고 한다. Skinner(1938)의 실험에서 동물이 지렛대를 아무리 눌러도 먹이가 나오지 않으면 동물의 지렛대를 누르는 행동은 줄어들고 결국은 그러한 행동을 하지 않게 된다. 또한, 학생이 아무리 숙제를 잘 해와도 선생님이 숙제 검사를 하지 않고 무시해 버리면 차츰 숙제를 해오는 빈도는 줄어들고 나중에는 숙제를 해오지 않게 된다. 이러한 현상은 모두 자기가 취한 행동이 기대하는 만족스러운 결과를 가져다주지 않았기 때문에 생기는 것이다. 학교에서 바람직하지 못한 행동을 중지하거나 감소시키고자 할 때 흔히 사용하는 방법으로서, '저런 행동은 좀 있으면 저절로 없어지겠지'라는 생각으로 무시해 버리는 것이 소거이다. 교사가 일관성 있게 그리고 완전히 그 행동을 무시해 버리면 교사가 희망하는 대로 그 행동은 없어질 것이다.

(3) 자동적 회복

소거에서 일단 습득된 행동에 대하여 만족스러운 결과가 주어지지 않는다고 해서 즉시 그 행동이 소멸되지 않는다고 하였다. 즉 'Skinner Box'에서 지렛대를 누르는 행동을 학습한 동물은 먹이가 나오지 않는다고 해서 즉시 그 행동을 중지하는 것은 아니다. 지렛대를 눌러도 먹이가 나오지 않는다는 것을 경험한 동물은 똑같은 상황에 처하게 되면 또 지렛대를 누르는 행동을 반복하게 된다. 일단 학습된 행동은 계속 지속하려는 경향으로 이러한 현상을 **자동적 회복**(spontaneous recovery)이라고 한다. 자동적 회복은 학습이 지니는 힘의 강도를 나타내는 데 보다 강하게 학습된 행동일수록 자동적 회복도 강하다. 보통 '습관이 되어서'라는 말은 이러한 현상을 잘 나타내 주는 것이다.

(4) 일반화

유기체가 어떤 행동으로 만족한 결과를 얻어 강화되고 나면 다음 기회에도 그와 유사한 행동을 하여 만족스러운 결과를 얻고자 하는 현상을 **일반화**(generalization)라고 한다. 자극과 반응이 연합되어 학습이 이루어지거나, 행동이 강화를 받아 학습되고 나면 일반화시키려는 경향이 나타난다. 우리나라 속담에 '자라 보고 놀란 가슴 솥뚜껑 보고도 놀란다'는 말이 여기에 해당된다. 선생님한테 칭찬을 받은 학생이 공부를 잘해서 선생님한테 또 칭찬을 받고, 또한 친구들에게도 잘하려고 하는 것이 이에 해당된다.

(5) 변별

유기체에 정밀하고 정교하게 학습이 이루어지는 것으로 유사한 자극에서 나타나는 조그만 차이에 따라 조금씩 다른 반응을 보이는 것을 **변별**(discrimination)이라고 한다. 즉 Skinner의 실험에서 동물이 지렛대를 누를 때 상자 안의 전구가 켜져 있을 때와 꺼져 있을 때 그 결과가 다르다는 것을 알게 되어 반응이 달라진다든지, 전구의 불빛에 따라 여러 개의 지렛대 중 어느 것을 선택하여 누르는 반응을 하게 되는 경우가 이에 해당된다. 학생들이 선생님한테 인사하는 방법과 학생들끼리 인사하는 방법을 구별할 수 있게 되는 것도 변별현상이며, 어른께 하는 존댓말과 친구나 동생에게 사용하는 말이 다르다는 것을 아는 것도 변별학습이다.

3. 교수설계의 시사점

이상의 **행동주의 학습이론이 교수설계에 주는 시사점**은 다음과 같다(백영균 외, 2018).

① **행동주의 목표 제시이다.** 바람직한 학습을 유도하기 위해 초기에 학습하기를 원하는 정확한 수행을 미리 제시하고, 학습 목표는 수업이 끝났을 때 학습자가 성취해야 하

는 결과를 관찰 가능한 행동목표로 진술해야 한다.

② **외재적 동기의 강화이다.** 긍정의 반응이면 칭찬, 미소, 상(賞) 등 긍정적 결과를 주고, 부정적 반응이면 무시한다. 부정적 통제보다 긍정적 강화 사용이 효과적이며, 늘 일관된 강화를 간헐적으로 준다.

③ **수업계열이다.** 수업내용은 쉬운 것부터 어려운 것으로 점진적으로 제시하고, 복잡하고 어려운 문제를 단순한 것으로 세분화하여 제시한다(오 반응 가능성 최소화, 바람직한 반응 유도).

④ **수업 평가이다.** 수업목표에서 진술된 행동의 계속적 평가와 피드백을 제공한다. 행동은 관찰 가능하기 때문에 정확한 평가가 가능하며, 평가를 위해 학습자에게 능동적 반응의 기회를 제공한다.

제2절 인지주의 이론

20세기에 미국을 중심으로 발달한 행동주의 학습이론에 대한 반동으로 인지주의 이론은 유럽을 중심으로 발달하였다. 1950년대 후반부터 인간의 내적인 부분을 설명하려는 시도로, 정보처리 개념과 더불어 인지주의가 등장하고 1970년대부터 교육학 분야에 영향을 미치기 시작했다. **인지이론**(cognitive theory)**이란** 학습을 지각, 기억, 추리, 상상, 판단 등 인간의 능동적인 인지 과정과 그 발달에 관한 이론으로 Piaget의 인지발달이론이 그 대표적인 이론이다. 인지발달이론에서는 환경과의 끊임없는 상호작용을 통하여 **동화**(assimilation)**와 조절**(accommodation)이 모든 인지 과정에서 일어난다고 보았다.

여기에서는 인지학습이론인 Köhler의 통찰이론, 정보처리 이론, Piaget의 인지발달 단계이론에 대해서 알아본다.

1. Köhler의 통찰이론

1) 침팬지의 실험

Köhler는 Koffka(1886~1941)와 같이 Werthimer의 문하생으로 1930년대에는 독일을 떠나 미국에서 강의와 저술을 하였다. 이들은 지각과 사회심리학 등에 대한 실험 연구를 하였으며, 이를 문제해결과 사고(thinking)에까지 연결시켰다.

형태 심리학자인 Wolfgang Köhler(1887~1967)는 학습을 인지적 구조(cognitive structure)의 변화, 즉 그 상황에 포함된 여러 요소 간의 관계성으로 통찰(insight)에 의해 이루어진다고 하였다. Köhler는 26세(1913)에 아프리카의 북·서해에 있는 카나리아 제도의 테네리페(Tenerife) 섬에 있는 테네리페 유인원 연구소장(1913~1920)으로 있었다. 여기에서 얻어진 실험결과는 「유인원의 지각실험」이란 제목으로 발표되었고, 1925년 영어로 번역되었다. 그는 유인원을 가지고 학습 행동을 실험하였다.

Köhler가 실험한 침팬지 중 가장 영리한 침팬지는 울 밖 멀리 있는 바나나를 끌어당기기 위해 두 개의 막대 중 어느 것도 바나나에 닿지 않자 낚싯대가 연결된 것을 보고 다소 우연적인 것같이 보이면서도 실제로 생각에 의해 한 막대를 다른 막대 끝에 꽂는 것을 몇 번이고 반복하여 바나나를 끌어당겨 먹는 것을 관찰할 수 있었다. Köhler의 실험의 시사점은 침팬지의 학습은 '통찰'에 의해 문제를 해결할 수 있는 행동 양식이 학습된다는 것으로 이것이 **통찰이론**이다.

통찰이론은 학습이란 단순히 자극과 반응(S-R)의 연결이 아니라 학습의 장(場)에 대한 학습자의 통찰과 그의 주관적인 장의 구성(structure of the field)에 있다고 하였다. **통찰이론(insight theory)**은 넓게는 형태심리학의 학습이론을 뜻하고, 좁게는 Köhler의 유인원 실험을 통한 학습이론을 뜻한다.

2) 통찰 학습의 교육적 적용

통찰의 원리는 문제해결학습의 핵심 부분을 부각시킨다. 문제해결학습은 학습의 장이나 인지구조 내에 있는 전체와 부분을 이해하게 하는 것으로 목적과 수단을 서로 관계 짓는 것이다. 통찰의 원리와 장 이론(field theory)은 인지 구성의 성립이나 변동에 있어 개개의 자극의 성질보다 자극 간의 상호관계를 더 부각시키고 있다. 인간이 지각을 결정하는 요소로서 또 한 가지 중요한 것은 개인의 과거 경험과 현재의 관심이라는 것이다. 자기의 과거 경험과 현재의 관심이 지각을 결정하기 때문에 학습에서도 학습자가 관심을 갖고 있는 것을 학습하도록 하는 것이 학습의 효율성을 높이는 것이다.

인간의 지각은 자극이 어떻게 배열되어 제시되느냐에 따라 달라지기 때문에, 그러한 자극들이 어떤 구조와 관계를 가지고 지각되느냐에 따라 달라진다. 따라서 학습은 사고과정을 통해서 이루어진다는 것이다.

학습과제는 학습자에게 중요한 학습조건이다. 따라서 형태이론이 제시한 교육적인 적용은 학습과제의 본질적인 측면을 부각시키고 학습자가 학습과제를 구조화하는 데 크게 기여하고 있다.

2. 정보처리이론

1960년대에 발달하기 시작한 정보처리이론은 인간의 사고에 연구의 초점을 맞추고 있다. 인간이 외부세계에서 획득한 정보를 어떻게 지각하고 이해하고 기억하는가에 대한 이론이다. 정보처리이론에서는 이러한 인간의 일련의 기억과정을 컴퓨터의 '정보 투입→정보처리→결과 산출' 과정에 비유한다. 컴퓨터는 부호화 과정을 통해 유입된 정보를 사용 가능한 형식으로 변환시켜 기억장치에 저장하고 저장된 정보를 다시 유출하는 정보처리체계를 갖고 있는데, 인간의 기억과정 역시 이와 같다는 것이다.

정보처리이론의 기본가정은 인간의 학습이 학습자 외부에서 정보(자극)를 획득하여 저장하는 과정이다. 인간에게는 보고, 듣고, 느끼는 감각기관이 있는데, 이들 감각기관을 통해 들어온 정보를 체계적으로 정리하여 대뇌라는 저장고에 보관하고 필요한 경우마다 이를 재생하여 원하는 곳에 활용한다고 본 것이다. 이러한 과정은 감각 등록기→단기기억→장기기억의 단계를 거친다. 이 과정을 제시하면 **[그림 2-4]**와 같다.

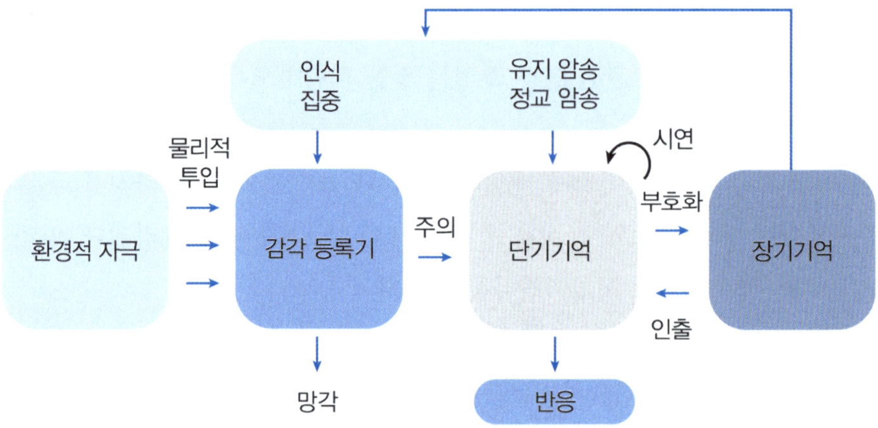

[그림 2-4] 학습의 정보과정모형

• 자료: 백영균 외(2018). 스마트 시대의 교육방법 및 교육공학. 서울: 학지사, p. 111.

정보처리이론은 연구의 갈래가 다양하고 개념도 각기 다르지만, 일반적인 공통 요인을 정리하면 다음과 같다(백영균 외, 2018).

① **감각 등록기(sensory register)이다.** 학습자가 환경에서 감각수용기관을 통해 정보를 최초로 저장하는 곳이다. 4초 이내의 매우 짧은 시간 동안만 아주 정확하게 기억한다.

② **단기기억(short-term memory)이다.** 단기기억 장치는 약 20~30초 정도 동안 약 7개의 정보 단위를 저장할 수 있다. 이 능력을 확장하는 방법으로는 정보 분할(각 정보 단위의 크기를 늘리는 것)과 시연(계속적으로 반복해서 외우는 것)이 있다. 책을 읽거나 생각하고 문제를 풀 때 새로운 정보와 학습된 정보가 섞이는 장소이므로 작동기억이라고도 한다.

③ **장기기억(long-term memory)이다.** 장기기억 장치는 무한한 정보를 영구적으로 기억할 수 있는 곳이다. 이 장기기억에 저장되는 과정을 의미적 부호화라고 부른다. 장기기억은 정보를 유의미하고 목적 지향적으로 연결된 의미망으로 변형하여 저장을 한다.

정보처리이론은 교수-학습 장면에서 여러 가지 중요한 정보를 제공해 주고 있다. 정보처리이론에서는 장기기억으로 지식의 저장이 잘 이루어지도록 하는 부호화나 시연 같은 학습 전략 활성화를 강조한다. 또한, 수업을 진행할 때 교사는 흥미 있는 질문을 많이 하고, 학생들의 관심을 집중시키기 위해 새로운 주제를 제공하며, 시선을 끌기 위해 다양한 교수 자료를 활용하면 기억에 오래 남는 학습이 될 수 있다. 한편 새로운 정보를 제공할 때는 중요한 요점을 제공해 주고, 이미 알고 있는 내용과 연결시켜 주고, 작업기억의 정보를 확실히 전이될 있도록 돕기 위해 연습문제를 풀게 하는 방법이 좋다(박숙희 · 염명숙, 2007). 여기에서 정보처리과정이론은 행동주의 체계를 배제하지 않고 있음을 알 수 있다. Gagné는 쉬운 것부터 차례로 올라가는(bottom-up-approach) 학습 내용의 위계를 강조하였고, Ausubel은 선행조직자(advanced organizer)를 통해 개요를 먼저 설명하고(top-down approach), 기존 인지구조와 결합하도록 하는 교수 방법을 제시하고 있다. 결국 **정보처리이론도 자극과 반응 사이에서 인지적 요소인 정보가 변환, 기억, 수정, 저장 등의 절차로 통합된 것으로 해석할 수 있다**(고재희, 2009).

3. Piaget의 인지발달 단계이론

아동의 지적 발달 연구에 지대한 공헌을 한 사람은 Jean Piaget(1896~1980)이다.

Piaget의 업적은 1960년대까지만 해도 널리 알려지지 않았다. 왜냐하면, 아동을 연구하는 방법이 20세기 중반 미국의 실험심리학과는 대조를 이루는 임상적 기술 방법이었기 때문이다.

Piaget는 스위스에서 태어나 유년기에 생물학을 공부하고, 10세 때 벌써 과학적인 논문을 발표하여 주위의 시선을 끌었다. 1918년 뇌샤텔(Neuchatel) 대학에서 연체동물에 관한 논문으로 동물학 박사학위를 받은 이후 심리학에 관심을 가지고 파리의 Binet 연구소에서 프랑스 아동들의 지능검사 표준화 작업을 하였다. 그 후 제네바에 아동의 지능발달과 인식론을 연구하는 '국제 발생적 인식론 연구소'를 설립하였다. 생물학 분야의 영향을 많이 받은 Piaget는 그의 저서와 논문에서 조직(organization), 적응(adaptation), 동화(assimilation), 조절(accommodation) 등과 같은 용어를 사용하였다.

오늘날 Piaget의 이론은 아동의 지적 발달을 연구하는 데 중요한 위치를 차지하게 되었다. 지금도 많은 교육학자와 심리학자들은 Piaget 이론을 연구하고 있다.

1) Piaget 이론의 주요개념

첫째, 지능이다. Piaget는 지능(intelligence)이란 모든 살아 있는 유기체의 통합적 부분(integrated part)이며 자기의 생존에 유익한 조건을 찾고 있다고 하였다. 따라서 지능은 유기체가 환경을 효과적으로 처리할 수 있게 하는 지적(知的)인 상호작용이며, 이 지적 행위는 주어진 상황에서 항상 최적의 조건을 만들어 주는 경향이 있다고 하였다.

그러나 지능이 어떤 주어진 시간에 있어 어떻게 나타나느냐 하는 것은 조건이 바뀜에 따라 필연적으로 바뀌는 것이다. Piaget의 이론을 유전적 인식론(genetic epistemology), 발생적 인식론이라고 부르기도 하는데, 이는 그가 지적 능력의 발달을 유전과 경험으로 이루어진다고 보았기 때문이다. 이 유전된 능력은 독립적으로 존재하는 것이 아니라 환경과 상호작용을 하며 발달에 있어 4단계를 결정해 준다. 따라서 개인이 발달한다는 것은 자기 자신과 그 주위에 있는 환경과의 관계를 구성한다(construct)는 것이다. 즉 사물을 있는 그대로 받아들이는 것이 아니라 능동적으로 감각 인상(感覺印象)을 변형하고 인지구조 속에서 조직한다는 것이다.

둘째, 스키마이다. Piaget는 인간이 태어나면서 빨고, 보고, 울고, 잡고 할 수 있는 일반적 잠재력을 '스키마(Schema)'라고 하였다. 스키마(Schema)란 유기체의 인지구조 속에 있는 요소라고 생각할 수 있다. 유기체에 있는 스키마는 그 유기체가 생활환경에 대하여 어떻게 반응할 것인지를 결정한다. 스키마는 Piaget의 발달이론에 있어서 중요한 용어이다.

파악(把握) 스키마는 물건을 손으로 잡는 일반능력을 말한다. 스키마란 파악반사의 단일표현 이상으로 파악 스키마란 모든 파악행위를 가능하게 하는 인지구조라고 할 수 있다.

스키마는 파악 반사에서처럼 외현적(外顯的) 행동으로 표현될 수도 있고, 내현적(內顯的) 행동으로 표현될 수도 있다. 스키마가 내현적으로 표현되는 것은 사고(思考)

활동과 같은 것이다. 스키마는 환경과 적응하면서 발달한다. 환경과 부딪쳐야만 분화되어 더 복잡한 사고(thinking)도 할 수 있는 것이다.

셋째, 동화와 조절이다. 유기체가 환경과 어떻게 상호작용하느냐 하는 것은 그의 인지구조의 종류에 따라서 결정된다. 기존의 인지구조에 따라 환경에 반응하는 과정을 동화(assimilation)라고 한다. 인지구조가 변화함에 따라서 아동은 물리적 환경의 서로 다른 측면도 동화시킬 수 있게 된다. 즉 조절(accommodation)이란 인지구조가 수정되어 가는 과정으로 조절은 기존의 인지구조로 새로운 대상을 받아들일 수 없는 경우에 기존의 구조를 변경시키는 과정을 말한다. 대부분의 경험은 두 가지 과정을 동등하게 포함하고 있다. 동화와 조절은 학습 과정에서 동시에 일어난다. 이와 같은 동화와 조절이 학습에서 동일하게 나타나는 것을 기능적 불변인(functional invariance)이라고 부른다. 왜냐하면, 지적 발달의 모든 수준에서 일어나기 때문이다.

넷째, 평형화이다. Piaget는 아동이 인지 과정에서 불균형 상태를 초래하지 않기 위해 동화와 조절의 균형을 유지하고자 하는 경향을 평형(equilibrium)이라고 하였다. 모든 유기체는 자기 자신과 환경 사이에 조화로운 관계를 유지하려고 하는 생득적 경향성을 가지고 있다. 다시 말해서 평형화란 균형 상태를 향한 계속적인 욕구라고 정의할 수 있다(김영채, 1988).

2) 인지발달단계

인지발달이란 인지구조의 계속적인 변화의 과정이다. 새로운 스키마는 기존의 스키마를 바꾸어 놓은 것이 아니라 이전의 스키마와 새로운 스키마가 결합하여 예전의 스키마에 변화를 가져오는 것이다. Piaget는 인지발달을 네 가지 발달단계로 구분한다. 그는 아동의 인지발달은 네 가지 발달단계를 거치는데, 이 발달단계는 발달과정의 흐름에 있어서 순서는 결코, 변하지 않으며, 각 발달단계는 감각 운동기(sensory-motor stage), 전조작기(preoperational stage), 구체적 조작기(concrete operational stage), 형식적 조작기(formal operational stage) 등으로 분류했다.

각 단계의 행동이 나타나는 순서는 고정적이며 경험이나 유전에 관계없이 일정하지만, 단계가 나타내는 연령은 개인적인 경험과 유전에 따라 서로 다르다.

각 단계마다 특징을 정리하면 〈표 2-1〉과 같다.

〈표 2-1〉 Piaget의 인지발달 단계

발달 단계	연령	특징
① 감각 운동기	0~세	• 감각 운동에 의한 학습 • 어떤 물체를 다른 각도에서 보아도 동일하다는 것을 인식(사물의 실재성) • 의도적인 반복행동
② 전 조작기	2~7세	• 지각과 표상 등의 직접 경험과 체험적인 행동 • 사물을 직관적으로 분류 • 언어의 발달 • 자기 중심성의 사고와 언어 태도 • 비가역성
③ 구체적 조작기	7~11세	• 논리적 사고 • 가역성의 발달 • 언어의 복잡화 • 사고의 사회화
④ 형식적 조작기	11~15세	• 추상적 개념의 이해 • 문제 해결에 있어 형식적 조작이 가능 • 사물의 인과관계 터득 • 문제 해결에 가설 적용, 가설 검증, 추리력·응용력 발달

〈표 2-1〉에서 살펴본 바와 같이, **Piaget의 인지발달 단계**를 설명하면 다음과 같다.

① **1단계: 감각 운동기(sensory-motor stage, 0~2세)이다.** 이 단계는 환경과의 상호작용은 감각 운동적이며 '여기' 그리고 '지금'만을 다룬다. 이 단계의 아동은 자기중심적(ego centric)이며, 또한 언어가 없다는 것이 특징이다. 물건에 대한 단어를 갖고 있지 않기 때문에 물건을 직접 만지지 않을 때 대상(對象)은 존재를 중지한다. 이 단계의 끝부분에 있는 아동은 대상 영속성(object permanence)이란 개념을 발달시키며 대상이 그가 경험하고 있지 않을 때도 계속 존재한다는 것을 이해하기에 이른다.

② **2단계: 전 조작기(preoperational stage, 2~7세)이다.** 학령 전 아동이 거치는 전조작기(preoperational stage) 동안에 사건을 내적으로 표상하는 것, 바로 사고(thinking)를 할 수 있게 된다. 이 단계의 아동은 사물의 이름을 알게 되고, 단일차원에서 사물을 구분할 수 있으며 또한, 감각 동작도 정교화(精巧化)하게 된다. 전조작기의 사고에서

중요한 특징은 언어의 발달, 자기 중심성, 중심화, 비가역성 등을 들 수 있다. 이 단계의 아동에게 언어의 획득은 지적 활동에 큰 영향을 미친다. 언어의 발달은 개념발달을 도와주며, 경험의 속도를 빨리하는데 크게 작용한다. 또한, 이 단계 아동의 특징은 자기중심적(ego-centric)으로 다른 사람의 생각과 견해를 고려할 줄 모른다. 오직 자기가 생각하는 것, 자기가 생각하는 방식만 있을 뿐이다. 예를 들면, 한 아동은 백설 공주 이야기를 하고, 다른 아동은 호랑이 이야기를 한다. 서로는 전혀 정보의 교환이 이루어지지 않는다. 이 단계 아동의 또 다른 특징은 대상을 여러 관점에서 보지 못하고 한 가지 방식으로만 본다는 점이다. 이것을 Piaget는 중심화(centreation)라고 하였다. 어떤 사물의 자극이 있을 때 아동은 한정된 지각 측면만 보고, 다른 측면을 탐색할 수 없는 지각의 집중화에 이른다. 중심화란 어떤 한 사물의 피상적인 측면만을 인지하는 경향성을 가진다. 이 단계 아동의 또 다른 특징은 보존성을 발달시키지 못하는 데 있다. 보존성이란 수, 길이, 물질, 면적, 부피 등을 여러 가지 다른 방법으로 제시하여도 그것들이 항상적(恒常的)으로 남아 있다는 것을 이해하는 능력이다. 예를 들면, 10개의 구슬을 직선으로 놓든지, 원형으로 놓든지, 모여져 있든지 그 수는 항상 10개인데 이 단계 아동은 이것을 이해하지 못한다. 보존성에 관한 Piaget의 유명한 실험을 보면 어떤 액체를 어떤 수준까지 채워 둔 2개의 병을 아동에게 보여준다. 그다음 한 병의 내용물을 더 길고 좁은 병에 옮겨 붓는다. 이 단계에 있는 아동들은 처음에 본 두 개의 병에 같은 양의 액체가 들어 있던 것을 보았는데도, 긴 병의 액체 높이가 더 높기에 긴 병에 액체가 더 많다고 말하는 경향이 있다. 즉 이 단계에 있는 아동들은 인지 조작을 가역(可逆)할 수 없는 특징을 갖는다.

③ **3단계: 구체적 조작기(concrete operational stage, 7~11세)이다.** 구체적 조작기는 초등학교 시기인 7~11세에 해당되는 시기이다. 이 단계의 아동은 내면화된 지적 구조로 정확하고 조직된 사고구조를 갖게 되어 보존하는 능력을 발달시키고 유목(classes, 대상물이 갖는 공통점과 차이점을 알아 물체를 분류할 수 있다), 계열성(seriation, 물체를 작은 것에서 큰 것으로 또는 그 반대로 배열할 수 있다), 수 개념을 적절하게 다루는 능력을 갖게 된다. Piaget는 구체적 조작기를 인지발달에 있어 중요한 전환점으로 보았다. 이 단계 아동의 사고는 감각 운동기나 전 조작기의 사고보다는 성인의 사고와 비슷해진다(Piaget & Inhelder, 1967/1969). 논리적 사고력이 발달하지만 아동이 관찰한 실제 사실에만 한정된다. 또한, 아동의 자기중심성이 약해지고 탈중심화로 다른 사람의 생각도 할 수 있게 된다. 이 시기 아동의 또 하나 특징은 중요한 능력인 보존성을 갖게 된다는 것으로 선 소삭기에서는 볼 수 없었던 수, 양, 길이, 공간, 시간, 무게, 부피 등

은 외형이 변해도 본질은 그대로 남아 있다는 것을 이해할 수 있게 된다는 것이다.

④ **4단계: 형식적 조작기(formal operational stage, 11~15세)이다.** 형식적 조작기는 청소년기에 해당한다. 이 시기에는 구체적이고 실제 상황을 넘어서는 문제를 다룰 수 있게 되며, 이 단계에 이르게 되면 발달한 인지적 조작단계에 들어선다. 추상적인 사물들에 대하여 논리적으로 생각하며 이론을 구성하고 그것에 대해 경험을 하지 않았더라도, 그 결과에 대한 논리적인 결론을 이끌어낼 수 있다. 마치 과학자가 생각하는 것 같이 자료를 조직하여 과학적으로 추리하며 가설을 설정한다. 형식적 조작기의 특징은 조합적(組合的) 사고를 할 수 있다는 것이다(Piaget & Inhelder, 1967/1969). 아동에게 무색의 액체가 들어 있는 5개의 병을 보여준다. 이 중 세 개 병의 액체를 섞으면 노란색의 액체가 된다. 아동에게 섞어서 만든 노란색 액체를 보여주고 5병의 액체들을 섞어서 노란색을 만들어 보게 한다. 그러면 구체적 조작기의 아동은 거의 무작정 액체를 섞어 짝을 지우고는 탐색을 멈추어 버리지만, 형식적 조작기의 청소년들은 노란색이 얻어질 때까지 두 가지, 세 가지 액체를 조합하고, 또 일단 노란색이 얻어진 뒤에도 남은 색채들의 조합을 계속하여 다른 가능성을 찾아본다. 이렇게 조합적 문제를 해결하는데 있어 형식적 조작기의 청소년들은 다른 요인들을 변화시킬 수 있는 능력을 보이게 되며, 이 시기에 지적 발달은 더욱 복잡한 데로 나아간다.

3) 인지발달 단계이론의 교육적 적용

첫째, 아동들의 생각이 자기중심적이라는 Piaget의 생각을 교사들은 알아야 한다. 유아인 경우 더욱 이런 경향이 심하다. 따라서 자주 아동들에게 그들의 생각을 이야기할 수 있는 기회를 만들어 주는 것이 좋다. 동일한 대상이나 사건에 대해서도 아동들이 찾는 개념과 의미 및 지각은 각각 다르다. 이는 그들의 환경이 다르기 때문에 인지구조에서 일어난 동화(assimilation)와 조절(accomodation)의 결과도 달라진다는 것이다. 또한, 아동이 전 조작기이냐, 아니면 구체적 조작기이냐에 따라서도 또 다른 양상이 나타난다. 따라서 수업시간에 엉뚱한 질문을 하는 것, 수업으로부터 일탈하는 행동도 그 아동에게는 특별한 의미를 가진 현상들(김광웅, 1988)로 보아야 한다.

둘째, 학습의 구조에 대한 이해가 학습에 크게 도움이 된다는 점을 알아야 한다. 특히 초등학교 고학년의 경우 한 주제와 다른 주제와의 관계, 한 주제 내에서의 지식들의 계열성을 이해시켜 주는 것이 중요하다. 또한, 유아의 학습에 있어서도 구조의 중요성이 무시되어서는 안 된다. 전체적인 맥락, 구조, 관계에 대한 설명을 해주어야 한다. 오히려 유아들이 학습에 대한 일반화를 쉽게 시키고, 보다 쉽게 관련시키는 점도 있다. 특히, 복잡한 내용을 가진 주제에 대하여 사전에 전체적인 윤곽이나 구조를 알려주면 차후 학습에 큰 도움이 된다.

셋째, 구체적 조작기인 초등학교 시기에는 수학의 사칙 연산(더하기, 빼기, 곱하기, 나누기)**을 수행할 수 있는 아동의 인지 조작능력이 가능하므로 학습에 연결시켜 지도해야 한다.** 학습의 계열을 지켜 순차적으로 지도하고 교사와 학생의 상호작용보다는 또래끼리의 상호작용으로 문제를 보는 능력을 기른다.

넷째, 형식적 조작기에 있는 청소년과 어른의 사고 차이는 형식적 조작기의 청소년은 아직 자기 중심성에서 탈피하지 않았다는 것이다. 10대 청소년들은 새로 획득된 논리적 사고를 가지고 사회현상을 논리적으로 사고하는 것을 기대하는 이상주의자이다. 여기에서 기성세대를 비판하며 사회를 개혁하려 하거나 현재의 사회를 바로 잡아 이상적인 미래를 구축하려는 생각을 하고 있다. 이러한 이상주의적 사고는 후에 청소년들이 직업 세계를 경험하게 되면서 차차 현실적이고 사회적으로 발전된다고 한다.

4. 교수설계의 시사점

인지주의 학습이론이 교수설계에 주는 시사점은 다음과 같다(유구종·강병재, 2005; 고재희, 2008; 백영균 외, 2018).

① **학습자에 의한 목표설정이다.** 인지주의에서 학습 목표는 학습자가 스스로 설정한다. 교사는 학습자의 지식구조를 이해하여 그에 따라 적절한 학습 내용을 조직하고 제시하되, 학습자의 현 수준보다 더 높은 과제를 제시하여 학습 의욕을 고취시키며, 성취감을 맛보도록 하여야 한다. 그러나 너무 높은 과제는 오히려 학습 동기유발을 저하시킬 수 있다.

② **정보처리 전략의 활용이다.** 인지주의 이론은 학습자 스스로가 새로운 정보를 처리할

수 있도록 인지처리 전략을 가르쳐 주거나 그것을 개발할 수 있는 교수 방법이 모색되어야 함을 시사한다. 이는 새로운 정보를 전달하는 것만이 아니라 필요한 정보를 찾고 그것을 의미 있는 형태로 조직하며, 필요시 적절한 정보를 활용하도록 그 기술을 가르치는 것이 교수-학습 과정의 목적이 되어야 함을 의미한다.

③ **내재적 학습 동기의 강조이다.** 교사는 학습자의 내재적인 동기유발에 힘을 기울일 필요가 있다. 내재적 동기유발을 위하여 교사가 학습자의 현 수준보다 높은 문제 상황에 직면하게 함으로써 학습 의욕을 촉진할 때, 학습자는 성취감을 맛보게 될 것이며, 내재적 동기는 강화될 수 있다.

④ **수업 평가이다.** 외적으로 관찰 가능한 학습의 결과를 강조한 행동주의와 달리, 인지이론의 강조점은 눈에 보이지 않는 인지 과정, 즉 사고의 측면을 강조하기 때문에, 수업 평가도 행동의 결과가 아니라 인지 과정에 있다. 사례를 들면, 얼마나 많은 정보를 얼마나 오랫동안 소유하고 있는가 하는 기억력이나 파지력 등이 평가의 대상이 아니라, 문제를 해결하는 문제해결력이나 탐구력이 그 대상에 된다. 당연히 평가의 방법도 기억력을 평가하는 선다형이나 단답형 등의 단순한 방법에서, 성찰 노트, 포트폴리오, 수행평가 등 다양한 방법을 사용할 수 있다.

제3절 인본주의 이론

미국 학자들에 의해 주장된 인본주의 심리학(humanistic psychology)은 인간의 행동을 단순화시킨 행동주의 이론과 학습의 정신적 과정이며 인지구조의 변화라고 본 인지학습이론에 반대하여 **제3세력의 심리학**(third force psychology)이라고 부른다. 인본주의 심리학은 지적·정서적 측면을 포함하여 전인적인 측면에서 학습을 설명하고 있다. 인본주의 심리학을 배경으로 한 인본주의 학습이론은 인간은 본래 선하며 존경받을 만하고, 환경 조건만 적당하면 잠재능력을 실현해 나가려 하는 능동적 존재로서 인간을 파악하고 있다. 인본주의 심리학자들은 인간 자체의 가치와 개인의 독특성, 그리고 내면적이고 주관적이며 경험적인 역동성과 전체성에 관심을 가지고 있으며 어디까지나 '건강한 인간'을 대상으로 하는 이론이다.

3절에서는 Maslow의 학습이론과 Rogers의 학습이론에 대하여 살펴보고자 한다.

1. Maslow의 학습이론

Maslow는 행동주의 연합주의자의 입장을 지지했던 심리학과에서 박사학위를 받았다. 그러나 대학을 졸업한 후 그는 Gestalt 심리학자들과 접촉했고, 정신분석학자로서의 직업 생애를 준비했고, 인류학에 관심을 갖기도 하였다. 이러한 영향으로 인해 그의 행동주의적 입장을 지지했던 미국 심리학자들은 명백한 행동과 객관성에 너무나 집착한 나머지 가장 중요한 인간 실존의 측면을 무시하게 되었다고 결론을 내렸다(한충효, 1977에서 재인용). 이런 결론은 그의 첫아기가 태어났을 때 더욱 굳어졌다. Maslow는 이렇게 술회했다. 즉 "내가 배운 바 없는 모든 행동주의 심리학이 나로 하여금 아기를 갖도록 만든 것은 아니다. 아기는 너무나 기적적이고 경이스러운 것, 쥐를 대상으로 한 모든 연구, 그것은 전혀 도움이 되지 않았다(Wilson, 1972)."

이와는 대조적으로 Skinner는 쥐를 대상으로 한 그의 연구가 자기 자녀를 기르는데 도움이 되었다고 하였다. 그는 자기 딸을 위해 아기가 놀기도 하고 잘 수 있는 침대를 독창적으로 만들었다. 겉으로 보면 '에어크립(aircrib)'이라고 불린 이 침대는 Skinner Box와 비슷하지만, 아기의 행동을 조형(造形)하려고 만든 것은 아니다. 그러나 이 침대는 유아가 자고, 탐색하고, 안전하고 편안하게 놀 수 있는 통제된 환경은 될 수 있었다.

Maslow 행동에 대한 엄격한 정신분석학적 관점은 주로 신경증 환자의 행동에 많은 기초를 두고 있기 때문에 인간은 자기 자신을 통제하려고 필사적으로 애쓴다는 결론에 도달할 수밖에 없고, 따라서 그러한 관점은 한계가 있다는 것을 확신하게 되었다. 특히 잘 적응하는 사람은 자기 실현자(self-actualizer)라고 불렀다. 그는 건강한 어린이들은 경험의 실현을 추구한다고 결론을 내렸다. 어린이들에게 선택의 자유를 주면 어린이들은 그들에게 유익한 것을 선택할 것이라는 가정에 기초를 두고 있다. 그러므로 부모와 교사들은 너무 간섭하거나 어린이들의 행동을 조형하려고 할 것이 아니라 어린이들을 신뢰하고 스스로 성장하도록 도와주어야 한다. 인본주의 심리학은 인간행동을 환경이나 본능에 대한 반응으로 제한하고 인간의 전체적인 부분들을 검토하지 않은 채 학습과 동기에 미치는 영향에 관심을 갖는 것은 옳지 않다고 주장한다. 따라서 인본주의 동기 이론은 개인의 지각과 내부적 욕구에 대한 반응에 초점을 맞춘다(임혁규, 1996).

Maslow(1943)에 의하면, 인간은 내적 욕구를 갖고 태어나며 이 욕구를 만족시키기 위해 노력을 한다. 그러나 이러한 노력의 궁극적인 방향은 단순히 생물학적 만족이나 긴장의 감소가 아니라 자아실현의 추구라는 것이다. 즉 인간의 긍정적이고 지적이며 상향 지향적인 측면을 강조한다.

Maslow의 욕구 위계 이론(hierarchy of need theory)은 **[그림 2-5]**와 같다.

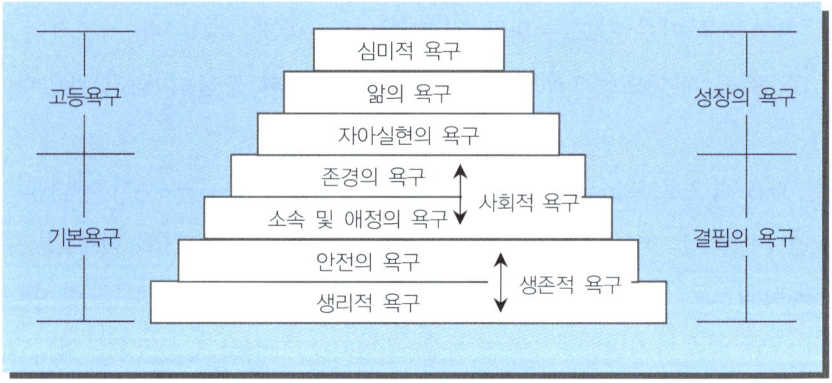

[그림 2-5] Maslow의 욕구 위계

Maslow는 **[그림 2-5]**와 같이 인간의 욕구를 강도와 중요성에 따라 ① 생리적 욕구, ② 안전의 욕구, ③ 소속 및 애정의 욕구, ④ 존경의 욕구, ⑤ 자아실현의 욕구 등으로 구분하고 있다. 이러한 욕구들은 낮은 단계에 있는 강한 욕구가 충족되어야 다음 순위의 욕구가 동기로 나타나 이를 충족하도록 개인을 자극한다는 가정에서 출발한다. 즉 안전의 욕구는 생리적 욕구가 충족된 다음에야 동기로서 작용하게 된다.

Maslow가 제시한 욕구의 내용을 살펴보면 다음과 같다.

① **생리적 욕구**(physiological need): 인간유기체를 유지하고 안정시킬 수 있는 생리적 욕구에는 식욕, 성욕, 휴식, 수면, 갈증, 배설, 공기 등을 포함한다. 아울러 의·식·주 추구의 기본욕구이다. 이러한 생리적 욕구는 인간의 본능적 욕구와 같으며 인간에게 필수적 욕구이다. 이 욕구가 충족되어야 다음 단계의 욕구에 관심을 갖게 된다.

② **안전의 욕구**(safety need): 이 욕구는 신체적·정신적 위험에 대한 공포나 기존의 생존 욕구의 위험에서 벗어나 안정을 찾으려는 욕구이다. 즉 자기보존을 위해서 건강과 안전을 추구하려는 것이다.

③ **소속 및 애정의 욕구**(need for affection or belongingness): 사회적 욕구라고도 하는데, 집단에 소속되고자 하며 사랑·우정·애정 등을 얻고 싶어 하는 욕망이다. 이러한 욕구가 충족이 되어야 정신적으로 안정을 찾고 사회구성원으로서의 역할을 충분히 수행할 수 있게 된다.

④ **존경의 욕구**(need for self-esteem): 자존심의 욕구라고도 하며, 사회적 욕구충족이 되면 다음 단계로 자기의 행위나 인격이 타인으로부터 승인을 받고 칭찬과 존경받기를 원하는 쪽으로 발전한다. 이것이 존경의 욕구이다. 이러한 욕구가 만족 되면 자신감, 명성, 힘, 그리고 통제 등의 감정이 생기고 유능한 인물로서 주위에 영향력을 갖고 있다고 느낀다. 한편 이것이 충족되지 못하면, 열등감, 무력감, 허탈감에 빠지기 쉽다.

⑤ **자아실현의 욕구**(need for self-realization): 개인의 전체적·인격적 욕구로서 인간 최대의 욕구이다. 자아실현이란, 자기 자신이 잠재적으로 실현 가능한 자신이 되는 것을 말한다. 즉 참된 삶의 추구로서 자신이 되고 싶은 대로 최대의 가치와 목적을 이루려는 욕망이다. 사회적·경제적 지위야 어떻든 간에 나름대로 소망한 직업에서 만족과 행복감을 추구하려는 것으로 이 욕구가 잘 충족된 사람이 바로 사회적으로 건강한 사람이 된다.

Maslow는 생리 및 안전의 욕구를 낮은 수준의 욕구로, 소속 및 애정, 존경, 자아실현의 욕구를 높은 수준의 욕구로 구분하여 낮은 수준의 욕구를 충족하려는 경향은 동물적 본성에 가깝고, 높은 수준의 욕구를 충족하려는 경향은 인간적 본성에 가깝다고 하였다. 그러므로 **교사는 학생 개개인의 개성을 존중하여 주고, 학생 상호 간의 그리고 교사와 학생 간의 원만한 인간관계를 유지하면서 학생들이 보다 높은 차원의 욕구를 올바른 방법으로 충족할 수 있도록 도와주어야 한다.**

2. Rogers의 학습이론

Rogers(1902~1987)는 미국의 인본주의 심리학의 대변인으로서 그가 발전시킨 사상을 반영하는 삶을 살아왔다(김충기 외, 2001). 그는 늘 의문하는 자세, 변화에 대한 진정한 개방, 그리고 개인적으로나 직업적으로 미지의 세계를 향하여 기꺼이 접하려는 용기로서 살아왔다. 초기의 저서에서 Rogers(1961)는 가족의 분위기가 친근하고 따뜻하였을 뿐만 아니라, 엄격한 종교적 분위기로 특징지어졌다고 기술하고 있다. 놀이는 제한되고 청교도적 원리가 미덕으로 칭송되었다. 그는 소년기에 사회의 일원으로서 보다 학문에 관심을 쏟았기 때문에 고립된 존재였다. 대학 시절에 그의 관심과 학과는 농업에서 역사로, 다시 종교로, 그리고 마지막으로 임상심리로 바뀌었다. Rogers는 Maslow가 경험한 것과 매우 유사한 경험을 했고, 또한 유사한 결론에 도달했다. 그는 심리치료자로서의 직업 생애를 처음 시작했을 당시에는 정신분석학적 기법을 사용했다. 그러나 그는 정신분석학적 관점은 정신 장애자의 문제해결에 도움이 될 수 없다는 Maslow의 결론과 같은 내용을 얻었다.

몇 년이 지난 후 Rogers는 심리치료의 새로운 접근을 발전시켰다. 그 당시 상담의 주된 세력이었던 정신분석학과 지시적 상담의 입장에 반대하고 비(非) 지시적 상담(nondirective counseling)을 표방하면서 새로운 상담의 원리를 제시하였다. 이 비 지시적 상담은 후에 내담자의 긍정적인 성장 가능성을 중시한다는 입장에서 내담자 중심 상담(client-centered counseling)으로, 그리고 후에는 다시 인간중심 상담(person-centered counseling)으로 이름이 바뀌면서 오늘에 이르게 되었다. 그는 가식 없이 내담자를 대했다. 그는 내담자를 대할 때 따뜻하고 긍정적이며 수용적인 태도를 취했고, 또한 내담자들과 더불어 공감할 수 있었고, 그들의 사고와 감정을 감지할 수 있었다.

Rogers는 내담자들이 자기 자신 속에 자기를 이해하고, 자아개념의 기본적인 것을 변경시킬 수 있는 방대한 자원을 가지며, 이러한 자원은 분위기만 제공되면 개발할 수 있다고 하였다. 그중에서 가장 중요한 것이 자아실현의 경향성이다. 내담자가 일단 이러한 자질만 갖추면 그들은 상담자의 조력을 받지 않고도 개인적 문제를 해결할 수 있는 준비성을 갖추게 된다고 하였다. Rogers는 상담자로서뿐만 아니라 교수로서도 일하였다. 그는 교수로서 그의 경험을 분석한 결과 내담자 중심 상담의 원리를 학습지도에도 똑같이 성공적으로 사용할 수 있다는 결론에 도달했다. Rogers는 『*Freedom to Learn*(1969)』에서 두 종류의 학습을 정의한다(문선모, 1996). **무의미 학습**(meaningless learning)은 개인에게 아무런 개인적 의미를 갖지 않는다. 단지 정신만을 포함하여 '전인(全人)에 대한 적절성은 없다'이다. 또한, **유의미 학습**(signigicant learning)은 직접적 경험, 사고 및 감정을 포함한다. 그것은 자기로부터 시작되며 전인을 포함한다. 유의미 학습은 행동과 태도, 때로는 성격에조차 진정한 차이를 만든다. 그리고 그것은 자기평가가 되며, 진정한 욕구를 만족시키고 있는지를 아는 학습자에 의해 평가된다. 따라서 학생은 자신의 학습에 책임을 져야 한다.

3. 인본주의 학습이론의 교수설계에 대한 시사점

전인교육에 강조점을 둔 인본주의 학습이론은 심리치료에서 발달되었으며, 학교의 엄격한 구조에 대한 반작용으로서 1960년대의 교육자들 사이에 호감을 갖게 되었다.

인본주의 학습이론이 주장하고 있는 내용이 모호하고 뒷받침할 만한 실증적 증거가 빈약하지만, 많은 교육자들로부터 긍정적 지지를 받고 있다. 그 중요한 증거는 바로 인간에 대한 깊은 신뢰와 존중이 인본주의의 뿌리이기 때문이다.

이러한 관점에서 **인본주의 학습이론이 지닌 교수설계에 대한 시사점**을 제시하면 다음과 같다(김광웅, 1988; 고재희, 2009).

① **학생들에게 자유 선택의 기회를 부여하면 그들은 최선의 것을 선택하게 된다.** 따라서 교사나 부모들은 학생들의 성장·발달에 지나치게 개입하여 행동을 형성하려고 하지 말고 학생들 스스로 자기의 길을 찾아가도록 도와주기만 하면 된다. Maslow(1954)는 학생들에게 안정과 안락이 보장된 환경에서 자유롭게 먹고, 자고, 놀고, 탐색할 수 있도록 해주는 것이 최선의 학습이 일어나도록 하는 방법이라고 강조하였다.

② **모든 교육은 학습자 중심으로 이루어져야 최대의 효과를 거둘 수 있다는 것이다.** 즉 교사나 부모가 학생들에게 따뜻하고 긍정적이며, 수용적인 태도로 받아주면 그들

은 스스로 자신을 가르칠 수 있는 능력을 지니게 된다는 것이다. Rogers(1975)는 내담자 중심의 상담과 같은 입장에서 교육을 보려고 하는데, 이는 Maslow의 생각과 거의 동일한 것이라고 볼 수 있다.

③ **각 개인의 독특성(unique quality)을 최대로 발달시켜 주어야 하며, 학생들을 객관적으로 이해하여 측정하거나 평가하는 것은 무의미하다.**

④ **학생들에게 긍정적 자아개념을 갖도록 도와주는 것이 곧 교육이라는 점이다.** 즉 교육은 인지학습에 강조점을 둘 것이 아니라 학생의 정의적 성장에 강조점을 두어야 한다는 것이다. 인본주의 학습에서 교사의 역할은 학생들의 학습과 성장을 돕고, 격려하고 촉진시키며 학습의 격려자, 촉진자, 조력자로서의 역할을 해야 한다.

⑤ **인본주의 학습이론에서는 사고(인지), 감정(정의), 기능의 세 가지 요소를 구분하지 않고 함께 조화적으로 발전시키려는 목적을 가지고 있다.** 인본주의는 인간의 속성을 지(知)·정(情)·기(技) 등으로 구분하여 취급하는 것부터 잘못이라고 보기 때문에 이 세 가지를 구분하여 교육시키는 것도 잘못이라고 보고 있다. 따라서 교육은 통합적이어야 하며, 오히려 각 개인의 독특성(unique qualities)을 최대로 발달시켜 주어야 하며 학생들을 객관적으로 이해하여 측정하거나 평가하는 일은 무의미하다고 본다.

⑥ **모든 교육은 학습자 중심으로 이루어져야 최대의 효과를 거둘 수 있다.** 학습자는 스스로 성장할 수 있는 잠재 가능성을 가지고 있으며, 이러한 잠재 가능성은 자기 주도적인 학습과 자유롭고 허용적인 교육을 통해 발현된다. 따라서 교사나 부모는 따뜻하고 긍정적이며 수용적인 태도로 받아 주어야 한다.

⑦ **인본주의 학습이론에 따라 교육을 실천한 대표적인 예는 Neil의 섬머힐(Summer-hill)이다.** Neil(1960)은 Maslow, Rogers 등의 이론을 그대로 받아들여 "어린이들은 선천적으로 현명하고 현실적이기 때문에 어른들이 특별히 간섭하거나 지시를 하지 않아도 스스로 학습을 통해 그가 발달할 수 있을 만큼 발달한다."는 전제를 두고 인본주의 실험학교를 설립하고 어린이들을 지도하였다. 섬머힐(Summer-hill)에서는 학생이 여러 시간 수업에 빠지면 교사는 무엇을 배우지 못했는가를 설명하도록 한다. 또한 정기적으로 수업에 잘 참여한 학생들만이 계속 섬머힐에 다닐 수 있도록 한다. 섬머힐에서는 교사와 학생이 모두 기숙사에 있는데, 저녁 시간에 학생은 자유로이 자기가 하고 싶은 일을 할 수 있다. 대부분 학생들이 자신의 흥미와 특기에 따른 활동에 참여하고 토요일 저녁에는 모든 학생과 교사가 모여 회의를 한다. 여기에서는 모든 참석자의 의견이 존중된다. 다수의 의견과 결정에 따르며, 일단 결정된 사항에 대해서는 충실히 따른다. 또한, 교사는 부모의 역할까지 대신하여 학생들의 생활 전부를 돌보게 된다.

제4절 구성주의 이론

구성주의는 인지주의적 사고를 확대시켜 발전하게 된 패러다임으로 지식이 무엇이며, 지식이 어떻게 구성되는지에 대한 인식론이며, 이는 전통적인 교수-학습방법의 문제점들을 해결하기 위한 대안적 학습이론으로 1980년대 이후 교육 현장에 등장했다.

본 절에서는 구성주의 개념 및 기본가정, 구성주의 학습모형, 구성주의에 입각한 교수 방법, 구성주의의 교수설계이론에 대한 시사점 등에 대해서 고찰하기로 한다(윤광보 외, 2008; 김준권·옥장흠, 2008; 유구종·강병재, 2005).

1. 구성주의 개념 및 기본가정

구성주의 학습이론은 행동주의나 인지주의 학습이론과는 다른 학습관을 갖고 있다. 구성주의는 객관적인 지식의 존재를 부정하는 상대주의적 인식론에 근거하고 있다. 개인의 경험과 흥미에 따라 지식의 가치가 판단된다. 구성은 활동의 결과가 아니라 학습자 스스로가 설계해 나가는 구성 과정을 의미한다. 구성주이에서는 진리 대신 적합성, 유용성, 조화, 적용 등의 용어를 즐겨 사용한다. 인지 주체의 경험적 세계에서의 활동은 개인적인 인지적 활동만을 의미하는 것이 아니라, 사회 공동체 속에서 인지 주체가 현실을 구성해 나가면서 상호작용하며, 또 그가 속한 사회에서 문화적 영향을 받는 것이다(김준권·옥장흠, 2008).

따라서 **구성주의에서 주장하는 기본가정**을 다음과 같이 정리할 수 있다(박숙희 외, 2007; Jonassen et al., 1998).

① 지식은 전달되는 것이 아니라 구성되는 것이다.
② 지식의 구성은 활동의 결과이며, 따라서 지식은 활동 안에 내재되어 있는 것이다.
③ 지식은 학습이 발생하는 상황하에서 의미가 부여되는 것으로서, 상황 맥락적인 것이다. 즉 지식은 항상 구체적인 상황에서 실제적 성격의 과제를 다루어야 하며, 그러한

지식이 제공되는 맥락이 중요하다.

④ 사실 세계에 대한 의미는 학습자의 마음에 달려 있다.

⑤ 사실 세계에 대한 관점은 다양하게 존재한다.

⑥ 의미 만들기(meaning making)는 알고자 하는 욕구, 필요, 의문, 혼란, 불일치, 부조화 또는 문제와 자신이 관련되어 있을 때 더욱 촉진된다.

⑦ 의미 만들기(지식)는 학습된 것(구성된 의미)에 대한 표현과 명확성을 요구한다. 즉 학습된 것을 자신의 말로 나타내고, 표현하여야 한다.

⑧ 의미는 다른 사람과 공유될 수 있으며, 또한 의미 만들기는 대화를 통하여 발생할 수 있다.

⑨ 의미 만들기와 사고는 의미를 구성하기 위하여 사용되는 도구뿐만 아니라, 학습자가 존재하는 문화와 집단에 의해서도 영향을 받는다. 또한, 지식은 협동적인 과정을 통해 형성된다. 지식의 습득과 형성은 개인적인 인지적 작용만으로 이루어지는 것이 아니고, 반드시 개인이 속한 사회 문화적 배경과의 상호작용을 전제로 한다.

⑩ 어떤 의미도 동일하게 받아들여지지 않는다는 것이다.

⑪ 지식은 인식의 주체에 의해 구성된다. 즉 세상에 대한 객관적인 지식은 없으며, 모든 지식은 인식의 주체자인 개인에 의해 주관적으로 구성된다는 것이다.

결국, 구성주의는 새로운 이론이 아니라 철학, 인지 이론, 생물학, 인공 두뇌학, 기호학, 심리학 등 여러 다른 학문의 이론을 서로 통합하여 통칭한 것이라 볼 수 있다. 특히 듀이, 피아제, 비고츠키, 브루너 등의 영향을 많이 받았다(김준권·옥장흠, 2008).

2. 구성주의 인식론

구성주의는 인지주의적 사고를 확대시켜 발전하게 된 패러다임으로서 지식이 무엇이며, 지식이 어떻게 구성되는지에 대한 인식론이다. 구성주의는 행동주의나 인지주의에서 나타나는 객관주의와는 사뭇 다르다. 즉 객관주의 관점에 의하면, 학습은 교사에 의해 이미 존재하는 지식이 전달되는 것이고, 모든 학습자는 획일적인 방법으로 실재를 알게 된다. 하지만 구성주의 학습은 학습자들이 자신이 위치한 물리적, 사회적 세계와 능동적으로 상호작용하는 해석적, 순환적, 구성적인 의미를 만드는 과정이라고 할 수 있다(윤광보 외, 2008: 재인용).

전통적인 인식론인 객관주의는 지식은 절대적인 것, 인식의 주체자와 분리된 것, 외적 실체와 일치하는 것으로 본다. 그러나 이것의 대안인 인식론인 구성주의는 지식이란 인간의 외부에 객관적으로 존재하는 것이 아니며 개별 인간에 의하여 의미가 부여되는 것이며, 학습은 능동적으로 의미를 부여하면서 지식을 구성하는 과정이라고 주장한다. 이와 같이 지식에 관한 인식론적 차이는 교육방법의 교육 공학적 접근에 행동주의와 인지주의와 비교하여 많은 차이점을 초래한다. 구성주의적 가정에 기초한 지식관을 주관주의라고 하며, 전통적인 행동주의와 인지주의에 기초한 교수-학습에 대한 가정을 객관주의라고 지칭한다(이성흠 외, 2009).

객관주의와 구성주의의 인식론의 차이는 〈표 2-2〉와 같다.

<표 2-2> 객관주의와 구성주의의 인식론의 차이

구분	객관주의	구성주의
철학	세계는 우리의 경험과는 별도로 외부에 객관적으로 존재	세계는 인간의 해석, 우리가 경험하는 세계는 존재하나 그 의미는 인간에 의해 부여되고 구성되는 것임
현실	• 인식 주체의 외부에 존재 • 규칙으로 규명 가능하며 통제와 예측이 가능	• 인식 주체에 의해 결정 • 불확실하고 복잡하며 예측 불가능
학습	• 외부의 절대적인 진리가 학습자의 내부세계로 전이되는 것 • 교사에 의해 이미 존재하는 지식이 전달되	• 경험에 근거해서 의미를 개발하는 능동적인 과정 • 학습자들이 자신이 위치한 물리적, 사회적

구분	객관주의	구성주의
	는 것이고, 모든 학습자들은 획일적인 방법으로 실재를 알게 됨	세계와 능동적으로 상호작용하는 해석적, 순환적, 구성적인 의미를 만드는 과정
학습의 조건	절대적인 진리 자체는 상황과 분리되어 가르칠 수 있음	어떤 사실과 기술도 그것이 사용되는 문제 상황과 독립적으로 해석될 수 없으므로 풍부하고 실세계를 반영하는 상황이 제공되어야 함
학습의 결과	모든 사람이 같은 이해에 도달	구성된 실제의 모습이나 의미는 개인에 따라 다름
교수	교사에 의해 기존의 진리가 전달되는 것	• 학습자가 세상에 대한 의미를 구성하도록 보조 및 지원하는 것 • 세계에 대한 의미 구성 방법을 보여주는 것
교수의 목적	가장 효과적이고 효율적인 방법으로 지식을 전달하는 것	• 학습자의 의미화, 문제해결력 배양 • 개인이 아이디어를 이해하고 사용할 수 있도록 그 아이디어가 포함된 경험의 제공
수업의 중심	교사	학습자
교사의 역할	• 진리 전달자 • 미리 준비된 내용을 일방적으로 제시하는 역할	• 학습 보조자, 학습 촉진자, 코치 • 학생들이 개인적으로 지식을 이해하고 구성하도록 보조하는 학습 안내자, 조언자, 동등한 학습자의 역할
교수설계	결정된 내용을 효과적으로 전달하는 것	학습이 일어날 수 있는 환경설계
교수의 초점	사실의 이해	지식의 전이, 활용
지식의 형태	• 선형적 · 위계화된 지식 • 개인의 정신과 독립적으로 존재하는 고정적이고 확인할 수 있는 객체로서 내부로 전달되는 것 • 고정적이고 확인할 수 있는 대상, 객체 • 시 · 공간 초월	• 문제 해결 능력, 고차적 인지 전략 • 사회적 경험을 바탕으로 개인의 인지적 작용에 의하여 지속적으로 구성, 재구성되어지는 것 • 특정 사회, 문화, 역사, 상황적 성격의 반영
주된 교수법	강의식	문제 중심, 토의식 발견학습
최종 목표	시 · 공간을 초월해서 적용할 수 있는 탈 역사적, 탈 공간적, 범 우주적인 진리와 지식의 추구	개인에게 의미 있고 타당하며, 적합한 지식의 구성
주요 키워드	발견, 일치	창조, 구성

• 자료: 윤광보 · 김용욱 · 최병옥(2008). 교육방법과 교육공학의 이해. 파주시, 경기도: 양서원, p. 88에서 인용해서 재구성함.

3. 구성주의 유형

구성주의는 지금으로부터 100여 년 전에 논의된 Piaget와 Vygotsky의 이론에 대한 재해석으로부터 본격적으로 출현하였다. 현재 각 학문 분야에서 다양하게 논의되고 있는 구성주의 이론은 철학적 구성주의(philosophical constructivism), 사회학적 구성주의(sociological constructivism), 교육적 구성주의(educational constructivism), 인공지능적 구성주의(cybernetic constructivism)로 분류될 수 있다(Boudourides, 1988). 또한 학습이론과 정보처리이론의 지식 구성에 대한 접근으로서의 외생적 구성주의(exogenous constructivism), Piaget의 인식론을 중심으로 한 접근으로서의 내생적 구성주의(endogenous constructivism), 그리고 Vygotsky의 사회 문화주의적 인식을 중심으로 한 접근으로서의 변증법적 구성주의(dialectical constructivism)로 분류되기도 한다(Harris & Graham, 1994).

이와 같이, 구성주의는 학자들마다 다양한 견해를 취하고 있다. 일반적으로 Boudourdes(1998)의 분류에 의하면, Piaget의 이론을 근간으로 하는 개인적 구성주의 혹은 급진적 구성주의, Vygotsky를 근간으로 하는 사회적 구성주의가 바로 그것이다. 즉 지식을 구성하는 요인으로 개인의 인지적 작용을 강조하느냐, 혹은 개인이 속한 사회, 문화, 역사적 상황을 강조하느냐에 따라 인지적 구성주의와 사회적 구성주의로 분류될 수 있다.

그리고 구성주의와 교수 이론과의 관계를 살펴보면, **급진적 구성주의**는 인지적 도제 이론(cognitive apprenticeship theory), 인지 유연성 이론(cognitive flexibility theory)의 근거가 되었고, 이에 반해 **사회적 구성주의**는 앵커드 교수 이론(anchored instruction theory), 상황학습이론(situated learning theory)의 근거가 되었다. 또한 구성주의 학습 유형으로는 문제기반학습(problem based learning), 사례기반학습(case based learning), 활동학습(action learning) 등이 있다.

여기서 **구성주의의 유형을 인지적 구성주의(cognitive constructivism)와 사회적 구성주의(social constructivism)로 분류**해서 고찰하기로 한다(고재희, 2008; 이성흠 외, 2009; 권성연 외, 2018)

① **인지적 구성주의(cognitive constructivism)이다.** 지식의 구성을 개인의 정신적 활동을 전제하는 것으로 Piaget의 인지발달이론에 근거를 두고 있다. Piaget는 인간의 인지발달을 도식(圖式, schema), 동화(同化, assimilation), 조절(調節, accommodation), 평형(平衡, equilibrium) 등의 개념을 활용하여 설명하고 있다. **도식**은 인지구조의 기본 단위이며, **동화**는 새로운 정보나 경험을 접할 때, 이들 정보와 경험이 이미 구성되어 있는 지적 도식을 수정하여 지적 도식에 적용시키는 경향성이다. **조절**은 새로운 정보나 경험을 인식하기 위하여 기존의 도식을 수정하여 지적 도식을 확장하는 것을 의미한다. **평형**은 동화와 조절 과정을 통하여 개인의 인지구조를 현실에 적응시키는 과정이다. 인지적 갈등이나 모순은 지적 발달을 촉진하는 매개체가 되며, 동화와 조절의 과정은 인간이 수동적으로 지식을 전달받는 것이 아니라 인간이 능동적으로 정보를 내면화하는 것을 의미한다(박성익 외, 2007).

② **사회적 구성주의(social constructivism)이다.** 이는 인간의 인지발달을 사회적 상호작용의 내면화 과정으로 설명하고 있다. Vygotsky는 인간이 다른 동물보다 고등한 사고를 가능하게 하는 기초로 고등정신기능의 내면화(internalization) 과정을 제시했다. 즉 아동의 문화발달에서 기능은 두 번 혹은 두 차원에서 나타난다. 처음은 사회적 차원에서 나타나고, 그다음은 심리적 차원에서 나타난다. 구체적으로 먼저 개인 간 심리적 영역으로서 사람들 사이에서 나타나고(상호작용), 그다음은 개인 내적 심리적 영역으로 아동 내부(정신 내부)에서 나타난다는 것이다. 이러한 과정은 또래 학생이나 주변 인물들과의 상호작용을 통하여 촉진된다. Vygotsky는 아동의 '근접발달영역(Zone of Proximal Development: ZPD)'을 통하여 사회적 상호작용의 중요성을 설명한다. ZPD는 아동이 스스로 문제를 해결할 수 없지만, 또래 집단이나 성인과 더불어 학습하면 성공할 수 있는 단서(clue)를 제공하거나, 세부 사항과 단계를 기억할 수 있도록 도와주고, 꾸준하게 시도하도록 격려하는 도움이 필요하다. 이러한 도움과 격려하는 교수-학습 과정에서 또래 집단이나 교사로부터 제공될 수 있으며, 이러한 시기에 가르침이 필요하며 진정한 학습이 가능한 단계이다(박성익 외, 2007).

인지적 구성주의와 사회적 구성주의를 비교하면 〈표 2-3〉과 같다.

<표 2-3> 인지적 구성주의와 사회적 구성주의와의 비교

구분	인지적 구성주의	사회적 구성주의
지식	마음의 산물로 인식 주체자에 의해 상이하게 구성됨	
지식 목표	개인 각자의 맥락에 적합한 의미 구성	
핵심 관심	개인의 인지적 구성과정	사회, 문화적 동화
인지적 발달 기원	개인의 머릿속	사회관계에 참여하는 개인
학습	개인의 주관적 경험에 의한 의미 구성	사회적 상호작용을 통한 의미 구성
학습자 역할	의미의 능동적 구성자, 산출자, 해석자	
주요 이론가	Piaget, Glasersfelt, Fosnot, Cobb	Vygotsky, Wertsch, Gergen, Rogoff

• 자료: 권성연 외(2018). 교육방법 및 교육공학. 파주시, 경기도: 교육과학사, p. 197.

상기에서 살펴본 바와 같이, 인지적 구성주의와 사회적 구성주의는 지적 발달 과정에서 이루어지는 상호작용의 관점에서 구별되지만 공통적으로 학습과 발달의 과정에서 활동, 즉 지적 상호작용의 중요성을 강조한다. 학습은 문화적 실제에 참여하면서 다른 사람과의 빈번한 상호작용을 통하여 일어나는 문화화의 과정임과 동시에 자기조절과정이다. 이러한 측면에서 **인지적 구성주의와 사회적 구성주의는 상호보완적이며 지식의 구성은 개인 내면의 인지적 작용과 사회문화적 상호작용이 통합적으로 전개되는 역동적인 과정이다**(이성흠 외, 2009).

4. 구성주의 교수-학습 원리

구성주의에서 지식은 학습자에게 전달되는 것이 아니라 학습자 스스로 구성해 나가는 것이다. 결국, 학습자 스스로 지식을 자신의 기억구조 속에 조직화하는 경험을 구성해 나갈 수 있는 환경의 제공이 중요하다. 구성주의는 그 기본 전제를 학습자 중심의 교육환경에 두고 있으며, 지식은 전수되는 것이 아니라 구성되는 것으로 본다. 지식구성은 인지활동의 결과이며, 의미 있는 지식의 구성은 질문, 혼돈, 불일치, 부조화 등에 의해 촉진된다. 그리고 우리가 만드는 세계, 즉 실재는 우리

마음속, 인지구조 내에 있다고 봄으로써 세계 또는 실재에 관한 다양한 관점을 인정한다.

따라서 **구성주의적 교수-학습활동에서는 몇 가지 사항**이 요구된다(Lebow, 1993; Driscoll, 1994).

① 실제적 활동이 포함되는 복잡한 학습환경을 제공한다.
② 학습 과정에서 사회적 협상을 제공한다.
③ 학습자의 다양한 관점이 고려된 표상 모델을 사용한다.
④ 학습자 자신의 사고와 학습 과정의 반성과 인식기회를 제공한다.
⑤ 학습자의 학습 요구와 그 요구에 부응하는 방법 등을 제공할 수 있는 학습환경을 조성한다.
⑥ 학습자에게 학습하는 목적을 분명하게 이해시켜 주고 의미 있는 과제를 제시한다.
⑦ 인지적 도제학습이 이루어질 수 있도록 실제 전문가와 상호작용이 가능한 환경을 제공해 주어야 한다.

이러한 **학습자 중심의 구성주의적 교수모형을 구성하기 위한 구체적인 교수-학습의 원리**들을 다음과 같이 제시했다(유구종·강병재, 2005).

첫째, 학습자에게 의미 있고 적절한 과제를 제시하여야 한다. 학습은 지식의 주입이나 전달이 아닌 학생 스스로가 학습에 대한 주인의식을 가지고 능동적으로 학습의 과정에 참여하고, 학습의 과정에 대해서 책임을 질 때 가장 효과적이다.

둘째, 교사의 역할을 학습자의 학습을 돕는 조언자이자 배움을 같이 하는 동료학습자로서의 측면에서 규정하는 것이다. 교사는 더 이상 '구체화되고 구조화된 지식의 전수자'가 아닌 '인도자', '조언자', '동등한 학습자' 등으로 새롭게 규정된다.

셋째, 맥락(context)·상황(situation)적 지식의 제공이다. 객관주의가 가장 비난을 받는 부분이 '상황'이라는 것이 지니고 있는 구체적인 성격을 배제하고 일반화와 보편성만을 추구했다는 점이며, 학습자들이 사회에서 실제로 대면하게 되는 문제들과는 판이한 인위적이고, 교과서적인 문제들을 가르쳐 왔다는 점이다.

넷째, 구성주의는 협동 학습환경을 활용한다. 구성주의를 극단적 주관주의와 구분하도록 하는 척도가 되는 것이 바로 협동 학습(collaborative learning)이다. 지식의 습득과 형성은 단지 인간의 개인적인 인지적 작용만으로 이루어지는 것이 아니고 반드시 개인이 속한 사회·문화적 배경과의 상호작용을 전제로 하고 있다.

5. 구성주의에 입각한 교수 방법

객관주의에서 교수 목적은 학습자에게 가장 효과적이고 효율적인 방법으로 지식을 알리거나 전달하는 것이지만 구성주의는 학습을 개인의 경험에 근거해서 의미가 개발되는 능동적인 과정으로 보기 때문에 개인이 아이디어를 이해하고 사용할 수 있게 하기 위해서는 그 아이디어가 포함되어 있는 경험이 필수적으로 제공되어야 한다. 그러므로 구성주의자들은 구성적 과정이 학교나 훈련을 넘어 발생하고 전이(transfer)되기 위해서는 학습이 반드시 실세계의 맥락을 반영하는 풍부한 맥락 안에서 이루어져야 한다고 주장한다(최정임, 1997). 그리고 구성주의에 의하면, 학습의 주체는 학습자이며, 학습은 지식의 주입이 아니라 학습자가 스스로 경험에 의해서 구축해 나가는 것이므로 학습자가 능동적으로 학습의 과정에 참여하고, 학습의 과정에 대해서 책임을 질 때 가장 효과적이다. 따라서 구성주의의 교수 원리는 학습자의 적극적, 능동적인 활동을 유발할 수 있어야 한다. 아울러 구성주의에서 지식은 인식의 주체에 의해서 구성되며, 모든 지식은 맥락적인 것으로 보기 때문에 교사와 동료들을 포함하는 학습환경과의 상호작용이 가능하도록 해야 한다.

이러한 사항들을 고려해 보면, **구성주의 교육방법은 학습과제, 학습환경, 의미구성과정의 조력이라는 세 가지 측면에서 고찰**할 수 있다(윤광보 외, 2008).

① **학습자의 적극적인 참여를 위해서 학습자에게 제시되는 과제는 학습할 가치가 있다는 것을 학습자가 느낄 수 있는 의미 있는 과제여야 한다.** 학습자들은 학습하는 목적이나 그 이유를 자신이 알 때, 그리고 학습과제가 그들의 흥미와 목적에 부합될 때 학습에 더 적극적으로 참여하게 된다. 학습자의 필요와 목표에 부합되는 자료를 선정하기 위해서는 학습자가 스스로 과제를 선정하게 하거나, 교사가 먼저 범위를 정해 주고 그 테두리 안에서 학습자가 선택하도록 할 수도 있다. 그러나 의미 있는 과제일지라도 학습자가 제시되는 과제에 관심을 가지는 것 그것에 한 걸음 더 나아가 제시되는 과제에 대해서 의미를 부여하는 과정 그 자체를 촉진하는 것에도 관심을 가져

야 한다.

② **학습환경은 실제 환경의 복잡함을 그대로 반영하여야 하며, 학습자들의 상호작용을 할 수 있는 환경이어야 한다.** 구성주의자들은 지식의 습득은 단순히 지식 자체의 습득에 한정되지 않고 항상 그것이 습득된 상황에 관한 정보와 같이 습득된다고 가정한다. 학습자들은 의미를 수동적으로 받아들이는 것이 아니라 적절한 맥락이 담긴 교수환경에서 그 의미를 스스로 구성해야 하기 때문에 수업 과정에 학습자의 능동적인 참여가 가능해야 한다. 이를 위해서 학습환경은 학습자가 단순히 조직해 보는 것을 넘어서 스스로 새로운 의미를 창출할 수 있도록 그 학습환경을 재조직하는 것이 허용되어야 한다.

③ **동료와 교사, 나아가 주제에 대한 전문가와 상호작용이 가능하도록 한다.** 구성주의에서 교사의 역할은 지식의 전수자가 아니라, '인도자', '조언자', '동등한 학습자' 등으로 규정한다. 그러므로 학습자가 실제적인 과제를 해결하는 과정에서 교사는 이러한 역할을 적절히 수행할 수 있어야 한다. 인도자의 역할이란 교사가 학습의 초기 단계에서는 직접적인 지도를 통하여 학습자를 인도하여 마지막에는 학습자가 스스로 의미를 창출할 수 있도록 인도하는 안내자의 역할을 하는 것을 말한다. 조언자의 역할은 학습자에게 지식을 활용하는 방법, 초인지적인 기술을 활용하는 방법 등을 조언함으로써 학습자들이 학습에 대해 점차 자율권을 행사할 수 있도록 하는 것이며 동등한 학습자의 역할이란 학습자들이 교사의 권위에 구애받지 않고 동등한 위치에서 상호작용을 하면서 학습할 수 있도록 해 주기 위함이다.

6. 구성주의의 교수설계이론에 대한 시사점

구성주의의 아이디어는 교수설계의 원리에 있어 많은 변화를 주었다. **구성주의 학습이론이 교수설계에 대하여 시사하는 내용**을 소개하면 다음과 같다(유구종·강병재, 2005; 박성익 외, 2007; 고재희, 2009; 백영균 외, 2018).

① **학습자 중심의 학습환경 강조이다.** 구성주의에서는 학습이란 객관적으로 존재하는 지식이 전달되는 것이 아니라 개인의 경험에 의해 구성되는 과정임을 강조함으로써 학습의 주체로서 학습자를 강조한다. 구성주의에 의하면, 유의미한 학습은 학습자들이 능동적으로 학습의 과정에 참여함으로써 의미를 구성해 갈 때 가능한 것이다. 또

한, 구성주의 입장에서의 교수설계는 교수 과정을 구조화시키는 것이 아니라 학습이 일어날 수 있는 환경의 설계에 관심이 있다. 여기에서 환경은 지식의 전달이 중심이 되지 않고, 실제와 같은 복합적이고 역동적인 상황과 문제가 제시되며, 다양한 관점을 개발하는 기회와 학습에 대한 안내가 주어지는 환경이어야 한다.

② **실제적 과제와 맥락 강조이다.** 구성주의는 맥락에서 분리된 사실적 정보 대신에 지식이 사용되는 실제적인 과제와 맥락을 강조한다. 지식은 실제로 사용되는 맥락과 분리되어서는 안 되고, 유의미한 학습이 이루어지기 위해서는 지식이 실제로 사용되는 맥락과 함께 제공되어야 한다는 것이다. 지식이 제공되는 맥락은 복잡하고 비구조화된 실제의 상황과 유사한 것이어야 하며, 그 속에서 학습자들이 다루는 과제도 실제적이어야 한다. 학습자들은 일상생활에서 발견할 수 있는 실제적인 과제를 다룸으로써 과제를 쉽게 이해하고, 의미를 구성하며, 그 지식의 기능을 이해함으로써, 실제 문제 상황이 생겼을 때 그 지식을 적용할 수 있게 된다.

③ **문제해결 중심의 학습이다.** 구성주의적 학습환경에서는 지식이 적용될 수 있는 문제를 중심으로 학습을 제공함으로써 문제 상황에 대한 이해와 관련된 정보를 회상하는 능력, 문제해결과정에 대한 초인지적 감지능력, 전문가들이 실세계의 문제해결에서 경험하는 사고력을 촉진하고자 한다. 학습자의 학습 동기를 유발하고, 관련된 지식들을 점검하고, 습득하게 하며, 지식의 적용을 유도한다. 문제 상황에서는 학습자가 학습의 중심이 되고, 문제를 해결하기 위한 다양한 전략들이 도출된다.

④ **교사 역할의 변화이다.** 구성주의에 의하면, 교사는 학습자가 의미를 구성하는 과정을 도와주는 보조자나 촉진자가 되어야 하므로 교사의 역할은 지식의 전수자에서 학습자의 이해를 촉진시키는 코치나 촉진자로 바뀌어야 한다. 교사는 단순히 지식을 전달하기보다는 학습자의 흥미를 유발하고, 질문을 유도하며, 지속적인 피드백과 도움을 제공함으로써 학습자 스스로 문제를 해결해 나갈 수 있도록 도와야 한다.

⑤ **학습 동기유발 측면이다.** 구성주의에서는 협동 학습을 조장하여 개인이 맡아야 할 인지적 부담의 정도를 덜어주기 때문에 학습자가 보다 적극적으로 학습에 임할 수 있다. 또한, 학습자의 흥미, 관심 등에 비추어 학습자 스스로 학습 목표를 설정하기 때문에 학습에 대한 흥미를 불러일으킬 수 있다.

⑥ **협동 학습의 강조이다.** 사회적 구성주의에 의하면, 학습에 있어서 사회적 상호작용은 중요한 요소가 되므로 구성주의적 학습환경에서는 학습자들의 협동 학습이 강조된다. 학습자들은 다른 동료나 선배들과의 상호작용을 통해 근접발달영역을 확대해 나가며, 사회 및 문화적인 지식을 습득하게 된다. 이러한 사회적인 상호작용은 개인

의 인지적 발달을 촉진하며, 학습자의 능력을 촉진하게 된다.

⑦ **수업계열 측면이다.** 지식은 개인의 경험으로 구성되며, 학습은 개인의 해석에 의해 이루어진다. 그러므로 지식은 교사에 의해 전달되는 것이 아니라 학습자 스스로 능동적으로 구성하는 것이다. 따라서 교사는 학습자 개개인의 수준을 고려하여 그들 스스로 맞는 학습 내용을 선정할 수 있도록 조언을 해 줄 수 있어야 한다.

⑧ **수업목표와 평가의 개념을 들 수 있다.** 수업목표는 학습이 이루어지기 전에 수업설계자와 교사에 의해 미리 정해지는 것이 아니라, 학생이 과제를 가지고 문제를 풀어가는 과정 중에 도출되어 학생 스스로 수립한다. 구성주의에서 학습평가는 학습 과정에서 이루어져야 하며, 학습자가 문제를 해결하고 지식과 기능을 새로운 상황에 전이할 수 있는 능력에 초점을 둔다. 또한, 구성주의적 학습환경은 개인의 인지적 과정과 지식의 전이에 초점을 두므로 평가에서도 학습자들의 역동적인 학습 과정을 반영해야 한다.

제5절 학습이론의 특징 비교

행동주의, 인지주의, 구성주의 학습이론은 학습 과정이나 방법, 교사와 학생의 역할 등의 관점에 따라 〈표 2-4〉와 같이 그 특징을 정리할 수 있다.

〈표 2-4〉 **학습이론의 특징 비교**

구분	행동주의	인지주의	구성주의
학습의 의미	• 바람직한 행동의 변화 • 학습을 위한 행동 필요	• 인지구조의 성립, 변화 • 행동이 필수요소가 아님	• 경험에 의한 개인적 의미 형성
학습의 과정 및 결과	• 주위 환경 자극에 대한 유기체의 반응 • 효과성, 효율성 강조	• 인지적·정신적 과정 • 감각기억 → 작동기억 → 장기기억 • 효과성, 효율성 강조	• 지식구성의 능동적 과정 • 지식의 재해석, 재구성, 재진술 • 맥락적·실제적 상황 강조
학습방법	• 프로그램학습 • 반복학습	• 발견학습 • 선택적 주의집중, 부호화 전략, 인출전략	• 정착 교수, 문제 중심 학습, 협력 학습 등

구분	행동주의	인지주의	구성주의
교사의 역할	• 학습을 점진적·단계적으로 계열화하여 제시 • 적절한 단서, 암시 사용 • 즉시 피드백	• 학습자의 인지 과정 지원 • 다양한 기억전략 사용 • 지연된(유예된) 피드백	• 관찰자, 진행자, 자극자, 촉진자, 조력자, 격려자 • 실제적 과제 제시 • 반성·성찰적 기회제공
학생의 역할	• 단서, 암시에 대한 반응 • 간단하고 쉬운 내용부터 단계적으로 접근	• 전체와 구조에 관심 • 정보를 능동적으로 기억, 통합, 활용	• 학습자 스스로 지식 구성 • 학습 목표 설정, 학습의 주도적 진행, 평가의 학습자 주도

• 자료: 김진영·김연순·오선아·이성주·이순덕·진화봉(2023). 교육방법 및 교육공학. 서울: 북앤정, pp. 49~50. 수정 및 편집.

그러면 교사는 이들 학습이론 중 어떤 것을 선정되어야 할까? 학습이론들은 각각 장단점이 있으며 유용한 원리들을 내포하고 있기에, 특정 학습 상황에서 어떤 학습이론이 더 적절한지, 학생들의 지식수준과 학습과제에 요구되는 사고와 성찰의 비중에 따라 어떤 효과가 있는지 고려해야 한다. 즉 사실의 기억이나 기계적인 절차는 행동주의 학습전략이 유용할 수 있다. 학습과제에 사고의 양이 많아질수록 그 강조점은 인지주의와 정보처리이론, 그다음에는 구성주의 관점으로 전환하는 것이 효과적인 방법이라 할 수 있다(노석준 외 역, 2008).

결국, **학습이론은 학습과제의 사고의 양과 학생들의 발달단계, 지적 수준을 종합적으로 고려하여 적용할 필요**가 있다(김진영 외, 2023).

연습 및 탐구문제

1. 인본주의 학습이론이 교육 현장의 적용 방안에 대하여 토론해 봅시다.

2. 행동주의와 인지주의 학습이론을 비교하시오.

3. 전통적인 교실수업이 안고 있는 여러 가지 문제점을 해결하기 위한 방안으로서 구성주의적 방법의 적용 가능성에 대해서 토론해 봅시다.

4. 학교 현장에서 흔히 사용되는 강화와 벌을 조사해 보자.

5. 나는 학습자로서 어떠한 학습관을 가진 교수자의 수업을 선호하는가? 그리고 그 이유는 무엇인가?

6. 교사의 인식론적 신념에 따라(객관주의 VS 구성주의) 수업의 모습이 어떻게 달라질지 토론해 봅시다.

Chapter 03

교수 이론

〈학습 목표〉

1. Glaser 수업 모형을 설명할 수 있다.
2. Bruner의 발견학습이론을 설명할 수 있다.
3. Carroll의 학교학습모형을 설명할 수 있다.
4. Bloom의 완전학습모형을 설명할 수 있다.
5. Gagné의 처방적 교수 이론을 설명할 수 있다.
6. Ausubel의 유의미 언어학습이론을 설명할 수 있다.
7. Keller의 학습 동기 이론을 설명할 수 있다.
8. Reigeluth의 정교화 교수 이론을 설명할 수 있다.
9. Cronbach의 적성-처치 상호작용모형을 설명할 수 있다.

〈Key Word〉

학습의 선행 경향성, 지식의 구조, 표현 양식, 결제성, 생성력, 작동적 표현, 영상적 표현, 상징적 표현, 학습계열, 학습의 강화, 수업 변인, 학습자 변인, 적성, 학습 지속력, 신호학습, 자극-반응학습, 연쇄학습, 언어연합학습, 중다 변별학습, 개념학습, 원리학습, 문제해결학습, 교수사태, 선행조직자, ARCS, 개념적 정교화, 요약자, 종합자, 비유, 인지 전략 활성자, ATI, TTTI

교수 이론은 학습자가 교육목표를 달성하는데 관련된 모든 요인을 설명하고 있다. 학습자 자체에 대한 이해에서부터 학습의 과정에 관한 구체적인 변인에 이르기까지 학습자가 의도된 교육목표를 달성하는데 관련된 모든 작용을 이론적으로 설명하려는 것이다. 따라서 교수모형에 관한 고찰을 통해 교육방법의 의미를 구체화하고자 한다. 여기서는 다양한 교수 이론의 모형을 소개함으로써 올바른 교수-학습 활동을 수행하는데 도움을 주고자 한다.

제1절 Glaser 수업모형

Glaser(1976)는 수업 심리학 분야에서 축적된 많은 연구물을 통하여 학습모형을 개발했는데, 이는 학습 내용을 일종의 정보로 간주하고 수업 과정을 신속하고 정확하게 정보를 처리하는 컴퓨터의 구조와 기능에 유추시킨 것이 Glaser의 학습모형이다. 그는 **학습모형의 구성요소**를 다음 네 가지로 설명하고 있다.

① 학습할 재료의 설정(analysis of subject matter), ② 수업 전 행동진단(diagnosing preinstructional behavior), ③ 수업 과정 수행(carrying out the instructional process), ④ 학습 결과의 측정(measuring learning outcomes) 등이다.

이처럼 Glaser의 학습모형은 수업 과정에 연관된 제 요인을 간단하고 명료하게 개념화할 수 있기에 우리나라 교육 현장에서 도입이 가능한 것으로 보이며, 그리고 이 모형의 특징은 수업의 각 단계가 뒤따르는 후속 단계의 활동을 결정하는 계속적인 결정과 수정의 모형으로 볼 수 있다. 다시 말하면, ① 학습단원의 수업목표가 설정되면, ② 수업목표의 달성에 연관된 학습자들의 출발점 행동의 정확한 진단이 되며, ③ 학습자들에게 수업절차에서 제시되며, ④ 궁극적으로 성취도 평가가 이루어지고, 이러한 과정을 거치면서 학습 결과의 성과를 분석하여 차후 수업을 위한 피드백 제공의 근거가 마련되는 것이다.

이상의 내용을 제시하면 **[그림 3-1]**과 같다.

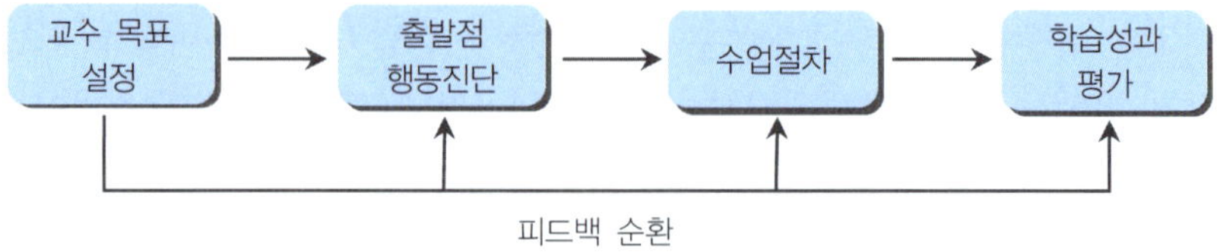

[그림 3-1] Glaser의 수업모형

[그림 3-1]에서 보는 바와 같이, **Glaser의 수업모형의 각 단계**를 살펴보면, 다음과 같다.

① **수업목표 설정이다.** 이는 컴퓨터의 입력장치에 해당된다고 볼 수 있으며, 수업목표는 학습자의 행동 변화를 객관적인 측정이 가능하도록 반드시 구체적이고 행동적인 수업목표, 즉 명세적 수업목표로 진술되어야 한다. 이러한 수업목표는 교수 및 학습 방향의 결정, 수업내용과 절차의 선정, 조직, 계열화에 대한 지침, 그리고 수업 과정과 학업성취도 기준 등의 기능을 발휘해 준다. 그러나 수업목표가 모호하게 진술된다면 수업 과정을 컴퓨터와 같이 정확하게 운영할 수 없을 것이다.

② **출발점 행동진단이다.** 이 단계는 학습자가 이미 습득하고 있는 학습 내용에 대해 진단함으로써 실제 수업 상황에서 학습자의 특성과 개인차를 고려한 수업을 진행해야 함을 시사하며, 출발점 행동의 진단 대상은 선행학습의 정도, 적성, 지능 등과 같은 인지적 요인과 학습자의 동기, 요구, 자신감, 학습 습관, 흥미, 태도, 자아개념과 같은 정의적 요인 등이 있으며, 이러한 것들은 학습 결과의 평가에 중요한 영향을 미치고 있다. 특히 선행학습의 정도에 대해서는 매 수업시간마다 확인이 필요하며, 출발점 행동을 진단하기 위한 진단평가를 실시하여 학습의 결함을 발견하고 그 처치방안을 마련해야 한다.

③ **수업절차**는 교사의 수업 활동을 말하며, 즉 가르치고 배우는 수업 과정을 의미한다. 이 단계에는 학습자의 주의 집중을 유지시키며, 정보를 제시하고, 학습자의 명시적이고 묵시적인 반응을 위한 준비, 학습 동기유발의 방안, 학습 내용에 대한 파지 및 전이(transfer)를 위한 방안, 수업 형태, 수업 집단의 구성, 교사와 학습자의 수업 진행 상태의 개선방안 등이 포함된다. 실질적으로 이 단계는 학교 수업시간의 90% 이상 배정되고 있다.

④ **학습 결과의 평가**는 컴퓨터의 출력단계에 해당하는 것으로, 설정된 수업목표에 비추어 학습평가를 하는 것이며, 이때의 평가는 총합 평가로서 도착점 행동의 성취를 알

아보는 것이다. 수업 과정의 일환으로서 평가는 학습자의 성취도 검사보다는 오히려 수업 개선을 위한 자료수집에 일차적인 관심이 있는 것으로, 수업 과정의 질 관리를 위한 것이다.

⑤ **피드백**은 수업 과정에서 각 단계의 작업결과를 평가하고 수정하는데 필요한 정보를 송환하는 기능을 의미하는 것으로, 다시 말하면 수업목표, 출발점 행동, 수업절차, 학습 결과의 평가 등을 재점검하여 계속되는 후속 수업의 설계 및 개발, 운영, 관리계획에 피드백 정보를 제공하는데 그 의의가 있다. 즉 송환 회로(feedback loop)는 학습자가 수업목표에 도달했다는 사실이 판명될 때까지 지속적으로 가동하며, 수업목표에 도달했음이 판명되면 차후 수업목표를 설정해서 동일한 과정을 밟게 한다.

제2절 Bruner의 발견학습

Bruner(1966)는 인지적 수업이론과 발달심리학 분야에서 인간의 인식, 동기, 학습, 그리고 사고에 대한 많은 연구를 수행했다. 또한, 지식의 구조화에 대한 중요성과 필요성을 주장한 그의 『교육의 과정』은 학문 중심 교육과정의 기초가 되었다. Bruner는 하나의 완성된 수업이론을 제시하기보다는 수업이론의 형성을 위한 일련의 명제 혹은 일반적 원리로서 수업이론에 대한 자신의 관심 또는 접근방법을 설명하고 있다. 즉 Bruner는 교수 이론을 수업 활동에 관한 규범적이고 처방적(處方的)인 것이라고 했으며, 이는 학습자의 학습을 촉진시키기 위한 일반 방법상의 지침이라는 것이다. 여기에는 학습 경향, 지식의 구조, 학습의 계열, 학습의 강화 등이 있으며, 이 네 가지 요소가 조화를 이룰 때 발견학습이 된다고 하였다.

1. 학습의 선행 경향성

학습의 선행 경향성(predisposition to learning)은 학습자가 학습하고자 하는 또는 문제를 해결하고자 하는 동기와 호기심이나 경향을 의미하며, 이의 제 결정 요인으로는 사회계층, 문화적 특징, 외적 혹은 내적 동기유발, 기타 개인적 요인 등이 있다. Bruner(1966)는 이러한 의욕을 극대화하기 위해서는 가능성의 탐색을 활성화하고, 그 경향성을 유지하며, 가능성 탐색의 방향감을 주는 세 가지 조건이 구비되어야 한다고 주장했다. 이때 탐색의 방향감을 주기 위하여 교사의 간접적인 도움이 요구되기 때문에 교사는 항상 형성평가를 실시하여 그 평가결과를 학습자에게 통보해서 학습자 스스로 어느 방향을 향해 나아가고 있으며, 그 방향이 올바르게 진행되는가를 확인하도록 하는 것이 중요하다. 따라서 **Bruner의 발견학습은 교사가 학습과제를 최종적인 형태로 제공하는 것이 아니라 학습자 스스로 답을 찾아 조직해 나가는 과정에서 이루어지는 학습이기에 과제에 대하여 학습자가 탐구하려는 학습의 선행 경향성은 매우 중요하게 다루어지고 있다.**

2. 지식의 구조

Bruner(1966)는 방대한 지식과 정보를 효과적으로 학습시키기 위해서는 지식의 구조(structure of knowledge)를 발견하여 체계적인 학습을 유도해야 하며, 또한 **지식의 구조 세 가지 특징**을 표현 양식(mode of representation), 경제성(economy), 그리고 생성력(power) 등으로 제시하였다.

① **표현 양식**에 대해서 그는 어떠한 지식이든지 간에 세 가지 양식으로 표현될 수 있다고 보며, i) 어떤 결과에 도달하는 데 거쳐야 할 일련의 동작으로서 작동적 표현(enactive representation), ii) 개념을 완벽하게 정의하는 것이 아니라 매체적으로 전달하는 영상이나 도해로 표현하는 영상적 표현(iconic representation), iii) 명제를 형성 및 변형하여 상징체계로 표현하거나 혹은 논리적 명제로 표현하는 상징적 표현(symbolic representation) 등으로 나타냈다.

Bruner의 지식의 표현 양식과 특징은 〈표 3-1〉과 같다.

<표 3-1> Bruner의 지식의 표현 양식과 특징

표현 양식	특징
작동적 표현	• 행동을 통해서만 인지 가능 • 운동적 조작이 지배 • 언어적인 설명은 별로 의미가 없음
영상적 표현	• 행동화하지 않아도 인지 가능 • 행동에 의존하지 않아도 언어적으로 전달되는 사물의 영상화 가능 • 도형이나 그림만으로 주변의 사물 이해 가능
상징적 표현	• 경험을 언어로 표현하는 것이 가능

• 자료: 유승우 외(2018). 교육방법 및 교육공학. 파주시, 경기도: 양서원, p. 235.

② **지식구조의 경제성**이란 정보를 최대한으로 간소하게 요약해서 문제를 해결하기 위하여 학습자가 지녀야 할 정보의 양을 최소화시키는 것을 의미하며, 다시 말하면, 학습 내용을 이해하는데 많은 정보가 요구될수록, 문제를 해결하기까지 많은 단계를 거칠수록 학습자에게 요구되는 정보의 양은 더 많아지고 비경제적이 된다. 따라서 상징적 표현으로 이루어지면 지식의 경제성은 높아진다고 할 수 있다.

③ **지식구조의 생성력**은 지식의 구조가 학습자로 하여금 새로운 명제를 산출해내는 능력(응용력, 전이)을 가졌는가를 의미한다.

3. 학습계열

학습계열(sequence)은 학습자가 학습 내용을 이해, 변형, 전이하는 능력을 스스로 발휘할 수 있도록 조직된 학습과제의 제시 순서를 의미한다.

가장 적합한 학습계열을 결정할 때 고려해야 할 Bruner의 가정은 다음과 같다.

① **모든 학습자에게 적용되는 단일한 계열은 없다.** 즉 학습계열은 학습자의 학습경험, 발달단계, 학습자료의 성격, 개인차 등에 의해서 다르게 조직해야 한다.

② **학습자들의 지적 발달단계를 고려해야 한다.** 일반적으로 학습과제는 작동적 표현부터 영상적 표현, 상징적 표현 순으로 표현하여야 한다.

③ **적절한 수준의 불확실성과 긴장감을 유지할 수 있는 학습계열을 조직하는 것이 필**

요하다.

④ **학습계열을 정할 때 학습의 속도, 망각에 대한 저항, 전이의 가능성, 표현 양식, 학습 내용의 경제성 및 생성력 등의 준거를 고려해야 한다.**

4. 학습의 강화

보상에는 내적 보상과 외적 보상이 있는데, 특히 Bruner는 내적 보상에 의한 강화(reinforcement)를 강조하며, 학습을 통하여 경험하게 되는 발견의 희열과 성취감을 바탕으로 하는 내적 보상은 다른 어떤 외적 보상에 비하여 강화력이 크다고 주장하고 있다.

Bruner(1966)가 주장하는 강화에 대한 논의는 다음과 같다.

① 상(賞)이나 벌(罰)은 외적 보상이 강하면 성취 자체로부터 받는 보상은 감소된다.
② 학습에 실패한다는 것은 다음의 성취 혹은 향상을 위한 가치 있는 정보를 제공받는 길이 된다.
③ 성공에 따른 강한 내적 보상은 성공한 바로 다음 그 행동을 다음에도 계속하게 하는 역할을 할 가능성이 많다.
④ 외적인 보상에 따르는 벌은 행동을 와해시킬 가능성이 높으며 시정과 향상을 위한 기반이 되기는 어렵다.
⑤ 수업이론에서 강화의 기능을 활용할 경우 내적 보상과 외적 보상의 균형을 유지하여야 한다.

상기에서 살펴본 바와 같이, Bruner는 효과적인 교수-학습활동을 위해 학습의 선행 경향성이 중요하며, 지식을 구조화하며 학습계열에 맞추어 학습 내용을 제시하고, 학습효과를 위한 강화전략을 세우도록 강조하고 있다.

제3절 Carroll의 학교학습모형

Carroll(1963)의 학교학습모형(a model for school learning)은 교육의 과정에 관련되는 제 변인을 종합적으로 고려한 체계적이면서 학습의 영향력을 설명하는 이론으로 알려져 있다. 그는 학교 교육과정에서 행해지고 있는 다양한 형태의 학습 중에 지적학습과 관련된 중요한 변인들을 추출한 후에 그들 변인 간의 상호관계를 토대로 하여 학교학습의 방법을 조직적으로 체계화시켰다.

Carroll(1963)에 의하면, 학업성취도는 학습의 기회, 학습의 지속력, 수업의 질, 수업 이해력, 적성에 따라 결정되는 함수관계로 보며, 또한 그는 **학습자들의 학습 정도에 미치는 변인을 수업 변인(수업의 질과 학습 기회)과 학습자 변인(학습자의 적성, 학습자의 이해력, 학습자의 지구력)으로 분류**하였다.

① **수업 변인**에는 i) 수업의 질(교수의 질)이란 주어진 학습과제를 가장 빠른 속도로, 즉 가장 효과적으로 학습할 수 있도록 제시하는 적절성의 정도를 의미하며, 수업의 질과 관련된 변인으로는 교사 언어의 적절성, 교수 매체와 학습자료들에 대한 적절성, 학습과제 제시단계와 순서의 적절성, 학습과제의 적절성 등이 있다. ii) 학습기회란 학습자들이 주어진 일정 과제를 학습할 수 있도록 그들에게 실제로 허용된 시간을 의미하며, 이는 완전학습을 성취하는데 가장 핵심적인 개념으로 볼 수 있다.

② **학습자 변인**에서 i) 학습자의 적성은 주어진 학습과제의 종류와 특성에 따라 최적의 학습조건에서 일정한 수준으로 성취하는데 필요한 시간으로 간주했으며, Caroll은 적성을 단지 학습에 필요한 시간 양을 결정하는 하나의 하위변인으로만 보며, 학업성취도에는 간접적인 영향을 미친다고 보았다. ii) 학습자이해력은 학습과제의 성질과 교사의 수업절차를 이해하는데 소요 시간을 의미하며, 학습자의 이해력을 결정하는 중요한 하위변인으로는 학습자의 일반지능과 언어능력이 있다. iii) 학습자 지구력은 일정한 수준의 성취를 할 때까지 학습자가 학습에 적극적으로 사용하려고 하는 시간을 의미하며, 이는 학습 동기나 흥미와 밀접한 관계를 가진 개념으로 보고 있다.

Carroll의 학교학습모형의 변인을 정리하면 〈표 3-2〉와 같다.

<표 3-2> Carroll의 학교학습모형의 변인

변인		개념	비고
수업 변인	수업의 질	• 주어진 학습과제를 가장 빠른 속도로, 가장 효과적으로 학습할 수 있도록 제시하는 적절성의 정도 • 교사 언어의 적절성, 교수 매체와 학습자료에 대한 적절성, 학습과제 제시단계와 순서의 적절성, 학습과제의 적절성 • 수업의 명료성, 학습자 특성 및 욕구와 밀접한 관계	학습에 필요한 시간
	학습기회	• 학습자들이 주어진 일정 과제를 학습할 수 있도록 그들에게 실제로 허용된 시간 • 완전학습을 성취하는데 핵심적인 개념 • 개별화와 밀접한 관계	학습에 사용한 시간
학습자 변인	적성	• 주어진 학습과제의 종류와 특성에 따라 최적의 학습 조건하에서 일정한 수준으로 성취하는데 필요한 시간 • 기초 적성, 선행학습 수준과 밀접한 관계	학습에 필요한 시간
	수업의 이해력	• 학습과제의 성질과 교사의 수업절차를 이해하는데 소요 시간 • 학습자의 일반지능과 언어능력과 밀접한 관계	학습에 필요한 시간
	학습 지속력 (지구력)	• 일정한 수준의 성취를 할 때까지 학습자가 학습에 적극적으로 사용하려고 하는 시간 • 학습 동기와 흥미, 주의력과 밀접한 관계	학습에 사용한 시간

• 자료: 신재한(2017). 21세기 창의 융합인재 양성을 위한 교육방법 및 교육공학. 서울: ㈜ 이모션북스, p. 42.

Carroll(1963)은 다섯 가지 변인으로 학교학습의 제 관계를 규정하고 있다. **완전학습이론과 직접적인 관계가 있는 학습의 정도 및 다섯 가지 변인 간의 관계**는 다음과 같다.

$$\text{학습의 정도} = f\,\frac{\text{학습에 사용한 시간(학습의 기회, 지구력)}}{\text{학습에 필요한 시간(적성, 이해력, 수업의 질)}}$$

학습의 정도를 백분율로 나타내면, 그것은 학습자가 주어진 과제를 기준점까지 학습하는데 필요로 하는 시간에 비해 실제로 학습에 얼마만큼의 시간을 사용했는가의 함수관계에 의해 결정된다. 학습에 필요한 시간은 학습자의 적성과 수업 이해력, 수업의 질이라는 세 가지 변인에 의해 결정된다. 수업의 질이 낮을수록 요구되는 수업 이해력이 커지며, 그에 따라 학습에 필요한 시간이 증가한다.

Carroll 교수모형은 수업을 설계하는데 다음과 같은 시사점을 제시하고 있다(Carroll, 1963).

① 학습자의 개인차를 근본적이고 질적인 차이로 보기보다는 학습에 필요한 시간의 차이라고 볼 수 있다. 이는 학생들에게 적절한 시간과 수업의 처치를 하게 되면, 학습이 가능하다는 관점으로 개인차의 문제를 극복하도록 한다.
② 수업의 요인으로 수업 변인과 학습자 변인으로 구분함으로써 학교와 교사의 역할을 명확하게 밝혀 주었다.

제4절 Bloom의 완전학습모형

Bloom(1976)이 제시한 완전학습(mastery learning)모형은 Carroll(1963)의 학교학습 모형을 토대로 한 수업모형이다. 그에 의하면, **완전학습이란** 학급 내의 약 95% 학생들이 주어진 학습과제의 약 90% 이상을 학습하는 것을 의미한다. 또한, Carroll은 학교학습모형을 이용하여 완전학습에 이르는 방법과 전략을 제시하였는데, 수업의 이해력을 높이기 위한 방법으로 학습자의 언어능력을 개발함으로써 수업 이해력 자체를 육성하는 학습과 수업의 질을 개선하는 방법을 제시하였다. 수업의 질은 학습자의 개인차에 맞는 개별화 수업과 필요에 따라 소집단을 구성하는 방법을 제시하였으며, 또한 학습자의 적성에 맞는 충분한 양의 학습기회를 제공할 뿐만 아니라 지구력을 높여 주면 전체 학생들이 완전학습에 도달할 것이라 하였다. **Bloom의 완전학습 모형의 전체적인 흐름과 특징**을 제시하면 [그림 3-2]와 같다.

1. 기초학습 결함의 진단
2. 기초학력 보충과정
3. 수업목표의 명시
4. 수업(학습밀도의 향상)
5. 수업보조 활동(연습, 실험, 실습, 관찰)
6. 형성적 평가
7. 보충과정　　8. 심화과정
9. 제2차 학습기회(수업 수정, 소집단 수업)
10. 총합적 평가, 총합 검사

[그림 3-2] 완전학습을 위한 수업의 흐름도

1. 수업 전 단계

1) 기초학습 결함의 진단

이 단계를 학습결손 진단단계라고도 하며, 진단평가를 통해 기초학습 결함을 진단한다.

2) 기초학력 보충과정

이 단계를 학습결손 처리단계라고도 하며, 발견된 선행학습의 학습결손에 대한 기초학력 보충과정을 다루는 단계로 대부분 프로그램 학습이 활용된다.

2. 수업 활동

1) 수업목표의 명시

이 단계는 수업목표를 명시하는 단계로서 수업목표를 명확하게 제시한다. 그리고 학업성취 목표를 학습자들이 인식할 수 있도록 돕는 활동이 강조되어야 한다.

2) 수업 활동

교수-학습활동이 활발하게 전개되는 단계이다. 학습자들이 수업 이해 수준에 비추어 학습 내용을 체계적인 순서에 따라 명확하게 제시하고, 학습 시간을 효율적으로 사용하여 낭비하는 시간이 없도록 한다. 또한, 학생들의 적정수준에 비추어 충분한 학습기회를 제공함으로써 좋은 수업이 이루어지도록 해야 한다.

3) 수업보조 활동

학습자의 흥미와 동기를 유발하고 학습의 효과를 높이기 위해서 여러 자료가 제시되며, 교사가 가르치는 활동과 함께 실험, 실습, 시범, 시청각 자료 사용 등 보조적인 활동이 동시에 이루어져야 한다.

4) 형성평가

이 단계는 수업 과정에서 하나의 소단원이나 주제가 끝났을 때 실시하는 평가로서, 학습자의 중간학습 결과에 따라 보충과정과 심화 과정으로 연계되어야 한다.

5) 보충학습

일정한 시점에서 충분한 학습진전을 보여주지 못한 학습자는 학습에 필요한 양만큼의 학습시간을 가지지 못한 것으로 보고, 학습이 부진한 학습자에게 적절한 재

학습의 기회를 준다.

6) 심화-학습 과정

일정한 기준까지 학습이 이루어진 것으로 판명된 학습자들에게 학습경험을 심화시킬 수 있도록 하는 활동이다. 심화-학습 과정은 정상적인 진전을 보인 학습자들을 대상으로 한다.

7) 제2차 학습 기회

보충과정 및 심화 과정을 거친 학생들은 다시 모여서 전체적으로 정리 활동을 위한 2차 학습기회를 갖는다.

3. 수업 후 단계

수업이 종결된 후에는 학습진전의 정도를 평가하며, 한 학기 중간이나 학기 말에 실시하는 종합 고사와 비슷하다.

Bloom은 이러한 수업의 과정을 통해 학습자가 완전학습을 이룰 수 있다고 보았다. Bloom의 완전학습을 위한 교수 절차에서 중요한 사항은 본 수업이 시작되기 전에 '진단평가'를 실시하고, 수업의 과정에서 '형성평가'를 실시하여 그 결과에 따라 적절한 교수 처방을 해 준다는 것이다. 학습자를 비교하고, 부끄러움을 느끼게 하고, 체벌하기 위한 평가가 아니라, 학습자가 자기 스스로 확인하고 반성하며, 또한 교사가 부족한 점을 채워 주기 위한 평가는 완전학습을 이루는데 불가결한 요소라는 점을 확인할 수 있다(윤광보 외, 2008). 이상과 같이 **Bloom의 완전학습모형은 수업 전 단계, 수업단계, 수업 후 단계에서 수행되어야 할 것들을 철저히 이행하도록 설계되어 있어서 교수-학습활동의 설계에 좋은 지침으로 활용할 수 있을 것이다.**

제5절 Gagné의 처방적 교수 이론

Gagné의 모형은 교수-학습에 관한 광범위한 지식을 하나의 교수 이론으로 통합하려는 최초의 시도였다는 점에서 의의가 있다. 또한, 타 모형에 비해 교수에 대한 구체적인 처방을 제시하고 있기에 적용 범위가 다소 광범위하다.

Gagné의 모형을 파악하기 위해서는 학습 과정의 5개 영역, 교수 이론의 모형, 지적 기능의 8가지 학습위계, 학습성과에 따른 학습의 내·외적 조건, 교수사태 등으로 구분해서 제시하고자 한다(윤광보 외, 2008; 신재한, 2017; 하수연 외, 2017; 유승우 외, 2018; 권성연 외, 2018).

1. 학습 과정의 5개 영역

Gagné의 학습 과정의 영역은 언어정보, 지적기능, 인지 전략, 태도, 운동 기능의 영역 등 다섯 가지로 구분할 수 있다.

① **언어정보 영역이다.** 이는 학교 교과 내용의 가장 많은 부분을 차지하며, 언어로 표현될 수 있는 정보를 말한다. 사물에 대한 이름이나 사실에 대한 진위를 언급하는 명제라는 점에서 명제적 지식 또는 선언적 지식이라고도 한다.

② **지적 기능 영역이다.** 이는 방법적 지식 또는 절차적 지식을 말한다. 여러 가지 기호나 상징(숫자, 문자, 단어, 그림, 도표 등)을 사용하여 환경과 상호작용을 할 수 있는 능력이다. 학교 교육에서 가장 강조하고 있고, 가장 많은 부분을 차지하고 있다. 지적 기능은 가장 단순한 형태의 학습인 '신호학습'에서 가장 고차적인 학습인 '문제해결 학습'까지를 포함한다.

③ **인지 전략 영역이다.** 이는 학습자들이 이전에 경험하지 않았던 문제 상황에 자신이 가지고 있는 지식과 기능을 사용하는 방법이다. 즉 학습방법, 사고방법, 독서방법 등을 독자적으로 개발하는 사고 전략이며, 문제해결을 위해 자신의 머리를 활용하는 방법을 의미한다. 아울러 학습이나 사고에 대한 학습자의 자발적인 통제 및 관리능력이다.

④ **태도 영역이다.** 이는 개인이 여러 종류의 활동들 가운데 어느 것을 선택하는데 영향

을 주는 능력이다. 학습자가 여러 종류의 활동, 대상, 사람 중에서 싫어하거나 좋아하는 또는 찬성하거나 반대하는 등의 행위를 선택하도록 하는 내적 상태를 말한다. 일반적으로 태도는 언어적 설명이나 연습에 의해서가 아니라, 관찰학습이나 대리 강화로 학습이 이루어진다.

⑤ **운동 기능의 영역이다.** 이는 인간 활동의 작업과 관련되어 학습되는 기능으로 어떤 일을 수행하기 위한 몸의 움직임을 말한다. 즉 네모 그리기, 자전거 타기, 피아노 치기 등의 활동을 의미하며, 장기적인, 반복적인 연습을 통한 학습이 효과적이다.

2. 교수 이론 모형

Gagné의 교수 이론 모형은 독립변인과 종속변인으로 구분할 수 있다. 독립변인은 외적 조건과 내적 조건으로 나누어지고, 종속변인은 독립변인의 작용을 통해 나타나는 결과인데 학습을 의미한다. **Gagné의 교수 이론 모형**은 **[그림 3-3]**과 같다.

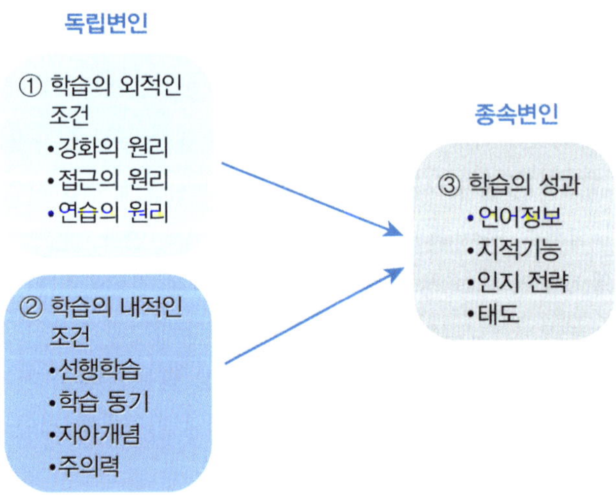

[그림 3-3] Gagné의 교수이론 모형

• 자료: 윤광보 외(2008). 교육방법과 교육공학의 이해. 파주시, 경기도: 양서원, p. 132.

[그림 3-3]에서 고찰한 바와 같이, **독립변인**은 학습의 외적 조건과 내적 조건이 있다. 이를 구체적으로 제시하면 다음과 같다.

① **외적 조건**은 학습자의 외부에서 주어지는 것으로, 교사가 학습자에게 제공해 주는 것을 말한다. 이 외적 조건은 세 가지 원리로 이루어지는데, **강화의 원리**는 새로운 행동이 일어났을 때 만족한 결과, 강화가 있으면 학습이 잘 이루어진다는 것이다. **접근의 원리**는 학습자가 반응해야 할 자극사태와 반응이 시간적으로 접근되어 있을 때 학습효과가 높다. **연습의 원리**는 학습과제를 되풀이하여 연습하면 학습효과가 높다는 것이다.

② **학습의 내적 조건**은 학습 목표를 달성하기 위해 학습자 내부에서 일어나는 일련의 정보처리 과정을 의미한다. 학습 내적 조건의 적용 원리를 제시하면, 선행학습은 학습이 이루어지기 위해서는 이전에 학습한 여러 가지 내적 상태가 필요하다는 것이다. 학습동기는 성공적인 학습을 위해 학습하려는 능동적인 자세가 필요하다. 자아개념은 학습자 스스로 '성공할 수 있다'는 긍정적 자아개념이 학습의 정도에 영향을 미친다는 것이다. 그리고 주의력은 학습과제에 집중하는 주의력의 정도가 학습에 영향을 미친다는 것이다.

3. 지적 기능의 8가지 학습위계

Gagné(1967)는 학습을 단순한 성장의 과정이 아닌 파지될 수 있는 인간의 경향 혹은 학습능력의 변화로 보았으며, 효과적인 수업을 위한 과제를 분석하기 위하여 최종적으로 학습할 목표를 정하고, 그 목표에 성공적으로 도달하기 위해서는 어떤 과제를 먼저 학습을 해야 하고 또 학습할 내용을 위해서 사전에 해야 하는 것 등의 학습의 위계 구조를 밝혀야 된다고 하였다. 그는 **학습문제를 해결하기 위한 전제사항**을 다음과 같이 제시하고 있다.

① 인간의 학습력은 낮은 차원에서 높은 차원으로 축적되어야 한다.
② 인간의 모든 지식은 위계적으로 축적되었기 때문에 높은 수준의 지식을 학습하기 위해서는 반드시 낮은 수준의 지식을 사전에 습득하여 학습의 위계 구조를 밝혀야 한다.

③ 위계적으로 상이한 수준의 학습 내용은 상이한 수준의 학습력을 필요로 하며, 상이한 학습력을 요구하는 학습과제를 효과적으로 학습하기 위해서는 각기 다른 학습의 유형을 적용해야 한다.

상기와 같은 전제하에 Gagné(1967)**의 학습유형**은 여덟 가지로 분류되고 있다. 학습 유형은 낮은 수준에서 높은 수준으로 위계를 이루고 있다. 이들은 신호학습, 자극-반응학습, 연쇄학습, 언어연합학습, 중다 변별학습, 개념학습, 원리학습, 문제해결학습 등으로 분류되고 있으며, 이를 낮은 수준으로부터 높은 수준까지 설명하면 다음과 같다.

① **신호학습**(signal learning)은 고전적 조건형성에 의한 학습으로, 자발적 반응으로 일어난 것이 아니라 강요된 반응의 결과이다. 예를 들면, 종소리로 수업의 시작과 종료를 알리는 것, 신호등의 빨간불, 파란불, 거리의 표지판 등이 신호학습에 해당되는 학습유형이다.

② **자극-반응학습**(stimulus-response learning)은 특정 자극에 대하여 구체적으로 반응하는 학습으로, 학습자의 자발적인 의사에 따라 행해지며, 또 그 행위에 따라 주어지는 보상과 결합하여 습관화되는 학습형태이다.

③ **연쇄학습**(chain learning)은 현미경을 조정할 때와 같이 일련의 반응이 정해진 순서에 따라 연결되어 학습되는 것이며, 예를 들면, 자물쇠를 열기 위해서는 그 일을 성취하기 위해 순서에 따라 해야 하는 몇 가지 구체적인 반응인 열쇠 고르기와 열쇠를 자물쇠에 넣기, 열쇠 돌리기를 필요로 한다. 열쇠로 자물쇠를 여는 것과 같이 연쇄란 연결되어 있는 일련의 반응들로 구성되어 있다.

④ **언어연합(상)학습**(verbal association learning)은 개별적인 언어가 순서에 맞게 연결되어 이루어지는 학습 유형을 의미하며, 영어 단어나 수학 또는 화학에서 사용되는 기호들 하나하나는 서로 연합되어 영어 문장 전체를 이해하고 수학 및 화학 공식 전체를 이해하는데 큰 도움을 준다.

⑤ **중다 변별학습**(multiple discrimination learning)은 여러 가지 구체적 반응과 연쇄반응을 학습하여 그것들을 적절하게 분류하는 방법이다. 음악의 악보를 보고 음계나 음표를 구별하거나, 철자는 같으나 발음이 다른 두 단어를 가려내는 것은 중다 변별학습에 속한다. 따라서 중다 변별학습은 선행학습으로 이루어진 다양한 종류의 연쇄를 다루는 것과 관련된다.

⑥ **개념학습**(concept learning)은 사상 간의 공통된 속성을 이해하여 그것을 기준으로

사상을 분류하게 되는 학습을 의미하며, 예를 들면, 네모 모양, 세모 모양을 분류하는 학습을 통하여 사각형과 삼각형에 대한 개념을 형성하게 되고 이것은 도형을 이해하는 기초가 된다는 것이다. 이처럼 개념학습은 신호학습에서 중다 변별학습에 이르기까지의 위계과정을 거쳐 이루어지며, 다음에 오는 원리학습에서부터 문제해결학습을 유도해 내는데 결정적인 학습이 된다는 측면에서 학교상황의 중요한 교육목표가 되기 때문에 최근 이에 관한 연구가 성행하고 있다.

⑦ **원리학습(rule learning)**은 이미 배운 개념 및 법칙을 새로운 학습에 적용할 수 있게 되는 것을 의미하는 것으로, 즉 개념들 사이의 관계를 연결함으로써 학습이 이루어진다는 것이다. 예를 들면, 그림자가 생기는 현상을 통하여 빛의 직진 원리를 이해하는 것 등이 이에 속한다.

⑧ **문제해결학습(problem solving learning)**은 이미 학습한 원리를 응용하여 다양한 상황 속에서 제 문제에 대한 해결책을 발견하게 되는 학습을 의미하며, 예를 들면, 아동이 시소(seesaw)의 균형에 대한 제 규칙을 학습해서 무거운 짐을 운반하는데 그 규칙을 적용하는 경우 또는 얼음이 열에 의해 녹는다는 것을 아는 아동이 난로 옆에 눈사람을 만들어 놓지 않는 경우 등이 이에 속한다.

4. 학습성과에 따른 학습의 내·외적 조건

Gagné에 의하면, 다양한 유형의 학습성과를 위해서는 다양한 학습조건이 마련된다. 그는 학습조건을 두 가지로 구분하고 있다. 내적 조건은 학습자가 이전에 습득한 선행능력들의 회상이나 획득을 말하고, 외적 조건은 학습자의 외부의 교수사태를 통해서 학습자의 내적 인지 과정을 활성화시켜 주고 보조해 줄 수 있는 다양한 교수 방법을 말한다.

학습성과의 유형과 내·외적 조건은 〈표 3-3〉과 같다.

<표 3-3> 학습성과의 유형과 내·외적 조건

학습의 유형		내적 조건(선수학습능력)	외적 조건(교사가 할 일)
언어 정보	명칭	언어 연쇄를 기억함	명칭을 영상이나 의미 있는 문장에 연결시킴
	사실	의미 있는 정보의 맥락을 기억함	보다 큰 정보의 맥락 속에서 사실을 연결시킴
	지식	관련된 정보의 맥락을 기억함	새로운 지식을 관련된 정보의 맥락 속에 연결시킴
지적 기능	변별	S-R(자극-반응)의 결합을 기억함	동일한 자극과 상이한 자극을 제시하는 상황을 반복하며 피드백을 제공함
	구체적 개념	관련된 대상의 특징 분류에 관하여 기억함	대상에 대한 관련성 없는 특징을 바꾸어 가면서 개념의 여러 가지 예를 제시함
	정의된 개념	구성개념들을 기억함	개념의 구성요소를 제시하거나 개념의 정의를 언어적으로 제시함
	원리	구성개념들 또는 하위원리들을 기억함	원리를 언어적으로 제시함
	문제 해결	관련된 하위원리를 기억함	새로운 문제를 제시하고, 문제해결을 위한 새로운 원리를 제시함
인지 전략		관련된 원리와 개념들을 기억함	• 해결방안이 구체화되지 않은 새로운 문제 상황을 연속적으로 제시함 • 학습자가 문제를 해결할 수 있는 기회를 제공함
운동 기능		구성, 운동연쇄들을 기억함	운동 기능을 연습하는 기회를 제공함
태도		목적된 개인행동들과 관련 있는 정보와 지적 기술을 기억함	사람에 대한 존경심을 확립하거나 기억할 수 있도록 함

• 자료: 윤광보 외(2008). 교육방법과 교육공학의 이해. 파주시, 경기도: 양서원, p. 134.

5. 교수사태

다양한 학습상황에서 의도한 학습성과를 이루기 위해서는 학습의 내·외적 조건이 충족되어야 한다. 이렇게 다양한 학습상황에서 학습의 외적 조건을 제공하는 일련의 절차를 교수사태라고 한다.

Gagné는 학습자의 내적인 측면인 학습 과정에 비추어 교수사태를 9단계로 제시했다.

<표 3-4> 학습 과정과 교수사태

구분	학습 과정(내적)	교수사태(외적)
학습준비	① 주의집중	주의집중 획득
	② 기대	수업목표의 제시
	③ 기억으로부터의 재생	선수학습요소의 회상 자극
획득과 수행	④ 선택적 지각	자극자료의 제시
	⑤ 정보의 저장	학습의 안내
	⑥ 재생과 반응	학습자 수행 유도
	⑦ 강화	피드백(feedback)의 제공
재생과 전이	⑧ 자극에 의한 재생	수행의 평가
	⑨ 일반화	파지와 전이(transfer) 향상

• 자료: 윤광보 외(2008). 교육방법과 교육공학의 이해. 파주시, 경기도: 양서원, p. 135.

Gagné는 학습자의 내적인 측면인 학습 과정에 비추어 교수사태를 9단계를 자세하게 제시하면 다음과 같다.

① **주의집중 획득이다.** i) 학습자의 주의를 집중시키는 것이다. ii) 교사가 아무 말 없이 행동만 한다거나, 목소리를 낮추거나, 학생들의 호기심을 끌 수 있는 이야기를 하는 것도 주의집중의 한 방법이 된다.

② **수업목표의 제시이다.** i) 수업을 통해 궁극적으로 알고자 하는 바가 무엇인지(목표)를 인식시킨다. ii) 학습자에게 있어서 수업목표는 자신이 무엇을 학습해야 하는지를 분명하게 인식하는데 도움을 준다.

③ **선수학습요소의 회상 자극이다.** i) 이번 시간에 공부할 내용과 관련이 있는 선행지식이나 기능을 회상하도록 한다. ii) 회상된 선행지식을 통해 수업내용이 의미롭게 학습된다.

④ **자극자료의 제시이다.** i) 이번 시간에 학습할 학습자료, 즉 교재의 내용이나 관련자료를 학생들에게 제시한다. ii) 실제로 수업할 내용을 학생들에게 전달하는 것으로, 여기에는 다양한 방법을 활용한다.

⑤ **학습의 안내이다.** i) 학생의 학습이 제대로 이루어질 수 있도록 도와주기 위한 안내나 지침을 제공하는 것이다. ii) 학생의 탐구와 사고를 자극하기 위한 질문이나 단서, 암시 등을 예로 들 수 있다.

⑥ **학습자 수행 유도이다.** i) 수업목표에 있는 행동을 학생들에게 나타내 보도록 하는 것이다. ii) 예를 들면, have동사를 활용하여 문장을 만들 수 있는 것이 수업목표였다면, 지금까지의 수업절차(수업사태)를 통해 학습한 내용을 학생들에게 표현해 보도록 하는 것이다.

⑦ **피드백(feedback)의 제공이다.** i) 학생이 나타내는 학습 행동을 확인하고, 그에 대해 적절한 정보를 제공하는 것이다. ii) have 동사를 활용하여 완전한 문장을 만들었다면, 적절한 칭찬을 해 주는 것이 바람직할 것이고, 학생이 틀리게 문장을 만들었다면 틀린 부분에 대해 자세한 설명을 해 주어야 할 것이다.

⑧ **수행의 평가이다.** i) 새로운 학습이 어느 정도로 안정성 있고 신뢰롭게 이루어졌는지를 평가하여 확인하는 것이다. ii) 1시간 단위의 수업인 경우, 수업이 마무리될 시점에 학생들에게 질문을 하거나, 문제를 내어 풀어보고 채점하도록 하는 것이 그 예가 될 수 있다.

⑨ **파지(retention)와 전이(transfer)의 향상이다.** i) 학습한 내용을 오랫동안 기억하고 있다가(파지), 이를 재생하거나 새로운 상황에 활용할 수 있는 능력(전이)을 가르는 데 도움을 주는 단계이다. ii) 지적 기능의 재생을 촉진하는 방안은 '복습'이 권장된다. 즉 새로이 학습한 개념, 원리, 법칙 등을 주 단위나 월 단위로 일정한 간격을 두고서 복습하는 것이 바람직하다.

이러한 **아홉 가지 교수사태를 하나의 사례에 적용**해 보면 <표 3-5>와 같다.

<표 3-5> 교수사태의 적용 사례: 교통 표지판 읽기

교수사태	수업활동
① 주의획득	자동차와 열차가 건널목에서 부딪쳐 두 사람이 죽었다는 신문기사를 읽어 주고, 이 비극은 운전사가 표지판의 모양에 주의를 기울였다면 피할 수 있었을 것이라고 이야기한다.
② 학습목표 제시	이 경우에는 여러 개의 목표가 있을 수 있지만 학생들에게 다음과 같이 목표를 알려줄 수 있다. "여러분은 이 수업에서 표지판의 모양이 도로의 어떤 상황을 나타내는지를 학습하게 될 것입니다."
③ 선수지식의 회상	선수지식은 표지판의 형태를 변별하는 것이다. 이것은 이미 오래전에 충분히 학습하였을 것이다. 만약 그렇지 않으면, 학습자에게 그 형태를 변별할 수 있도록 하는 자료를 제공해야 한다.
④ 자극의 제시	가르칠 표지판의 모양과 각각의 개념적 의미를 나타내는 명칭 - 멈춤, 위험, 철길, 양보 등을 함께 제시한다. 이때 표지판을 하나하나 따로 제시하지 않고 짝을 지어 제시함으로써 독특한 특징에 주의를 기울이도록 한다. 계속해서 한 번에 두 개씩 비교하면서 각 모양의 이름을 알려 준다. 위험의 경우에는 마름모 모양을 지닌 몇 가지 다른 유형의 표지판을 보여준다.
⑤ 학습안내 제공	두 가지 다른 표지판이 들어 있는 여러 개의 화면을 제시한다. 맞거나 틀린 명칭과 함께 표지판의 모양을 보고 그 밑에 이름을 써 넣도록 한다. 이때 학습안내의 목적은 모양을 적절히 부호화하도록 돕는 것이며, 이는 개념의 이름과 함께 대조되는 모양들을 확인하는 연습의 기회를 제공함으로써 이루어진다.
⑥ 수행 유도	"여러분이 멈추어야 하는 표지판은 어느 것입니까?"와 같은 질문을 통해 반응을 이끌어 낸다.
⑦ 피드백 제공	결과에 대한 정보를 제공한다. 반응이 맞았을 경우 "맞았습니다"와 같은 피드백을 제시할 수 있으며, 틀렸을 경우에는 "틀렸습니다"와 같은 문구와 함께 틀린 이유에 대한 설명을 제시하는 구체적인 교정 자료를 함께 제시할 수 있다.
⑧ 수행의 평가	여러 개의 표지판을 보이고, 그 중 어떤 것이 질문한 표지판의 의미와 같은지를 알아내도록 한다. 예를 들면, 학생들에게 멈춤 표지판에는 동그라미를, 철도 표지판에는 네모를, 위험 표지판에는 선으로 표시하도록 한다.
⑨ 전이와 파지 증진	적절한 용어가 여러 개 쓰여진 다양한 모양의 표지판을 다양한 상황에서 제공하고, 그 개념을 확인하는 연습의 기회를 계속 제공한다.

• 자료: 박성익 외(1999). 교육방법의 교육공학적 이해. 서울: 교육과학사.

Gagné의 학습자의 내적인 측면인 학습 과정에 비추어 교수사태를 9단계를 고찰한 바와 같이, **Gagné의 효과적인 수업 활동을 위한 구체적인 방안**은 다음과 같다.

① 학습자에게 주의집중을 시켜 동기유발을 한다(외적 자극에 대한 주의).

② 학습자에게 명확한 교수 목표를 제시한다(학습 후 성취 행동을 말해 준다).

③ 적절한 선행학습을 재생하도록 자극을 준다(본 학습 문제와 관련된 과거에 학습한 지적 능력 및 언어 지식을 상기한다).
④ 자극자료를 제시한다.
⑤ 학습을 위한 방향을 제시해 준다(학습자의 사고 및 학습 방향에 대한 암시나 촉진).
⑥ 수업목표에 있는 행동을 학습자들에게 나타내 보도록 한다(학습자 수행 유도).
⑦ 학습 내용의 파지를 촉진시키기 위해 결과에 관한 지식을 제공해 준다(피드백을 위한 정보제공).
⑧ 새로 학습된 능력을 일반화시키기 위하여 다른 학습으로의 전이를 준비시킨다(일반화시키기 위하여 및 가지의 실례를 제시).
⑨ 성취도를 평가하여 학습된 능력이 활용되도록 파지(retention)를 증진시킨다(학습자에게 다양한 장면에서 자신의 성취를 확인하는 기회를 부여하고 학습된 능력을 활용시켜 기억하도록 한다).

제6절 Ausubel의 유의미 언어학습 이론

Ausubel은 학습이란 대부분 기억작용에 의해서 이루어진다고 하면서 파지와 망각에 관한 포섭이론(subsumption theory)이라는 독창적인 이론을 제시하였다(Ausubel, 1963). **포섭이론이란** 인간의 의식 속에 인지구조라는 조직이 존재하는데, 이 인지구조는 하나의 위계를 형성하고 있으며, 가장 포괄적이고 일반적이며 추상적인 개념이 그 정점을 차지하고, 그 밑으로 다시 하위개념들을 흡수하는 현상으로, 이를 포섭이라는 용어를 사용하면서 접근하였다. 여기서 **포섭의 의미**는 하위의 개념을 포함하며 기존 인지구조에 있는 새로운 개념 및 아이디어로 접근하여 그것들을 흡수하는 관계를 의미한다. 즉 포섭은 학습을 의미하는 것이다.

Ausubel은 교수-학습이론에서 유의미 학습, 선행조직자, 교수 등 3단계를 강조하였다.

① Ausubel의 유의미 학습은 새로운 내용이 기존의 지식과 논리적인 관련성을 가질 때 이루어진다고 보며, 이러한 논리적 관련성은 학습과제가 실사성(substantiveness)과

구속성(nonarbitariness)을 가질 때 가능하다. **실사성(존재성, substantiveness)이란** 어떤 명제를 어떻게 표현하더라도 그 명제의 근본적 의미나 성질이 변하지 않는 명백한 표현을 말하며, **구속성(nonarbitrariness)이란** 일단 임의적으로 맺어진 관계가 시간의 흐름에 따라 점차 하나의 관습으로 굳어져서 나중에 그 관계를 임의로 변경할 수 없게 되는 경우를 의미한다. 따라서 학습과제의 실사성이 높고, 구속성이 있을수록 학습과제는 유의미를 갖는다고 볼 수 있다.

그리고 **유의미 학습이 이루어질 수 있는 조건**으로 i) 학습과제의 유의미성, ii) 학습자의 관련 정착 지식(relevant anchoring idea, 학습자가 새로운 학습과제를 흡수하기 위해 이미 가지고 있는 기존 지식과 관련된 지식), iii) 학습자의 유의미 학습을 위한 학습 자세(learning set, 새로운 학습과제를 자신의 인지구조와 관련시키고자 하는 학습자의 성향)를 제시하였다. 결국 유의미 학습은 논리적으로 유의미한 아이디어나 학습과제가 기존의 인지구조와 관련을 가질 때 포섭의 과정에 의해 일어나며, 유의미 학습에서는 주로 개념, 명제, 아이디어 및 정보 등을 습득하고 이를 재생하고 파지하며 전이하게 된다.

여기에서 **유의미 학습의 조건**을 제시하면 **[그림 3-4]**와 같다.

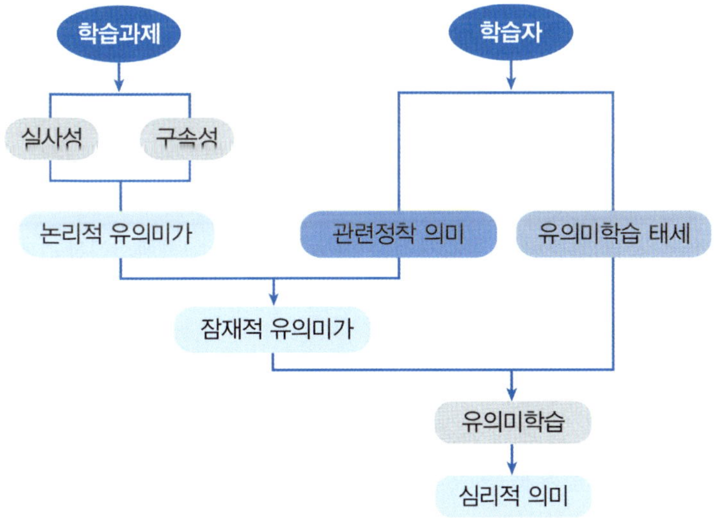

[그림 3-4] 유의미 학습의 조건

• 자료: 유승우 외(2018). 교육방법 및 교육공학. 파주시, 경기도: 양서원, p. 239.

② **선행조직자**란 학습자료가 제시되기 전에 학습자에게 주어지는 복합적인 개념 또는 착상(著想)을 의미하며, 즉 사전에 학습한 내용과 관련하여 설명하며, 통합시키거나 변별시키는 일을 수행한다. 따라서 학습자가 미리 알고 있는 정보와 새로운 정보를 연결시켜 주는 역할을 하는 것으로 이해할 수 있다. 예를 들면, 교육현장에서 활용되는 교과서는 이와 같은 선행조직자를 활용한 대표적인 사례로서, 선행조직자는 새로운 정보와 기존의 지식 사이의 다리 역할을 한다고 할 수 있다.

③ **Ausubel의 교수 이론**에서는 1단계에서 학습 목표를 명세화하고, 선행조직자를 제시하며, 학습자가 갖고 있는 지식과 경험을 알려주는 세 가지 활동이 이루어진다. 2단계에서는 학습과제 및 자료의 제시 및 주의집중이 이루어진다. 또한 학습계통을 명료화하고, 학습자료의 논리적 순서를 명시하는 등의 학습활동이 이루어지며, 3단계에서는 인지적 조직에 대한 강화(reinforcement)로서 새로운 학습자료를 학생의 기존 인지구조에 정착한 비판적 태도의 형성과 그리고 학습과제의 명료화 활동이 포함된다.

Ausubel 유의미 학습의 수업 원리를 제시하면 다음과 같다(하수연 외, 2017; 권성연 외, 2018; 유승우 외, 2018).

① **선행조직자의 원리이다.** 선행조직자는 새로운 학습과제를 학습함으로써 점진적 증진 효과를 높이고 점진적 금지 현상을 최소화할 수 있도록 인지구조를 조정하는 방법이다. 즉 수업의 도입단계에서 주어지는 언어적 설명으로 볼 수 있다. **선행조직에는 두 가지 유형**이 있는데, i) **설명조직자**는 학습자의 인지구조 속의 관련 정착의미와 학습과제가 유사하지 않을 때 학습자료와 관련하여 미리 제시되는 추상적 및 포괄적 내용이다. ii) **비교 조직자**는 관련 정착의미와 학습과제가 유사할 때 그 차이를 분명히 하여 상호 간의 변별력을 증가시키는 내용이다. 결국, 선행조직자는 새로운 학습과제를 학습하기 이전에 제시되는 개론적 내용으로 학습과제보다 추상적이고 포괄적인 내용으로 볼 수 있다.

② **점진적 분화의 원리이다.** 이는 학습 내용 중 가장 포괄적이고 일반적인 의미를 먼저 제시하는 것이며, 즉 점차 세분화되고 특수한 의미로 분화하여 제시하는 것이다. 예를 들면, 생물체→동물→ 포유류로 학습과제를 분화시키는 것이다.

③ **통합적 조정의 원리이다.** 새로운 개념이나 의미는 이미 학습된 내용과 일치되고 통합되어야 한다는 원리이다. 교육과정의 계열은 계속되는 학습이 이전에 학습된 것과 관련되도록 조직하라는 원리이다.

④ **선행조직자 요약 및 정리의 원리이다.** 새로운 학습을 시작할 때 지금까지 학습해 온 내용을 요약, 정리하여 주면 학습이 촉진된다는 원리이다. 요약, 정리의 방법은 해당 학습과제를 반복하면서 확인, 교정, 명료화하는 연습 및 복습 등이 있다.

⑤ **내용의 체계적 조직의 원리이다.** 이는 학문의 내용을 계열적 및 체계적으로 조직하여 학습을 극대화하자는 원리이다. 즉 교육내용의 조직에 있어 계열성과 같은 의미로 볼 수 있다.

⑥ **학습 준비도의 원리이다.** 여기서 준비도란 유전적 영향만을 말하는 것이 아니고 선행경험과 모든 선행학습을 망라해서 개인의 인지구조와 인지능력의 형성에 영향을 주는 것을 말한다. 그래서 준비도는 누가적이며 발달적인 성격을 띠며, 학습자의 기존 인지구조뿐만 아니라 학습자의 발달수준도 고려해야 한다는 원리이다.

상기에서 살펴본 바와 같이, Ausubel의 학습이론에서 교사는 학습의 성과를 높이기 위하여 학습 내용이 이론적으로 조화롭게 조직이 되도록 하며, 더불어 교수과정에서 학습자들의 인지구조에 맞도록 학습과제를 조직해야 한다. 특히 선행조직자는 수업의 도입 부분에서 기존의 지식과 학습 내용을 연결시켜 주어야 한다. 그러므로 교사는 학습자가 새로운 자료의 의미를 명료화하고, 새로운 자료를 수용하기 쉽게 제시하여 유용하고 적합한 지식이 되도록 해야 하며, 지식에 대하여 비판적으로 접근할 수 있는 능력을 증진시키도록 도와주어야 한다.

제7절 Cronbach의 적성-처치 상호작용 모형

Cronbach의 적성-처치 상호작용 모형(ATI: Aptitude-Treatment Interaction, 1969)은 학습자가 보여주는 학습결과는 학습자의 적성 또는 특성과 교사가 행하는 처치 또는 수업방법 간의 상호작용 간의 결과이다. 이는 교사가 학습자의 적성에 부합하는 수업방법을 사용하면 학습이 촉진되지만 학습자의 적성에 부합되지 않는 수업형태를 사용하면 학습은 제대로 이루어지지 않는다는 것이다. 교사는 학습자가 지닌 특성 및 능력의 개인차와 수업방법 사이에 활발한 상호작용이 이루어지도록 학습자의 학업성취도가 극대화되도록 학습자의 특성과 수업방법을 적절하게 조절해야 될 것이다(조성일 외, 2002).

적성-처치 상호작용 모형의 기본 입장은 다음과 같다(윤광보 외, 2008).

① 학습결과는 학습자의 적성 또는 특성과 교사가 행하는 처치 또는 수업방법의 상호작용 결과이다.
② 학습자 개개인은 각기 다른 적성을 가지고 있으므로 그에 따라 교수 방법을 다르게 투입함으로써 학업성취를 극대화할 수 있다.
③ 학습자 개개인의 적성에 적합하게 수업의 절차를 다양하게 변화시킴으로써, 개인차에 따른 문제를 줄이면서도 공통의 목표에 도달할 수 있다.

한편 **적성이란** 학습자 개인이 가지고 있는 개인적 특성이며, 적성 변인의 종류로는 일반지능, 특수지능, 학업성취도, 인지 양식, 개념 수준, 학습속도, 선행조직자, 학습 동기, 자아개념, 자신감, 강화의 내재적 및 외재적 통제 초점, 사회계층, 인종, 성별 등이 있다. 처치는 학습 과정의 구성, 전개, 제시 방법 등과 같은 수업형태와 절차이며, 처치 변인으로는 수용학습-발견학습, 학생 중심-교사중심, 프로그램 학습-전통적인 수업, 귀납적 자료제시-연역적 자료제시, 개별적 수업-협동적 수업, 구조화된 학습과제-비구조화된 학습과제, 도형을 이용한 학습과제의 제시-문자를 이용한 학습과제의 제시, 시각적 방법에 의한 학습과제 제시-청각적 방법에 의한 학습과제 제시 등이 있다(신재흡 외, 2008).

Cronbach의 적성-처치 상호작용의 기본 모형은 [그림 3-5]와 같다.

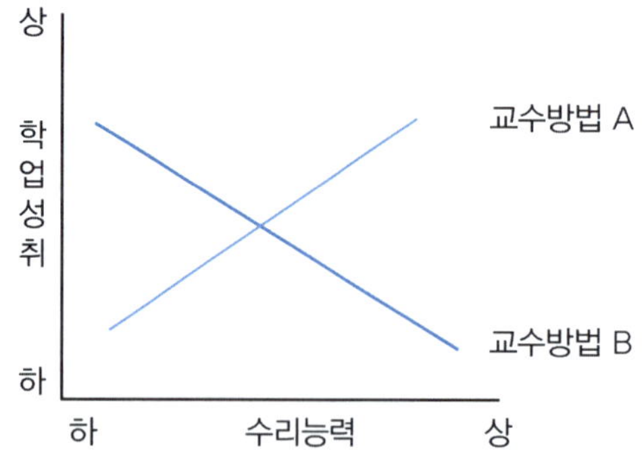

[그림 3-5] Cronbach의 적성-처치 상호작용의 기본 모형

• 자료: 윤광보 외(2008). 교육방법과 교육공학의 이해, p. 163.

[그림 3-5]에서 살펴본 바와 같이, 학습자의 특성에 따라 효과적인 수업방법이 서로 다르다는 점을 보여주고 있다. ① 교수 방법 A: 수리능력이 높은 학생에게 적합하다. ② 교수 방법 B: 수리능력이 낮은 학생에게 적합하다. ③ 어떠한 교수 방법이라도 그 자체로 효과적일 수는 없고, 학생의 특성에 맞는 방법을 적용할 때 학습의 효과는 극대화된다고 볼 수 있다.

또한 **Berliner**(1973) **등**은 이러한 적성-처치 상호작용의 개념이 보다 발전된 것으로 **과제-특성-처치 상호작용**(TTTI: Task-Trait-Treatment Interaction)**이라는 개념이 제시하고 있다.** 이는 학습자의 학습결과가 단순히 적성과 수업방법 사이의 상호작용뿐만 아니라 학습과제에 내포된 수업목표가 무엇인가에 의해서도 영향을 받게 된다는 것이다. 즉 학업성취도는 학습과제와 학습자의 특성, 학습자에게 제공되는 수업 처치 등 세 변인 간의 상호작용이 결과로 보고자 하는 것이다. 이처럼 과제-특성-처치 상호작용 모형은 학습과제의 목표 또는 성격에 관한 정보 및 학습자의 투입행동의 진단에 의한 정보를 토대로 해서 수업계열, 수업 매체, 학습집단 구성에 대한 교사의 결정이 이루어짐으로써 최대의 수업 효과를 획득할 수 있음을 보여주고 있다.

연습 및 탐구문제

1. Bruner의 지식의 구조를 교육현장에 적용하는 방안에 대해 논의해 보자.

2. Carroll의 학교학습모형의 변인에 따른 자신의 학습 스타일을 분석해 보시오.

3. 특정 단원을 선정하고, Bloom의 완전학습을 위한 교수 절차를 학습 전, 학습 중, 학습 후로 나누어 수업계획을 해 보시오.

4. 특정 단원을 선정하고, 수업 도입에서 선행조직자의 예를 들어 보시오. Gagné의 수업의 사태에서 초기 세 가지 활동은 무엇인가? 구체적으로 설명하시오.

5. Keller의 동기 이론의 관점에서 볼 때, 현재 학교 교육에서 이루어지고 있는 일반적인 수업의 경우 어떤 측면이 제대로 구현되지 못한다고 볼 수 있는가?

6. 사범대학 학생인 A 예비교사는 올해 대학생 멘토링 프로그램에 멘토로 뽑혀 인근 중학교의 2학년 B 학생을 지도할 기회를 가지게 되었다. 학습부진아인 B 학생은 공부에 전혀 흥미가 없었다. 관찰을 해보니 학습 태도가 너무 소극적인 이유가 지속적인 학습 부진으로 자신감이 너무 없는 것이 문제였다. B 학생의 자신감을 높여 주기 위해 적용해 볼 수 있는 주요한 수업전략을 Keller의 ARCS 모형에 기초하여 구체적으로 제시하시오.

7. Reigeluth의 정교화 이론을 적용한 학습자 중심 교수설계를 어떻게 할 것인지 기술하시오.

Chapter 04

교수자 중심 교육방법

〈학습 목표〉

1. 효과적인 강의법의 요건 및 일반적 기술을 설명할 수 있다.
2. 강의법이 갖는 장점과 단점을 네 가지 이상 열거할 수 있다.
3. 교수자 중심의 교육방법으로서 강의법이 발전해 온 과정, 강의 전에 확인할 사항, 준비과정, 실시과정에 대하여 설명할 수 있다.
4. 토의법의 유형을 특징별로 구별할 수 있다.
5. 토의법의 장·단점을 세 가지 이상 열거할 수 있다.
6. 팀티칭을 실행할 때 좋은 점과 교사들에게 필요한 자질을 제시할 수 있다.
7. 플립러닝의 특성과 필요성을 설명할 수 있다.
8. 플립러닝의 긍정적 효과와 제한점을 열거할 수 있다.

〈Key Word〉

강의법, 토의법, 플립러닝, 팀티칭, Herbart의 5단계 교수법, 원탁식 토의, 배심 토의, 공개토의, 심포지엄, 대화식 토의, 버즈 학습, 브레인스토밍, 세미나, 거꾸로 수업

제4장에서는 교수자 중심의 교육방법에 관해 고찰하기로 한다. 전통적으로 오래된 강의법, 토의법, 플립러닝(flipped learning), 팀티칭 등에 대해서 기술하였다.

제1절 강의법

강의법(lecture method)**의 어원**은 라틴어 lectore(큰 소리로 읽다)에서 찾아볼 수 있으며, 해설에 의한 일방적인 교수-학습방법으로 문제형식으로 제기된 어떤 사항 또는 관념을 학생들에게 이해시키기 위하여 설명하는 과정이 포함된 교수-학습법 측면의 제반 절차를 의미한다. 본 절에서는 강의법의 역사적 흐름, 강의법의 장·단점, 강의법의 요건 및 일반적 기술 등을 제시하고자 한다.

1. 강의법의 역사적 흐름

강의법은 여러 교수-학습방법 가운데 가장 역사가 오래된 것으로, 동서양을 막론하고 귀족·공무원 양성을 목적으로 사용되었다. 또한, 철인들과의 대화가 강의법의 시초가 되었으며, 교육에서 전통적으로 사용되고 있는 방법이다. 그러나 강의법은 20C에 들어오면서 진보주의 사조의 영향으로 비판의 대상이 되어 왔다. 즉 언어를 통해 지식 및 정보를 일방적으로 전달하는 방법으로서 전이와 파지가 저조한 전형적 주입식 교수-학습방법이라는 지적을 받아왔다. 그러나 인간은 언어생활을 통해 의사가 전달되기 때문에 이 방법은 유행적 가치보다는 고전적 가치를 지닌 전통적인 교수-학습방법 유형임에 틀림없으므로 강의법의 연구를 수정 및 확대, 발전시키는 것이 대단히 중요한 과제이다.

따라서 강의법의 중요성을 다시금 재인식하는 입장에서 **강의법의 역사적 흐름**을 고찰하면 나음과 같다.

① **희랍 시대에 사용했던 방법으로 Protagoras의 모순반박방법(antilogy)이다.** 이는 어떤 그릇된 주장을 먼저 제시하고 그것을 웅변의 출발점으로 삼아 분석하여 모순임을 증거도록 하는 방법으로, 자신의 올바른 견해를 전달 및 제시하는 형태로 강의에 활용하였다고 한다(이성호, 2001).

② **로마 시대 교육목적 중 하나인 웅변인 양성에 있어 수사학 교수법에서는 언어구사력이 중요시되었다.** 수사학 교수법의 세 가지 절차는 ⅰ) 학생들에게 교재에 나타난 개념, 원리, 규칙들을 소리 내어 반복하여 읽도록 하며 암송케 한다. ⅱ) 교사는 구두 설명을 통해 학생들이 반드시 읽어야 할 제 모형을 제시한다. ⅲ) 학생들은 그 모형을 모방하고 반복 및 연습하여 습관화시킨다. **이러한 예는 우리나라 서당에서의 암송법에서 볼 수 있다**(김광자, 2000).

③ **소크라테스 교수법에는 권유법(exhortation)과 대화법이 있는데,** 전자는 학습자에게 교육목표에 관심을 갖도록 권고하는 방법이며, 후자는 교수자와 학습자에게 문제의식을 제기하고 해결하도록 유도하는 방법으로서 어떤 특정개념에 대한 경험, 사고를 도출하여 학습자에게 끊임없이 질문을 던지는 수업형태이다.

④ **중세시대 신 중심의 교육이 중시되면서 현세보다 내세를 위한 신앙인 양성이 교육의 목표가 되던 시기에 Abelard가 제시한 화해법을 스콜라학파 교수법이라고 했다.** 화해법이란 전통적 교리의 합리적 설명을 주제로 하는 것으로 이성을 중시하는 철학과 믿음을 중요시하는 그리스도교적 신학 간의 화해 및 합리화를 의미한다.

⑤ **18세기에서 19세기 교육이론이 체계화되면서 Herbart는 5단계 학습이론을 제시하였다.** ⅰ) **준비단계**(과거 경험을 정리 및 요약하면서 과거에 배운 내용을 회상시키며 또한 현재 학습할 개념에 관심을 갖도록 자극 및 유도하는 학습 동기 형성의 단계), ⅱ) **제시단계**(학습자에게 개념제시를 분명히 하면서 다양한 언어를 구사한다), ⅲ) **결합단계**(학습할 개념과 기존 개념과의 유사성, 차이점, 특징 등을 파악해서 비교 및 대조하는 단계), ⅳ) **체계화 단계**(제시된 개념을 결합시키고 분류 및 조직하는 단계), ⅴ) **적용단계**(학습한 내용을 검증하기 위하여 학습자들에게 과제를 부과하여 적용시켜 보는 단계) 등이 있으며, Herbart의 5단계 교수법은 다음에 소개될 3단계 교수법과 비슷하다.

⑥ **오늘날 가장 많이 쓰이는 3단계 수업 전개법은 도입, 전개, 정리 및 평가단계이다. 도입단계(준비·제시)**는 선행학습과 관련하여 현재 학습에 관심을 가지도록 개념을 연결시키며 학습 동기 유발을 하는 단계이다. **전개 단계(결합·체계화)**는 교수-학습활동이 본격적으로 이루어지는 단계이며, **정리 및 평가단계(적용단계)**는 학습한 내용을 정리 및 요약하여 학습의 이해도를 높이며 학습 목표달성 여부를 파악하는 단계이다.

상기와 같이 오랜 역사를 지닌 강의법은 교육이론과 더불어 다양하게 변천되어 왔다. 오늘날 무책임한 교사들에 의해 안일한 교수-학습방법으로 사용되기도 하며, 지혜로운 교사에게는 학습자들에게 명강의의 박수갈채로 호평을 받기도 한다. 강의법은 비판의 대상이 되기도 하며, 때로는 최대의 교육적 효과를 거두는 수업방법이 되기도 한다. 따라서 모든 교사는 강의법이 가지고 있는 좋은 점을 최대한 살려서 학습자들에게 양질의 교육을 제공하도록 노력해야 할 것이다.

2. 강의법의 장·단점

강의법은 교사의 능력이나 재치 혹은 재량에 따라 세상에 존재하는 모든 교수-학습방법을 아울러서 다각적으로 활용하는 것이 바람직하다. 즉 강의를 진행하다가 어떤 때는 시청각방법으로, 토의형식으로, 상호학습 방법으로, 연극식으로 필요에 따라 얼마든지 변화를 주면서 강의를 진행할 수 있다는 것이다.

우선 **강의법의 장·단점을 통해서 효과적인 강의법의 기술**에 대해서 언급하고자 한다.

1) 강의법의 장점

① 단시간에 다양한 학습 내용을 많은 학습자에게 체계적으로 전달할 수 있으며,
② 학습 흥미를 촉발시키고 학습 동기를 유발하는데 좋은 수단이다.
③ 언어만으로 모든 내용을 전달할 수 있기 때문에 교과서 이외의 경험과 지혜를 통해 산지식으로 전환시킬 수 있다.
④ 교과서에 없는 사실의 전달이나 이해하기 곤란한 사항의 설명에 유리하며, 교과서 내용을 재조직하여 보충하는데 편리하다.
⑤ 교사의 언어적 표현력이 강할수록 학습자를 강하게 그리고 쉽게 자극시킬 수 있으며,
⑥ 학습환경에 맞추어 강의방법을 자유로이 변화시킬 수 있기 때문에 학습효과를 쉽게 올릴 수 있다.
⑦ 듣고 쓰면서 생각하고 총괄하여 요점을 정리하는 힘을 기를 수 있으며,

⑧ 강의법을 잘 활용하면 사실이나 사건을 생생하게 표현할 수 있어 학습자의 이해력을 높일 수 있는 교육적 효과를 얻을 수 있다.
⑨ 새로운 단원 도입에 유효한 수단이며,
⑩ 중요한 사항의 강조, 선행학습과의 관계를 명확히 하거나 학습 전체를 조망하는데 유효한 수단이다.

2) 강의법의 단점

① 학습자의 개성이나 능력이 무시된 획일적 수업이 되기 쉬우며,
② 교사의 능력, 특히 지식에만 의존함으로 인하여 교사의 지식이 절대적으로 영향을 준다.
③ 자율적인 학습 태도를 기를 수 없으며,
④ 학습 내용에서 이탈하기 쉽다.
⑤ 학습자의 능동적 참여의 기회가 없으므로 수동적 학습형태로 이끄는 경향이 많다.
⑥ 교사의 일방적 강의에 의하므로 학습활동 측면에서 개별화, 사회화가 이루어지기 어렵다.
⑦ 강의 내용을 받아 적는데 열중하게 되면 내용의 이해와 비판이 어렵다.
⑧ 교과서 내용을 설명에 그칠 경우 이해도가 낮을 가능성이 크다.
⑨ 제한된 수업시간과 언어 위주의 설명 때문에 학습자 스스로 문제를 해결하는 능력이 부족할 수 있다.
⑩ 초등학교 저학년이나 지능이 낮은 학생은 수업 진행에 대한 부담을 가질 수 있다.
⑪ 교과서의 설명에 그치면 시간만 낭비하게 된다.
⑫ 학습자가 문제해결에 대한 능력을 연마하는데 필요한 기회를 충분히 줄 수 없다.

3. 효과적인 강의법의 요건 및 일반적 기술

1) 강의법의 요건

① **직관적이어야 한다.** 학습자료나 사건을 눈앞에 보는 것과 같이 생생하고도 자세히

서술하여야 한다. 교사는 학생들이 그 물건, 그 사건, 그 사실을 보고 있지는 못할지언정, 마치 그것을 보고 있는 것과 같이 느끼고 듣도록 할 수 있는 강의능력을 갖추어야 한다.

② **동적으로 전개되어야 한다.** 앞에서 이야기한 것이 다음 이야기를 자연스럽게 이끌어 올 수 있도록 서술을 전개시켜 가는 것을 의미하며, 또한, 학생들 자신이 교사의 강의를 들으면서 그다음 과정을 예상할 수 있도록 전개시키는 것이 이상적이라고 할 수 있다. 따라서 강의 내용을 동적·발생적으로 전개시킴으로써 학생이 다음 이야기를 기대하도록 긴장 상태를 유지하면서 진행해야 한다.

③ **강의 내용은 사실에 근거를 두어야 한다.** 이는 자유로운 분위기에서 이루어지는 것이니만큼 교사의 주관적인 학습 내용의 형성이 용이하게 되므로 이와 같은 결함을 갖기 쉽다. 따라서 강의법은 객관적이어야 한다.

2) 강의법의 일반적 기술

① 오랜 시간 동안 강의가 계속될 때는 미리 강의 개요를 제시함으로써 학습자가 강의 내용을 명료하게 이해하도록 한다.

② 강의시간에는 도표, 도해 및 기타 시청각 교구를 병용한다.

③ 학습자에게 문제를 제시하는 형식을 취하며 강의한다.

④ 유추적·기대적 태도를 가지도록 진행한다.

⑤ 학습자들의 청취 태도를 파악하고 그에 따라 강의의 진도 및 정도를 조절한다

⑥ 수시로 토의를 삽입하고 유머를 사용하며, 항상 부드러운 표정으로 학습자를 대한다.

⑦ 학습자의 반응을 포착하면서 강의 내용이나 형식을 자연스럽게 전환시킨다.

⑧ 학생들이 질문할 기회를 주고 요점을 요약해 주는 등 그들의 이해 정도를 살피면서 진행한다.

⑨ 교사는 학습자의 성장·발달을 고려하여 언어를 선택 사용하여야 한다.

⑩ 교사 자신의 음색, 음성, 음감을 조절하여 학습자로 하여금 권태를 느끼지 않도록 한다.

⑪ 교사 각자가 갖고 있는 행동적 및 언어적 버릇을 빨리 교정하도록 한다.

⑫ 학생의 주의와 관심을 끌어낸다.

⑬ 가급적 자기의 경험에 의거한 것 중에서 구체적으로 설명할 대상을 찾는다.

⑭ 질문법과 토의법을 적절히 사용한다.

제2절 토의법

토의법은 학습의 사회화를 도모하는 공동학습의 형태이며, 집단구성원 간의 지식 경험을 교환하여 교육목적을 달성하는데 있다. 여기에서는 토의법의 개념, 토의법의 단계, 토의법의 유형, 토의법의 장·단점 등에 대해서 고찰하기로 한다(고재희, 2009; 김준권·옥장흠, 2008; 윤광보 외, 2008; 조성일 외, 2006; 유구종·강병재, 2005).

1. 토의법의 개념

토의법(discussion method)은 거슬러 올라가 소크라테스의 산파법에서 기원을 찾아볼 수 있다. 아울러 Dewey가 실용적 진보주의를 주장하였는바, 진리란 절대적인 것이 없고 사람마다 상대적이기 때문에 자신이 알고 있는 지식을 선행으로 새로운 지식을 받아들인다는 논리에서 토의법의 유래를 찾아볼 수 있을 것이다. 이후 Dewey의 영향을 받은 1915년 Parker가 회화법이라 논했으며, 그 후 토의법으로 이름이 바뀌었다. 한편 토의법은 학습의 결과보다는 과정을 중요시한 인지심리학이 1970년대 초에 등장함으로써 그 중요성이 더욱 인식되게 되었다. 그리고 21세기에는 구성주의가 큰 호응을 받고 있는데, 이는 21세기의 새로운 인간상, 즉 '창의적이며 문제해결 능력이 있는 자기 학습력을 지닌 인간'이기 때문이다. 이러한 측면에서 토의법은 그 중요성과 효과를 인정받고 권장되고 있다.

토의법은 학습자 상호 간의 의사교환을 통해 결론에 도달하는 학습활동이다. 토의법은 하나의 주제를 놓고 각자의 의견을 밝히고 남의 의견을 청취하는 집단과정을 통해서 문제의 해결점에 도달하는 방법이다. 따라서 이 학습법은 학습자 개개인의 내적 특성과 경험, 그리고 그들의 사고작용을 최대한으로 활용하여 내부에서 이끌어냄으로써 학습자 스스로가 자발적으로 교사가 설정한 학습성과에 도달하게 하려는 것이다.

토의법의 기본 조건을 제시하면 다음과 같다(김준권·옥장흠, 2008).

① 토의 주제는 학생에게 의미 있는 주제이어야 한다.
② 발언의 기회는 공평하게 주어져야 한다.
③ 토의 분위기는 자유로워야 한다.
④ 토의 주제에 대해서 참석자들은 사전에 준비 조사를 해야 한다.
⑤ 남의 의견을 성실하게 듣는 태도를 지녀야 한다.

2. 토의법의 단계

토의법의 단계를 토의 전 단계, 토의 중 단계, 토의 후 단계 등 3단계로 구분해서 기술하고자 한다(윤광보 외, 2008).

첫째, 토의 전 단계는 다음 사항에 주의해야 한다. i) 토의가 시작되기 전에 교사는 토의에 적절한 주제를 선정해야 한다. ii) 토론하기 전에 교사는 학습자들이 공통의 학습배경을 갖추도록 해야 한다. 만약 소수만이 그 내용을 알고 있으면 그들의 발언을 주도하여 진정한 토의가 일어나지 못한다. iii) 토의 전에 교사는 토의의 목표를 정해야 한다. iv) 원만한 의사소통을 위해 교사는 적절한 좌석 배치를 하여야 한다. 좌석 배치는 서로 마주 보는 것이 가능하고, 발언권이 참여자에게 골고루 분배될 수 있는 원형 형태가 적절하다.

둘째, 토의 중 단계에서의 유의 사항을 소개하면 다음과 같다.

① **토의 진행 중 학생과 교사의 역할 측면**을 살펴보면, 학생은 토의의 주제에 대해 각자 입장을 제시한다. 그러고 나서 자신 입장에 대한 이유와 근거를 자세히 밝힌다. 또한, 자신의 의견에 대한 타 학생의 비판에 대해서도 적절한 이유와 근거를 들어 방어한다. 한편 교사의 역할은 토의의 의장, 안내자, 요약자, 심판, 중재인으로서 많은 숨은 역할이 부여되어 있다. 하지만 토의를 이끌어 갈 때 교사에게는 자기도 모르는 사이에 빠지기 쉬운 함정이 있다. 이 함정은 지적 측면의 함정과 사회 정서적 측면의 함정으로 나누어진다.

② **지적 측면의 함정**에는 i) 편견이 있다. 이는 교사가 토의의 주제에 대한 답을 자기도 모르게 은근히 발해 버리는 경우이다. 결국, 진정한 토의가 이루어지지 않는다.

ii) 양보 현상이 있다. 이것은 학습자가 동료 학습자의 의견에 동조해 버리는 것이다. iii) 취소 현상이 있다. 이는 토의에 필수적인 중요한 정보를 빠뜨리거나 일부러 주지 않은 경우이다. iv) 교착 현상이 있다. 토의 중에 같은 주장이 반복되거나 너무 긴 휴식이 계속되거나, 주제와 무관한 주장들이 제시되거나 토의에 싫증을 느끼거나, 주의 집중하지 않는 경우를 말한다.

③ **사회 정서적 함정**에는 i) 참여의 문제가 있다. 토의할 때 흔히 여학생보다는 남학생, 어린 학생보다는 나이가 많은 학생, 그리고 공부 못하는 학생보다는 공부 잘하는 학생들이 발언권을 독점하는 경우가 많다. 이런 경우에도 진정한 의미의 토론은 일어나지 않으므로 교사는 주의해야 한다. ii) 감정의 손상 문제가 있다. 토의 도중 동료의 의견에 비웃거나 조롱을 하거나 은근히 적대감을 나타내는 경우가 발생하곤 한다. iii) 집단구성이 잘못된 경우가 있다. 평소에 서로 적대감을 갖는 학생들을 한 토의집단에 두면, 상대방의 의사에 대해 반대를 위한 반대를 하는 경우가 생겨 진정한 토론이 이루어지지 않는다.

셋째, 토의 후 단계에서 유의 사항을 소개하면 다음과 같다. 이 단계에서는 노트를 정리하거나 기록으로 남겨야 할 점이 있다. 기대하지 않았던 아이디어나 좋은 점, 문제점, 오류 등을 기록해 두면 다음 토의에 많은 도움이 된다. 그리고 토의에 대한 전반적인 평가를 해보고, 학생들의 평가를 들어본다거나 질문지를 통해 반응을 알아보고 전체적인 평가를 한다.

3. 토의법의 유형

1) 원탁식 토의

원탁식 토의(round table discussion)란 어떤 형식에 구애되지 않으며, 10명 내외의 참가자 전원이 원탁에 둘러앉아 자유로운 분위기에서 토의하는 것이다. 토의 방법은 학급의 전체 학생들이 특정한 주제에 대한 정보를 서로 교환하고, 그 정보를 분석, 평가하여 결론에 도달하는데 활용한다. **원탁식 토의의 궁극적인 목적**은 의사결정이나 목적 설정이라기보다는 역시 활발한 아이디어의 상호 교환에 있다. 전체 학생들이 능동적으로 참여하고, 상호협력적 태도로써 충분한 의견의 발표 및 청취와 자유로운 분위기가 전제될 때 이상적인 토의가 이루어질 수 있다. 이때 사회자는 참가자 전원이 상호협조적 태도로 토의가 진행될 수 있도록 유의하여야 한다.

2) 배심 토의

배심 토의(panel discussion)는 특정 주제에 대해 상반되는 견해를 대표하는 대표자(배심원)를 4~5명 정도 선정하여 사회자의 안내로 토의를 진행하는 것이다. 사회자가 대표자를 소개한 후 주제와 논점을 소개하는 것으로 토의가 시작된다. 토의과정에서 우선 대표자의 발표를 청중은 듣고 사회자가 필요하다고 판단될 때는 청중을 논의에 참가시켜 질문이나 발언의 기회를 주기도 한다.

배심 토의를 활용할 때 유의해야 할 사항은 다음과 같다(이화여자대학교 교육공학과, 2002).

① 공식적인 발표나 강의를 하지 않고 다소 비공식적인 대화를 중심으로 이루어지므로 논리적이고 체계적인 정보의 제시는 어려울 때가 많다.
② 패널 개개인이 의견을 발표하는데 소요 시간을 통제하기 어렵다.
③ 모든 질문에 대해 완벽한 응답을 기대하기 어렵다.
④ 발표자는 예리한 사고의 소유자이어야 하며 즉석에서 명확하게 답변할 수 있어야 한다.
⑤ 배심 토의는 약 15~45분간 지속되는 것이 보통이며, 1인당 2~3분을 소요하지 않는 범위 내에서 간결하게 의사를 발표함으로써 다양하고 빈번한 의견교환이 이루어지도록 해야 한다.
⑥ 배심 토의는 논리적이고 체계적인 정보의 제시가 어려우므로 청중에게 지식, 정보의 전달을 목적으로 하는 것이 아닌 주제 관심이나 동기 유발, 다양한 의견을 수용하고 합리적인 결론에 도달하는 과정 등을 학습목적으로 설정해야 한다.

3) 공개토의

공개토의(forum discussion)는 1~2명의 발표자가 주어진 시간 내에서 공개적인 발표를 한 다음 그 내용을 중심으로 발표자와 청중 사이에 질의응답의 과정을 통하여 토의하는 형식이다. 이때 사회자는 발표 시간을 적절히 조절해야 한다. 흔히 학급 자치회, 전교 집회 등에 적용하는 방법이며 전문가가 참가하면 더욱 효과적이다.

4) 심포지엄

강연식 토의라고도 한다. 이는 배심 토의보다는 좀 더 형식적이고 자유로움이 억제되는 방식으로, 준비된 회의장이나 동일한 문제에 대하여 2명 또는 그 이상의 강연자가 논점이나 문제점에 대하여 여러 측면에서 의견을 발표하며, 강연자가 결론을 내리면 사회자 또는 청중이 이에 질문하고 강연자가 대답하는 형식이다. 발표내용이나 필요한 자료는 미리 배부하여 토의 진행에 도움이 되도록 한다. 그리고 심포지엄은 일반적으로 사회자나 발표자, 참석자가 전문적인 지식을 갖는다는 특징이 있다.

심포지엄(symposium)을 할 때 유의해야 할 사항은 다음과 같다(이화여자대학교 교육공학과, 2002).

① 한 가지 주제만을 다룰 수 있다.
② 발표자의 사전준비가 미비할 경우 단지 의견만 제시될 뿐이다.
③ 발표자, 학습 청중자(floor) 모두 그 주제에 대해 다양한 지식이나 경험 등을 가지고 있어야 한다.
④ 주어진 주제에 대해 계속적으로 발표가 이루어지기 때문에 발표내용의 혼동을 가질 수 있으며 발표자가 발표시간을 초과할 경우 지루하게 전개될 수 있으므로 유의한다.

5) 대화식 토의

대화식 토의(dialogue discussion)는 주제에 관련된 전문가를 초빙하거나 또는 현장을 방문해서 그 주제에 관하여 설명을 듣고 질문을 하여 더 잘 이해하도록 하는 방법이다.

토의 교수-학습법의 좋은 점은 다음과 같다.

① 토의과정을 통하여 학습자의 사회화를 도모할 수 있으며,
② 자신 생각과 의사를 분명하게 하면서 적절히 표현하는 기회를 제공할 수 있다.
③ 타인의 의견을 이해하고 존중하며 비판적으로 수용하는 태도를 길러준다.
④ 주제에 관한 흥미와 관심을 고취 시켜 자발적인 학습활동이 가능하다.
⑤ 집단적 사고의 경험을 통하여 민주적인 태도를 기를 수 있다.

반면에 **토의 교수-학습법의 제한점**으로 발표내용보다 발표자에 중점을 두거나 감정에 치우치기 쉬우며, 또한 방관적인 태도를 지닌 사람이 많을 수 있다. 소수의 의견이 경시되거나 무시되기 쉬운 점이 단점으로 지적된다.

토의 교수-학습법을 진행할 때 유의 사항은 다음과 같다.

① 토의과정에서 필요한 자료는 미리 준비한다.
② 토의는 소수의 우수한 학생들이 독점하지 않고 모든 학습자가 적극적으로 참여하도록 배려해야 한다.
③ 의견발표가 자유롭게 될 수 있도록 분위기를 조성한다.
④ 토의는 소수의 의견도 존중되도록 진행되어야 한다.
⑤ 토의는 전체 질서를 존중하고 그릇된 토의가 되지 않도록 한다.
⑥ 토의의 목적은 상대방을 설득시키는데 있는 것이 아니라 협동적인 문제해결에 있음을 이해하게 한다.

6) 버즈 학습

버즈(Buzz) 학습은 Michigan 대학의 Philips에 의해 고안되었으며, 이 학습법은 학급 전체가 토의하기엔 부적절한 경우, 수업 분위기가 침체 되었거나 수업이 단조로울 때 분위기를 전환할 경우에 소집단으로 나누어 토의하는 학습형태이다. 여기서 Buzz란 벌이 윙윙거리며 날개 치는 소리를 의미하며, 여러 개의 소집단이 가볍게 상호의견이나 기분을 이야기하는 방법으로, 마치 그 모습이 벌집을 건드린 것과 같다는 데서 붙여진 이름이다. 버즈 학습은 원칙적으로 하나의 테마에 6명으로 구성된 소집단이 6분간 토의하기 때문에 **6·6 토의법, 버즈 집회법, 윙윙 학습법, 와글와글 학습법** 등으로 불린다.

특히 이 학습법은 다인수 학급에서 우수 학습자만이 수업 활동을 좌우하고 전체

학생들이 발표의 기회를 갖지 못하는 결함을 제거함으로써 전체 학급구성원이 적극적인 태도로 학습에 참여하는데 그 의의가 있다.

버즈 학습의 진행방법은 ① 사회자로부터 토의할 주제에 대한 설명을 듣는다. ② 그 자리에서 5~8명의 작은 그룹으로 나눈다. ③ 각 그룹에서 각자 소개를 한 후 사회자와 기록자를 정한다. ④ 주어진 주제에 대하여 일정한 시간에 토론한다. ⑤ 각 그룹의 사회자 또는 기록자가 각 그룹의 토론을 전체에게 발표한다. ⑥ 전체 사회자는 그 발표를 순차적으로 정리한다.

버즈 학습의 장점으로는 ① 그룹의 인원수가 적기 때문에 심리적 긴장감이 적다. ② 많은 학습자의 발언을 기대할 수 있다. ③ 참가자 전원이 문제를 이해하는데 참여한다. 그리고 버즈 학습의 단점으로는 그룹 사이에 분열이 생기기 쉬우며, 그룹의 의견에 구속을 받으며 전체 수업에서 개인의 바른 의견이 나오기 어려울 수도 있다. 이를테면, 각 그룹마다 고르게 적절한 지도가 어려운 것이 사실이며, 이 학습법에 익숙하지 못한 학생들은 시간을 낭비할 수 있다. 또한, 자주적으로 토의를 진행할 수 없는 저학년의 경우는 사용 불가능하다.

따라서 **버즈 학습**은 개별학습과 집단학습을 통합하는 포괄적 교육관에 토대를 둔 교수-학습활동 체제와 학력 신장과 인간관계 형성을 도모하는 교수-학습활동 지도의 통합체제로 볼 수 있다.

7) 브레인스토밍

브레인스토밍(brainstorming)이란 폭풍우가 내리는 날 번개가 치는 것처럼 떠오르는 기발한 멋진 생각을 잘 포착해 낸다는 의미를 갖고 있다. 학습상황에서 학습자의 창의력을 촉진시키고 학습 참여도를 높여 주는 교수 방법으로 사전에 어떤 것을 계획하고자 할 경우에 활용된다. 그리고 이 학습법을 **팝콘**(Pop Corn) **회의**라고도 하는데, 즉 옥수수를 튀길 때 어느 정도 열이 가해지면 알이 튀겨지는 현상처럼 마치 학생이 의견을 발표하는 모습을 비교한 명칭으로 단기간에 화끈하게 토의하는 브레인스토밍의 특징을 설명하고 있다.

브레인스토밍의 기본원리는 전체 인원이 12~15명 정도이며, 주제 및 문제는 구체적이어야 한다. 또한, 문제해결 방법은 다양해야 하며, 우선 다양한 아이디어를 개발해야 한다. 비판은 허용되지 않으나 토론의 분위기는 자유로워야 한다. 참석자들은 다른 참석자의 생각을 참고로 하여 자기 생각을 보완하거나 종합해야 함과 동시에 문제에 대해서 정통해야 할 것이다. 그리고 가능한 한 브레인스토밍 방식의 토론법에 익숙한 사람을 참여시키는 것이 좋을 것이다.

브레인스토밍의 효과적인 방법은 세밀한 사전계획이 필요하며, 참여 인원은 12~15명 정도가 좋고, 시간은 10~15분이 적당하다. 그리고 진행 과정에서 진행자와 기록자가 있어야 하며, 이때 진행자를 교사로 할 필요는 없으나, 진행자로 선정될 경우 교사는 반드시 시작 전에 선정된 주제를 설명해 주어야 한다. 또한, 주제는 구체적이어야 좋다. 여기서 교사가 유의해야 할 사항은 진행 도중에 학생의 거리낌 없는 발표를 유도하기 위해서 평가 및 비판을 금해야 한다.

8) 세미나

참가자 모두가 토의 주제 분야에 권위 있는 전문가나 연구가들로 구성된 소수집단 형태이다. 세미나(seminar)를 주도해 나갈 주제 발표자의 공식적인 발표에 대해 참가자들이 사전에 준비된 의견을 개진하거나 질의하는 방식으로 토의가 이루어진다. **세미나**는 참가자들에게 특정 주제에 대한 전문적인 연수나 훈련의 기회를 제공해 주는데 목적이 있다. 따라서 참가자 전원은 보고서 형식의 간단한 자료들을 상호 교환할 수 있어야 한다. 이 토의방식은 참가자 전원이 해당 주제에 관련된 지식이나 정보를 체계적이고도 깊이 있게 토의할 수 있게 하는데, 이는 사전에 철저한 연구와 준비를 전제하는 것이다.

4. 토의법의 장·단점

토의법을 통하여 획득할 수 있는 장·단점은 다음과 같다(윤광보 외, 2008; 변영계 외, 2007; 김진호 외, 2001).

첫째, 토의법의 장점으로는 ① 사회적 기능 및 태도를 형성시킬 수 있다. 학습자들은 타인에 대한 이해와 존중의 태도를 학습할 수 있으며, 집단적 사고를 가능하게 해주는 협력과 참여의 기능도 익힐 수 있다. ② 집단의식과 공유능력을 향상시킨다. 집단 속에서 자신의 기여와 책임감을 느끼게 함으로써 구성원으로서의 능력을 수행할 수 있게 한다. ③ 선입견과 편견은 집단구성원의 비판적 탐색으로 수정될 수 있다. 토의법은 학습자들이 집단구성원으로부터 새로운 정보나 지식을 획득하는 기회가 많다. 따라서 학습자들이 기존에 갖고 있던 생각을 끊임없이 수정하는 비판적 자세를 견지할 수 있게 한다. ④ 자율성을 향상시킬 수 있다. 토의는 교사보다는 학습자의 비중이 높은 수업방식이다. 따라서 학습자들의 능동적인 참여와 자발적인 역할이 요구된다. ⑤ 문제해결력을 기르기에 적당하며, 정서적으로도 긍정적인 영향을 준다. ⑥ 표현력을 길러준다. 토의를 하는 가운데 즉석에서 분명하고, 간결하며, 논리적이고, 정확하며, 수사학적 표현을 써서 강력하게 구두로 표현하는 능력을 길러준다. ⑦ 고등정신기능을 기르기에 적절하다. 토론을 잘하려면 원리에 입각하여 비판적으로 사고하고 추리하는 능력이 필요한데, 이는 토의를 많이 해보는 가운데 길러진다.

둘째, 토의법의 단점으로는 ① 시간이 많이 소요된다. 토의식 수업을 하기 위해서는 준비와 계획단계에서뿐만 아니라 진행 과정에서도 많은 시간이 소요된다. ② 철저한 사전준비와 체계적인 관리에도 불구하고 예측하지 못한 상황이 발생할 수 있다. ③ 토의의 허용적인 분위기는 토론장에서 학습자들이 이탈하는 것을 용인함으로써 토의에서 이탈할 수 있게 한다. ④ 발표내용보다 발표자에 중점을 두거나 감정적으로 흐르기 쉽다.

제3절 플립러닝(Flipped Learning)

1. 플립러닝의 배경 및 개념

플립러닝(Flipped Learning)의 아이디어는 미국의 콜로라도주의 고등학교 교사인 Bergmann과 Sams가 화학 수업에 결석한 학생들을 대상으로 파워포인트 슬라이드에 음성과 주석을 포함한 동영상을 온라인상으로 올리고 학생들이 시청할 수 있게 하면서 시작되었다(Bergmann & Sams, 2012). 플립러닝에서 'Flip'은 사전적 의미로 '뒤집다'라는 뜻으로 '학습(교육)을 뒤집는다'라는 의미를 갖는다. **플립러닝을 거꾸로 수업, 거꾸로 교실, 거꾸로 학습, 반전학습, 역 진행 수업, 뒤집힌 수업** 등 다양하게 이칭 되고 있다.

플립러닝은 기존 학교학습과는 달리 사전에 온라인으로 집에서 내용을 학습한 뒤 학교에서는 문제해결 및 토론식 수업의 형태로 상호작용 중심으로 이루어지는 융합학습법을 의미한다. 플립러닝의 가장 보편적인 방식은 학생들이 교실수업 하기 전에 교사가 제공하는 수업 영상을 시청하고 교실수업 시간에는 참여 수업형태로 진행한다. 따라서 수업시간에 교사는 교과 내용 중심으로 가르치기보다는 학생들과 상호작용하거나 심화학습 활동을 하는데 더 많은 시간을 할애한다(신재한, 2007).

플립러닝의 개념에 대한 제 학자들의 입장을 제시하면 〈표 4-1〉과 같다.

〈표 4-1〉 플립러닝의 개념

학자	플립러닝의 개념 정의
Johnson & Renner (2012)	거꾸로 교실 모델(Flipped Classroom)은 수업시간에 교사가 직접 학습지도를 하고 수업 후 학생이 과제 활동을 하면서 학습 내용을 완성하는 전통적인 학습 모델이 "거꾸로" 진행되는 것이다. 즉 학생은 집에서 먼저 학습 내용을 배우고 수업시간에는 급우들과 협력적인 환경에서 과제를 수행한다.
Bergmann & Sams (2012)	거꾸로 교실(Flipped Classroom)의 기본 개념은 다음과 같다. 기존에 수업시간에 하던 것은 집에서, 집에서 과제로 하던 것은 수업시간에 한다는 개념이다.

학자	플립러닝의 개념 정의
Bishop & Verleger (2013)	수업은 "거꾸로" 진행한다는 말은 기존에 교실 안에서 이뤄지던 학습활동은 교실 밖에서, 교실 밖에서 하던 활동은 교실 안에서 실시한다는 뜻이다.
Toqeer (2013)	거꾸로 교실(Flipped Classroom) 모델에서는 정보전달과 검색을 비판적 사고와 학습 과정의 응용단계를 위한 준비과정으로 간주해 교실 밖에서 실시한다. 따라서 비판적 사고, 토론, 협력, 상호활동은 동료학생과 교사가 함께 있는 수업 중에 이루어진다.
Crompton, Denkerly & Giannakos(2014)	거꾸로 교실(Flipped Classroom)은 테크놀로지를 이용하고 활동 중심 수업을 하는 혼합형 교육환경이다. 거꾸로 교실 모델에서는 전형적인 강의식 교육이 진행되던 수업시간이 실험과 활동 중심교육으로 대체된다. 강의식 교육은 교실 밖에서 VOD(맞춤형 비디오)와 같은 다른 매체를 활용하는 형태로 수행된다.

• 자료: 신재한(2017). 21세기 창의 융합인재 양성을 위한 교육방법 및 교육공학. 서울: 이모션북스, p. 352에서 인용 및 재편집함.

상기에서 살펴본 바와 같이, **플립러닝**은 학습은 온라인 강의에 맡기고 학습한 내용은 학교에서 교사 지도하에 급우들과 함께 직접 적용해 보는 기회를 제공한다. 또한, 잘 모르는 것을 친구들에게 배우고 서로 가르치면서 우정도 쌓고 함께하는 공동체 의식과 협동심도 배울 수 있다. 결국, 플립러닝은 지금의 학내 폭력, 왕따 문제 해소에도 많은 도움이 될 것이다(신재한, 2017).

2. 플립러닝의 특성 및 필요성

플립러닝의 특성을 전통적인 수업과의 비교를 통해서 제시하고자 한다(유승우 외, 2018).

① 교수자에 의한 강의가 지니는 의미가 다르다. 전통적인 수업에서는 강의가 수업시간에 교실 안에서 진행되는데 반하여 플립러닝에서는 미리 준비된 강의를 수업시간 전에 교실 밖에서 보고 수업에 들어온다는 점이 다르다. 주로 동영상 형태로 저장된 강의 내용을 온라인에서 접근할 수 있도록 함으로써 유비쿼터스 환경을 최대한 활용하여 시간적, 공간적 제약 없이 사전 수업이 가능하도록 한다.

② 학습자는 피동적으로 강의를 수강하는 것이 아니라 사전에 수업내용에 대한 이해를 바탕으로 수업시간에 진행되는 활동에 적극적으로 참여하고 주도성을 발휘해야 한다.

③ 전통적인 수업에서는 교수자의 역할이 학습자가 수업내용을 이해할 수 있도록 설명하는 강의자로서의 역할이 중심이었으나 플립러닝에서는 교수자가 상호작용을 촉진하고 학습자 개개인의 학습을 지원하는 조력자의 역할을 한다.

④ 전통적인 수업에서는 테크놀로지의 활용이 선택적이었으나 플립러닝에서는 수업 전에 테크놀로지를 적극적으로 활용할 수밖에 없다.

⑤ 전통적인 수업에서는 지식의 전달을 효과적으로 하기 위한 행동주의나 인지주의적 원리에 기반을 둔 수업방식이 활용되지만, 플립러닝은 학습자 스스로 자신의 맥락에 의거하여 의미를 창출하고 구성하도록 하는 구성주의 철학에 기반을 두고 있다.

특히 **플립러닝은 다음과 같은 이유에서 필요하다**(신재한, 2017).

① 단순히 공부 순서 바꾸기뿐만 아니라 교실수업방식을 혁신적으로 바꿀 수 있다.
② 수업시간에 교사의 일방적 전달이 아닌 학생·교사의 상호작용이 이루어진다.
③ 학생이 스스로 찾아서 공부하는 방법과 공부에 흥미를 느낀다.
④ 활동 중심의 수업을 통해 자기 주도학습이 이루어지며 심화 발전에 이루어진다.
⑤ 활동 중심의 과정 속에서 배려, 협동 등의 인성적 요소가 활발하게 촉진된다.
⑥ 플립러닝은 수업 순서가 뒤바꾸고 수업방식이 바뀌면서 단순히 물리적 반응이 아닌 전혀 다른 화학적 반응을 불러일으킨다는 것이 핵심이다.

전통적인 수업과 플립러닝과의 비교를 하면 〈**표 4-2**〉와 같다(신재한, 2017; 유승우 외, 2018).

〈표 4-2〉 전통적인 수업과 플립러닝과의 비교

전통적인 수업	비교 기준	플립러닝
교실 안에서 수업시간에 진행	교수자 강의	수업시간 전에 교실 밖에서 진행
수동적 수강	학습자 책임	적극적 참여, 주도적 활동
강의, 설명, 수업진행자	교수자 역할	상호작용, 개별화 학습지원, 조력자
교사의 강의와 가르침, 교과 지식 전달	수업방법 및 수업내용	수업 전 시청한 학습 내용의 이해와 심화를 위한 학생활동과 배움 중심
교사와 학생 간, 학생 간 상호작용이 제한적	교사와 학생의 상호작용/ 학생 간 상호작용	조별 혹은 개별적으로 활동한 상호작용, 또래 학습의 촉진
통제적 분위기 학생들의 행동은 매우 피동적	교실수업 분위기	조별 혹은 개별적으로 활동한 상호작용, 또래 학습의 촉진

전통적인 수업	비교 기준	플립러닝
선택적 활용	테크놀로지 활용	수업 전 활용이 필수적
행동주의, 인지주의	철학적 기반	구성주의

3. 플립러닝의 수업모형

플립러닝의 수업모형을 제시하면 다음과 같다(유승우 외, 2018).

① **학습자료 제공:** 수업내용에 관련된 기본적인 개념이나 원리를 영상자료의 형태로 제공한다.

② **학습 노트 작성:** 동영상 시청을 통하여 배운 내용을 각자 다양한 방법으로 학습 노트에 정리한다.

③ **웹 상호작용:** 인터넷을 활용하여 강의 자료실에 항상 접근할 수 있도록 하고 퀴즈, 과제, 질의, 응답 사이트를 구비한다.

④ **교실 환경 구성:** 모둠 내 구성원들 간의 의사소통, 모둠 간 의사소통이 가능하도록 좌석을 배치하고 필요하면 학습자료에 접근할 수 있도록 교실 환경을 구성한다.

⑤ **모둠 구성:** 이질적인 구성원들이 한 팀이 되도록 구성하고 활발한 의사소통을 통하여 동료학습이 일어날 수 있도록 한다.

⑥ **학습활동 점검:** 학습 노트를 확인하고 사전학습이 제대로 되었는지 점검한다. 필요한 경우 동기 유발을 위한 자료를 보거나 동영상 강의를 다시 시청한다.

⑦ **소집단 학습활동:** 그날 수업을 통해 다루어야 할 핵심 주제나 과제 내용에 대하여 완전하게 이해하고 적용하는 다양한 탐색 활동, 문제해결 활동, 결론 도출 활동을 한다.

⑧ **추가 학습활동:** 습득된 지식이나 기술을 적용하는 활동

⑨ **교사의 피드백:** 온라인, 오프라인 매체를 통한 상호작용, 교사와 학생의 수행에 대한 피드백을 제공한다.

⑩ **평가:** 수업 과정 전반에 대한 평가는 물론 제출된 활동 결과물(산출)에 대하여 평가한다.

플립러닝의 수업모형을 제시하면 **[그림 4-1]**과 같다.

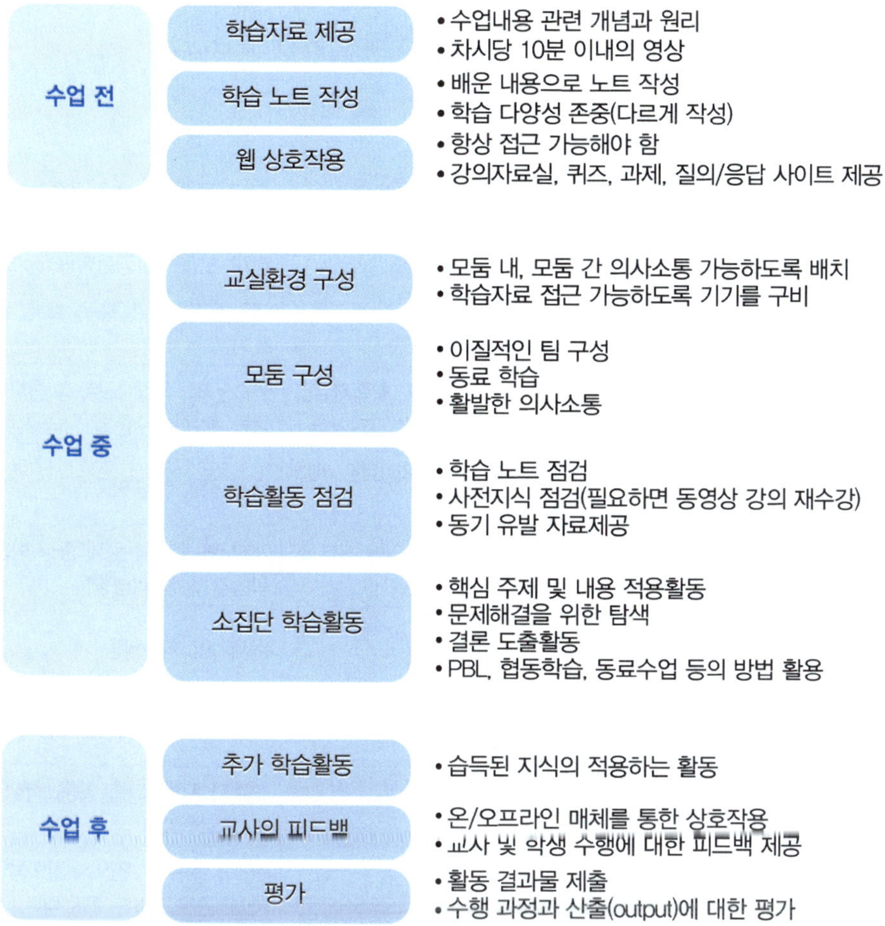

[그림 4-1] 플립러닝 수업모형

• 자료: 전희옥(2014). 사회과 거꾸로 교실 수업모형 개발. 사회과 교육연구, 21(4).

4. 플립러닝의 수업 적용 사례

플립러닝을 적용한 수업 사례를 제시하면 〈표 4-3〉과 같다.

〈표 4-3〉 플립 러닝 수업 적용 사례

대상	과목	교실 밖 학습활동 (수업 전 활동)	교실 내 교수활동 (교실수업 활동)
초등학교	수학	동영상, 온라인 성찰 노트	전체·모둠·짝 공동학습
초등학교	사회	동영상	개인별 및 팀별 활동, 토론, 글쓰기
고등학생	과학	웹 동영상, 교과서, 학습자료를 활용한 자기 주도적 개별학습	연습문제, 성찰 노트, 학습자료 등을 활용한 수준별 학습활동
예비 대학생	화학	비디오 및 ppt 강의자료로 개별 학습	문제 중심 학습활동
대학생	기계공학	비디오, 강의 자료기반 자기조절 학습	개별 또는 협력 문제 중심 학습, 학습자 중심 학습활동
대학생	화학	비디오 튜토리얼, 숙제로 개별 학습	문제기반 학습활동
대학생	공학	Moodle 오픈 코스웨어 기반 ppt 강의	토론, 문제해결 활동 수행
대학생	컴퓨터 프로그래밍	비디오 읽기 자료	교수자 시범, 그룹 활동, 학생주도 프로젝트
대학생	교육방법 및 교육공학	강의교재, 강의 비디오, SNS, 온라인 게시판	퀴즈, 소규모 강의, 질의응답, 사례 공유, PBL, 프로젝트, 실험, 실습 등 그룹 문제해결에 대한 평가와 피드백
대학생	일반화학, 실무 전산 등 다수	교수 동영상, 예습 내용 확인, 자기평가	문제 풀이 활동, 소그룹 토의, 아이패드 활용, 요약 강의 등
대학생	수학 및 연습	교수 동영상	질의응답, 그룹 토론, 문제풀이, 성찰일지 작성 등

• 자료: 배윤희·차현진·안미리(2015). 영재교육을 위한 플립러닝 모형개발. 한국 교육 정보미디어학회 춘계학술대회 자료집. 한국 교육 정보미디어학회.

〈표 4-3〉에서 고찰한 바와 같이, 수업 전 활동은 주로 동영상, 비디오, ppt 강의자료, 온라인 성찰 노트, 게시판을 이용하여 학습 내용을 확인하도록 되어 있다. 교

실수업 활동으로는 요약 및 강의, 모둠 활동, 소그룹 토의, 글쓰기, 문제 풀이, 문제 중심 학습, 연습문제, 학생 주도 프로젝트, 질의응답, 퀴즈, 교수자 시범, 소규모 강의, 실험, 실습 등을 활용한 것으로 나타났다.

5. 플립러닝의 긍정적 효과 및 제한점

플립러닝을 통해 수업에서는 학습자 중심의 다양한 활동들이 이루어지게 된다. 이를 통해 나타나는 **긍정적인 효과**는 다음과 같다(권성연 외, 2018: 재인용).

① 교실 내 수업과 교실 밖 수업에서 학습자가 주인의식을 갖고 자신의 학습 책임감을 갖는 것이다(Roehl, Reddy & Shannon, 2013).

② 플립러닝을 통해 수동적으로 강의를 듣는 방식에서 토론을 통해 자신 생각을 표현하고 논쟁하고 발표하는 능동적인 학습을 수행하며, 깊이 있게 이해하는 학습 태도를 갖추게 된다는 것이다(Bishop & Verleger, 2013).

③ 플립러닝을 위한 동영상 강의의 제작과 학습자 중심 활동을 수행하면서 교사의 수업 역량이 향상된다는 것이다(Prensky, 2010).

한편 플립러닝은 새로운 방식으로 인한 혼란과 동영상 강의를 제대로 듣지 않거나 수업 부담이 많아지는 문제점을 보이기도 한다.

플립러닝의 제한점은 다음과 같다(권성연 외, 2018: 재인용).

① 플립러닝이 모든 교과목이나 전체 학생들에게 적용 가능한 것은 아니다. 협업보다는 혼자 학습하고 암기해야 하는 과목의 경우에는 플립러닝에 참여한 학생들의 만족도가 더 낮았고, 그룹 활동보다 혼자 하는 활동을 선호하는 학생의 경우에는 플립러닝 방식에 부담을 느끼는 것으로 나타났다.

② 일부 학생들은 플립러닝 방식이 기존 수업보다는 학습 시간이 더 많이 소요되기 때문에 부담스럽다고 여기며, 교실 내 활동과 교실 밖 활동에 대해 혼란을 느끼기도 한다(Lage, Platt, Treglia, 2000).

③ 플립러닝을 지원하는 환경과 그에 맞는 학습 환경과 방법이 준비되지 않으면 학습효과를 거두기에 어려움이 있다(이상은 외, 2015).

④ 교사의 경우 플립러닝을 수업에 적용하기 위해 다양한 소프트웨어를 배우고 활용해야 하며, 본 수업 외에도 사전활동과 사후활동을 준비하고 수행해야 하기에 수업에 대한 부담이 많아진다(Prensky, 2010).

제4절 팀티칭

팀티칭(team teaching)은 1957년 매사추세츠주 Franklin 초등학교에서 최초로 실험을 했으며, 이는 고정된 교사, 학생, 교실과 수업시간, 그리고 일정한 교육과정으로 가르치도록 되어 있는 전통적 교육의 문제점을 개선한 방법 중 하나로써, 다시 말하면, 한 교사가 한 학급을 담당하는 교육제도를 변화시켜 2명 이상의 교사가 2학급을 통합하여 같이 수업을 계획하고 진행 및 평가하도록 하는 방법이다. 또한, 필요에 따라 소 학급이나 중 학급 및 대학급으로 분류하여 교사의 적성과 취미 및 특기, 능력에 의해 수업을 진행할 수 있다.

팀티칭의 좋은 점은 ① 다양한 능력을 지닌 교사가 여러 학급을 통괄하여 자기의 능력과 특기에 맞는 활동을 분담하면서 수업을 전개해 나간다. ② 교사들이 협력하여 수업 활동 시간의 신축성 있는 수업계획을 수립한다. ③ 수업 활동 및 수업 소재에 따라 소·중·대 그룹으로 분류해서 수업계획을 세워야 하며, 한 팀의 소속 인원은 최고 200~300명까지 가능하다. ④ 교사의 장점을 살리고, 또한, 교사의 부족한 측면을 다른 교사가 보충해 주는 역할을 한다. ⑤ 교사의 관심 분야를 교수할 때 학습자에게 전달되는 파지량 및 전이도가 높다.

팀티칭에서 교사들에게 필요한 자질은 ① 교사는 협조적이어야 하고, 자기 의사를 명확하게 표현해야 하며, 또한 자기 전공 분야에 대해서 다른 교사를 지도할 수 있어야 한다. ② 교사는 편견이 없어야 하며, 자신의 사고 및 의견을 항상 교정 및 개선시킬 마음의 준비가 필요하다. ③ 교사는 팀 구성원들의 평가를 겸허하게 수용해야 하며, 자기평가에도 흥미를 가져야 한다 등이 있다. 따라서 팀티칭은 교원, 설비, 시간, 자료, 아이디어 등을 효율적으로 사용하여 학습의 효과를 올리는데 주안점을 두고 있다. 즉 각 교사가 특유의 재능을 발휘함으로써 학습자들에게 도움을 주는 교수-학습방법으로 볼 수 있다.

연습 및 탐구문제

1. 강의법의 비효율성에도 불구하고 강의법이 꾸준히 이용되는 이유는 무엇인가?

2. 토의법 중에서 한 가지를 선택하여 가상적인 주제를 선택한 다음 어떻게 진행할 것인지 계획을 세워 보자.

3. 토의법이 활용되기에 적합한 학습 내용에 대하여 생각해 보고 그 이유를 토론해 봅시다.

4. 팀티칭 수업을 수행하기 위해 학습 주제를 선정한 후 어떻게 진행할 것인지 계획을 수립해 보자.

5. 가르치게 될 교과목이나 수업내용의 특성을 고려하여 플립러닝의 수업모형을 적용하는 수업계획안을 작성해 보시오.

6. 플립러닝을 적용하여 자신이 가르칠 과목이나 과제를 중심으로 사전학습과 본 수업, 사후학습을 설계해 봅시다.

7. 플립러닝 사례를 찾아보고 사전학습용 동영상을 직접 만들어 봅시다.

Chapter 05

학습자 중심 교육방법

〈학습 목표〉

1. 자기 주도학습의 의미와 기본 가정을 설명할 수 있다.
2. 자기 주도학습의 특성과 절차를 설명할 수 있다.
3. 자기 주도학습의 교육 방법적 원리를 설명할 수 있다.
4. 계약학습의 기본 요소에 의거하여 자율학습 계획서를 수립하여 스스로 학습할 수 있는 능력을 함양할 수 있다.
5. 협동 학습의 개념과 의의를 설명할 수 있다.
6. 협동 학습을 실행할 때 교사들의 유의 사항을 제시할 수 있다.
7. 협동 학습의 원리에 입각한 실제 주요 전략을 적용하여 시범 수업을 할 수 있다.

〈Key Word〉

자기 주도학습, 계약학습방법, 협동 학습, 자율학습 계획서, Jigsaw 모형, Jigsaw II모형

제5장에서는 학습자 중심 교육방법에서는 자기 주도학습, 계약학습방법, 협동 학습 등을 기술하고자 한다.

제1절 자기 주도학습

1. 자기 주도학습의 역사적 배경

자기 주도학습(self-directed learning)**의 연원**은 1960년대 말 Tough에 의해서이다. **Tough**는 성인들이 그들의 학습과제를 할 때, 스스로 학습과제에 대한 계획을 세우고 자기계획에 의해 학습을 수행하는 자기계획 학습(self-planned learning)을 제시하였다(고재희, 2009). 그리고 더 근원적인 철학적 출발점을 살펴보면, 자기 주도학습은 진보주의, 인본주의, 행동주의, 비판주의의 네 가지 철학적 측면에서 정의된 것이며, 개인적 경험과 자기 주도에 중점을 두었던 듀이의 진보주의 경향과 자아실현이나 개인의 성장과 자주성을 강조한 **Maslow**와 **Rogers**의 인본주의적 배경, 사회적 학습이론으로 자기 주도학습자가 성공적으로 학습할 수 있도록 하고 자기관리를 돕는데 영향을 준 신행동주의자인 **Bandura**의 이론들이 배경이 된다. 또한, 사회적, 지식체제의 가치와 구조를 비판하고 개인에게 강압적인 구조나 역할이 강요되는 것에 이의를 제기했던 **Illich**와 **Marx**, **Freire**와 같은 비판적 입장도 포함하고 있다(정지웅·김지자, 1995).

2. 자기 주도학습의 의미와 기본 가정

자기 주도학습에 대한 개념 정의는 다음과 같다. **Knowles**(1975)는 자기 주도학습을 '학습자가 스스로 자신의 학습 목표를 계획하여 학습요구(learning needs)를 진단하고, 학습 목표를 설정하며, 학습에 필요한 인적·물적 자원을 파악하고, 적절한 학습전략을 선택·실행하고, 학습결과를 평가하는 과정 등 일련의 학습 과정에서 스스로 주도적인 역할을 수행하는 학습'으로 정의했다. **윤광보 외**(2008)는 자기 주도 학습은 '자신의 학습요구 진단, 학습 목표 설정, 학습을 위한 인적 및 물적 자원 파악, 적절한 학습전략의 선택 및 실행, 학습결과의 평가 등에 학습자가 주체적인 역할을 하는 학습'으로 정의했다.

자기 주도학습은 학습의 과정에 학습자들을 적극적으로 참여시켜 고차적 수준의 행동적 복잡성과 관련된 결과를 얻도록 하는 교육방법이다. 자기 주도학습은 학습의 이해, 의미 구성과 내용에 대한 추론, 문제해결, 비판적 사고 등을 도와준다.

자기 주도학습은 교수자가 다음과 같은 독특한 교수 기능을 수행할 것을 요구한다(이성흠 외, 2009).

① 학습을 위한 지적 전략(학습전략)을 언제, 어떻게 사용할 것인가에 관한 정보를 제공한다.
② 학습전략이 실제 세계의 문제라는 맥락 속에서는 어떻게 활용되는가를 명시적인 예를 들어 설명한다.
③ 학습자가 주어진 정보를 넘어서서 스스로 자신의 사고방식과 선행학습에 기초하여 내용을 재구성할 기회를 제공함으로써 교과서에 능동적으로 몰입할 수 있게 장려한다.
④ 복잡한 사고 유형에 보다 많이 몰입하도록 하는 연습문제, 질의 및 응답을 통한 대화와 학습자들이 점차 복잡한 사고를 하도록 하는 것 등의 활동을 통하여 학습에 대한 책임을 교수자로부터 점진적으로 학습자들에게로 전환시킨다.

그리고 Knowles(1975)는 모든 교육 활동은 학습자가 더욱 주도적이 될 수 있도록 도와주는 것이며, 어떠한 도움이든 제공해 주는 자는 교사를 대신할 수 있다고 주장하면서, 다음과 같이 **자기 주도학습의 기본 가정을 제시**하였다.

① 인간이 성숙함에 따라 자기 주도적 능력은 발달되며, 그 능력을 가능한 한 빨리 개발시켜야 할 필요가 있다.
② 학습자들의 개인적 경험은 전문가적 자원과 함께 학습의 풍부한 자원이 될 수 있도록 개발되어야 한다.
③ 각 개인이 일상생활의 과업을 수행하고, 자신의 삶의 문제를 보다 적절하게 해결해야

할 필요성에 의해 자기 주도학습이 이루어진다고 보기 때문에, 개인에 따라 학습 준비도가 다르다.

④ 자기 주도학습은 과업이나 문제 지향적이므로 문제를 스스로 해결하거나 탐구할 수 있는 학습과제의 형태로 학습 내용을 조직해야 한다.

⑤ 자기 주도학습은 자존심의 욕구, 호기심, 성취 욕구, 성취에 대한 만족감 등의 내재적인 동기에 의해 유발된다고 가정한다.

결국, **자기 주도학습은 자기 주도성과 학습자의 자기관리이다. 이것은 다음과 같은 세 가지 개념을 내포**한다.

① 자기학습의 목적과 수단에 대한 타자의 통제로부터의 독립성이며,

② 타자의 도움을 받는 경우나 그렇지 않은 경우에도 자기가 통제력을 가지고 자기의 학습 욕구를 진단하고 학습 목표를 공식화하며, 학습 자원을 파악하고 학습전략을 선택 및 실시하며, 학습결과를 평가한다고 하는 학습 과정 전체에 있어서의 주도성이다.

③ 학습의 의미 이해와 학습을 통해서 실현되는 가치와 관련되는 학습을 스스로 선택할 수 있는 자율성을 내포하고 있다(윤광보 외, 2008).

3. 자기 주도학습의 특성

자기 주도학습에 대한 논의 중의 한 가지 경향은 자기 주도학습자의 특성을 밝힘으로써 자기 주도학습의 본질을 이해하려는 시도이다. Guglielmino(1977)는 고등학생, 대학생·성인을 대상으로 성인 학습자가 학습에 있어서 자기 주도적인 태도를 선호하는 정도를 평가하기 위한 자기 주도학습 준비도 검사(self-directed learning business scale)를 개발하였는데, 그는 **자기 주도학습자가 갖는 특성을 여덟 가지로 제시**했다.

① **학습 기회에 대한 개방성이다.** 자기 주도학습자는 학습에 대한 높은 관심, 항상 학습하려는 태도, 지식의 근원에 대한 탐구심을 갖고 있고, 학습에 있어서 애매모호한 상태를 포기하지 않고 해결하려고 끈기 있게 노력하며, 학습에 대한 책임감이 자신에게 있다고 생각한다.

② **효율적인 학습자로서의 자아개념이다.** 자기 주도학습에 대한 확신이 있고, 학습 시간을 조직하는 기술을 갖고 있으며, 스스로 자신이 호기심이 강하다고 여기며, 다양한 자원을 활용할 수 있는 지식을 갖고 있다.

③ **학습에 있어서 주도성 및 독립성이다.** 어려운 문제를 포기하지 않고 열심히 추구하고, 독립적으로 학습할 수 있는 자신의 능력에 대한 믿음을 갖고 있으며, 새로운 학습을 스스로 계획하여 시작한다.

④ **학습에 대한 책임감을 들 수 있다.** 자신의 지능을 평균 이상이라고 생각하고, 자기 학습의 책임을 지며, 학습의 진전 상태를 스스로 평가한다.

⑤ **학습에 대한 애정이다.** 지속적으로 학습하는 사람을 존경하고, 학습하려는 강한 욕구를 보이며, 체계적으로 학문을 탐구하는 것을 즐긴다.

⑥ **미래 지향성이다.** 일생 동안 지속적으로 학습한다는 신념을 가지고 자신의 미래를 생각하며, 어려운 상황을 도전으로 여기며 대처하는 능력을 지니고 있다.

⑦ **창의성을 들 수 있다.** 기존의 방식에 따르지 않고 새로운 방식으로 문제를 해결하며, 이로 인해 발생하는 위험을 감수하며, 하나의 문제에 대해 다양성 있게 접근하는 능력을 지니고 있다.

⑧ **기본적 학습방법과 문제해결 능력이다.** 학습문제를 해결하는데 있어서 다양한 학습 기술을 적용한다.

4. 자기 주도학습의 절차

자기 주도학습은 학습자가 학습과제 선정, 학습계획, 실행, 평가 등의 모든 과정을 스스로 담당하여야 한다. 이와 같은 이유로 자기 주도학습은 학습자 개인의 고립된 학습으로 생각하기 쉽지만, 자기 주도학습에서 교사의 적극적인 협조와 함께 자원 인사, 동료 학습자의 협력, 그리고 풍부한 학습 자원이 절대적으로 필요하다. 자기 주도학습에서 교사는 정보전달자, 또는 가르치는 사람의 개념이 아니라 탐구의 과정을 도와주는 학습 촉진자의 역할을 한다(이성흠 외, 2009).

자기 주도학습은 다음과 같은 절차로 진행된다. 이러한 절차가 진행되는 동안 학습자와 더불어 교사가 해야 할 내용도 같이 제시한다(Borich, 2000).

① **학습 욕구 진단 및 학습과제 선정이다.** 교사는 우선 학습자의 욕구에 따라 학습자가 원하는 학습과제를 찾고 접근해 가는 과정을 관찰하는 것이 필요하다. 교사는 학습자가 과제를 선정하는데 도움을 주고 촉진자의 역할도 수행한다. 교사는 출발점 행동, 자기 주도학습에 대한 일반적 능력 수준, 학습자의 사전 경험, 기대 등을 파악하기 위하여 대상 학습자를 관찰하고 직접 만나서 그들과 면담해 보는 것이 중요하다.

② **학습 목표 설정이다.** 학습자의 요구분석을 통하여 학습과제에 따른 학습 목표가 설정되어야 한다. 학습 목표는 학습의 실행 결과인 학습자가 보여줄 수 있는 행동을 구체적으로 기술한 것이다.

③ **학습을 위한 인적, 물적 자원 파악이다.** 학습자는 자신에게 친숙한 경험일수록 더 잘 이해하며, 이를 바탕으로 한 학습과제는 효율성을 높일 수 있기 때문이다. 자기 주도학습을 수행하는데 도움을 줄 수 있는 학습 자원으로는 교사, 동료, 자원 인사 등의 인적자원과 더불어 교재, 참고서적, 멀티미디어 자료 등 다양한 물적 자원이 있다. 특히 오늘날 인터넷은 가장 중요한 자원이 된다.

④ **적절한 학습전략 선정 및 실행이다.** 학습자는 스스로 구체적인 학습전략을 세우며 그에 따라 자신의 학습을 실행한다. 이러한 과정에서 교사는 학습자가 세운 학습전략을 스스로 기술해 보게 하며, 계획된 전략을 연습할 수 있는 비슷한 다른 과제를 준비해 주고, 학습 내용을 조직화하기 위한 효과적인 절차를 알려주어 도움을 준다.

⑤ **학습결과 평가이다.** 자기 주도학습에서는 학습자 자신이 스스로 학습 전체의 기획, 실행 및 평가 등의 일차적인 책임을 지는 것이 그 특징이다. 따라서 학습결과에 대한 학습자의 가치평가가 중시된다. 이때 학습결과의 평가에서 양적인 방법뿐만 아니라 실석인 평가도 동시에 이루어져야 하며, 자기 주도학습의 성공의 질 및 효율성에 대한 자기 보고적 평가뿐만 아니라 객관적인 평가가 있어야 더욱 타당성 있는 평가가 될 수 있다.

5. 자기 주도학습의 교육 방법적 원리

자기 주도학습의 교육 방법적 원리는 다음과 같다(Jones, Palincsar, Ogle, & Carr, 1987).

① **학습은 목표 지향적이다.** 유능한 학습자는 주어진 문제가 무엇을 의미하는가를 이해하고, 그 문제를 해결하기 위해서 자신의 학습을 어떻게 규제해 나갈 것인지를 계획

한다. 능숙한 학습자는 일반적 학습 목표 외에도 특정 학습상황과 관련된 구체적 학습 목표도 설정한다. 특히 구체적인 학습 목표는 학습 동기를 유발하며, 학습자가 주요 사항에 주의를 집중할 수 있도록 도와준다.

② **학습은 새로운 정보를 선행지식과 관련시키는 것이다.** 선행연구자들은 정보가 도식(schema) 속에 저장된다고 생각한다. 도식은 단순한 정보의 집합체가 아니라 정보들이 서로 관련되어 있는 것으로, 추론과 평가와 같은 반성적이고 계획적인 다양한 인지 활동에 학습자들이 참여할 수 있도록 해 주는 능동적 속성을 지니고 있다. 글을 읽을 때 독자는 수시로 새로운 정보를 요약하거나, 새로운 정보를 도식과 비교한다. 이러한 과정을 통하여 독자들은 글에 내재된 의미, 글과 아이디어 간의 관계, 읽은 내용이 자신의 선행지식을 변화시키는데 대한 시사점을 이해하게 된다.

③ **학습은 지식을 조직화하는 것이다.** 조직화란 아이디어나 정보를 알아볼 수 있도록 배열하는 것이다. 능숙한 학습자는 다양한 조직 형태, 즉 문제해결 조직, 계열적 조직, 개념-예시 조직 등에 관한 지식을 갖고 있다. 따라서 능숙한 독자는 글 속에 들어 있는 정보를 찾아내 표상하고, 중요한 것과 중요하지 않은 것을 선별하고, 덜 조직되었거나 암시적으로만 조직된 정보를 조직하며, 글의 정보를 통합 및 종합하고, 계열화하고, 새로운 정보를 사전 경험과 관련된 선행지식을 재구조화하기 위해 다양한 방식으로 활용할 수 있다.

④ **학습은 전략적이다.** 유능한 학습자는 효과적으로 전략을 사용하는 반면에, 학업 성취도가 낮은 학습자는 자신의 통제를 벗어난 운이나 다른 요인에 학습결과를 귀인시키는 경향이 있으며, 스스로 계획하기, 점검하기, 수정하기 등에 관심이 적다. 전략적 학습에 대한 연구결과들을 종합해 보면 다음과 같다(Jones et al., 1987). i) 유능한 학습자는 융통성 있게 전략을 사용할 수 있다. 전략을 사용하는 시기뿐만 아니라, 그것을 포기하고 다른 것을 선택할 시기도 안다. ii) 유능한 학습자는 특별한 도움 없이 학교생활을 하면서, 자발적으로 효과적인 전략을 개발시켜 나갈 수 있다. iii) 나이 어린 아동과 학업성취가 부진한 학습자에게 적절한 전략을 가르쳐 줌으로써 학습 행동을 수정할 수 있다. iv) 나이 어린 아동 혹은 학습부진아들을 기본 기능의 학습에만 한정시켜야 한다는 경험적 증거는 없다. 이들도 효과적인 수업을 통해 고차적인 사고 기능과 전략을 배울 수 있다. v) 특정 기능이나 전략을 가르칠 경우, 학생들에게 여러 가지 다양한 과제에 대해 어떻게 적용할 것인지를 가르치는 것이 중요하다. vi) 선행지식을 활성화하기, 교재 내용과 문제를 표상하기, 자신의 학습 과정을 점검하기 및 요약하기 등의 전략은 교과 내용에 상관없이 일반적으로 적용될 수 있는 핵심적인

학습전략이다.

⑤ **대체로 학습은 학습준비단계, 정보처리단계, 공고화 및 확대단계의 3단계를 거친다.**

i) **학습준비단계에서 학습자는 선행지식을 활용하기 위하여 교재, 문제, 기초자료를 훑어보거나 선행학습을 재음미하거나 요약한다.** 이러한 활동들은 교재의 특징 및 적절한 전략에 주의를 집중하게 된다.

ii) **정보처리단계에서는 선행지식이나 교재에 의거하여 가설이 검증된다.** 이때 가설이 검증되면 새로운 정보가 동화되기도 하지만, 가설이 부정되거나 관련이 없는 정보로 인하여 판단이나 유보되기도 한다.

iii) **공고화 및 확대단계에서 학습자는 장기기억에 있는 선행지식과 새로운 지식을 통합하기 위한 다양한 활동을 수행한다.** 또한, 학습한 것을 전이시키는 방법에 대하여 생각함으로써 학습된 지식을 일반화할 수 있다.

⑥ **학습은 발달의 영향을 받는다.** 최근 연구에서 전문가와 초보자, 유능한 학습자와 열등한 학습자 혹은 아동과 성인의 학습을 비교하는 것이다. 이 두 집단 간에는 많은 차이점이 있다는 것이 보고되었지만, 특히 선행지식과 전략 사용에 있어서 차이가 있는 것으로 나타나고 있다. 그러나 학습부진아에게도 범주화하기, 요약하기 등의 다양한 학습 및 사고전략을 가르쳐 주는 초인지 수업을 통해, 학습을 증진시킬 수 있다는 것을 경험적으로 제시하는 연구들이 많다.

제2절 계약학습방법

계약학습(contact learning)은 교수자와 학습자 간의 학습계약을 근간으로 하여 이루어지는 개별연구로 볼 수 있다. 또한, 계약학습은 자기 계획적 학습(self-planned learning), 탐구방법(inquiry method), 독학(independent learning), 자기교육(self-education), 자기 교수(self-teaching), 개인학습(individual study) 등으로 불리고 있다. 이러한 형태의 학습을 수행하는 사람을 독학자(autodidacts), 자율학습자(autonomous learner), 자력 학습자(self-propelled learners) 등으로 지칭되고 있다. 하지만 계약학습은 학습을 고립화시키는 것이 아니라 교수자(teacher), 개인 교사(tutor), 지도자(mentor), 자원 인사(resource people), 동료(peer), 교재, 교육기관 등 다양한 형태의 조력자들(helpers)과의 협력하에 이루어지며, 학습자 자신이 자신의 학습 전체의 기획, 실행 및 평가 등의 일차적인 책임을 지는 것이 특징이다. 결국, 계약학습의 핵심은 학습의 '자기 주도성'(self-directedness)과 학습자의 '자기관리'(self-direction) 그리고 교수자와 학습자 간의 '계약'(contact)에 있다(유승우 외, 2018). 또한, **계약학습의 기본 요소**는 다음과 같다(이성호, 1999: 308~314).

① **학습자가 설정하는 학습 목표가 명시되어야 한다.** 목표는 일반적인 목표와 구체적인 목표로 구분하여 진술하는 것이 좋다. 일반적 목표는 학습자 자신의 보편적인 관심을 나타내는 것이고, 구체적인 목표는 학습자의 심층적인 학습 영역에 대한 관심을 표출시키는 것이다. 목표는 학습자의 방향을 분명히 지시해 줄 수 있을 만큼 분명하고 구체적이어야 한다.

② **학습 내용이 분명하게 구성되어야 한다.** 학습 목표에 따라 학습자의 의도가 스스로 규명되고 선택되어야 한다. 이는 곧 학습의 범위를 규정하는 것이다. 이러한 계약학습이 특정한 교과목 내에서 전통적인 교수-학습방법의 부차적인 수단으로 활용될 때, 그 교과목의 기존 교수-학습 목표 및 내용의 범주 안에서 적절한 선택되어야 한다.

③ **학습 내용이 결정되면, 그러한 것을 스스로 공부해 나가는 학습방법을 학습자 스스로 선택하여야 한다.** 학습자들이 구체적인 학습방법을 모르고 있는 경우, 교수자는 여러 가지 대안을 제시해 줌으로써 하고자 하는 학습활동의 형태로 기술하도록 함이 좋다.

④ **학습활동을 전개해 나가는 데는 여러 가지 학습 자원이 필요하다.** 이는 교과서, 참고문헌, 각종 학술지, 신문 등이 인쇄 매체일 수도 있고, 관련 분야의 전문가일 수도 있다. 이때 중요한 것은 학습 자원을 설정함에 있어 중요한 것은 그것의 가용성(availability)이다. 그 이유는 학습자가 특정한 심층 영역의 내용과 방법을 갖고 학습하려 할 때, 어떠한 학습 자원이 필요한가는 구체적으로 모르는 경우가 많기 때문이다. 예를 들면, 참고문헌이라고 하여도 어떠한 문헌을 어떻게 찾아야 할지를 모르는 경우가 바로 그 단적인 실례이다.

⑤ **성취증거 제시방법을 학습자는 밝혀야 한다.** 나는 얼마나 내가 설정한 학습 목표를 이루기 위해 성실히 노력하였는가를 '나 자신에게는 물론 그리고 타인에게 어떻게 보일 수 있는가?'에 대하여 사전에 규명함으로써 학습 목표, 학습 내용, 학습방법의 현실

적인 실천 가능성을 검토하는 데 유용한 환류(feedback)가 된다.

⑥ **계약학습의 또 다른 중요한 원리는 스스로 평가한다는데 있다.** 학습계약서에는 반드시 자신의 성취도 평가 기준을 사전에 설정하는 내용이 담겨져야 한다. 이때 교수자는 개개 학습자에 대한 보다 면밀한 이해를 바탕으로 그 학습자의 평가 기준 설정에 중재자로서의 도움을 제공하여야 함은 매우 절실하다. 평가 기준 설정에 있어서 반드시 알아두어야 할 것은 각 학습자마다의 개별적인 기준이어야 한다. 즉 그 학습자의 능력, 학습자의 학습 목표, 방법, 내용 등에 비추어 선택되는 개별적 기준이어야 하는 것이다.

⑦ **이러한 학습계약은 학습자가 언제까지 완료하겠다는 기간의 명시와 서명, 그리고 교수자의 동의 절차로 끝난다.** 이러한 학습계약이 완성되면, 학습은 학습자의 자기 지시적이고 자율적인 책임 아래 수행된다. 학습이 종료되었을 때, 학습자는 계약서에 명시된 대로 자신의 학습결과를 평가하여 평가보고서와 성취증거를 교수자에게 제출하면, 계약학습의 모든 절차가 완전히 종결되는 것이다.

일반적으로 **자율학습 계획서**는 학기가 시작된 후 3주 정도에 걸쳐 학습 개개인별로 교수자와 1~2차례의 면담 지도하에 작성이 되어야 하고, 학기 초에는 학습 목표부터 학습방법 항목까지만을 작성하여 제출한 다음, 교수자의 동의를 받도록 해야 될 것이다. 그리고 계획서를 일단 돌려받은 다음, 학습자는 한 학기 교수-학습이 이루어진 다음 1~2차례 개인별, 조별 발표 후 학기 말에 성취증거 방법을 작성하여 전체 자율학습 계획서를 다시 제출하도록 해야 한다.

자율학습 계획서를 제시하면 **〈표 5-1〉**과 같다.

<표 5-1> 자율학습 계획서

<예시자료>

○○중학교
2029학년도 제1학기
담당교사: ○○○

과 목 명 : ______________
학년 및 학급 : ______________
성 명 : ______________
연락처 및 이메일 : ______________

I. 학습목표

1. 일반적인 목표: 가. ______________
나. ______________

2. 구체적 목표: 가. ______________
나. ______________
다. ______________
라. ______________

II. 학습내용

1. 심층연구 영역: 가. ______________
나. ______________

2. 구체적 내용: 가. ______________
나. ______________
다. ______________
라. ______________

III. 학습방법(활동)

방법 1: 가. ______________
나. ______________
다. ______________

방법 2: 가. ______________
나. ______________
다. ______________

방법 3: 가. ______________
나. ______________
다. ______________

IV. 학습지원

1. 문헌 자료: 가. ____________________
나. ____________________
다. ____________________
라. ____________________
마. ____________________
바. ____________________

2. 인적 자원: 가. ____________________
나. ____________________
다. ____________________

3. 기타 자료: 가. ____________________
나. ____________________
다. ____________________

V. 성취증거 형태

1. 성취증거 1: 가. (형식) ____________________
나. (내용) ____________________
다. (조건) ____________________

2. 성취증거 2: 가. (형식) ____________________
나. (내용) ____________________
다. (조건) ____________________

3. 성취증거 3: 가. (형식) ____________________
나. (내용) ____________________
다. (조건) ____________________

VI. 성취도 평가 기준

평가 기준 / 성취증거	기준 1	기준 2	기준 3
성취증거 1			
성취증거 2			
성취증거 3			

학점 산출방식: ____________________
____
____

VII. 평가결과(이 부분을 학기 말에 작성하여 전체 계획서와 성취증거를 함께 제출하시오.)

1. 학점 및 성적: ______________________________
2. 산출근거: ______________________________
____
3. 평가 소감: ______________________________
____
____

• 자료: 이성호(1999). 교수방법론. 서울: 학지사, pp. 312~314.

그리고 **계약학습의 이점**은 다음과 같다(이성호, 1999).

① **전통적인 구조화된 교수-학습체제에서 느끼는 학습자들의 구속감에서부터 자유로움을 느끼게 해 주면서 학습의 효율성을 극대화하는데 있다.** 특히 학습자 개개인의 특성, 즉 관심, 흥미, 인지유형, 학습방법 등을 발휘할 수 있도록 한다는데서 그 이점을 찾을 수 있다.

② **계약학습은 학습자들에게 학습하는 방법 또는 기능을 스스로 탐구하고 익힐 수 있는 기회를 제공하였다는 점에서 의의를 찾을 수 있다.**

③ **제한된 시간과 교수 능력 안에 모든 내용, 모든 지식을 전부 가르치고 배울 수 없다는 것을 인정할 때, 학습자 스스로 많은 내용을 탐구하면서 학습 기회를 포착하였다는 것도 큰 이점이다.**

④ **학습 과정에서 느끼는 심리적 불안, 즉 성적에 대한 불안, 과제물에 대한 불안, 교수-학습방법에 대한 불안 등을 제거하고 스스로 책임 있는 학습을 할 수 있도록 조장하였다는 점에서도 그 의의를 찾을 수 있다.** 계약학습은 학습자들이 전통적인 지시적 교수-학습체제의 경우보다 훨씬 많은 학습을 하였다는 것이고, 학습자들이 제출한 학습 성취증거를 통해서 놀라울 만큼 자기 스스로 많은 것을 자율적으로 학습을 하였다는 것이다.

한편 **계약학습의 한계**는 ① 교사에게 주는 수업 부담이 너무 크다는 것이다. 모든 학습자와 수시로 개별적인 만남과 상담을 해야 하였고, 또한, 학습에 대한 다양한 중재의 필요성이 증대할 것이다. 이러한 사실은 교사에게 주어진 수업 부담체제에서 벗어나기 어려운 것이 사실이다. ② 평가의 문제를 들 수 있다. 학습자 스스로 평가하고 그 성적을 그대로 교사가 인정하는 원칙에서 그러한 평가 시스템을 따르기가 어려운 점이다.

제3절 협동 학습

1950년대에서 1970년대에는 개별학습이나 완전학습 등 학습자의 개인차에 중점을 두고 흥미 유발, 학습과제의 참여 등 교사의 교수 행동에 초점을 둔 교수 방법에 관심이 쏠렸다. 그러나 1970년대 말부터 교사의 교수 행동보다 학습자의 학습행위에 더욱 관심을 가진다.

따라서 학습도 개인차를 최대한 신장시켜 주는 개별 교수 방법 및 경쟁 학습보다는 학습자 간의 협력적인 상호작용을 촉진하기 위한 집단보상과 협동기술을 강조한 협력 학습방법이 대두되었다.

협동 학습(cooperative learning)은 Dewey의 이론에서 착상한 교수-학습방법으로, 봄에 씨를 뿌리고 가을에 수확하여 빵을 만들어 먹고 사는 인간의 기본생활을 학교에서 연간계획을 입안하여 제반 수업 활동으로 전개한 것을 학교 교육에 절충 및 수정하여 도입한 것이다.

협동 학습에 대한 여러 학자의 견해는 다양하다.

그중에서 **Cohen**(1994)은 협동 학습을 "모든 학습자가 명확하게 할당된 공동과제에 참여할 수 있는 소집단에서 함께 학습하는 것으로 정의하고, 독서집단처럼 교사의 지시적이고 즉각적인 관여가 있는 경우는 협동 학습이 아니다."라고 했다. 또한 **Slavin**(1990)은 협동 학습이란 "학습능력이 각기 다른 학생들이 동일한 학습 목표를 향해 소집단 내에서 함께 활동하는 수업방법이다. 여기서 전체는 개인을 위하여(all-for-one), 개인은 전체를 위하여(one-for-all)라는 태도를 갖게 되고, 집단구성원들의 성공적인 학습을 위하여 서로 격려하고 도움으로써 학습 부진을 개선할 수 있다."고 했다.

상기 견해에서 살펴본 결과, **협동 학습이란** 주어진 학습 목표 및 학습과업에 대하여 학습자들의 다양한 해석과 접근방법을 협동적 노력을 통해 일하면서 배우는 교수-학습방법의 형태로 정의할 수 있다.

Jacobsen(1985) 등은 공동학습의 필요조건을 다음과 같이 제시하고 있다.

① 뜻한 바 목적이 모든 구성원에 의해서 공통적으로 인식되어야 한다.
② 모든 구성원이 그 목적에 대하여 책임을 분담하고 있어야 한다.
③ 다른 집단과 충분하고 자유로운 교섭이 있어야 한다.
④ 집단이 목적을 달성하는 데 모든 구성원이 만족과 긍지를 가져야 한다.

또한, **협동 학습을 실행할 경우 교사들은 다음과 같은 사항에 유념**해야 할 것이다(이승익, 1989).

① 각자 맡은 과업 외에 무관심하지 않도록 지도해야 한다.
② 협동 학습은 학습자 전체의 참여를 중요시함으로써 소수 우수한 학생이나 능동적인 학생이 활동을 독점하지 않도록 과업의 배당을 골고루 하도록 유의한다.
③ 협동 생활의 질서와 덕행을 배워야 하므로 그 집단 간에 지나친 경쟁심을 초래하지 않도록 하고 집단 간에 자연스러운 교류가 있도록 조절한다.
④ 사회생활에 결함이 있어 항상 고립된 학생과 비협력적으로 방해 역할을 하는 학생을 자연스럽게 발견할 수 있으므로 개인지도에 임할 수 있는 좋은 기회임을 유의해야 한다.

협동 학습의 모형은 과제구조와 보상의 성격에 따라 Jigsaw 모형, 성취과제 분담 모형(student team achievement division model), 팀 게임 토너먼트(teams-games-tournaments), 팀 보조 개별학습(team-assisted individualization learning), 집단조사(group investigation), 함께 학습하기(어깨동무학습, learning together) 등 다양하며(변영계 외, 2007), 협동 학습법(cooperative learning method)에서 가장 대표적인 **Jigsaw 모형을 소개**하면 다음과 같다.

첫째, Jigsaw 모형은 1978년 미국 텍사스 대학의 Aronson과 그의 동료들에 의해 개발된 협동 학습 모형으로, 집단 내의 동료로부터 배우고 또한 동료를 가르치는 모형이다. 이 모형은 경쟁이 없는 상태에서 개인 상호 간 정보원, 학습 주체자가 되어 서로 협력하는 상호 의존적인 학습방법이다.

① 학습자집단을 여러 그룹(한 그룹에 5~6명)으로 나눈 후,
② 교사는 각 그룹의 구성원에게 고유번호를 부여하고,
③ 교재를 재구성하여 학습과제를 부여받은 학생은 각 가정에서 혹은 학습집단에서 자료 수집과 조사과정을 거쳐 충분한 과제해결과 학습준비를 한다.
④ 그룹마다 같은 번호를 가진 학생들끼리 모여 새로운 그룹을 구성한다.
⑤ 새롭게 조직된 그룹에서는 공통의 과제를 가지고 학습하고,
⑥ 각기 자신이 조사한 학습 내용을 발표함으로써 자신에게 부여된 과제를 해결하도록 한다. 따라서 이 모형은 보상구조를 통해서가 아니라 학습과제의 분담, 즉 작업분담 구조를 통해서 집단구성원 간의 상호 의존성과 협동을 기르는 방법이며, 주로 중·고등학교 사회과목에 적용되고 연구되었으나, 그 효과성에 대해서는 입증되지 않았다.

둘째, Slavin(1990)은 Jigsaw 모형을 수정하여 Jigsaw Ⅱ 모형을 제시하였다. JigsawⅡ 모형은 모든 학생이 전체 학습자료와 과제 전체를 읽되 특별히 관심 있는 주제를 선택한 다음 그것을 전문가 집단에 가져가서 철저히 공부한 후 다시 자기 소속팀으로 돌아와 가르치는 것이다. Jigsaw Ⅱ 모형의 특징은 Jigsaw의 개별보상에 집단보상이 추가된 것으로, Jigsaw 모형과 달리 정의적 학업성취 영역에서 전통적 수업보다 효과적이라는 장점이 있다.

Jigsaw 모형의 장점으로는 ① 각 구성원의 책무성이 뚜렷하다. ② 학생들 각자는 자기가 맡은 주제에 대해서는 전문가가 될 수 있기에 자신감과 긍지를 가질 수 있다. ③ 보상 상호 의존성과 과제 상호 의존성이 함께 포함되어 있다. ④ 성, 능력, 계층 등이 이질적인 학급구성원의 교우 관계 증진에 효과적이라는 점이 있다.

이에 비해 **단점**으로는 ① 과제의 고도 지적능력을 필요로 할 경우, 부진한 학생은 곤란을 겪을 수 있다. ② 교사가 팀 구성원의 수에 맞게 과제를 분할하기 위해 고심해야 하며, 또한 분할된 소주제의 수에 맞게 정확하게 팀을 구성하는 것도 용이하지 않다는 점이 있다.

연습 및 탐구문제

1. 지구과학을 가르치는 김 교사는 태양계의 행성을 가르치기 위해 협동 학습을 적용한 수업을 설계하고자 한다. 태양계 중 태양과 지구를 제외한 수성, 금성, 화성, 목성, 토성, 천왕성, 해왕성만을 다룰 예정이다. 이 수업을 Jigsaw 방법으로 설계하시오(한 학급의 학생 수는 28명으로 가정).

2. 자기 주도학습과 협동 학습 중 어느 것이 창의·인성 함양에 더 도움이 될지 논의해 봅시다.

3. 계약학습을 실시하기 위하여 교수자와 학습자 간의 계약과정에 필수적으로 포함되어야 할 사항에 대하여 동료들과 토론해 봅시다.

Chapter 06

구성주의의 교육방법

〈학습 목표〉

1. 구성주의적 교육방법의 특징을 설명할 수 있다.
2. 문제해결학습, 발견학습, 구안학습, 앵커드 수업모델, 인지적 유연성 이론, 인지적 도제 이론, 자원기반학습 모형의 주요 이론적 특성을 구별할 수 있다.

〈Key Word〉

문제해결학습, 발견학습, 구안학습, 앵커드 수업모델, 인지적 유연성 이론, 인지적 도제 이론, 자원기반학습, 구성구안법, 향락구안법, 문제구안법, 학습구안법, 상황적 교수–학습이론, 모델링, 명료화

구성주의에서는 지식의 구성에 관심을 두고 있으며, 각 학습자에게 의미 있는 지식이 구성되기 위해서는 어떠한 학습환경이 제공되어야 하며, 그러한 환경 속에서 어떠한 경험을 하여야 하는지에 대해서 매우 중요하게 다루고 있다. 여기에서 대표적인 구성주의 학습이론을 정리하면 다음과 같다(김준권·옥장흠, 2008; 유구종·강병재, 2005; 백영균 외, 2003; 허희옥 외, 2001; 송해덕, 1998; 허형, 1997; 권성호, 1995).

제1절 문제해결학습(PBL: Problem Solving Learning)

문제해결학습은 학습자가 여러 상황에서 학습활동을 진행하는 가운데 스스로 문제해결에 접근하도록 하는 방법이며, 학생 개개인이 당면한 문제에 대한 해답을 스스로 획득할 수 있는 능력을 양성하기 위한 학습형태로 볼 수 있다. 또한, **문제해결 학습법의 주안점**은 반성적 사고능력의 배양을 통한 문제해결 능력의 함양에 있다. 이는 인간이 소유한 사고 활동을 통해 어떤 문제를 분석, 파악, 종합하여 최상의 해결안을 찾아가도록 하는 학습방식이다.

따라서 **문제해결학습법의 목표**(Maley, 1978)는 다음과 같다.

① 학생들에게 문제해결을 위한 유용한 기술을 배울 수 있는 교육적인 경험을 제공한다.
② 학생들은 당면한 문제를 자립적으로 해결하려는 기본태도를 습득한다.
③ 학생은 성인이나 교사에 대한 의존심을 버리고 자립심을 갖게 한다.
④ 교육적인 상황과 일상생활 상황에 다양한 문제를 다룰 수 있다.
⑤ 문제해결 접근을 위한 효과적인 수단이 된다.
⑥ 주어진 상황에 대한 이해력과 정보를 발전시키는데 제1차적인 경험을 학습자들이 할 수 있다.

또한, **문제해결의 과정**은 다음과 같다.

1단계는 학습자가 문제를 발견하여 충분히 인식하거나 교사가 제시할 때에는 충분히 설명하여 학습자가 그 문제를 파악하도록 하는 문제의 결정단계이다.

2단계는 결정된 문제를 해결하기 위하여 그 문제의 성질에 따라서 해결방법이나 과정, 그리고 과제의 분담 등을 정하는 것으로 해결방법의 계획단계이다.

3단계는 계획에 따라 문제에 관련된 자료를 조사하거나 문헌 등을 통해서 자료를 수집하는 단계이며,

4단계는 수집한 문헌 조사, 관찰, 실험, 조사연구 등의 자료를 가지고 실제 활동을 전개하는 단계이다. 이때 학습활동은 학습자 중심이며, 교사는 단지 문제의 깊은 연구와 정확한 지식을 가지고 학습자에게 시사점을 던져주거나 자유로운 분위기에서 자율적인 활동이 가능하도록 조건을 준비하고 환경을 정비해주는 역할을 해야 한다.

문제해결학습의 좋은 점은 학습자의 자발적인 활동에 의한 스스로 힘으로 문제를 해결하여 자율성과 능동적인 능력을 기를 수 있다는 것이다. 그리고 수업 활동 자체가 실생활과 유리되지 않으며, 학습자의 심리적 단계에 따라 학습되기 때문에 흥미에 맞고 이해하기 쉬우며 실생활에 적응할 수 있는 학습으로, 이는 전인적인 발달을 위한 수업이 될 수 있다. 따라서 **문제해결학습의 목적**은 협동적인 학습활동을 통해서 민주적인 생활 태도를 기르는데 있다. 이에 반해 문제 해결법은 체계적인 기초학력을 기르기 어려우며, 수업 활동이 어수선하여 일관성 있는 진행이 어렵다. 또한, 학습의 노력에 비하여 능률이 낮은 것이 제한점으로 지적되고 있다.

문제해결학습방법을 실시할 때 유의 사항으로는, 교사는 학습자가 문제의 인식을 명확히 하도록 지도해야 하며, 문제에 연관된 상황을 분석 및 검토하고 명료한 가설을 형성시키며 적용할 수 있는 법칙이나 원리를 활용하도록 지도할 필요가 있다. 또한, 학습자들이 문제를 완전히 해결할 때까지 관찰하고자 하는 습관이 들도록 철저히 지도하는데 심혈을 기울여야 한다.

제2절 발견학습

발견학습은 과학적 결과나 과학적 지식이 산출될 때까지의 과학 활동의 과정을 중요시하므로 탐구학습이라고도 한다. 즉 학습자 스스로 작은 일에서부터 과학적 현상에서 문제점을 스스로 발견하여 문제를 해결하는 탐구자 또는 연구자의 역할을 할 수 있도록 하는 것이 중요 관심사이다. 이는 교사중심의 기계적이고 암기 위주의 전통적인 교수 방법에 대한 불만에서 비롯되었으며, 그 기원은 소크라테스의 대화법, 루소의 아동 중심 교육사상까지 거슬러 올라갈 수 있다. 또한, 반성적 사고를 강조한 Dewey의 교육사상과 Bruner의 발견학습에서도 볼 수 있다. 특히 Bruner는 최초에는 교사에게 의존하지만, 점진적으로 교사의 역할은 감소되며 학습자 스스로 사고를 진행해 가면서 지식의 구조를 이해하고 스스로 내적 문화를 창조하고 발견하는 과정을 통해 내적 동기를 유발시킬 수 있다고 강조했다.

발견학습의 특징으로 ① 교재의 기본구조에 대한 철저한 학습을 강조한다. ② 학습효과의 전이를 중요시한다. ③ 발견학습은 학습의 결과보다 과정과 방법을 중요시한다. ④ 학습자의 주체적인 학습을 강조한다.

발견학습의 과정은 발견할 과제를 학생에게 명확하게 파악시키는 것으로 문제의식을 분명히 가지고 의욕적으로 학습하기 위한 **과제 파악단계**(1단계)이며, 과제해결을 위한 **가설 설정 단계**(2단계), 그리고 세워진 가설을 검증하는 단계로서 논리적 사고 활동이 활발해지므로 교사의 체계적인 학습지도가 절실하게 필요한 **가설 검증의 단계**(3단계), 마지막으로 생생한 능력으로 전환하는 것으로 가설 검증단계에서 구성된 추상적인 개념을 학습자 자신이 현실 상황에 전환시키는 지식 전이의 단계로써 **결론과 적용의 단계**(4단계)로 구성된다. 이러한 단계를 통하여 발견한 결과를 습득하고 동시에 탐구방법을 획득할 수 있다.

발견학습은 다음과 같은 좋은 점이 있다.

① 학습자의 사고력을 신장시키고 생활 속에서 실제 적용할 수 있는 능력을 지니게 한다.

② 자발적인 흥미를 자극하면서 학습을 계속하게 한다.

③ 학습결과에 대한 희열감을 경험하게 된다.
④ 모든 주위 환경이 연구대상이 된다.
⑤ 학습자들의 사고력을 신장시키고 과학적인 생활 태도를 함양할 수 있다는 장점이 있다.

이에 반해 **발견학습의 제한점**은 다음과 같다.

① 한정된 수업시간의 지도이기에 발견학습에서 다루게 될 내용을 정선하지 않으면 시간 내에 효과적인 지도를 할 수 없게 되고 도중에서 끝마칠 우려가 있다.
② 능력 차에 대한 배려 없이는 특정한 학습자만의 발견학습이 되기 쉽다.
③ 발견학습에서 추상적인 개념은 스스로 발견을 통하여 습득하기 어렵다.
④ 발견학습의 과용(過用)은 학생들의 흥미를 상실시킬 수 있다.
⑤ 이론과 실제의 조화를 잃고 실기에만 치우치지 않도록 유의하여야 한다는 단점이 있다.

제3절 구안학습

구안학습법(project method)[2]은 20C 초부터 미국에서 활용된 수업 형태로 교사의 지도와 더불어 학생이 일상생활에서 가치 있는 문제를 선정해서 그것을 해결하는 학습방법으로 직업교육에 널리 활용되는 교수-학습방법이다. 여기서 **구안**(project)**의 의미**는 '생각한다', '구상한다', '묘사한다' 등의 의미로 사용되며, 이것은 마음속에 품고 있는 것을 구체적으로 실현하며 형상화하기 위하여 자기 스스로 계획을 세워 수행하는 활동으로 볼 수 있다.

구안학습 방법의 목적은 ① 연구해야 할 내용과 과정에 대한 유용성과 현실성에 도움을 준다. ② 연구하고자 하는 제목과 관련된 분야로 추가적인 요소도 다룰 수 있다. ③ 학습 동기 유발의 도구가 된다. ④ 교육적 프로그램을 평가하는데 유용한

2) 1918년 Kilpatrick가 고안한 학습법이다.

행동을 제시 및 표현할 수 있다. ⑤ 학생들 간에 개인적 차이 및 장점들을 고려하여 지도할 수 있다. ⑥ 개인적으로 긍정적인 자아 조성에 도움을 준다.

구안학습법의 단계는 다음과 같다.

① **구안법의 기초단계(1단계)**로서 학습자 자신이 문제를 선택하고 목적을 설정하는 목적의 단계이며, 이 단계에서 유의할 사항은 학습자의 흥미를 환기시키며, 기존 지식이나 기능을 토대로 하는 것이어야 한다. 그러나 시간이 낭비되지 말아야 하며, 쉽게 교재를 얻을 수 있어야 한다. 그리고 반드시 학교의 교육계획과 관련이 있는 것이어야 한다.

② 다음은 **계획의 단계(2단계)**로서 학습자 대부분은 계획을 세우는 복잡한 절차보다 즉시 실천단계로 들어가는 경향이 있으므로 교사는 반드시 치밀한 배려로 계획수립의 중요성을 인식시키고 이 단계를 통해서 일을 수행해 나가는 태도를 가지도록 지도해야 할 것이다.

③ **실행단계(3단계)**는 목적의 설정과 그에 따른 계획이 수립되면 그 계획에 의해 학습자들이 흥미를 갖고 활발하게 학습활동을 하는 단계이다.

④ **마지막 평가의 단계(4단계)**는 완성된 일이나 작품의 가치를 비판하는 단계로서 교사는 학습자의 활동에 대한 일반적인 평가를 피하고 적절한 조언을 통해서 자신의 객관적인 자기평가를 하게 하며 그들 상호 간 집단평가를 하도록 지도할 필요성이 있다.

구안학습법은 목적에 따라 구성구안법, 향락구안법, 문제구안법, 학습구안법 등 네 가지로 분류되며,

① **구성구안법(construction project)**은 학생들이 계획, 구성, 실현을 경험하도록 하는 학습이며,

② **향락구안법(enjoyment project)**은 기쁨이나 즐거움을 목적으로 하는 학습이다.

③ **문제구안법(problem project)**은 문제해결을 목적으로 하는 학습이며,

④ **학습구안법(learning project)**은 일정한 지식, 기능을 습득하기 위한 학습이다.

구안학습법의 제 조건(김광자, 2000)으로는 ① 훌륭한 구안학습법은 학습자 개개인의 흥미와 동기 유발적인 요소, ② 학습자 개개인에게 창의적인 표현의 요구, ③ 학생의 지적, 정시직, 신체직 그리고 경제직인 능력과 관계가 된다. ④ 학생이 스스로

만든 작품이며, ⑤ 계획된 목표의 달성도를 평가하는 좋은 기회, ⑥ 목표달성을 위한 훌륭한 설계와 완성, ⑦ 전체 학생들에게 성장의 기회 등이 있다.

구안학습법의 장점은 ① 생활 장면에서 일어나는 실제적인 문제해결의 기회를 준다. ② 학습자의 흥미에서 출발함으로써 학습활동의 동기가 아주 효과적이다. ③ 집단수업일 경우에는 협동심, 희생정신 등 많은 사회적 덕성을 배양할 수 있다. ④ 작업수행이 완성될 때까지 인내력이 요구되며, 작업을 완수하는 즐거움을 갖게 한다. ⑤ 다른 학습자에 대한 관용성과 비판 능력을 기른다. ⑥ 창의적인 능력을 기르는데 효과적이다. ⑦ 과제를 실행하는 과정에서 주체성과 책임성, 만족감 등을 기를 수 있다. ⑧ 생활에 있어서 실제적인 문제해결의 기회를 주므로 학교생활과 실제 생활을 결합시킬 수 있어 산교육을 할 수 있다. ⑨ 개인별, 소그룹별, 또는 대그룹으로도 지도가 가능하다.

반면에 **구안학습법의 단점**은 ① 학습자가 자기계획에 의하여 실천함으로써 시간과 정력의 낭비를 초래하기 쉽다. ② 학습재료를 구하지 못해서 실패할 우려가 있다. ③ 집단 구안학습에서 학습 우수아에게 독점되는 경향을 초래하기 쉽다. ④ 학습자 활동의 자유가 보장되므로 경우에 따라 무질서해져서 관리상 어려울 때가 있다. ⑤ 교재의 논리적 체계를 무시하는 경향이 있다.

그리고 **교사들은 구안학습법을 사용할 때 다음과 같은 사항에 유의**해야 할 것이다.

① 주제는 학습자에게 맞는 것이어야 한다.
② 계획을 세우는 습관과 태도를 길러주어야 한다.
③ 사용할 재료·도구는 사전에 충분히 준비하여 수업에 지장이 없도록 한다.
④ 주제는 단편적인 것보다 연속적인 과정으로 발전되도록 지도해야 한다.
⑤ 주제는 항상 학교의 조직 및 계획과 조화를 이루어야 한다.

제4절 앵커드 수업모델

앵커드 수업모델 이론(anchored instruction)[3]은 다양한 교수 매체를 활용하여 실제와 유사한 학습환경을 제공해 주고 이를 통하여 학습자들에게 단순한 사실적 지식을 제공하기보다는 현실 상황에서 활용 가능한 지식을 제공해 주어 문제해결력을 증강시키는 도움을 주고자 하는 노력에서 시작되었다. 이 이론은 수업에서 실제 문제 상황을 교수 매체(비디오, 컴퓨터 등)를 활용하여 학생들에게 제시한 다음 가능한 대안을 찾아보도록 한다.

앵커드 수업모델에서 효과적인 핵심 요소를 선택하고 구성하는 것에 있어서 유의해야 할 사항은 다음과 같다.

① 실제적인 활동들과 목표들을 설명하는 핵심 요소를 선택하거나 설계하도록 한다.
② 핵심 요소를 통하여 설명되는 활동들이 복잡하고 다양한 시각에서 탐구될 수 있어야 한다.
③ 핵심 요소는 학습자와 교사가 탐험할 수 있는 많은 숨겨진 자료를 담고 있어야 한다.

이러한 **앵커드 수업모델의 특징**은 다음과 같다(권성호, 1995).

① 학습자가 배운 지식을 다양한 환경에서 도구로 활용하여 새로운 문제해결의 연결고리로 활용할 수 있도록 하는 것이다.
② 교과나 단편적인 문제를 독립적으로 제시하기보다는 중다 맥락으로 제시함으로써, 문제해결에 필요한 일련의 학문적 연계성 속에서 학습자의 인지 활동이 활발해지도록 돕는다. 실제 상황에서 부딪히는 복잡한 문제들을 해결하는 과정에서 학습자들의 인지 활동이 더욱 활발해질 수 있다는 것이다.
③ 개인이 경험한 사실들이 집단에 반영되는 협동 학습을 지향하여 집단에서의 개별화 학습을 중시하고 있다.

따라서 **상황적 교수-학습이론(앵커드)의 수업모형 단계**는 다음과 같다(허형, 1997).

① 비디오 상영을 통하여 학습 동기를 촉진하고 문제 상황을 제시한다.

---

3) 상황적 교수-학습이론이라고도 불리고 있다.

② 수학적 개념의 문제를 실제적 과제를 통하여 이해하기 쉽게 이야기식으로 제시하여 문제해결을 위한 상황을 창안한다.
③ 문제를 해결하기 위하여 아동의 적극적 참여를 유도하고 아동 중심의 창안된 학습환경을 조성한다.
④ 여러 가지 사실적 학습자료를 함축적으로 제시한다.
⑤ 아동들이 복잡한 문제를 해결하고 활용할 기회를 제공한다.
⑥ 학습하고자 하는 개념이 어떻게 구체적인 상황에서 활용될 수 있는지 여러 가지 유사한 문제를 해결하게 하여 학습의 전이효과를 높인다.
⑦ 다른 과목과 통합된 복합적인 문제를 제시하여 교육과정과 연계한다.

제5절 인지적 유연성 이론

인지적 유연성 이론은 지식의 재현과 그 재현의 과정을 중시하고 있다. 이 이론의 기본 전제는 지식의 특성과 지식의 구성과정에 관심을 기울인다. 여기에서 지식이란 단순한 일차적인 개념으로 표현될 수 있는 것이 아니고 다원적인 개념으로 형성되어 있으며, 이러한 복잡하고 다원적인 개념으로 지식을 재생산하기 위해서는 상황 의존적인 지식구조의 연합체(situation-dependent schema assembly)를 형성하여야 한다는 것이다(허형, 1997).

인지적 유연성이란 여러 지식의 범주를 넘나들며 다양한 방법으로 급격하게 변화해 가는 상황적 요구에 적응력 있게 대처하는 능력이라고 할 수 있다. 또한, 자신의 지식을 재구성할 수 있는 능력을 의미한다. 따라서 이 이론은 전통적 교수-학습 원리에 의거한 단순한 지식 습득을 지양하고, 대신 비정형화된 성격의 지식을 습득하여 복잡성과 비(非) 규칙성을 포함시킨 과제와 학습환경을 제공해야 한다고 보고 있다.

그리고 **인지적 유연성 이론의 학습 원리**는 ① 주제 중심의 학습을 의미하며, ② 학습자가 충분히 다룰 수 있는 정도의 복잡성을 지닌 과제로 작게 세분화하고, ③

다양한 소규모의 예들을 제시하는 것이다. Sipro 및 John(1990)은 이와 같은 복잡하고 다양한 학습환경을 조성하고 인지적 융통성 있는 환경 구성을 하기 위하여 컴퓨터를 통한 다차원적이고 비선형적인 하이퍼텍스트 시스템을 활용할 것을 권장하고 있다. 즉 하이퍼텍스트를 활용한 다차원적 접근과 비선형적 접근이 되도록 하기 위한 무선적 접근 수업을 권장하고 있다(백영균 외, 2003: 88).

다음의 〈표 6-1〉은 **구성주의 학습모형에 대한 각각의 특성**을 정리한 것이다(유구종·강병재, 2005).

<표 6-1> 구성주의 학습모형의 관점 비교

구분		인지적 도제 이론	상황적 교수-학습이론	인지적 유연성 이론
학습 과정	학습자 역할	• 도제	• 학습자 주도적임	• 매우 학습자 주도적임
	교사의 역할	• 전문가(대가)	• 인지적 코치	• 교사에 대한 특별한 언급이 없음
	학습절차	• 모델링 • 교수적 도움 발판 제공 • 교수 지원 중단	• 충분한 '학습의 여유'를 제공하는 것을 원리로 함	• 임의적 접근 학습 • 교차 학습
학습과제	과제의 범위 (포괄성)	• 특정 영역의 지식 (읽기, 쓰기, 수학 등)	• 포괄적이며 간학문적임	• 특정 영역의 지식
	과제의 구조 (복잡성)	• 실제 전문가의 활동지식을 대상으로 함	• 복잡한 과제의 사용	• 비구조화된 복잡한 과제만을 대상으로 함
구성주의적 학습환경의 특성	상황적 특성	• 복잡성 반영 • 상황학습 모델에 포함됨	• 복잡성 반영 • 상황학습 모델에 포함됨	• 실생활의 복잡성 반영
	사회적 상호작용 특성	• 교사(전문가)와의 사회적 상호작용 강조 • 동료와의 사회적 상호작용이 고려 안 됨	• 코치와의 사회적 상호작용 • 동료들 간의 협동학습 강조	• 교사 및 동료들과의 상호작용을 요구하지 않음
	역동적 특성	• 학습 과정에서 일어나는 변화의 수용을 인정하지 않음	• 학습 과정의 변화를 융통성 있게 수용하나 구체적인 기법은 제시하지 않음	• 다양한 지식 표상, 재학습, 조망 교차의 사용으로 학습 과정의 변화를 수용함

구분		인지적 도제 이론	상황적 교수-학습이론	인지적 유연성 이론
적용 환경의 특성	적용 대상	• 제한 없음	• 초등학생	• 상위 수준의 지식 소유자
	적용 예제	• 제한 없음	• 비디오디스크	• 하이퍼텍스트

• 자료: 유구종·강병재(2005). 교육방법 및 공학. 서울: 창지사, p. 103에서 인용함

제6절 인지적 도제 이론

인지적 도제 이론(cognitive apprenticeship)은 전문가(mentor)와 초심자(novice) 간의 특정한 관계 속에서 실제적 과제를 해결해 나가는 과정을 통하여 새로운 지식을 구성함으로써 개념을 발전시켜 나가는 모형이다. 전문가는 초심자의 지식의 구성과정을 도와주는 역할이 강조되며, 전문가와의 토론, 초심자들 간의 토론을 통하여 사회적 학습 행동을 습득하고 자신의 인지적 활동을 통제하면서 인지능력의 개발에 초점을 둔다. 학습환경은 특정의 실제적인 사회문제를 다루는데 다양한 상황적 특성이 포함되는 복잡한 문제를 해결하는 과정이다. 학생들의 직관적, 경험적 지식의 구성에 가치를 부여한다(허형, 1997).

인지적 도제 이론은 고차원적인 인지적 기술을 습득하고 배양방법으로서 학습자의 내부적 인지작용과 활동을 자극하는 연속적인 자아 성찰을 강조한다. 여기에서 **자아 성찰이란** ① 내부 인지작용을 필요로 하는 실제 과제에 참여함에 있어서 자신의 행동을 관찰하고 조정하며, ② 자신의 행동을 전문가의 행동과 비교해 보고, ③ 교사와 학생들의 역할을 바꾸어 실지로 실행해 봄으로써 자신들의 제한적 시각을 넓히는 것을 말한다. 결국, 이 이론은 현실과 괴리되지 않은 실제 상황에서 전문가의 과제수행 과정을 관찰하고, 실제로 과제를 수행해 보는 가운데 자신의 지식 상태의 변화를 경험할 수 있도록 하는 것이다.

인지적 도제 이론은 학습을 위한 방법으로 여섯 가지를 제시하고 있으며, 절차

방법에 따라 3단계로 구분하고 있다(유구종·강병재, 2005).

① 1**단계는 모델링**(modeling), **코칭**(coaching), **인지적 기반 구축**(scaffolding & fading)으로서 인지적 도제 학습활동의 핵심적 과정으로서 관찰, 안내, 지원이 제공되는 실제 수행을 통하여 인지와 고차인지(meta-cognitive)가 통합된 기술을 획득하는데 도움을 줄 수 있도록 설계된다.

② 2**단계는 명료화**(articulation)**와 반영**(reflection)으로서 전문가의 문제해결 전략을 조절할 수 있도록 설계한다.

③ 3**단계는 탐색**(exploration)으로서 학습자가 스스로 문제해결을 위한 가설의 수립과 이의 해결을 위한 탐색을 격려하는 독립적인 학습을 제공하도록 설계된다.

제7절 자원기반학습

1. 자원기반학습의 역사적 배경 및 개념

자원기반학습(RBL: resource-based learning)은 20세기 중후반부터 빠르게 진행되고 있는 인간의 의사소통을 위한 정보 및 통신기술(ICT)의 획기적 발달과 더불어 교수-학습을 위한 자원이 디지털화되면서 그 중요성이 새롭게 강조되고 있는 교육방법이다(Hill & Hannafin, 2001). 또한, 자원기반학습은 학습자가 진정으로 관심이 있는 문제나 질문에 직면하였을 때 가장 학습효과가 좋다는 Richard Suchman의 탐구학습모델에 기초를 두고 있다. 따라서 교사는 학습 목표를 규명한 후 그 목표에 적합한 주제를 선정하여 학습자에게 의미 있는 질문을 제시한 후, 학습자가 인터넷상에서 관련된 자료를 탐구하여 해결방법을 제시하도록 유도한다(백영균 외, 2018).

자원기반학습에 대한 개념은 제 학자들이 소개하고 있다.

① **유승우 외**(2018)는 "자원기반학습이란 교과서 의존적 학습 경험 및 지식환경을 지양하고 다양한 자원을 활용하여 과제나 교육내용에 대한 현실적 감각을 좀 더 증대시키

는 것을 지향하는 교육방법이다"라고 했다.

② **김지일 외**(2006)는 "자원기반학습이란 다양한 학습 자원과 직접적인 상호작용이 가능한 ICT와 교수-학습 매체가 통합된 학습환경에서 학습자 스스로 자원을 획득, 분석, 조직, 활용하여 주도적으로 학습활동에 참여할 수 있도록 하는 형태를 의미하는 교육방법이다."라고 했다.

③ **백영균 외**(2018)는 "자원기반학습이란 특별히 설계된 학습 자원과 상호작용적인 매체와 공학기술을 통합함으로써, 대량 교육상황에서 학습자 중심의 학습을 증진하기 위한 일련의 통합된 전략이다"라고 정의하고 있다.

상기에서 살펴본 바와 같이, 요즈음 자원기반학습이 필요한 이유는 도서관만으로는 더 이상 학습자가 원하는 다양하고 방대한 자료를 충분히 제공해 줄 수 없으며, 교육 정도와 경력, 구체적인 지식과 관심 분야, 문화적 차이 등 학습자의 특성이 점점 다양해지고 있기 때문에 모든 학습자에게 동일한 자료를 같은 비율로 제공하는 수업은 그들의 요구를 충족시킬 수 없다.

성공적인 자원기반학습을 위한 핵심적인 요소는 ① 교사와 학습자 모두가 학습을 위해 자원 활용의 가치를 먼저 인식하는 것이며, ② 학습자가 필요한 자원을 적절히 활용할 수 있도록 자원을 관리하는 것이며, ③ 학습하는 방법이나 기능을 계발할 수 있도록 기회를 제공하는 것이라고 한다(유승우 외, 2018).

2. 자원기반학습의 목표 및 특성

자원기반학습의 목표는 모든 학습자가 평생 학습자가 되는데 필요한 기본 지식을 획득하도록 하는 것이다. 이에 추가하여 자원기반학습은 학습자가 독립적으로 학습하는데 요구되는 기능을 함양할 수 있도록 기회를 제공하는데 목표가 있다. 이러한 기능을 종합하면 다음과 같다(한국교육공학회, 2005).

① **위치확인 기능이다.** 이는 학습에 필요한 자원을 찾아내고 자원에 포함된 정보를 발견하는 기능이다.

② **분석 기능이다.** 이는 학습해야 할 주제를 분석하고 연구계획을 수립하며, 적합한 자

원을 분석하며, 해결하고자 하는 학습 주제와 목적에 관련된 정보의 가치를 분석하는 기능이다.

③ **이해 기능이다.** 이는 정보를 이해하고, 이 정보를 주제와 관련시켜 생각하며, 관련된 정보를 이끌어내고, 조직하여 관련성을 파악하여 추론과 결론을 도출하는 기능이다.

④ **보고 및 제시기능이다.** 이는 다른 동료 학습자와 정보를 공유하는 것과 관련된 기능이다. 이러한 기능은 학습자에게 특정한 학습 주제를 다양한 시각에서 살펴볼 수 있는 기회를 제공할 수 있다.

또한, **자원기반학습의 주요 특성**은 다음과 같다(유승우 외, 2018).

① 자원기반학습은 학습자의 다양한 학습양식에 교수-학습환경을 탄력적으로 구성할 것을 강조한다.

② 자원기반학습은 교수전달 방법에서 융통성을 가진다.

③ 자원기반학습에서는 정보의 처리와 활용 기회를 교과 내용과 통합적으로 연계하므로 내용의 이해와 정보 활용능력의 신장을 동시에 꾀할 수 있다.

④ 자원기반학습은 자기 주도적 학습 과정과 정보 활용 과정에 대한 지속적인 피드백과 반성적 사고 및 그 결과 미치는 영향의 중요성을 강조하고 있다.

그리고 **자원기반학습의 학습기술**은 다음과 같다(변영계 외, 2007).

① **비판적 사고기술이다.** 이는 어떤 지적인 주장이나 논증, 신념, 경험 등의 신뢰성, 타당성, 가치를 판단하기 위한 합리적 사고작용으로 자원기반학습에서 매우 중요한 학습기술이다.

② **정보자원의 탐색 및 활용하는 기술이다.** 이는 다양한 정보를 효과적으로 사용하기 위해 모든 유형의 정보를 파악하고 탐색하여 필요한 부분을 활용하는 기술을 가리킨다.

③ **정보자원의 평가기술이다.** 자원기반학습의 성패는 과제나 문제해결을 위해 얼마나 많은 정보를 확보하는가 보다는 얼마나 유익한 정보를 획득하는가에 달려 있다고 할 수 있다.

따라서 정보자원의 평가기술은 정보자원의 탐색 및 활용기술과 함께 올바른 정보, 필요한 정보, 문제해결에 필요한 가치 있는 정보를 선정하기 위여 필요한 중요한 학습기술이다.

3. Big 6 모형

Eisenberg 및 Berkowitz(1990)는 문제해결의 과정에서 요구되는 정보 활용기술을 인간의 인지 단계에 따라 〈표 6-2〉와 같이 여섯 단계로 제시하고 이를 **Big 6 모형**이라고 하였다.

〈표 6-2〉 Big 6 모형

인지	단계	능력
인식	① 과제 정의	1.1 해결할 과제의 요점 파악 1.2 과제해결에 필요한 정보의 유형 파악
이해	② 정보탐색 전략	2.1 사용 가능한 정보원 파악 2.2 최적의 정보원 선택
적용	③ 소재파악과 접근	3.1 정보원의 소재파악 3.2 정보원에서 정보 찾기
분석	④ 정보 활용	4.1 찾아낸 정보를 읽고, 보고, 듣기 4.2 적합한 정보 가려내기
통합	⑤ 통합 정리	5.1 가려낸 정보들의 체계적 정리 5.2 최종 결과물 만들기
평가	⑥ 평가	6.1 결과의 유효성 평가 6.2 과정의 효율성 평가

• 자료: 백영균 외(2018). 스마트시대의 교육방법 및 교육공학. 서울: 학지사, p. 153.

상기에서 살펴본 바와 같이, Big 6 모형은 학습자들이 필요한 자원을 파악하고 이를 활용하는 능력을 개발하기 위한 교육과정 및 평가의 준거가 되고 있다. 자원기반학습은 교수와 학습의 관계에서 변화를 포함하며, 교수보다는 오히려 학습에 초점을 맞추고 있다. 이는 학습자가 독립적인 학습자가 되도록 돕는 것을 중요한 목표로 하기 때문이다. 그런데 학습 자원을 공급하는 것을 통해서는 단지 부분적인 성과만을 얻을 수 있을 뿐이며, 학습자가 상호작용적으로 참여해야 성공적인 학습이 된다. 결국, 교사도 정보 제공자의 역할에서 벗어나 학습의 조언자, 촉진자의 역할을 해야 한다(백영균 외, 2018).

4. 자원기반학습의 설계원리

자원기반학습을 위해 학습자가 경험하게 될 교수-학습활동을 계획하고 조직할 때는 자원, 학습 경험, 대상, 과제 결과 발표 등 네 가지 변인을 중심으로 다차원적인 설계가 이루어져야 한다(손미, 1999).

첫째, 자원이다. 이는 전통적 자원과 전자적 형태의 자원을 모두 고려하여 설계한다. 전통적 자원은 사전, 백과사전, 각종 참고문헌, 도서, 잡지, 학술지, 신문, 인터뷰, 오디오 테이프, 비디오테이프, 영화, TV 등을 포함하며, 전자적 자원은 CD-ROM, 온라인 DB, 하이퍼미디어, 인터넷, 레이저디스크, 멀티미디어 자료, 각종 소프트웨어 등 정보의 도구적 개념까지를 포함한다.

둘째, 학습경험을 설계할 때는 사고의 차원, 학습 환경과의 상호작용 방법, 내용과 여러 교과 내용의 통합방법 등이 주로 고려된다. ① 사고의 차원은 적극적이고 주도적인 학습을 위한 비판적 사고와 문제해결, 초인지 및 반성적 사고 등을 적용할 수 있다. ② 학습환경과의 상호작용 방법은 자기 주도적 학습, 협동 학습, 학습 양식 선호도를 중심으로 구성할 수 있다. 그리고 ③ 내용과 교과통합의 방법은 간학문적 통합, 다 학문적 통합, 사회문화적 통합과 같은 방식으로 재구성할 수 있다.

셋째, 자원기반학습에서는 학습자가 수행한 과제가 교사만을 위해 이루어지는 것이 결코 아니라는 점을 강조한다. 즉 교사가 유일한 대상이 아니고 과제 또는 문제와 관련된 모든 사람을 발표의 대상으로 고려하기 때문에 자원기반학습을 설계할 때 이점을 고려할 필요가 있다.

넷째, 학습자가 과제나 문제를 해결하기 위해 다양한 정보를 활용하고 이를 적용한 결과를 관련 대상에게 발표하는 것은 자원기반학습에서 고려하는 또 하나의 중요한 요소이다. 그리고 발표를 하는 결과물의 유형도 구두발표, 보고서 작성, 다양한 시청각적 표현 형태 등 학습자가 다양한 유형을 선택할 수 있도록 설계해야 한다.

5. 자원기반학습의 학습 과정

자원기반학습은 학습자가 학습에 대한 책임의식을 가지고 다양한 자원을 활용하여 과제나 교육내용에 대한 현실적 감각을 보다 증대시키는 것을 지향한다. '정보 확인→정보수집→정보 분석→정보사용→결과 발표'의 학습자 탐구수행의 과정을 기초로 한다. 이는 학습자의 탐구심을 자극하고 다양한 정보 활용능력을 배양하는 데 적절하게 활용할 수 있다(백영균 외, 2018).

자원기반학습의 탐구 수행과정을 기반으로 과제의 성격, 교수-학습형태를 고려한 4단계 인터넷 매체 언어 활용 교수-학습모형을 다음과 같이 제시했다(백영균 외, 2018).

첫째, 과제제시단계이다. 교사는 단원의 성격이 인터넷의 활용과 부합되는지를 판단하고 과제의 성격(구조화된 문제, 비구조화된 문제)에 따른 범위와 한계를 제시한다. 아울러 과제의 수행이 개별학습, 협동 학습, 상호작용 학습 중 어떠한 형태에 더 적합할 것인지를 결정하고, 학습자의 학습형태에 따른 목표분석 및 전략을 설정하게 한다. 또한, 학습과제의 양과 수행에 필요한 시간의 적절성 여부와 학습수행을 어떤 공간(교실 또는 교실 밖)에서 할 것인지도 미리 제시한다.

둘째, 자료생성단계이다. 자료생성은 정보탐색, 정보 분석, 정보산출 단계를 통해 이루어진다.

① **정보탐색단계:** 언어정보의 검색과 수집 그리고 자료의 출처를 기록한다.
② **정보 분석단계:** 취득한 자료를 분류 및 비교한 후 미흡한 부분은 교사와의 상담이나 전문가와의 인터뷰를 통해 보완한다.
③ **정보산출 단계:** 언어자료를 재구성하여 문제가 해결된 언어자료로 조직하고, 발표에 필요한 보고서를 작성하거나 직접 웹문서로 제출한다.

셋째, 자료공유단계이다. 교수-학습의 중점을 자료공유에 두고 학습자가 생성한 자료를 바탕으로 충분한 토의과정을 갖는다. 학습자는 생성된 자료를 발표하고, 교사는 그 내용의 타당성 여부를 학습자-학습자, 교사-학습자의 상호작용을 통해서 의미 있는 결과로 정리한다. 이 과정은 학습자의 인터넷 매체 언어의 풍부한 자료와 사회적 맥락화를 경험하게 하고, 자료의 잠재적 생산자의 위치에 설 수 있게 한다.

넷째, 과제 활동 결과 발표이다. 과제해결을 위해 정보를 적용한 결과이며, 정보 내용에 대한 학습자의 의사결정 결과이기도 하다. 이러한 과제 활동의 결과를 학습자가 그 과제와 관련된 대상에게 발표하는 것도 중요한 경험으로 포함해야 한다. 이와 같이 대상에게 직접 발표하는 것은 평생학습사회의 주체로서 학습자에게 제공되는 학습활동이 특별히 학교과제와 학교 안에서만 경험되기보다는 학교와 사회를 연결하는 교육적 경험이 되도록 하기 위함이다.

결국, **자원기반학습은 학생 주도적 학습이 수반되어야 가능하다. 학습자에게 '학습하는 방법'을 익히도록 해야 하며, 교수-학습 현장에서 교사와 학생, 학생과 학생, 교사와 교사 간의 협조적인 체제가 이루어져야만 자원기반학습이 효과를 거둘 수 있다.**

연습 및 탐구문제

1. 문제해결학습의 장점·단점에 대해서 생각해 봅시다.

2. 문제해결학습에서 문제개발과정을 참고하여 문제 시나리오를 구성해 봅시다.

3. 발견학습의 특징·과정에 대해 설명해 봅시다.

4. 구안학습의 목적, 과정, 종류에 대해 설명해 봅시다.

5. 구성주의 교수설계 모형인 인지적 유연성 이론에서 학습 환경 설계 요소를 구성해 봅시다.

6. 교육실습을 가게 된 A 학생의 담당교사는 학부 시절 배웠던 구성주의 교수설계 모형으로 A 학생을 위한 교육 프로그램을 설계하게 되었다. 구성주의 교수설계 모형인 앵커드 수업 모델, 인지적 유연성 이론, 인지적 도제 이론 중 한 가지를 선택해서 교육 프로그램을 설계해 보자.

7. 자원기반학습의 설계원리와 학습 과정에 대하여 설명해 봅시다.

Chapter 07

교수전략

〈학습 목표〉

1. 거시적 교수전략의 유형을 제시하고 설명할 수 있다.
2. Merrill의 내용 요소 제시이론을 이해할 수 있다.
3. Gagné의 위계적 계열화를 설명할 수 있다.
4. 뇌 기반 내용조직을 분류하고 이해할 수 있다.
5. 수업 진행을 위한 교수전략을 설명할 수 있다.
6. 학생 중심의 문제해결 측면에서 교사가 유의해야 할 사항을 파악할 수 있다.

〈Key Word〉

교수전략, 거시적 교수전략, 주제별 조직, 나선형 조직, 정교화 이론, 줌 렌즈, 정교화 전략, 개념적 조직모형, 절차적 조직모형, 이론적 조직모형, 정교화 교수전략, 요약자, 종합자, 정교화된 계열화, 선수학습 능력의 계열화, 비유, 인지 전략 활성자, 학습자 통제, 미시적 교수전략, 일차 자료제시형, 이차자료제시형, 설명식, 탐구식, 일반성, 사례, 설명식 일반화, 설명식 사례, 탐구식 일반화, 탐구식 사례, 맥락, 선수학습, 기억술, 표상법, 위계적 계열화, 뇌 기반 내용조직, 공고화, 청킹, 선두효과, 최신효과, 매개전략, 관리 전략, 연습, 반복, 질문, 저수준 질문, 고수준 질문, 수렴적 질문, 발산적 질문, 질문 교수전략, 위계적 강의, 비형식적 문제 중심 강의, 학습 동기 유발 전략, ARCS 모형, 지각적 주의 환기의 전략, 탐구적 주의 환기 전략, 다양성의 전략, 관련성, 자신감, 만족감, X-Y 이론

7장에서는 교수전략의 개념, 교수전략의 종류, 수업 진행을 위한 교수전략, 학습 동기 유발 전략, 교수전략 사용의 고려 사항 등에 대해서 고찰하기로 한다.

제1절 교수전략의 개념

교수전략은 수업의 과정에서 학생의 학습을 촉진시키고 수업목표를 보다 효과적으로 달성하도록 교수자가 전략적으로 교수 활동을 전개해 나가게 한다. 사례를 들면, 학습 동기를 유발하는 것은 학습을 촉진시키는 교수 활동이다. 교수자는 보다 효과적으로 동기를 유발시키기 위하여 학생의 흥미를 파악해서 그에 맞는 동기 유발 활동을 하거나 학습 내용의 수준을 학생의 수준에 맞도록 난이도를 조정하는 등의 전략적 접근을 할 수 있다. 그리고 이러한 전략적 접근을 교수전략이라고 부른다(김보경, 2018).

제2절 교수전략의 종류

교육공학용어사전(한국교육공학회, 2005)에 소개된 Reigeluth의 교수전략 분류에 따르면, 교수전략은 크게 조직전략(organization strategy), 매개전략(mediation strategy), 관리 전략(management strategy)으로 구분할 수 있다. 그리고 조직전략은 미시적 전략과 거시적 전략으로 구분한다(김광현, 2018; 김보경, 2018).

1. 거시적 교수전략

거시적 교수전략에는 주제별 조직, 나선형 조직, Reigeluth의 정교화 이론 등으로 정리할 수 있다(김보경, 2018).

첫째, 주제별 조직이다. 이는 하나의 주제를 모두 가르친 후에 다른 주제로 넘어가도록 계열화하며, 이미 다룬 주제는 다시 다루지 않도록 계열화한다. 이러한 주제별 조직은 시간적 배열이나 공간적 배열, 영역별 기준을 따르지 않기 때문에 반복되어 조직되지 않는다. 예를 들면, 역사 수업에서 고려 시대의 정치, 경제, 문화에 대해서 모두 학습한 후에 조선 시대를 다루도록 계열화되어 있다. 또한, 세계 지리 시간에 대륙별로 단원을 조직한 것도 주제별 조직의 한 사례로 볼 수 있다.

둘째, 나선형 조직이다. 이는 하나의 주제를 학년 또는 학교급에 따라 반복적으로 배치하여 가르치는 방식을 말한다. 이때 같은 주제를 단순하게 반복하기보다는 이전보다 학습의 수준이 높아지고 다루는 범위도 한층 넓어지게 된다. 예를 들어, 수학의 '집합'이라는 주제나 과학의 '전기'라는 주제는 초등학교부터 고등학교 때까지 내용의 수준이 높아지면서 반복하여 가르치도록 계열화되어 있다. 또한, Bruner는 그의 저서 『교육의 과정(The Process of Education)』에서 지식의 구조를 발견학습 방법으로 가르칠 것과 나선형 교육과정으로 조직할 것을 제안하였다.

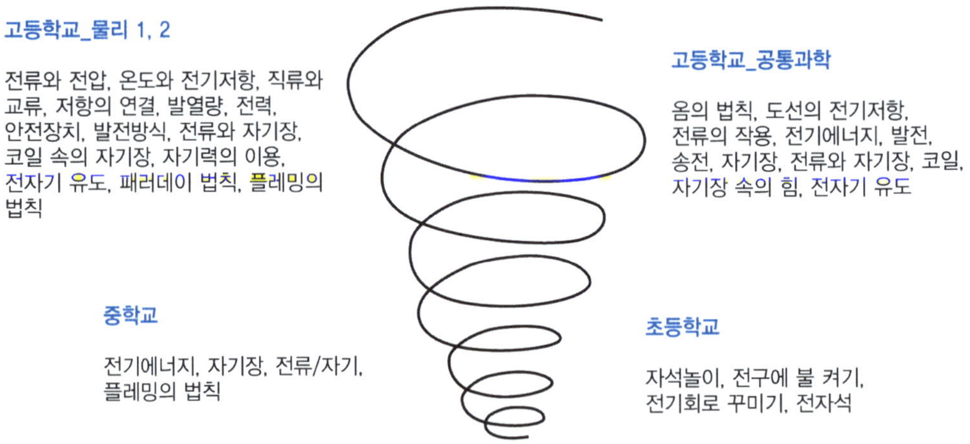

[그림 7-1] 나선형 내용조직 전략의 사례

• 자료: 김보경(2018). 학교 수업 설계를 위한 교육방법 및 교육공학. p. 155.

셋째, Reigeluth의 정교화 이론이다. 거시적 내용조직 전략에 적용할 수 있는 이론으로 정교화 이론이 있다. 정교화(elaboration)라는 용어는 교육심리학 또는 교육방법 및 교육공학의 분야에서 자주 사용된다. 인지심리학자들은 정교화란 학습자가 새롭게 학습하는 내용을 이미 알고 있는 정보나 아이디어에 연결 짓는 방식으로 사고하는 과정(Ayaduray & Jacobs, 1997)이라고 정의한다.

정교화의 사례를 제시하면 다음과 같다. Stein, Littlefield, Bransford, 그리고 Persampieri(1984)는 A그룹 학생들에게 "그 흰머리 남자가 병을 들고 있었다(The gray-haired man carried the bottle)."라는 문장을 제시했다. 한편 B그룹 학생들에게는 "그 흰머리 남자가 염색약 병을 들고 있었다(The gray-haired man carried the bottle of hair dye)."라는 더 정교화된 문장을 제시하였다. 이후 두 문장을 회상하는 테스트에서 A그룹의 학생보다 B그룹의 학생들이 문장을 훨씬 더 잘 회상하였다. 그 이유는 A그룹의 학생들은 '흰머리 남자'와 '병'을 임의적으로 연결하여 기억했다면, B그룹의 학생들은 추가로 제시된 '염색약(hair dye)'이라는 구절 때문에 그 연결이 유의미하게 된 것이다. 즉 학생들은 머리가 흰 사람은 염색을 한다는 사실과 염색약이 병에 담겨 있다는 것을 이미 알고 있었기 때문에 그 정보를 이용하여 이 두 단어의 연결을 유의미하게 한 것이다.

이처럼 정교화가 잘 일어나기 위한 내용조직의 원리로 Reigeluth는 정교화 이론을 제시하였다.

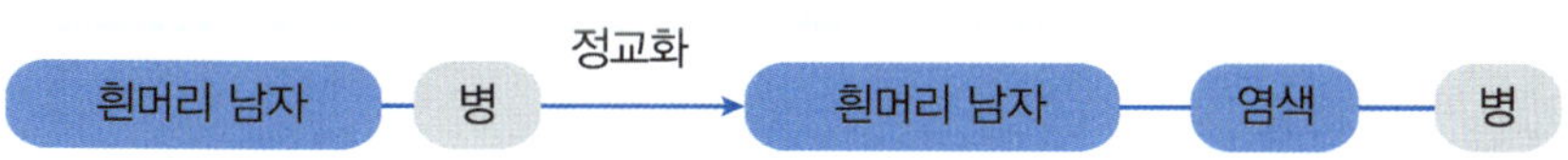

[그림 7-2] 정교화의 예

정교화 이론은 교수 내용을 조직할 때 가장 단순하면서도 전체 과제에 대한 대표성이 높은 과제를 먼저 가르치고, 그 이후에 세분화되고 구체적인 내용을 가르쳐 학습자들에게 의미적 정교화가 일어날 수 있도록 가르치라고 하였다. 이때 가장 단순하면서도 가장 단순하면서도 내용 전체의 윤곽이 될 수 있는 과제를 정수(精髓, epitomc)라고 한다.

① **줌 렌즈의 비유**

Reigeluth는 자신의 정교화 이론에 근거한 조직전략을 카메라의 줌 렌즈에 비유하여 설명하였다(Reigeluth, 1979). 정수(精髓)를 시작으로 점진적으로 과제를 상세하고 정교하게 다루는 계열화 전략이 마치 카메라의 렌즈가 줌아웃(zoom-out)과 줌인(zoom-in)을 반복하며 촬영할 대상을 포착하는 과정과 유사하다고 생각하였기 때문이다. 학습의 과정에 대한 줌 렌즈의 비유는 다음과 같다.

i) 먼저 렌즈를 가지고 줌아웃하여 관찰한다. 이때 대상의 주요 부분(parts)과 각 부분의 균형이나 조합과 같은 관계(relationship)를 파악할 수는 있지만 상세한 부분은 포착되지 않는다.

ii) 대상 전체의 윤곽(정수)을 파악했으면 주요 하위 부분(subparts)들을 파악할 수 있도록 한 수준 줌인하여 하위 부분과 하위 부분들의 관계(interrelationship)를 학습한다.

iii) 다시 대상의 전체를 볼 수 있도록 줌아웃하여 전체의 맥락 속에서 상세하게 관찰한 부분을 다시 이해한다.

iv) 다시 한 수준을 줌인하여 다른 하위 부분에 대해 상세하게 학습한다. 한 수준을 줌인한 상태에서 모든 내용을 다 파악할 때까지 줌인과 줌아웃을 반복한다.

v) 한 수준을 정교화한 상태에서 대상에 대해 모두 학습하였다면, 두 수준을 줌인 한 상태에서 하위 부분에 대해 줌인과 줌아웃을 반복하여 상세하게 학습한다.

vi) 앞의 같은 패턴을 반복하여 학습자가 원하는 수준의 상세함에 이를 때까지 학습하도록 조직한다.

② **정교화 전략**

Reigeluth의 정교화 이론은 세 가지의 정교화 조직모형과 이 조직모형에 모두 적용할 수 있는 통합된 정교화 교수전략으로 구성되어 있다. 세 가지 조직모형은 다음과 같다. Reigeluth는 학습과제를 개념적 과제, 절차적 과제, 이론적 과제의 세 가지로 분류하였다. 그리고 이 세 가지 **학습과제를 계열화하는 방식**, 즉 개념적 조직모형, 절차적 조직모형, 이론적 조직모형이라고 칭하였다.

i) **개념적 조직모형(conceptually organized model)**은 개념을 학습자에게 가르칠 때 인지구조에 유의미하게 동화시키기 위해 교수 내용을 조직하는 것으로 상위개념을 먼저 가르치고 하위개념을 나중에 가르치라는 것이다. 개념적 조직모형의 사례로, '교수설계'라는 상위개념을 먼저 가르친 후, '분석', '설계', '개발', '활용', '평가'의 하위개념을 가르치도록 조직한다.

ii) **절차적 조직모형**(procedurally organized model)은 목표로 하는 절차적 기술을 획득하는 최적의 과정으로 조직하는 것이다. 절차적 조직모형의 예로 현미경의 조작 순서를 들 수 있다. 현미경을 조작하는 것은 하나의 기술로, 그 기술을 획득하는 최적의 절차적 과정이 있고 그 순서대로 가르쳐야 한다.

iii) **이론적 조직모형**(theoretically organized model)은 교수 내용이 원인과 결과의 인과관계나 법칙에 기초하고 있는 경우에 단순한 이론에서 복잡한 이론으로 조직하는 것이다. 경제학에서 가장 단순하면서도 기본적인 법칙이 수요공급의 법칙이므로 이 법칙을 먼저 가르치고 더 복잡한 법칙들을 나중에 가르치는 것이 이론적 조직모형의 예로 볼 수 있다.

상기에서 세 가지 조직모형에 공통적으로 적용될 수 있는 일곱 가지 정교화 교수전략이 있다(Reigeluth, 1979; Reigeluth & Stein, 1993; Wilson & Cole, 1992).

이 일곱 가지 정교화 교수전략을 사용하면 학습자의 인지구조 속에서 정교화가 보다 잘 일어나 효과적인 학습이 가능하다(신재흡, 2019; 김보경, 2018).

i) **정교화된 계열화**(elaborative sequence): 학습 내용을 조직할 때 단순한 것에서 복잡한 것으로, 추상적인 내용에서 구체적인 내용으로 계열화하는 교수전략이다.

ii) **선수학습 능력의 계열화**(learning prerequisite sequence): 새로운 학습 내용을 학습하기 전에 어떤 내용을 먼저 학습해야 할지를 밝혀 주는 전략이다. 예를 들어, 수학의 이차방정식을 풀기 전에 인수분해를 이해하고 근의 공식을 알아야 하기에 이차방정식 풀이 전에 인수분해와 근의 공식을 먼저 습득하도록 계열화하거나 안내를 해주는 교수전략이다.

iii) **요약자**(summarizer): 학습자가 이미 학습한 내용을 다시 검토하고 복습을 하게 하는 요소를 사용하는 교수전략이다. 이미 배운 내용을 말이나 글로 간결하게 진술하게 하거나, 연습문제를 풀게 하거나, 예를 들어 줌으로써 학습자가 배운 내용을 복습하게 된다.

iv) **종합자**(synthesizer): 학습자들이 학습한 내용 요소들을 서로 연결함으로써 유의미하게 사전 지식에 동화시킬 수 있도록 하는 교수전략이다. 다이어그램, 표, 맵 등으로 학습 내용을 통합하여 제시하는 것이 그 예이다.

v) **비유**(analogy): 새롭게 학습하는 내용 요소들을 학습자에게 이미 친숙한 내용 요소와 관련짓게 하는 전략 요소이다. 정교화 이론에 근거한 조직전략을 카메라 줌 렌즈에 비

유한 것이 그 예이다.

vi) **인지 전략 활성자**(cognitive strategies activator): 다양한 단서, 다이어그램, 암기법 등은 학습자들이 학습 내용을 적절하게 처리하기 위한 인지 전략들을 사용하게 하며, 이러한 전략을 인지 전략 활성자라고 한다.

vii) **학습자 통제**(learner control): 학습자가 자신의 학습 내용과 학습전략을 스스로 통제할 수 있도록 하는 전략이다.

우리나라 교실수업에서 요약자나 비유 등은 자주 사용되나 나머지 정교화 교수 전략은 비교적 덜 사용된다. 여기에 제시된 일곱 가지 정교화 전략은 어떤 내용을 다루더라도 모두 적용이 가능하므로 교수설계자들이 교수 전략을 개발할 때 이를 적용하면 매우 유용하다.

2. 미시적 교수전략[4)]

단위 수업을 위한 미시적 조직전략으로 내용 요소 제시이론, 위계적 계열화, 뇌기반 내용조직을 고찰하기로 한다.

1) Merrill의 내용 요소 제시이론

Merrill은 미시적 내용 조직전략으로 자료제시형을 제안하였다(Merrill, 1983, 1994). **자료제시형이란** 교수 목표를 달성하기 위하여 교수 방법을 포함하여 교수 내용과 관련된 모든 요소가 학습자에게 제시되는 형태를 말한다. 자료제시형에는 일차자료제시형과 이차자료제시형이 있다. 이 두 가지는 순서의 개념이라기보다는 **일차자료제시형**이 교수 목표를 달성하기 위하여 필요한 기본적인 자료제시형이라면, **이차자료제시형**은 좀 더 풍부한 학습이 일어날 수 있는 부가적 자료제시형이다.

4) 김보경(2018). 학교 수업 설계를 위한 교육공학. 서울: 학지사, pp. 161~169에서 인용 및 편집.

(1) 일차자료제시형

일차자료제시형(primart presentation form)**이란** 목표로 한 학습이 일어날 수 있는 최소한의 기본적인 자료제시 형태이다. 따라서 모든 수업의 특정 시점에서 교수자의 자료제시형태를 분석하면 일차자료제시형의 네 가지 중 한 가지로 분류될 수 있다.

① **설명식**(expository): 교수자가 주로 말을 통해 교수 내용을 제시하는 방식
② **탐구식**(inquisitory): 교수자는 질문을 하고, 학습자가 교수 내용을 수행하는 방식
③ **일반성**(generality): 교수자가 다루는 교수 내용이 일반적이고 보편적임
④ **사례**(instance): 교수자가 다루는 교수 내용이 구체적 사례와 예시임

모든 교수 내용은 일차자료제시형을 사용하여 제시할 수 있다. 그리고 어떠한 기존의 자료제시도 일차자료제시형의 네 가지 중 한 가지로 분류될 수 있다.

<표 7-1> 일차자료제시형의 예

구분	말로 알려 주기 또는 설명식(E)	질문하기 또는 탐구식(I)
일반성(G)	규칙(rules)	회상(recall)
	교사가 영어 문장의 5형식에 대해서 설명함	교사가 지난 시간에 배운 문장의 5형식에 대해 질문하면 학생이 대답함
사례(eg)	예(example)	연습(practice)
	교사가 문장의 5형식을 5개의 문장을 예로 들어 설명함	학생이 문장의 5형식의 예가 되는 5개 문장을 만들어 냄

• 자료: 김보경(2018). 학교 수업 설계를 위한 교육공학. 서울: 학지사, pp. 162~163.

(2) 이차자료제시형

이차자료제시형(secondary presentation form)**이란** 필수적인 요소는 아니지만, 학습을 좀 더 쉽게 지원해 줄 수 있는 부가적 자료제시형태이다. 이는 학습의 효과성과 효율성을 높여 주며, 일차자료제시형에 추가하여 제시하면 일차자료제시형만으로 수업을 설계할 때보다 학습자의 정교화를 촉진시켜 줄 수 있다. 이차자료제시형은 〈표 7-2〉와 같다.

<표 7-2> 일차자료제시형에 추가된 이차자료제시형

구분 (1차자료/2차자료)		설명식 일반화 (EG)	설명식 사례 (Eeg)	탐구식 일반화 (IG)	탐구식 사례 (Ieg)
정교화의 유형	맥락(c)	설명식 일반화+맥락(EG'c)	설명식 사례+맥락(Eeg'c)	탐구식 일반화+맥락(IG'c)	
	선수학습(p)	설명식 일반화+선수학습(EG'p)	설명식 사례+선수학습(Eeg'p)	없음	없음
	기억술(mn)	설명식 일반화+기억술(EG'mn)	설명식 사례+기억술(Eeg'mn)	없음	없음
	의미 정교화의 도움(h)	설명식 일반화+도움(EG'h)	설명식 사례+도움(Eeg'h)	탐구식 일반화+도움(IG'h)	탐구식 사례+도움(Ieg'h)
	표상법(r)	설명식 일반화+표상법(EG'r)	설명식 사례+표상법(Eeg'r)	탐구식 일반화+표상법(IG'r)	탐구식 사례+표상법(Ieg'r)
	피드백(FB) 정답(ca) 도움(h) 활용(u)	없음	없음	탐구식 사례+피드백/정답(IG'FB/ca) 탐구식 사례+피드백/도움(IG'FB/h) 탐구식 사례+피드백/활용(IG'FB/u)	탐구식 사례+피드백/정답(Ieg'FB/ca) 탐구식 사례+피드백/도움(Ieg'FB/h) 탐구식 사례+피드백/활용(Ieg'FB/u)

• 자료: 김보경(2018). 학교 수업 설계를 위한 교육공학. 서울: 학지사, p. 163.

① **맥락**(context): 교수 내용에 맥락이나 역사적인 배경을 제시하여 정교화하는 방식이다.

② **선수학습**(prerequisites): Gagné의 교수사태 중 '선수학습 회상 자극하기'와 매우 유사하며, 새로운 학습을 위해 알아야 할 선수지식을 같이 제시하는 전략이다.

③ **기억술**(mnemonic): 법칙이나 공식 등을 암기하는 방법을 같이 제시하여 기억을 촉진하거나 보존시키는 방식이다. 예를 들어, 음절의 끝소리 규칙에서 음절의 끝에서 발음되는 자음인 'ㄱ, ㄴ, ㄷ, ㄹ, ㅁ, ㅂ, ㅇ'을 '가느다란 물방울'이라고 외우도록 안내를 한다.

④ **의미 정교화의 도움**(focusing helps): 학습자의 학습을 돕기 위하여 화살표, 다양한 색상, 굵은 활자 등을 같이 제시하여 주의를 집중시키는 방식이다.

⑤ **표상법**(representations): 일반적인 내용을 다이어그램, 공식, 차트 등으로 표현하여 학습을 정교화하는 방식이다.

⑥ **피드백**(feedback): 학습자가 수행한 내용에 대하여 도움을 주거나, 정답에 대한 정보를 제공하거나, 활용에 대한 정보를 주어 학습을 정교화하는 방식이다.

설명식·탐구식으로 구분하는 일차자료제시형은 자료제시의 형태나 틀을 의미하므로 교수 방법으로 볼 수 있다. 그리고 이차자료제시형은 한층 효과적인 자료제시를 위한 것으로, 대부분 경우 일차자료제시형을 보다 정교화시켜 주므로 교수전략이라고 볼 수 있다.

2) Gagné의 위계적 계열화

미시적 조직전략으로 Gagné의 위계적 계열화를 제시할 수 있다. Gagné의 학습과제 유형 중 하나인 '지적 기능'은 변별학습, 개념학습(구체적 개념, 정의된 개념), 원리학습, 문제해결학습의 위계를 가지고 있다. 이러한 위계에 따라서 위계적 분석을 할 수 있으며, Gagné는 이 위계에 따라서 하위기능부터 상위기능의 순서대로 계열화하여 가르치라고 하였다. 즉 변별학습이 이루어지면 개념학습이 가능하고, 개념학습이 이루어지면 원리학습이 이루어지고, 원리학습이 이루어지면 문제해결학습이 가능하다고 보았다. 그래서 지적 기능 영역의 학습과제 계열화는 위계적 분석을 한 결과를 바탕으로 가르칠 순서를 정할 수 있다.

결국, 교수자가 가르칠 때에는 하위기능인 변별부터 시작하여 개념, 원리, 문제해결학습이 될 수 있도록 계열화하여 내용을 조직한다. 이러한 위계적 계열화도 미시적 내용조직 전략 중 하나로 볼 수 있다.

3) 뇌 기반 내용조직

최근 뇌과학의 발전으로 학생들의 두뇌작용을 고려하여 효과적인 교수설계를 하고자 하는 노력이 있다(이지현·박정현, 2014). 인간은 주의력이 높을 때와 낮을 때가 교대로 나타나기 때문에 학생이 수업에서 지속해서 주의를 기울이기는 쉽지 않다. 또한, 특정 시간이나 내용 제시방법에 따라 특별히 더 주의를 기울이게 되기도 하고 그렇지 않기도 하다. 그러므로 교수설계자는 인간 두뇌의 특성을 먼저 이해한 후 이러한 특성을 수업내용 조직과 제시 전략에 적용할 필요가 있다. 그리고 두뇌는 주의의 고저 사이클에 따라 인지능력이 바뀐다고 하였다. 또한, 학생의 주의력이 낮은 사이클에서 억지로 학생을 끌고 가는 것은 비생산적이라고 하였다. 그럴 때는 오히려 학생이 정보를 내적으로 처리할 시간이나 휴식할 시간을 주어야 한다(김유미, 2009). 그래서 교수설계자는 이러한 두뇌의 주의력 사이클을 이해하고 활용하면 가르칠 내용에 대한 미시적 조직전략을 개발할 수 있다.

따라서 **뇌 기반 내용조직 전략으로 공고화, 청킹, 선두효과와 최신효과**를 다음과 같이 제시하고 있다(유평수·서재복·최지은·김보경, 2016).

① **공고화이다.**

교사가 학생에게 자극자료를 제시하면 유입된 자극이 모두 장기기억에 저장되는 것은 아니다. 장기기억에 잘 저장되도록 돕기 위해서는 새로운 자극의 유입을 중단시킨 후 학생에게 내적인 처리 활동 시간을 주어야 한다. 이러한 내적 처리 활동을 공고화(consolidation)라고 한다. 공고화가 필요한 이유는 내적 처리 시간에 학생들 두뇌의 신경 연결을 담당하는 시냅스가 강화되기 때문이다(Jensen, 1998). Gagné(1985: 304)는 교사가 수업에서 '자극자료 제시하기' 직후 '학습안내 제공하기'의 교수사태를 제공하라고 하였다. 이는 학생이 유입한 자극자료를 공고화할 수 있는 시간을 가질 수 있게 한다. 그러므로 교수설계자는 중요한 학습과제를 제시한 후에는 반드시 배운 내용을 장기기억에 잘 저장할 수 있도록 돕는 공고화 활동을 하도록 조직하여야 한다. 특히 짧은 시간에 너무 많은 내용을 제시하거나, 어떤 내용을 다룬 후 곧바로 다른 내용으로 넘어가 버리면, 실제로 학생에게 학습되거나 기억되는 것이 없다고 하였다. 그러므로 새로운 학습과제로 넘어가기 전, 잠깐 동안 자극자료 제시를 멈추고 자료를 처리할 공고화의 시간을 가질 수 있도록 수업을 설계하여야 한다(김유미, 2009).

② **청킹(덩이짓기)이다.**

덩이짓기(Chunking, 청킹)란 정보를 의미 있는 묶음으로 만드는 것을 말한다. 인지심리학과 기억법에서는 이것이 인간의 뇌가 기억하는 방법이 장기기억과 단기기억으로 나뉘고 특히 단기기억은 그 정보의 처리가 한계가 있음을 발견한 1956년의 George A, Miller(1956)의 연구 ≪마법의 숫자 7±2: 인간의 정보처리능력의 한계≫에서 7±2가 그 용량인 것으로 제시되었다. 이러한 용량 제한에 따라 효율적으로 인간의 뇌가 단기기억을 사용하기 위해서는 5~9 사이의 의미 덩이(Chunk, 청크, 덩이)들로 만들고 기억하면 편리하다. 예를 들어 전화번호부를 보거나 외울 때 1234567890 대신

12-3456-7890과 같이 하이픈을 사용하여 끊어서 읽어 주면 훨씬 효율적이다. 사례를 들면, 45분 수업을 15분씩 세 개의 단위로 덩어리를 짓는다. 이는 수업이 마치 비디오를 상영하는 것과 같이 멈추지 않고 진행되는 것이 아니라 시간 또는 의미적 단위로 분절시켜 중간에 휴식을 제공하는 전략이다. 또는 기술·가정시간에 벽에 페인팅하는 10단계의 절차를 다룰 때, 열 개의 항목을 그대로 제시하기보다는 준비하기, 칠하기, 정리하기의 상위 단계로 묶어서 조직하는 것이 기억에 더 효과적이다(신재흡, 2023).

③ **선두효과와 최신효과이다.**

어떤 목록을 제시하고 기억해야 한다면 일반적으로 목록의 중간에 있는 항목보다는 처음 두세 개와 마지막 두세 개의 항목을 기억할 가능성이 크다. 이때 앞의 몇 항목을 회상할 가능성이 큰 현상을 선두효과(primary effect)라고 하며, 끝의 몇 항목을 회상할 가능성이 큰 현상을 최신효과(recency effect)라고 한다(김유미, 2009). 이 두 효과에 대한 설명은 [그림 7-3]과 같다.

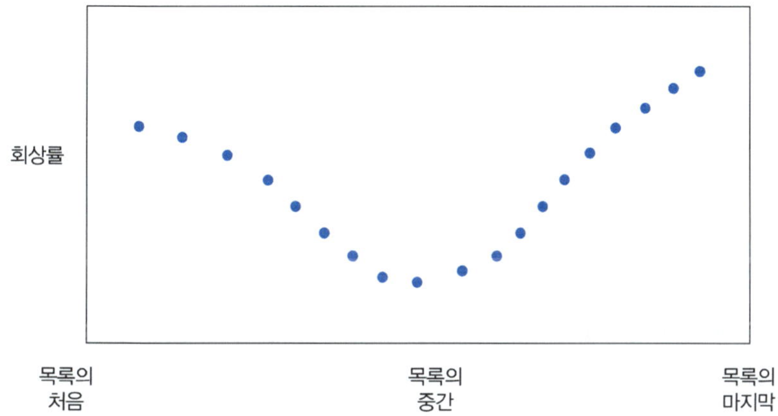

[그림 7-3] 선두효과와 최신효과

• 자료: 김보경(2018). 학교 수업 설계를 위한 교육공학. 서울: 학지사, p. 168.

실제로 수업 초반에 학생들의 주의력이 매우 집중되지만, 점차 주의력이 떨어지다가 수업이 끝나기 10분 전부터 다시 주의력이 높아진다는 것은 널리 알려진 사실이다. 그러므로 선두효과와 최신효과를 교수설계에 적용하여 내용을 조직하는 미시적 전략을 개발할 수 있을 것이다. 예를 들어, 수업을 45분 수업을 15분 단위의 세 개로 나누어 제시하면 세션별로 각각 선두효과와 최신효과가 나타나 수업에서 모두 6번의 효과가 나타나게 된다. 그리고 각 세션 사이에 잠깐의 휴식시간을 주면 공고화의 시간도 가질 수 있게 된다. 보다 미시적으로 학생들이 기억해야 하는 목록을 제시할 때, 꼭 기억해야 할 중요한 내용을 처음과 마지막에 배치하도록 조직하는 것도 이를 적용한 전략이라고 볼 수 있다.

3. 매개전략

매개전략은 조직한 내용을 효과적이고 효율적으로 학습자에게 전달하는 방법으로 이루어져 있다. 교과서, 유인물, 영상자료 등과 같은 교수 매체의 사용, 교수자의 언어 등이 주된 요소이다. 이러한 전달 전략 및 요소를 통해 학습자는 수업내용을 전달받고 이를 수용한다(김광현, 2018).

4. 관리 전략

관리 전략은 조직전략과 전달 전략의 다양한 전략을 언제 어떻게 활용할 것인지를 결정하는데 필요한 체계적인 정보를 제시하는 전략이라고 볼 수 있다. 일종의 상위인지 개념이라고도 볼 수 있다. 수업의 계열화 및 개별화 방법, 교수자원의 활용 시기, 성적 기록 등의 다양한 활동이 여기에 포함될 수 있다(김광현, 2018).

이처럼 교수전략의 유형에는 Reigeluth의 교수전략의 분류 외에도 Jonassen(1996)은 기억 활성화 전략, 정보통합 전략, 정보조직 전략, 정교화 전략, 메타(meta) 학습 전략으로 구분하기도 한다. 결국, **교수전략**은 수업내용의 조직, 수업내용의 분석과 목표 설정, 매체의 활용, 학생 동기의 유발, 학생활동을 위한 모둠 편성, 시험의 실행, 수업 후속 활동 등 무수히 많은 영역에서 사용될 수 있다(김광현, 2018). 결국, 상기에서 제시된 전략들의 구분과 내용으로 미루어 볼 때 교수전략은 교수 방법과 구분할 수 있는 교수자의 능력이자 수업의 기술(기법, 기예)이라고 볼 수 있다.

제3절 수업 진행을 위한 교수전략

3절에서는 교사의 수업 전문성을 위해 각 수업 장면에서 주로 활용할 수 있는 교수전략들을 중심으로 고찰하고자 한다. 교수자는 교수 목표를 달성하기 위해 직접적이거나 간접적인 교수모형을 사용하게 된다. 안내, 지시, 설명하면서 학생들에게 수업에 대한 접근에 따라 구체적인 활동은 달라질 수 있지만, 대개 연습과 반복, 질문, 강의와 설명, 학생 중심의 문제해결 등으로 정리할 수 있다. 이 활동들은 어떤 내용을 어떻게 가르치든지 자주 사용되는 것들이다. 따라서 연습과 반복, 질문, 강의와 설명, 학생 중심의 문제해결 등을 고찰하고자 한다(김광현, 2018; Ornstein & Lasley, 2004).

1. 연습 및 반복

많은 경우에 연습과 반복은 낡고 오래된 것으로 간주한다. 하지만 오늘날에도 가장 효율적인 방법으로 활용되고 있다. 특히 저연령 아동들에게 초보적인 사항을 가르치기 위해서 일상적으로 사용하고 있는 방법이며, 기능과 과정을 가르치는데 효과적인 것으로 알려져 있다. 또한, 수업 시작 시에 지난 시간 내용을 다시 간단하게 설명하는 것, 학생이 혼자 공부할 때 노트 필기를 보며 복습하는 것, 모두 기본적인 연습과 반복에 포함된다. 연습 및 반복은 가장 기초적인 수업 활동이며 많은 수업 방법의 기초가 된다. 대부분 직접 교수법과 완전학습 이론도 연습 및 반복과 관련이 깊다. 연습과 반복의 가장 큰 목적은 학습자가 그날 소단원 수업에 대한 필수적인 기능을 이해하고 사용하도록 돕는 것이다. 연습과 반복이 사용되는 실제 상황을 생각해 보자.

<표 7-3> 연습과 반복이 사용되는 실제 상황 예시

교사: "자 여러분, 조선 시대 왕 이름의 순서를 말해 볼까요?" (교사는 칠판 위에 한 글자씩 적으며 크게 읽는다.) 교사: "태조, 정종, 태종, 세종, 문종, 단종, 세조, 자, 선생님과 함께 말해 봅시다. 예종, 성종, 연산군, 중종, 인종, 명종, 선조, 광해군, 인조, 효종, 현종, 숙종, 경종, 영조, 정조, 순조, 헌종, 철종, 고종, 순종." (학생들이 말하면 교사가 함께 읽으며 적는다.) 교사: "잘했어요. 자 이제. 각 왕 이름의 앞글자만 따서 한번 적어 봅시다." (교사는 각 왕 이름의 앞글자를 붉은색 분필로 표시한다.) 교사: "모두 공책에 직접 앞글자만 딴 단어들을 써 보도록 해요." (학생들은 자신의 공책에 단어를 적는다. 다 적고 나면 교사는 칠판을 지운다.) 교사: "좋습니다. 이제 선생님과 함께 다시 말해 봅시다. 노트를 가급적 보지 말고, 천천히 왕 이름의 앞글자만 한 글자씩 말해 보세요." (학생들은 모르는 부분만 살짝 노트를 보며 전체 순서를 외워 본다.) (교사는 학생들이 말해 주는 단어를 하나씩 칠판에 적는다.) 교사 & 학생: "태-정-태-세-문-단-세, 예-성-연-중-인-명-선, 광-인-효-현-숙-경-영, 정-순-헌-철-고-순." 교사: "이번에는 전체를 다시 떠올려 볼게요. 제일 처음에 오는 이 '태'는 무엇을 말하는 것이죠?" 학생: "태조" 교사: 잘했어요. 다음에 오는 정은? 학생: "정종" (모든 왕의 이름을 떠올리며 말해 본 뒤, 교사는 다시 학생들을 안내한다.) 교사: "자 순서대로 다시 한 번 말해 봅시다. 대-정-태-세-문-단-세." 학생: "태-정-태-세-문-단-세."

• 자료: 김광현(2018). 좋은 수업을 위한 교육방법 및 교육공학. 고양시, 경기도: 어가, pp. 280~281.

상기에서 상상한 상황과 같이 연습과 반복은 주로 기본적인 작문, 어휘의 습득, 간단한 셈하기의 숙달 등에서 유용하게 사용할 수 있다. 이러한 **연습과 반복을 효과적으로 사용하기 위해서는 다음과 같은 지침들에 유의**해야 한다.

① **연습과 반복은 학생이 이해한 다음에 실시한다.**

학생들이 이해한 내용을 직접 연습해 본다면 수업내용에 대한 이해도는 더욱 높아진다. 구구단을 암기했다면 직접 구구단을 응용한 문제를 풀어보는 것이 효과적이다.

또 여기에 반복을 더함으로써 학생들이 좀 더 쉽게 공부하고 오래 기억할 수 있도록 수업을 진행할 수 있다. 만약 학생들이 수업내용을 이해하기도 전에 연습을 실시한다면 그 효과는 매우 낮다. 여러 번 연습하다 보면 자연히 이해하겠지 라고 생각한다면 잘못이다.

② **먼저 학생들에게 동기를 부여한다면 더욱 효과적이다.**

많은 학생은 배운 내용이 실제 생활에 유용하거나 가치 있다고 생각할 때 좀 더 효과적으로 공부한다. 특히 반복은 지루한 방법이므로 재미있는 연습과 반복이 되도록 흥미롭게 제공하거나 실제 현실과 관련 짓는 것이 좋다.

③ **개별화한다.**

연습은 학생들이 공부한 수준과 속도에 따라 독자적으로 공부할 수 있도록 해야 한다. 수업내용은 교사가 가르치지만, 문제를 풀어보는 것도 교사가 모두 설명할 수는 없다. 또 수준별로 연습할 수 있도록 한다면 학생들은 자신의 수준에 따라 효과적으로 공부하게 된다. 수준이 낮은 학생은 어려워하는 내용에 좀 더 많은 시간을 보내게 되고, 수준이 높은 학생은 다른 사람들을 기다리지 않고 앞서 나갈 수 있다.

④ **구체적이고 체계적이어야 한다.**

연습과 반복은 공부한 내용과 명확하게 관련되어 있어야 한다. 애매하게 제시되거나 분별없이 반복된다면 결과가 좋지 않다. 가르치는 내용을 벗어나지 않고 간단한 것에서부터 복잡한 것으로 구성되도록 한다.

⑤ **다른 활동과 연계한다.**

연습과 반복은 때로는 숙제나 시험을 위한 복습의 일부분이 될 수 있다. 아울러 때로는 자율학습이나 그룹을 짜서 활동하는 수업을 위해 사전에 실시할 수도 있다.

⑥ **많은 기능보다는 소수의 기능에 초점을 둔다.**

연습과 반복은 한 번에 많은 내용을 다루기보다는 한 가지 혹은 두 가지 정도의 정보나 지식, 기능에 초점을 두는 것이 좋다. 주어지는 정보나 기능의 양이 많아지게 되면 학생들의 효과적인 학습이 어려워진다.

⑦ **학생이 높은 성취를 경험할 수 있도록 한다.**

연습과 반복은 많은 학생이 정확하고 올바르게 반응하게 만든다는 특징이 있다. 특히 학생들이 자신이 정확히 이해했다고 느낀다면 강화로 진행되어 다음 내용으로 넘어갈 수 있게 된다. 학생들 스스로 자신을 유능하게 느끼고 내용이 쉽다고 생각하게끔 연습·반복을 실행하여 전체 학생들이 내용을 습득할 수 있도록 해야 한다.

⑧ **학생들에게 즉각적인 피드백을 제공한다.**

연습과 반복은 신속하게 학생들의 반응에 대해 교사가 정확한 답을 알려주는 것이 좋다. 그렇지 않다면 학생들은 자신이 올바르게 연습하고 반복했는지 자신감을 잃게 되고 강화가 일어나지 않는다.

⑨ **학생진단을 위해서만 사용한다.**

연습과 반복은 개별적인 학습 내용을 익히기 위한 것이다. 학생들이 얼마나 익혔는지 교사가 진단을 위해 사용할 수는 있으나 특정 내용의 연습과 반복 결과만을 가지고 어떤 학생은 무능하다고 생각하거나, 머리가 나쁘다거나, 보충수업이 필요하다고 낙인찍어서는 안 된다.

⑩ **점진적인 연속성을 갖도록 한다.**

연습과 반복은 전체 단원이나 교과과정을 위해 적당한 간격으로 배치되어 있어야 한다. 연습과 반복은 자주 사용하되, 난이도 순으로 적용해야 하고 내용은 먼저 배운 내용과 다음에 배울 내용과 연결될 수 있도록 구성되어야 한다.

상기에서 지침들을 통해 알 수 있듯이, 연습과 반복은 가장 일반적인 교수전략이면서도 복잡한 전략이다. 효과적인 수업을 위해서 교수자는 위와 같은 지침들을 잘 이해하고 학생들의 학습을 위해 적절한 시점에 의도적으로 사용되어야만 효과를 높일 수 있다.

2. 질문

교사의 질문은 다양한 유형의 수업에서 광범위하게 사용된다. 특히 좋은 질문은 대규모 학생들을 가르칠 때 좋은 전략이다. 교사의 능숙한 질문은 학생들의 호기심을 불러일으키고, 동기를 부여하며 상상력을 자극한다. 좋은 교사는 사실적인 질문과 생각을 하게 하는 질문, 요점을 강조하는 질문, 활발한 토론을 유도하는 질문 등을 균형 있고 자유롭게 사용하는 능력이 있다. 질문의 범위는 다양하게 정의할 수 있으나 여기서는 학생의 개념 이해와 생각 유도에 초점을 두어 생각해 보고자 한다.

학생이 이해했는지 점검하려면, 다양한 형태의 질문이 필수적이다. **다양한 질문은 질문 수준에 따라 고수준의 질문과 저수준의 질문으로 나눌 수 있다. 또한, 요구되는 답의 범위에 따라 수렴적인 질문과 발산적인 질문으로 나눌 수 있다.**

첫째, 저수준의 질문이다.

저수준의 질문은 주로 단순 기억을 강조하고 정보를 상기시킨다. 광복절은 언제인가? 불국사는 어디에 있나? 등의 질문은 사실에 초점을 두고 있으며 이해력을 확인하지는 않는다. 저수준의 질문은 주로 복잡한 질문을 하기 전에 학생들이 기초적인 내용을 알고 있는지 살펴보는데 사용된다. 특히 저수준의 질문은 기초적이고 필수적인 지식이 부족한 학생과 기초를 공부하는 단계의 학생, 기초 이해가 없어 자신감이 부족한 학생들의 학습에 유용하다.

둘째, 고수준의 질문이다.

고수준의 질문은 단순한 기억과 사실적인 정보를 넘어서 좀 더 복잡하고 추상적인 사고를 필요로 한다. 고수준의 질문은 학생들이 기본적인 내용을 이해한 다음 사용하게 된다. 학생들이 좀 더 수준 높은 공부를 할 수 있도록 고수준의 질문을 적절하게 사용하는 것이 중요하다. 어떤 연구에 따르면, 교사가 묻는 질문의 70~90%가 저수준이라는 연구결과도 있다(Hunkins, 1994). 지나치게 저수준의 질문만을 사용하게 되면, 학생의 수준도 저수준에서 머무르기 쉽다. 저수준의 질문을 통해 기초지식을 확인하면 교사는 고수준의 질문을 사용하여 학생들의 사고를 발전시킬 수 있어야 한다. 물론 고수준의 질문을 하는 것은 때로는 교사에게 좀 더 정확한 수업 안내와 인내심을 필요로 한다. 질문 후에 학생이 답을 하기까지의 적당한 기다림과 정확한 학생 유도는 베테랑 교사에게도 쉬운 일은 아니지만, 학생들의 학습을 위해서는 매우 중요하다.

셋째, 수렴적 질문이다.

수렴적 질문은 보통 단 하나의 정답 혹은 최선의 답을 갖는 질문이다. 저수준의 질문으로 주로 판단되기도 하지만 수렴적 질문도 얼마든지 고수준의 질문 성격을 가질 수 있다. 수렴적 질문에는 단 하나의 답만이 존재한다 해도, 그 답을 생각해 내기 위해서 복잡한 생각, 추상적인 비교나 유추, 논리 등이 사용될 수 있기 때문이다. 특히 매우 어려운 수학 문제는 수렴적 질문이라도 고수준의 질문인 경우가 많다.

넷째, 발산적 질문이다.

발산적 질문은 보통 자유롭게 답을 하는 것이 가능하며 또 실제로 적절한 다른 답이 있는 경우가 많다. 때로는 옳은 답을 말하는 것이 항상 중요한 것은 아니다. 답을 생각해 내는 과정이나 방법이 더 중요할 수도 있다. 학생들이 스스로 자신의 답을 설명하고, 그것을 뒷받침하는 사례나 증거를 제시하도록 해야 한다. 발산적 질문은 주로 고수준의 사고과정과 관련되어 있으며 학생의 창의력과 사고력을 신장할 수 있다. 수렴적 질문이 보통 무엇인가, 언제인가, 어디인가 등으로 끝나는 반면, 발산적 질문은 보통 왜, 어떻게 등으로 시작한다. 많은 교사는 평가의 편의성 때문에 수렴적 질문을 자주 사용하는 경향이 있다. 이상적인 것은 필요한 상황에 따라 교사가 적절한 질문의 형태를 구별하여 골고루 사용하는 것이다.

인지적 학습 분류에 따른 질문의 예시는 〈**표 7-4**〉와 같다.

<표 7-4> 인지적 학습 분류에 따른 질문의 예시

인지적 사고과정	질문의 예시	수준에 따라	요구되는 답에 따라
지식	석가탑은 어느 시대에 세워졌는가? 보어는 문장에서 어떤 경우에 쓰이는가? 사각형의 넓이를 구하는 방법은?	저수준	수렴 수렴 수렴
이해	"나는 배가 고프다"를 영어로 어떻게 말하는가? 기능주의와 갈등주의는 어떤 점에서 다른가? 자동차를 계속 현 수준으로 수출한다면, 내년까지 총 수출액은 얼마가 될까?	고수준	수렴 발산 수렴
적용	사립학교법 개정은 여러분에게 어떤 영향을 주는가?	고수준	발산
분석	진보와 보수의 구분을 어떻게 할 것인가? 황순원의 '소나기'에서 소녀의 마음을 어떤 정치를 통해 표현하고 있는가?	고수준	발산 수렴
종합	여러분은 알려지지 않은 물체의 화학적 무게를 어떻게 알아낼 수 있을까?	고수준	발산
평가	이 제품의 디자인을 살펴보고 실용적·미학적 관점에서 오류가 무엇인지 말해보라.	고수준	발산

• 자료: 김광현(2018). 좋은 수업을 위한 교육방법 및 교육공학. 고양시, 경기도: 어가, pp. 285.

질문 교수전략을 좀 더 효과적으로 사용하기 위해서는 다음과 같은 지침에 유의할 필요가 있다.

① **자극적인 질문을 피한다.**

학생들이 별다른 생각 없이 답변하도록 하는 질문은 좋은 질문이 아니다. 학생들이 사고하는 질문을 던지는 것이 좋다. 단순하고 간단한 기억을 떠올리게 하는 질문만 하게 되면, 학생들은 수업에 대한 흥미를 잃어버린다.

② **학생의 능력에 알맞게 질문을 한다.**

학생들의 수준보다 지나치게 어렵거나 쉬운 질문은 학생들을 지루하게 만들고 혼란스럽게 만든다. 한 학급의 학생 수준을 모두 고려하기는 어렵지만, 대다수 학생 수준에서 질문의 수준을 정한다.

③ **학생과 관련된 질문을 한다.**

질문을 할 때 학생들의 생활이나 경험과 관련시킨다면 학생들은 관심을 보인다. 질문이 학생들의 생활과 멀면 멀수록 흥미를 잃게 될 것이다.

④ **계열적인 질문을 한다.**

질문과 그에 대한 답은 다음 질문을 위한 전 단계로 사용할 수 있다. 이를 효과적으로 사용하면 학생들의 학습을 지속적으로 유지할 수 있다.

⑤ **질문의 길이와 난이도를 다양하게 한다.**

질문은 낮은 학업성취 학생과 높은 학업성취 학생이 모두 참여할 수 있도록 다양한 난이도와 길이로 준비한다.

⑥ **명확하고 간결한 질문을 한다.**

질문은 명확하게 이해할 수 있도록 다듬어서 사용한다. 학생들이 질문을 이해하지 못하면 답변도 할 수 없다.

⑦ **서로 질문하고 비평하도록 격려한다.**

학생들이 서로 질문하고 간단히 비평하도록 하는 것은 학생들이 활동적이고 자기 주도적인 태도를 갖게 한다. 아울러 반성적 사고나 사회적 발전을 유도할 수 있다. 이를 능숙하게 이용하면 학생들의 토론도 자연스럽게 유도할 수 있다.

⑧ **생각할 시간을 위해 충분한 시간을 준다.**

Mary Budd Bowe(1974)에 의하면, 교사가 학생들에게 질문을 던진 후 기다리는 시간은 대개 1~2초에 불과하다고 한다. 성격이 급한 교사는 질문을 던진 후 바로 스스로 답변을 하는 경우도 있다. 학생들에게 질문을 던지고 좀 더 긴 시간을 주며 기다려 줄 필요가 있다. 더 많은 시간을 주게 되면 학생들은 더 긴 답을 할 수 있게 되고 올바른 답을 할 가능성이 높아진다.

⑨ **오답과 정답을 추적한다.**

학생들이 잘못된 답변을 한다면 단순히 틀렸다고 피드백을 주지 말고, 어떤 부분을 잘못 생각했는지, 어떻게 하면 올바른 답변을 한다면 다른 질문을 유도하면 된다.

⑩ **적절히 지목한다.**

질문을 하며 학생들을 지목하는 방법에는 크게 세 가지가 있다. ⅰ) 전체를 지목하는 것이다. 불특정 다수를 대상으로 질문을 하는 것이다. ii) 손을 들거나 답을 희망하는 학생들을 지목하는 것이다. iii) 정해지지 않은 누군가를 한 명 지목하여 답하게 하는 것이다. 어떤 방법으로 지목을 하든지 간에 반드시 지목하기 전에 질문을 해야 한다. 그래야 학생들이 질문에 대해 생각하게 만들 수 있기 때문이다. 또한, 전체 지목이나 희망자 지목의 경우 주로 대답하는 학생, 성취가 높은 학생만 답변한다는 단점이 있지만 격려를 통해 참여를 활성화할 수도 있다. 비 지원자를 지목하는 것은 질문의 수준이 높다면 비효과적일 수도 있다. 질문에 답을 못한다고 무안을 주거나 훈육 도구로 삼아서는 안 된다.

⑪ **수업 분위기를 해치는 학생을 지목한다.**

수업에 방해가 되지 않는 수준에서 문제 학생을 수업으로 끌고 올 수 있다. 다만 야단을 치기 위해 지목하여 질문을 해선 안 된다. 이 학생들이 수업에 관심을 보이거나 보이도록 만들기 위해 질문을 사용한다. 또한, 공상에 빠져 있거나, 집중력을 잃은 학생들을 위해 적절히 특정 학생을 지목하여 질문을 한다.

⑫ **5~6개의 중심적인 질문을 준비한다.**

수업내용과 직접적으로 관련된 중심적인 질문은 수업의 통일성과 일관성을 가져오며 학생들이 이 수업에서 중요한 것이 무엇인지 깨닫게 할 수 있다. 가능하면 수업을 준비할 때 사전에 명확하고 잘 정리된 질문을 미리 정리해 둔다. 교재나 노트 등에 메모해 두는 것도 좋다.

⑬ **목표와 수업 요약을 질문 또는 문제 형태로 기술한다.**

질문에는 자신도 모르게 답을 생각하는 경향이 있다. 목표와 요약을 질문 형태로 작성하게 되면 학생들은 생각을 하게 된다.

⑭ **위치를 바꾸고 교실을 순회한다.**

교사가 질문을 하면서 교실에서 위치를 옮기게 되면 수업은 좀 더 활동적이 되고 학생들은 집중하게 된다. 자신도 모르게 교사가 질문을 하며 근처로 다가오면 긴장하게 될 것이다.

질문 교수 전략은 사용하기에 따라 매우 강력한 교수 전략이 된다. 특히 능숙하고 경험 많은 교사일수록 잘 사용한다. 하지만 상기처럼 가급적 지켜야 하는 규칙과 기준이 있으며 상황에 따라 숙련된 교사의 판단이 필요하다. 상기와 같은 지침이 절대적인 것은 아니겠지만, 대부분 상황에서 지켜진다면 발문은 매우 유용한 교수전략이 될 것이다.

3. 강의와 설명

지식을 전달하는 관점에서는 강의는 반드시 필요하며 때로는 가장 효과적인 수업이 되기도 한다. **강의는 크게 위계식 강의와 비형식적인 문제 중심 강의로 구분**할 수 있다.

첫째, 위계식 강의는 보통 수업시간 대부분이 교사의 설명으로 이루어진다. 또 적당한 수준에서 학생의 질문이나 토론이 진행되기도 하지만 모두 교사의 통제하에 놓였다. 위계식 강의는 학생이 장시간 자리에 고정된 채로 집중해야 하므로 좀 더 성숙한 학생들에게 적합하다. 우리의 학교제도에서 수업시간이 초등학교→중학교→고등학교→대학교로 갈수록 길어지는 것은 이를 고려한 것이라고도 볼 수 있다.

둘째, 비형식적인 문제 중심 강의는 교사의 강의가 문제 제시로 시작하여 학생들이 문제를 해결할 수 있는 정보의 제시로 진행된다. 학생들의 토론이나 문제 탐구가 많이 이루어지며 교사는 이에 따라 해야 할 답변이 매우 많아진다. 위계식에 비하면 다소 덜 교사 중심적이며 비형식적이라고 할 수 있다.

Gage와 Berliner(1998)에 의하면, 강의와 설명이 적합 또는 부적합한 상황의 예시는 〈표 7-5〉와 같다.

<표 7-5> 강의와 설명이 적합/부적합한 상황

구분	강의가 적합한 경우	강의가 부적합한 경우
수업의 기본목적	내용 전달	내용탐구
학습 기간	단기간	장기간
수업내용	단순하고 비 응용적	상세하고 추상적
학습자의 태도	흥미가 유발된 상태	학습자 참여가 매우 중요할 때
학습자의 능력	평균 혹은 그 이상일 때	능력이 평균 이하일 때
학습요구능력	이해력, 암기력 등	분석, 종합, 비평 등 고차원적 인지능력

• 자료: 김광현(2018). 좋은 수업을 위한 교육방법 및 교육공학. 고양시, 경기도: 어가, p. 289.

<표 7-5>에서 살펴본 바와 같이, 같은 상황과 조건에 적합하거나 부적합할 수 있다고 한다. 그러나 강의와 설명이 대부분 상황에서 널리 사용된다. 무엇보다도 효율적이다. 특히 대집단을 상대로 수업할 때 적합하다. 또한, 준비와 진행에서 특별한 매체나 자료, 준비물이 필요하지 않다. 융통성도 높아 교사가 자유롭게 사용할 수 있다.

강의 중심 수업의 효과를 위해서는 몇 가지 가이드라인(guideline)을 준수하는 것이 좋을 것이다.

① **학생들과 친밀감을 형성한다.**

수업을 시작할 때 학생들과 친밀감을 형성하기 위해 노력해야 한다. 학생들은 교사와 친밀감을 느끼게 되면 수업에 좀 더 관심을 유도하게 되며 학생 입장은 교사에게 개인적으로 접근한 뒤에 인지적으로 접근하게 되기 때문이다.

② **강의를 준비한다.**

당연한 것이지만, 미리 주된 개념이나 아이디어는 별도로 요약을 해둔다. 특히 위계식 강의에서는 더욱 필요하다. 그리고 수업할 때에는 이 요약을 그대로 읽어서는 안 된다. 교사는 명확하고 분명하게 수업하고 학생의 흥미를 살펴보며 순간 그에 따라 즉흥적으로 필요한 인용이나 구절을 제시할 수 있어야 한다.

③ **강의와 설명의 길이를 조절한다.**

짧은 강의와 설명은 초등학생들에게 적합하다. 10분가량의 설명은 중학생, 그 이상은 고등학생들이 견딜 수 있다. 강의와 설명은 적당히 실시하고 질문이나 토론 등의 다양한 학습자 활동을 보충하여 일방적인 설명만 이루어지지 않도록 한다.

④ **학생들이 주의 집중하도록 동기를 부여한다.**

동기부여이론에서도 알 수 있듯이 학생들에게 일상생활과 수업내용의 관련성을 알려주는 것이 중요하다. 학생들의 나이, 능력, 경험, 환경, 흥미, 요구, 경력 등을 미리 안다면 이것과 관련지어 동기부여 하는 것이 좋다. “한 시간 더 공부하면 마누라(혹은 남편) 얼굴이 바뀐다.”라는 말은 인성적으로 바람직하지 않으나 학생의 흥미와 학습을 관련시켜 동기를 부여하는 측면에서는 효과적이라고 판단할 수 있다. 또 교사는 학생들에게 수업에 대한 열정을 보여 활력을 불어넣어야 한다. 교사의 열정은 학생들에게 전이되는 경향이 있으며 교사가 열심히 할수록 학생도 열심히 하게 된다. 이외에도 학생들이 집중하는데 도움이 되도록 어조나 말의 속도, 몸짓 등을 적절히 사용하는 것이 좋다.

⑤ **구조와 순서를 수립한다.**

조직적이지 않은 강의는 학생들을 혼란시키고 지루하게 만든다. 교수-학습지도안 혹은 수업계획서를 만드는 이유는 조직적인 강의를 준비하기 위해서이다. 많은 초임교사는 자신의 시각에서만 생각한 나머지 학생들이 이해할 수 있는 교과 수준으로 벗어나는 경우가 있다. 경험 많은 숙련된 교사일수록 매우 구조화된 설명을 하고, 교과 내용을 좀 더 적절하게 제시하고, 구체적인 정보를 제시하여 이해를 도우며, 학생들이 공부할 수 있도록 피드백을 좀 더 잘 제공하다.

⑥ **적절한 시각화 자료를 제공한다.**

개념도, 그래프, 도표 혹은 마인드맵 등의 시각화 조직도를 사용하는 것은 학생들의 성취 수준을 향상시킨다. 특히 학생들이 교사의 설명을 듣고 자신의 것으로 흡수해야 할 때 효과적이다. 배워야 할 내용들 간의 관계 이해, 전체 내용 속에서 현재 학습 내용의 위치를 파악할 때 특히 유용하다.

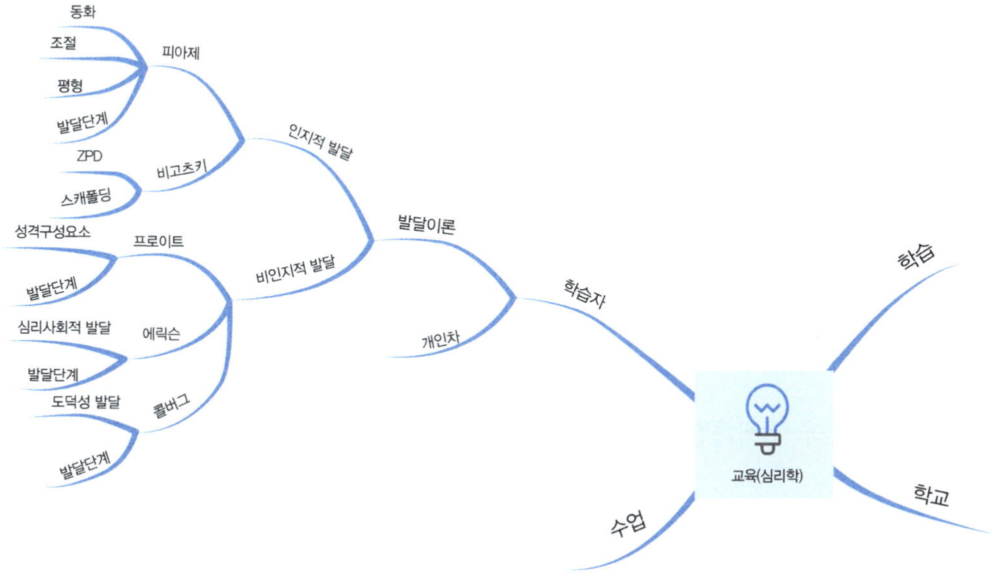

[그림 7-4] 간단한 마인드맵

⑦ **모호함을 피한다.**

강의와 설명에서는 모호한 언어는 없어야 한다. 예를 들면, "어딘가, 대략, 대개, 약, 거의, 어쨌든, 아마도, 약간, ~일 수도 있다, 일반적으로, 보통" 등과 같은 표현들이다. 이런 표현들이 강의와 설명에 많이 포함될수록 강의는 모호해진다.

⑧ **수업 자료와 전략을 결합한다.**

짤막한 동영상과 같은 시청각 자료들 적절히 사용하면 강의가 생동감 있게 되고 내용이 강화된다. 특히 학생들의 나이가 어릴수록 말로 제시하는 것보다 시각적으로 제시될 때 학습이 잘되는 경향이 있다.

⑨ **학생들이 필기를 하도록 독려한다.**

학생들이 필기를 하게 되면, 더 오래 기억할 수 있게 된다. Kiewa(1991)에 의하면, 고등학생과 대학생은 필기를 하는 학생이 하지 않는 학생보다 4배가량 더 학습활동을 할 수 있다고 한다. 효과적인 필기는 기억과 복습에 영향을 미치므로 학생들이 필기를 잘할 수 있도록 적절한 시간이나 자료를 제공할 필요가 있다. 만약 교사가 중요한 설명을 하고 잠시 강의를 멈춘다면, 자연스럽게 학생들은 방금 설명한 내용이 중요한 내용임을 깨닫고 필기하는 것을 발견할 수 있다.

⑩ **내용을 요약한다.**

수업을 마칠 때에는 언제나 전체 내용을 최종적으로 요약해야 한다. 수업 중간중간에도 한 덩어리의 수업이 진행될 때마다 간단하게 내용을 요약해주는 것이 좋다. 학생들이 수업내용 중 중요 개념과 정보를 파악하는데 큰 도움이 된다.

4. 학생 중심의 문제해결

학생 중심의 문제해결 측면에서 교사가 유의해야 할 사항은 다음과 같다.

① **문제와 문제의 맥락을 이해시킨다.**

학생 중심 수업에서는 학생들에게 문제의 맥락을 이해시켜야 한다. 학생들은 문제를 정확히 이해하지 못하면 문제해결에 필요한 단서들을 보지 못하게 된다. 또 문제에서 나타난 상황과 맥락을 이해시키면 학생들은 문제해결을 위해 더 적극적으로 활동하게 된다.

② **사전 지식, 선수학습 지식을 사용하게 된다.**

많은 경우에 문제해결에 성공하는 학생들은 기존에 알고 있던 지식을 효과적으로 활용하는 경우가 많다. 실패하는 학생들은 개념을 알고는 있지만 활용하지 못한다. 교사가 문제해결에 필요한 개념들을 이해시키는 것 외에도 기존에 알고 있던 개념들이 문제와 어떻게 연관되는지, 혹은 그 개념들 사이에는 어떤 관계가 있는지, 이 개념이 실제 상황에선 어떻게 사용될 수 있는지 설명한다면 학생들의 문제해결 능력은 더욱 높아질 것이다.

③ **학생들의 초인지 능력을 활성화한다.**

초인지 능력은 학생이 더 높은 수준의 사고와 활동을 하는데 매우 중요한 능력이다. 초인지 기능은 스스로 행동을 평가하고 수정하게 하며 전반적인 계획수립과 단계적 실행에 큰 영향을 준다. 문제해결에 주로 성공하는 학생들은 활동적이며 문제를 분석한다. 반면 실패하는 학생들은 자신의 활동의 목적을 파악하지 못하고 설명하지 못한다. 다만 학생들의 연령에 따라 초인지 능력의 사용에 한계가 있을 수 있음을 주의한다.

④ 자신감을 갖도록 격려한다.

대개 문제해결에 성공하는 학생들은 이미 성공 이전에 자신감을 가지고 문제에 도전하는 경우가 많다. 실패하는 학생들은 처음부터 자신감이 없고 좌절한다. 따라서 교사는 학생활동 중간중간 학생들이 방향을 바로 잡고 좌절하지 않도록 끊임없이 격려해 주어야 한다.

⑤ 교사는 표현과 언어에 주의를 기울인다.

교사는 교과에 대해 정확한 용어를 사용해야 한다. 이를 통해 학생은 교과에 대한 기본적인 용어와 개념을 배운다. 또한, 가능하면 문제를 학생들의 일상적인 경험이나 구체적인 맥락 안에서 표현할 수 있도록 주의한다면 학생들의 문제해결 가능성을 높일 수 있다.

⑥ 충분한 예시를 제공한다.

학생들이 문제해결에 참고할 수 있도록 관련된 사례나 유사한 문제해결의 경우를 예시로 제공해 준다면 그 예시에 적용된 문제 해결법을 응용하여 문제를 해결하게 된다.

⑦ 수준별로 피드백을 제공한다.

어느 수업에서든 종종 일부 뛰어난 학생들은 지루해하거나 성취가 낮은 학생들이 흥미를 잃어버리고 수업 참여를 포기하는 경우가 발생한다. 필요에 따라 교사는 쉬운 문제와 어려운 문제 혹은 빠른 시간에 문제를 해결한 학생 그룹에게 적당한 피드백을 제공하여 도전을 계속하게 할 수 있다.

⑧ 시간을 제한한다.

제한된 수업시간에서 교사의 교수 활동과 학생의 학생활동을 모두 하는 것은 숙련된 교사에게도 쉬운 일이 아니다. 특히 학생활동에 치중하다 보면 수업시간 관리에 종종 실패하곤 한다. 시간을 융통성 있게 관리하여 원래의 수업계획에서 크게 어긋나지 않도록 해야 한다. 학생들도 제한된 시간에 밀도 높은 활동을 할 때 더 효율적으로 시간을 사용하게 될 것이다.

제4절 학습 동기유발전략

학습 동기에는 학습자가 학습을 시작하게 하는 힘이 있으며, 시작된 학습을 지속시키는 힘이 있다. 어떤 이론가는 학습을 시작하게 하는 힘을 '동기', 그 학습을 어떠한 장애가 있어도 지속시키는 힘을 '의지'라고 구분하여 이야기하기도 한다. 그러나 여기서는 두 가지 힘 모두를 '동기'로 보고자 한다. 학습 동기유발전략으로 Keller의 학습 동기유발전략과 X-Y 이론 등을 고찰하고자 한다.

1. Keller의 학습 동기유발전략

Keller는 그동안 학습결과만 가지고 교수-학습 과정의 효과성과 효율성을 판단하기 때문에 학습자의 동기는 무시되었다고 지적하면서 그는 동기 설계 및 개발과정에 대한 체계적인 접근이 필요하다고 보았다. 그래서 **Keller**는 학습과 동기에 관한 행동주의, 인지주의 이론들을 통합하여 효과적으로 수업에 적용할 수 있는 동기 모형인 ARCS 모형을 개발하였다. 이 모형은 주의집중(attention), 관련성(relevance), 자신감(confidence), 만족감(satisfaction)의 약칭어이다.

Keller의 학습 동기화 모형은 기본 가정은 다음과 같다(윤광보 외, 2008).

① **학습 동기는 동기전략에 의해 조절(manipulation)될 수 있다는 것이다.** 예를 들면, Keller(1987)는 교실수업의 경우 활용된 효과적 동기전략들에 대해 학생들이 전체로서 반응할 것이라고 가정한다. 이는 교사의 교수전략이 어떠한가에 따라 학업성취가 높아질 수 있다는 것과 같은 맥락이다.

② **ARCS 모형을 적용하려는 수업은 효과성을 내재하고 있어야 한다.** 즉 수업 자체가 효과성이 없는데 동기전략을 제공한다고 해서 수업의 효과성이 생겨나지 않는다. 따라서 학업성취도 향상에 간접적인 영향을 미치기 위한 동기 설계 모형이다.

③ **동기의 조절은 체계적인 접근법을 활용함으로써 촉진될 수 있다는 것이다.** 체계적 접근은 한 체계의 구성 요소 간의 관계를 중요시한다. 동기의 조절은 그 구성 요소 간

의 관계를 고려하는 문제 해결적, 발견적 접근을 통해 촉진될 수 있다.

학습 동기의 구성 요소는 주의집중, 관련성, 자신감, 만족감 등 네 가지 주요 범주로 구분되고, 각각의 주요 범주에는 세 가지 하위범주가 있다(윤광보 외, 2008; 권성연 외, 2018).

첫째, 주의집중(attention)이다. 학습이 이루어지기 위해서는 학습자의 주의가 집중되어야 한다. 학습자의 관심이 수업 외의 다른 곳에 쏠려 있다면, 교사가 아무리 좋은 수업을 설계하였다고 하더라도, 그 효과는 미미할 것이다. **주의집중에는 지각적 주의 환기의 전략, 탐구적 주의 환기의 전략, 다양성의 전략 등이 있고, 그에 적절한 교수 전략을 제안**하면 다음과 같다.

① **지각적 주의 환기의 전략이다.** 예상치 못했던 소리나 움직임을 통해 학습자의 주의 집중을 불러일으킬 수 있다. 교사들이 "조용히 하세요"라고 소리치거나, 교탁을 두드림으로써 학습자의 주의를 집중하게 하는 방법들이 포함된다. 지각적 주의 환기의 전략은 시청각 매체의 활용, 비일상적인 내용이나 사건 제시, 주의 분산의 자극 지양 등이 있다.

② **탐구적 주의 환기의 전략이다.** 모든 주제를 탐구적 주의 환기의 전략을 사용하는 것은 너무 많은 시간을 요구한다. 간혹 이 기법을 사용한다면, 학습자들의 탐구적 호기심을 유발하고 발달시키는데 도움이 될 것이다. 다음과 같은 사항은 이러한 목적을 달성하는데 도움을 줄 수 있다. i) 능동적 반응 유도, ii) 문제해결 활동의 구상 장려, iii) 신비감의 제공, iv) 호기심을 유발하거나 신비감을 만들기 위해 시각적인 것을 사용하기 등이다.

③ **다양성의 전략이다.** 교사의 교수 행동에 다양한 변화를 줌으로써 학습자의 주의집중을 유발하고자 하는 것이다. 여기에는 간결하고 다양한 교수형태 사용, 일방적 교수와 상호작용적 교수의 혼합, 교수 자료의 변화 추구, 목표-내용-방법의 기능적 통합 등이 있다.

둘째, 관련성(relevance)이다. 이는 기대-가치이론, 충동이론, 목적 지향적 행동이론, 욕구 위계 이론, 의사소통이론, 지각이론을 토대로 개발되었다. 학습자의 동기를 유지시키기 위해서는 새로운 정보를 학습자의 선행지식이나 인지구조와 연결되도록 관련성을 맺게 하는 것이 중요하다(권성연 외, 2018). 이를 위해 친밀성, 목적 지향성, 필요나 동기와의 부합성을 강조하는 전략 등이 있다. 구체적인 학습전략으로는 ⅰ) 새로운 학습과제를 친숙하게 만들기, ⅱ) 학습자들의 흥미와 관심사에 기초한 실재의 경험자료를 활용하기, ⅲ) 학습 내용의 미래지향적인 가치에 대해 인식하게 하기, ⅳ) 수월성의 표준을 성취하는 기회를 제공하기 등이 있다.

셋째, 자신감(confidence)이다. 자신감은 동기를 지속해 주는 중요한 요소로서 행동주의에서는 학습을 단위화하여 복잡하고 어려운 것을 쉽고 단순화한 것으로 만들어 성공의 가능성을 높여주는 것을 강조한다. 즉 적정 수준의 도전감을 주면서 노력에 따라 성공할 수 있다는 자신감을 심어주는 것이 높은 동기유발 및 유지의 요소이다. 하위 요인으로는 학습의 필요조건 제시, 성공의 기회 제시, 개인적 조절감 증대 등이 있다. 구체적인 학습전략으로는 학습 목표를 분명하게 일러주기, 난이도 수준에 따라 학습과제를 계열화하기, 학습자에게 개인적 학습조절전략 또는 학습통제전략을 적용하기 등이 있다.

넷째, 만족감(satisfaction)이다. 학습자는 학습의 결과가 자신의 노력에 부합했다고 느낄 때 만족감이 높아진다. 만족감은 내재적 동기와 외재적 강화의 관계 이론, 공정성 이론, 인지 평가이론 등을 기초로 개발되었다. 만족감을 높여 주기 위한 하위 요인으로는 자연적 결과 강조, 긍정적 결과의 강조, 공정성 강조 등이 있다. 만족감의 구체적인 전략으로는, 수행결과에 대하여 다양한 피드백을 제공하기, 학습한 내용을 일반화하여 적용해 보도록 만들기, 과제-외재적 보상보다는 과제-내재적 보상을 제공하기 등의 전략이 있다.

Keller의 동기유발전략을 정리하면 〈**표 7-6**〉과 같다.

<표 7-6> Keller의 동기유발전략

구분	하위 전략	세부 전략
주의집중 (A: attention)	지각적 주의 환기 전략	① 시청각 매체의 활용 ② 비일상적인 내용이나 사건 제시 ③ 주의분산의 자극 지양
	탐구적 주의 환기 전략	① 능동적 반응 유도 ② 문제해결 활동의 구상 장려 ③ 신비감의 제공
	다양성의 전략	① 간결하고 다양한 교수형태 사용 ② 일방적 교수와 상호작용적 교수의 혼합 ③ 교수 자료의 변화 추구 ④ 목표-내용-방법의 기능적 통합
관련성 (R: relevance)	친밀성의 전략	① 친밀한 인물 혹은 사건의 활용 ② 구체적이고 친숙한 그림의 활용 ③ 친밀한 예문 및 배경 지식의 활용
	목적 지향성의 전략	① 실용성에 중점을 둔 목표 제시 ② 목적 지향적인 학습형태 활용 ③ 목적의 선택 가능성 부여
	필요나 동기와의 부합성을 강조하는 전략	① 다양한 수준의 목적 제시 ② 학업성취 여부의 기록체제 활용 ③ 비경쟁적 학습상황의 선택 가능 ④ 협동적 상호 학습상황 제시
자신감 (C: confidence)	학습의 필요조건 제시전략	① 수업의 목표와 구조의 제시 ② 평가 기준 및 피드백의 제시 ③ 선수학습 능력의 진단 ④ 시험의 조건 확인
	성공의 기회 제시전략	① 쉬운 것에서부터 어려운 것으로 과제 제시 ② 적정수준의 난이도 유지 ③ 다양한 수준의 시작점 제공 ④ 무작위의 다양한 사건 제시 ⑤ 다양한 수준의 난이도 제공
	개인적 조절감 증대의 전략	① 학습의 끝을 조절하는 기회 제시 ② 학습속도의 조절 가능 ③ 원하는 학습 부분에로의 재빠른 회귀 가능 ④ 선택 가능하고 다양한 과제와 다양한 난이도 제공 ⑤ 노력이나 능력에 성공 귀착

구분	하위 전략	세부 전략
만족감 (S: satisfaction)	자연적 결과 강조의 전략	① 연습문제를 통한 적용의 기회 제공 ② 후속 학습상황을 통한 적용의 기회 제공 ③ 모의상황을 통한 적용의 기회 제공
	긍정적 결과 강조의 전략	① 적절한 강화계획의 활용 ② 의미 있는 강화의 제공 ③ 정답을 위한 보상 강조 ④ 외적 보상의 사려 깊은 사용 ⑤ 선택적 보상체제 활용
	공정성 강조의 전략	① 수업목표의 내용의 일관성 유지 ② 연습과 시험내용의 일치

• 자료: 권성연 외(2018). 교육방법 및 교육공학. 파주시, 경기도: 교육과학사, pp. 210~215에서 인용 및 수정해서 정리함.

2. X-Y 이론

Douglas McGregor(1960)는 저서 『기업의 인간적 측면(The Human Side of Enterprise)』에서 관리자가 조직 내의 인간에 대하여 X-Y라는 두 가지 이론적 가정 중에서 하나를 선호할 수 있다고 보고, 그것에 입각해서 조직의 관리 전략 및 조직구성원에 대한 동기부여 방법이 달라진다고 주장했다. 이 두 가지 이론을 설명하면 다음과 같다.

첫째, X 이론은 인간은 지시되기를 바라고, 책임을 회피하고, 안전을 원하는 존재로 보며, 이로 인하여 인간은 돈이나 벌의 위협 등에 의하여 동기화된다. 이러한 인간관을 믿는 관리자는 부하를 통제하고, 엄격하게 감독하며 과업을 구조화한다. 외적인 통제는 믿을 수 없고 책임을 회피하며, 미성숙된 인간을 다루는데 매우 적절하다. **X 이론은 부하의 인간적 본질에 대해 다음과 같이 가정**하고 있다.

① 인간은 태만하고, 가능한 한 일을 적게 하려고 한다.
② 인간은 야망을 갖고 있지 않으며, 책임지기를 싫어하고, 지시되기를 원한다.
③ 인간은 조직의 문제해결에 필요한 창의력이 부족하다.
④ 동기는 생리적 욕구와 안정 욕구로부터 야기된다.

⑤ 인간은 엄격하게 통제되고, 조직의 목적을 성취하기 위하여 강요되어야 한다.
⑥ 인간은 조직의 요구에 무관심하고, 오직 자신만을 생각한다.
⑦ 인간은 지적이지 못하고 어리석으며, 선동에 쉽게 따른다.
⑧ 인간은 변화에 저항한다.

이와 같이, X 이론은 때때로 부정확하고, 이 이론에 근거하여 관리를 실시하면, 부하가 조직의 목적을 성취하도록 하는 동기화에 실패하는 경우도 있다. 이에 반해 Y 이론은 인간은 적절하게 동기가 주어지면, 과업의 수행에 자아 지시적이고 창의적인 존재로 본다. 따라서 개인의 잠재력이 최대로 발휘될 수 있도록 하는 것이 관리자의 중요한 과업이라고 본다. X 이론의 대안으로 제시된 Y 이론은 근로자의 관심과 능력에 긍정적인 관점을 나타낸다.

둘째, Y 이론의 기본 가정은 다음과 같다.

① 인간은 과업조건이 양호하면 과업수행을 놀이만큼 자연스러운 것으로 본다.
② 인간은 조직의 목적을 성취하기 위하여 스스로 통제할 수 있는 자율적인 존재이다.
③ 인간은 조직의 문제를 창의적으로 해결할 수 있다.
④ 인간은 스스로 통제할 수 있고, 동기화가 되면 과업을 창의적으로 해결할 수 있다.
⑤ 인간은 본질적으로 조직의 요구에 수동적이지도 저항하지도 않는다. 그러한 행위가 나타나는 것은 과거의 경험이 그러한 행위를 하도록 작용했기 때문이다.
⑥ 인간은 책임감을 가질 능력, 인간적 성장과 발달의 잠재적인 능력을 갖고 있다. 관리자는 구성원의 동기를 극대화할 수 있는 환경을 제공하고, 자신의 운명뿐만 아니라 조직의 운명에도 책임감을 가질 수 있도록 해야 한다.

상기의 맥그리거의 X-Y 이론의 기본 가정을 토대로, 교사가 학생을 X 이론에 기반하여 동기를 유발하고자 할 때와 Y 이론에 기반하여 동기를 유발하고자 할 때 각각 다음과 같은 기술이 사용할 수 있다고 했다(조용개 외, 2009).

① **X 유형의 학생을 위한 학습 동기 향상 기술**로는 ⅰ) 수업마다 출석을 확인하거나, ⅱ) 첫 수업시간에 수업계획을 자세하게 안내해야 한다. 또한, ⅲ) 질문하는 경우 학습자를 지명하여 응답하도록 하며 학습자들의 학습활동(출석, 과제, 발표, 질문 등)을 점수에 반영해야 한다. ⅳ) 학생의 학습 참여가 교사에 의해 모니터링되고 있다는 것을 학생에게 지속적으로 안내해야 하며, ⅴ) 학습에 대한 통제권도 교사가 가지고 있

는 것이 효과적이다.

② **Y 유형의 학생을 위한 학습 동기 향상 기술**로는 i) 수업내용, 수업방법, 평가방법에 대해서 학습자들로부터 피드백을 구해야 한다. 또한 ii) 수업 중 학습자들과의 상호작용을 중요하게 생각해야 하고, iii) 부정적이고 불안한 질문보다는 긍정적이고 편안한 질문을 해야 한다. iv) 학생들이 수업시간에 자유롭게 하고 싶은 말을 하도록 허용한다. 이때에는 학생의 학습 참여에 대한 자율성을 보장해야 하고, 학습의 통제권도 학생에게 이양되어 있다는 것을 알려야 효과적이다.

최근 조직 경영 분야에서는 X 이론이 인간을 수동적이고 통제의 대상으로 본다는 비판을 받고 있다. 그러나 교사는 미성숙한 학생의 학습 동기 향상을 위해 통제와 안내가 필요한 영역과 자율이 필요한 영역을 정확하게 판단하여 X 이론과 Y 이론을 상황에 맞게 적절하게 적용할 수 있어야 한다.

제5절 교수전략 사용의 고려 사항

상기에서 각 다섯 가지 수업 접근법에 따른 교수전략을 고찰하였다. 미리 언급한 것처럼 교수전략은 이것이 전부가 아니다. 상기에서 기술한 교수전략들은 학교 현장에서 실제 수업을 진행하며 흔히 사용할 수 있는 것으로 다소 폭이 좁게 살펴보았다고 할 수 있다. 하지만 그것을 실제로 익혀 자유자재로 사용하는 것은 쉬운 일이 아니다. 같은 내용을 가르쳐도 사용하는 수업의 접근법에 따라 학생들의 성취도는 큰 차이를 보일 수 있다. 연구에 의하면, 3년 연속 유능한 교사로 인정된 교사에게 수학을 공부한 학생들은 상위 17% 정도의 성적을 기록한 반면, 3년 연속 비효율적인 교사로 지적된 선생님에게 수학을 공부한 학생들은 하위 30% 이하의 성적을 보였다(Sanders & Rivers, 1996). 무려 53분위의 성적 차이를 보인 것이다. 숙련된 경험 많은 교사의 수업도 잘 관찰해 보면 교수전략을 잘못 사용하는 경우를 종종 발견할 수 있다. 유능한 교사가 되기 위해서는 다양한 교수전략을 상황에 맞게 자유자재로 활용할 수 있어야 한다. 물론 교수전략의 연구는 여전히 부족하고 더 진행되어야 한다. 7장에서는 다루었던 교수전략에 대한 개념과 지침들도 아직 완벽하게 확정된 것은 아니다. 따라서 교사가 어떤 시점에서 어떤 전략과 지침을 사용해야 하는지 처방하는 것은 매우 어려운 일이다. 한 가지 분명한 점은 교수전략은 교수자의 교수 활동이나 학습자의 학습활동에 도움을 주는데 초점을 맞추어야 한다는 것이다.

교사가 수업 활동을 하게 되면, 학생들로부터 스트레스를 받을 때도 많이 있다. 때로는 진심을 오해받기도 하고, 예기치 못한 일이 발생하여 원망을 듣게 될 수도 있다. 그러나 교사가 학생을 권위적으로 통제하려 하거나, 지나치게 간섭하려 하거나, 학생들을 비난해서는 안 된다. 근본적으로 교사와 학생은 대립 관계에 있는 것이 아니라 서로 협력하는 관계에 있기 때문이다. 유능한 교사는 학생들과 조화되는 방법을 알아야 하며, 이러한 교수전략을 체계적으로 이해하고 적용하려는 노력 여하에 따라 그것은 쉬워질 수도, 매우 어려워질 수도 있다.

연습 및 탐구문제

1. 거시적 전략과 미시적 전략의 장·단점에 대하여 정리해 봅시다.

2. 수업 진행을 위한 효율적인 교수전략에 대하여 생각해 봅시다.

3. Keller의 학습 동기유발전략을 수업 활동에 적용해 봅시다.

4. 교수전략을 활용할 때 유의해야 할 사항들에 대하여 생각해 봅시다.

Chapter 08

교육공학의 이해

〈학습 목표〉

1. 교육공학의 출현 배경을 크게 두 단계로 나눌 수 있다.
2. 교육공학에 대한 대표적인 정의들을 설명할 수 있다.
3. 시청각 교육적 개념에서의 교육공학에서 데일(Dale)의 경험 원추에서 설명할 수 있다.
4. 교육공학의 탐구 영역인 설계, 연구·개발, 활용, 관리, 평가 영역의 주요 특징을 설명할 수 있다.
5. 교육공학과 교수 공학의 개념을 구별하여 설명할 수 있다.
6. 교육방법에 대한 교육 공학적 접근의 특징을 설명할 수 있다.

〈Key Word〉

교육공학, AECT, 시각교육, 시청각교육, 시청각 통신, 통신모형, 교수 공학

제1절 교육공학의 출현 배경

인간의 원활한 의사소통(communication)에 공헌하는 교육공학의 역사는 인류 시작과 함께 출발했을 것이다. Saettler(1990)는 교육공학의 기원을 고대 동굴벽화에서 찾고 있다. 이는 그 당시 사람들이 그들의 삶과 관련되는 의식주(衣食住) 관련 내용을 의사소통하기 위하여 그림이라는 시각자료를 이용하여 벽화에 표현한 것이며, 이들 시각자료는 중요한 의사소통 수단이라고 생각하였기 때문이라고 생각된다. 하지만 **일반적으로 학자들은 교육공학이 학문적 토대를 구축하기 시작된 시기를 18~19세기 감각적 실학주의와 20세기 초반의 수업의 과학화 운동으로 보고 있다**(이성흠 외, 2009).

첫째, 감각적 실학주의(sense realism)는 감각을 통한 학습을 중요하게 생각하던 17세기 서양 사회에서 전개된 사상이다. 이는 스콜라주의, 인문주의 교육의 비현실적인 개념이나 관념의 언어 편중주의(verbalism)에 반대하고 자연현상을 감각으로 통하여 있는 그대로 직접 경험하는 직관주의를 취하였다. 이것을 위하여 동물원, 식물원, 표본, 그림, 사진, 지도, 지구의 등의 새로운 도구가 교육방법에 적용되었다. 감각적 실학주의의 대표적인 인물은 Comenius(1592~1670), Pestalozzi(1746~1827), Fröbel(1782~1852), Montessori(1870~1952) 등이다(서재복, 2008; 신차균 외, 2006; 신득렬 외, 2005; Saettler, 1990; Seels & Richey, 1994).

교육공학의 사상적 배경은 **Comenius**의 경험주의 사상에서 출발한다. 그는 당시 철학적 경험론의 영향을 받아 감각적 실학주의를 처음으로 제창하였고, 언어란 흉기로써 싱싱한 어린이들의 정신을 죽여 버린다고 언어 편중주의 교육을 비방했다. 교육 활동에 있어서 감각의 대상이 되는 자연의 사물들을 직접 경험시켜 주어야 한다고 주장했다. Comenius는 아동들의 교육을 감각적 경험을 통해서 가르치는 것이 더욱 효과적임을 주장하였다. **Pestalozzi**는 감각적 직관에 의한 교육방법을 중시하였고, 이는 아동 자신의 직접 경험, 또는 체험을 교육의 기본원리로 삼는 것이다. 감각적 기관은 학습지도의 기초가 된다고 하였고, 언어는 항상 직관에 그리고 어떠한 학과에서도 교수는 가장 단순한 요소로부터 시작하여 어린이의 발달에 따라서 심리적으로 결합 순서에 따라 추진시켜야 한다고 하였다.

Fröbel은 유치원의 교육과정을 Pestalozzi의 감각 이론에 기초하여 자주적 활동, 창의력 신장, 사회 참여, 신체 운동 등을 통한 표현 능력 함양에 두면서, 자신의 교육철학을 실천하기 위하여 모형, 도표, 그림, 바느질, 색칠하기 등의 다양한 자료를 사용하였다. **Montessori**는 감각기능의 훈련을 목적으로 고안된 특별한 교구를 사용하여 감각기능의 식별능력을 발달시키는데 사용하였으며, 아동의 학습활동을 지원할 수 있는 풍부한 교수 자료와 환경을 철저하게 준비할 것을 강조하였다. 이처럼 학습자의 수준을 고려한 개별화 수업의 시도, 교수 자료 활용을 포함한 학습을 촉진하기 위한 학습환경 등은 현대 교육방법의 교육 공학적 접근과 그 맥락을 같이 한다.

둘째, 20세기 초반 수업의 과학화 운동은 Dewey 등을 중심으로 한 진보주의 교육사상과 Thorndike 등의 수업심리학자들이 교수-학습에 영향을 미치는 매체에 관한 이론적 토대를 제공함으로써 교육공학 연구에도 많은 영향을 끼쳤다(이화여자대학교 교육공학과, 2004; 유재봉 외, 1995). **Dewey**는 진보주의에 기초한 실용주의 철학자로서 진보주의 교육사상 이론을 정립하였고, 듀이 학교(Dewey School)를 설립하여 이론을 실천하였다. 경험의, 경험에 의한, 경험을 위한 교육을 강조한 그의 교육은 교육공학의 기본 이론을 형성하는데 많은 기여를 하였으며, 아울러 **Thorndike**는 연합주의 학습이론을 정립하였다. 또한, 학습에서의 법칙을 정립하여 교수 공학의 기본인 교수의 과학화와 공학화에 공헌하였다. 학습자의 흥미를 고려하고 학습활동을 바람직한 방향으로 통제하며, 다양한 교수 매체를 활용함으로써 학습효과를 증대시킬 수 있다고 주장하였다. 20세기 초반 계속되는 과학발전과 이들 기술이 수업심리학과 결합하면서 교육공학의 학문적 연구는 계속되어 오늘에 이르고 있다.

제2절 교육공학의 정의

1. 교육방법과 교육공학

교육방법이란 '가르치는 방식' 또는 '수업목표를 달성하기 위해 사용하는 효과적·효율적인 수업방식'으로 볼 수 있다. **미시적 측면에서의 교육방법**은 교수 방법, 교수형태, 교수전략 등으로도 볼 수 있다. **거시적 측면의 교육방법은** 교육의 목적을 실현하는데 요구되는 모든 수단적 및 방법적 조건들을 통칭하는 것이라 할 수 있다. 반면에 **교육공학**은 '인간이 배우고 가르치는 과정과 관련된 교육 문제를 해결하기 위하여 관련된 과학적 지식 또는 조직된 지식을 체계적으로 적용하는 학문 영역으로 정의할 수 있다. 즉 교육 방법론적 문제는 한 단위 수업 설계로부터 거시적 수준의 교육체제 설계까지 포괄할 정도로 범위가 넓다. 교육공학의 초기의 형태는 시청각교육의 영향으로 교육공학을 교수-학습의 과정에 여러 매체, 특히 시청각 매체를 활용하는 것으로 보는 제한적인 시각이 있다. 하지만 교육공학은 교육의 방법론적 문제를 해결하기 위하여 인지심리학, 학습이론, 커뮤니케이션 이론, 확산이론 등 다양한 학문 분야의 과학적 지식들을 활용한다. 그리고 이러한 문제를 분석하고 해결하는 과정에 체제접근의 관점을 도입한다(유승우 외, 2018).

흔히 우리나라에서는 교육방법 및 교육공학이 항상 붙어 있는 이유는 사범대학 교직과정에 명시되어 있기 때문이다. 학자에 따라 교육공학과 교육방법을 굳이 구별하지 않고 설명하는 경우도 있고, 별도로 정의하는 경우도 있다. 그러나 교육공학이 교수와 학습을 설계하고 실행하는 포괄적인 영역과 문제를 고려하는 체제적 접근을 취하고 있기에 교육방법과 교육공학은 불가분의 관계로 볼 수 있다(백영균 외, 2018).

2. 교육공학의 의미

교육공학의 개념은 미국 교육통신공학회(Association for Educational Communications and Technology: AECT)를 중심으로 지속적으로 수정 및 보완되었다. 교육공학에 대한 정의는 20C 초반에 시작하여 10여 차례의 공식적인 변화의 과정을 거치면서 현재에까지 이르고 있다. 즉 교육공학에 관한 최초의 공식적인 활동과 정의는 언어 중심의 교육에서 탈피하여 **1920년대에 등장한 시각교육**으로, '시각교육 운동'과 관련된 교육공학은 '시각 교수는 활동사진, 환등 사진과 정사진, 괘도, 도표, 실물 등과 같은 다양한 장치의 교실에서의 활용'으로 정의하고 있다(Reiser & Ely, 1997). **1950년대의 시청각교육**이다. 이 시기에는 주로 각종 시청각 매체(슬라이드, 사진, TV 등)를 교수-학습 보조물로서 효과적으로 활용하는데 관심이 있었다. Berlo의 SMCR 모형으로 대표되는 통신이론을 도입하여 교수-학습 장면을 설명하려는 시도들이 이루어졌다. 그리고 **1960년대 Skinner의 행동과학과 체제이론의 도입**은 교육공학을 하나의 학문으로 정립시키는 중요한 역할을 한다. 수업을 설계하고, 개발하는 과정을 체제로 파악하는 교수개발(instructional development)의 개념이 형성되고, 매체의 활용은 교수개발의 한 부분으로 포함된다. 시청각 교육통신에 국한된 틀에서 벗어나 전체 교수프로그램의 설계과정에 관한 연구를 대상으로 연구 영역이 확대되면서 교수 공학이 대두하게 된다. 이러한 추세에 맞춰 **1970년에 기존의 시청각 교육국(Division of Audio-Visual Instruction: DAVI)이 미국교육공학회**(Association for Educational Communication and Technology: AECT)**로 변경**된다(유승우 외, 2018). **1977년 미국교육공학회의 정의**에 따르면, "교육공학은 인간학습에서의 문제들이 어떻게 규명되고 해결되는가에 대한 이론이며, 인간학습에서의 문제들을 분석하고 해결하기 위하여 복합적이고 통합된 과정을 적용하는데 관련된 분야이다. 그리고 교수 공학은 교육공학의 하나의 하위영역을 구성한다."고 제시했다(AECT, 1977).

한편 **1994년 AECT**는 "교육공학이란 학습을 위한 과정과 자원의 설계, 개발, 활용, 관리 및 평가에 관한 이론과 실제이다."(Seels & Richey, 1994: 1)라고 정의했다.

AECT(1994)**의 교육공학에 대한 정의는 다음과 같은 특성**을 지니고 있다.

① 교육공학은 인간의 학습활동과 결과에 영향을 주는 것을 목적으로 한다. 따라서 교육공학은 학습자의 인지구조, 지식, 태도, 행동 등의 변화가 실제로 일어나도록 하는데 관심이 있다.
② 교육공학은 과정과 자원을 모두 포함한다. 과정이란 특정한 결과를 얻기 위한 일련의 운영이나 활동을 말한다. 자원이란 학습을 지원하기 위해 필요한 원천으로서 지원체제, 교수 자료, 교수 환경을 포함한다. 따라서 자원에는 교수-학습 과정에 사용되는 고안물과 자료뿐만 아니라 인적자원, 예산 및 시설, 개개인의 학습을 돕고 능률적으로 수행하는데 필요한 모든 것이 포함된다.
③ 교육공학은 설계, 개발, 활용, 관리, 평가의 연구 영역을 갖는다. 이는 교육공학의 기본 영역으로 전문분야와 실천 분야 모두에 관련이 있다. 이 다섯 영역은 상호 독립된 영역이지만 이론과 실제를 통해서 서로 연관되기 때문에 그 관계가 선형적이지는 않다.
④ 교육공학은 이론과 실제를 모두 포함한다. 타 학문에서 정립된 이론을 실제에 적용하는 것뿐만 아니라, 자체적으로 새로운 이론을 생성한다는 점에서 이론과 실제를 모두 포함하는 것이다.

Reiser(2007: 7)는 교수설계와 공학(instructional design and technology: IDT)이라는 용어를 사용하여 교육공학에 학습문제 해결과 인간의 수행 향상을 포괄하는 확대된 의미의 관점에서 교육공학을 다음과 같이 정의하고 있다. "교수설계와 공학(교육공학으로 알려진) 분야는 교육기관과 직무현장을 포함하는 다양한 업무환경에서 학습과 수행 향상을 목적으로 학습과 수행 문제의 분석과 교수(instructional)와 비교수적(noninstructional) 과정과 자원의 설계, 개발, 실행, 평가, 관리를 포함한다. 교수설계와 공학 분야의 전문가는 체계적인 교수설계 절차를 사용하고, 그들의 목적을 성취하기 위하여 교수 매체를 활용한다. 최근에는 이에 추가하여 수행문제에 대한 비(非) 교수적 해결책에 많은 주의를 기울이고 있다. 앞에서 언급한 개별영역에 관련된 연구와 이론은 교육공학의 중요한 연구 부분이다."

그러나 인지 이론과 최근 활발하게 연구되고 있는 구성주의 학습이론, 각종 첨단 ICT의 발달과 상호작용 교수-학습 매체, 인터넷, 원격 교육, 협동 학습 등의 교수전략이 교육공학의 연구 영역에 직·간접적으로 영향을 줌으로써 교육공학은 새로운 정의의 필요성이 요청되었다. 이러한 맥락에서 AECT는 교육공학 개념 연구를 위한 위원회를 중심으로 교육공학을 재정의하기에 이르렀다(Definition and Terminology Committee of the Association for Educational Communications and Technology, 2007: 1).

1994년 이후 10여 년의 공백을 깨고 AECT는 "교육공학이란 적절한 과학 기술적 과정과 자원을 창안하고, 활용하고, 관리함으로써 학습을 촉진하고 수행을 개선하는 연구이며 윤리적 실제이다."라고 정의를 내렸다(Educational technology is the theory and ethical practice of facilitating learning and improving performance by creating, using and managing appropriate technological processes and resources). 이 정의는 과거의 개념과 유사하지만 직업윤리의 중요성이 부각되었고, 학습자를 능동적인 존재로 파악하여 학습에서 촉진자 역할이 강조되고 있다(고재희, 2009).

상기에서 **교육공학에 대한 개념 정의를 종합적으로 정리**하면, **교육공학이란** 효율적인 교수-학습활동을 위해 그 과정과 자원을 이용하여 설계, 관리, 평가 등의 기능을 활용함으로써 학습을 촉진하고 수행을 개선하는 하나의 학문 분야로 정의할 수 있다.

제3절 교육공학의 역사

교육공학의 개념적 체계를 더욱 분명히 하기 위하여 교육공학이 역사적으로 어떻게 발달해 왔는가 하는 역사적 변천 과정을 살펴보는 것은 매우 의미 있는 일이다. 교육공학의 학문적 발달은 20C 초반 미국에서 시작된 시각교육(visual education)에서 찾을 수 있으며, 미국 교육공학의 발전과정을 시각교육, 시청각교육, 시청각교육통신, 교수 공학, 교육공학 등으로 분류해서 고찰하기로 한다. 이어서 우리나라 교육공학의 발달도 살펴보기로 한다(윤광보 외, 2008; 이성흠 외, 2009; 고재희, 2009; 박성익 외, 2010; 유승우 외, 2018).

1. 교육공학의 역사와 발전과정

교육공학의 시초는 거슬러 올라가 선사시대의 크로마뇽인의 동굴벽화로 보기도 하며(Saettler, 1990), 그리스의 소크라테스와 소피스트로 보기도 한다. 또한, 17~18세기 유럽의 Comenius, Rousseau, Pestalozzi 등에서 찾기도 한다. 이후 Pavlov, Thorndike, Watson 등의 초기 학습심리학과 Herbart, Montessori의 실물 및 감각 교육, Dewey의 진보주의 교육철학에서 그 뿌리를 찾기도 한다. Comenius(1592~1670)는 1632년 대교수학을 통해 처음으로 그림을 사용한 세계 도회를 제작하였다. Pestalozzi(1746~1827)는 실제 현상의 관찰, 표본이나 그림을 통한 직관에 의한 교육을 강조하였으며, Fröebel(1782~1852)은 은물 교육을 주장했다. Montessori(1870~1952)는 감각 교육, Dewey(1856~1952)는 경험에 의한 실용주의 교육, Thorndike(1887~1949)는 학습효과의 증대를 위한 다양한 교수 매체의 활용을 강조하였다.

교육공학의 학문적 발달은 1990년대를 넘어서면서 교육공학의 초기 형태라 할 수 있는 시각교육(visual education)이 미국교육에서 시작되었는바, 이는 근대적 의미에서 교육공학의 시작을 의미한다. 역사적으로 교육공학은 1920년대 미국의 시청각 교육 전통으로 발전되었다(Saettler, 1990). 1950년대에는 커뮤니케이션(communication)의 아이디어를 반영한 시청각 통신으로 발전한다. 1970년대 이후 미국교육공학회(AECT)의 이론 정립에 대한 노력에 따라 교육공학, 교수 공학으로 정립되었다(고재희, 2009: 재인용).

2. 미국 교육공학의 발달

1) 시각교육

초기 교육공학은 언어 중심의 교육방법에서 탈피하여 구체적인 경험을 제공하는 시각교육을 중심으로 시작되었다. 1920년대에 이르러서 시각교육은 새로운 전기를 맞는다. 1921년 **시각 수업**(visual instruction)**에 관한 정기간행물 네 가지가 발간**되기 시작하면서 시각교육에 관한 체계적인 연구가 이루어졌다. 사진과 무성영화·필름 등을 중심으로 각종 시각적 매체의 교육적 가치에 관한 관심이 증대되기 시작했으며, 1932년 **전국교육연합회**(National Education Association)**하의 최초의 공식적인 후원 기관으로서 시각 교육국**(Division of Visual Instruction: DVI)이 설치된다. 시각교육의 이론적 토대를 제시한 학자는 Hoban이었다. 그에 의하면, 교육의 목적은 지적 경험을 일반화시키는 것이며, 이를 위해서 교재를 시각화할 필요가 있다는 것이다. 그는 교재의 시각화를 주장하면서, 시각적 교재를 구체성과 추상성의 기준에 따라 분류한다. **Hoban의 시각교재 분류**는 견학, 실물 등과 같이 매우 구체적인 학습경험을 제공하는 교재로부터 언어와 도표 등의 추상성이 높은 교재에 이르기까지 여러 종류의 시각적 교재로 분류하고 있다. 또한, **Hoban은 효과적인 학습을 위해서 구체적인 자료로부터 시작해서 추상적인 자료를 사용**하여야 하며, 추상적인 이해를 돕기 위해서는 추상성이 높은 자료와 함께 구체성이 높은 자료를 통합하여 사용해야 한다고 주장했다. 하지만 시각교육은 시각자료를 통한 교수-학습의 효율성이나 시각자료의 고안, 제작, 활용, 평가 및 관리 등에는 관심을 가지지 못하고, 단지 시각자료 그 자체만을 강조하였다는 점과 시각자료를 단순히 교수 보조물 정도로 간주했다는 한계를 드러냄으로써 시청각교육을 등장시켰다(김종량, 1995).

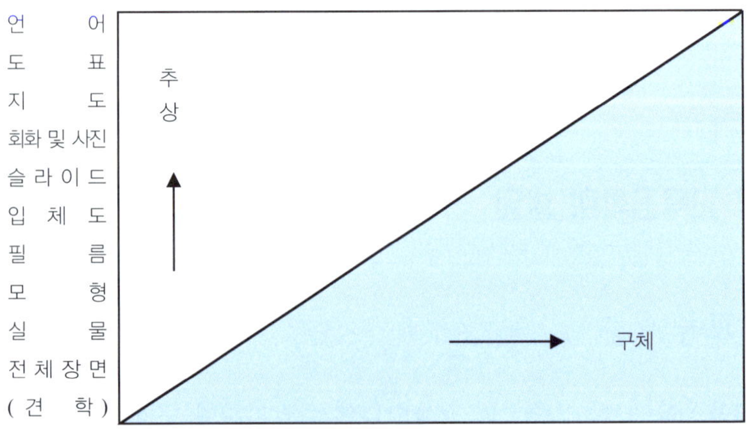

[그림 8-1] Hoban의 시각자료 분류

2) 시청각교육

1930년대 말 시각자료에 청각자료를 통합할 수 있는 기술이 발달함에 따라 시각교육은 시청각교육으로 변화하게 된다. 시청각교육이 등장하면서 시각 교육국(DVI)은 1947년에 그 명칭을 시청각 교육국(Department of Audio-Visual Instruction: DAVI)으로 변경된다.

시청각교육이란 영화·슬라이드·녹음·라디오·텔레비전 등의 시청각 교재와 교구를 활용함으로써, 학습이 효과적으로 이루어지도록 하는 방법으로, 학습자에게 시청각 자료를 제시하여 학습 이해를 보다 편리하도록 하는 것이다.

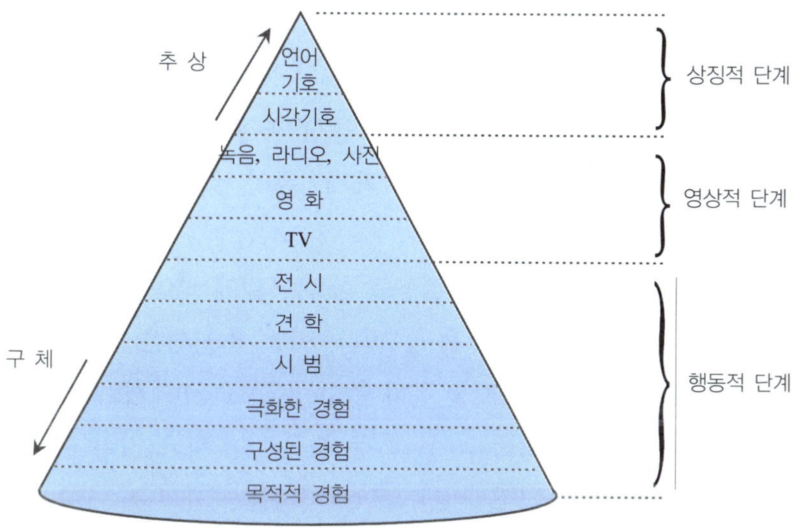

[그림 8-2] Dale의 경험의 원추

Dale은 [그림 8-2]와 같이, 학습자에게 제공되는 학습경험을 구체성과 추상성의 기준에 따라, 시청각 교구 및 교재를 분류한 **'경험의 원추(cone of experience)' 모형을 제시**하였다. **Dale의 '경험의 원추'**는 Bruner가 주장한 세 가지 표현 양식(mode of representation)으로 설명되는데, 이는 Dale의 원추 개념을 보완하고 있다. Dale은 Hoban의 개념을 확장시켜 구체적인 것에서부터 추상적인 것으로의 개념 형성을 강조하고, 학습경험을 11단계로 분류하여 제시하였다. Dale은 학습형태를 행동에 의한 학습, 영상을 통한 학습, 상징-추상적 개념에 의한 학습으로 구분한다. 원추의 하부에서 상부로 올라갈수록 추상성이 높아지고 상부에서 하부로 내려갈수록 구체성이 높아진다. 추상성이 높아질수록 반드시 학습이 어려워지는 것은 아니며, 교재는 학습자의 지적능력이나 경험에 맞추어 선택하는 것이 적절하다.

시청각교육은 시청각 자료를 통하여 학습경험을 일반화하며 교수 매체를 통하여 효과적인 학습 경험을 제공해 준다는 측면에서 높은 평가를 받았으나, 시청각교육은 시청각 교재를 독립적인 교수 자료보다는 교사에게 부여된 보조물로 간주하는 한계를 보였다. 아울러 시청각 매체 자체의 효과만을 중시하고 매체가 활용되는 교수-학습 과정을 간과하는 한계가 있었다(유승우 외, 2010).

3) 시청각 교육통신

1950년대 시청각교육에 교수-학습 과정을 통신 과정으로 보려는 커뮤니케이션 이론, 교육에 전체적으로 접근하려는 초기 체제이론이 결합하여 시청각 교육통신이 등장한다.

통신에 관한 이론적 틀로서 매체의 활용을 한층 폭넓게 보여주는 대표적인 것으로 **Berlo(1960)의 'S-M-C-R' 모형**을 들 수 있다. S-M-C-R 모형은 정보원(source)으로부터 메시지(message)가 통로(channel)를 통하여 수신자(receiver)에게로 전달되는 과정을 간결하게 보여주고 있다. 정보원과 수신자는 통신기술, 태도, 지식수준, 사회체계, 문화양식을 가지고 있으며 이것을 바탕으로 메시지를 보내고 또 받는다. 이것은 Schannon 및 Schramm(1964)의 모형에서 송신자와 수신자의 '경험의 장(field of experience)'과 비슷한 아이디어이다.

[그림 8-3]과 같이, 메시지는 요소, 내용, 구조, 코드, 처리를 포함하며, 전달되는 내용이 일정한 형태로 부호화되는 과정을 보여주고 있다. 부호화된 메시지는 시각, 청각, 촉각, 후각, 미각의 다섯 가지 감각 통로를 통하여 수신자에게 전달된다.

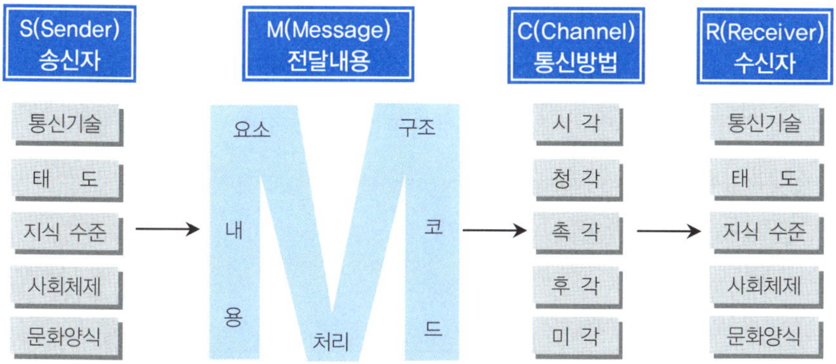

[그림 8-3] Berlo의 **통신모형**

또 하나의 대표적인 모형으로 Schannon과 Schramm(1964)의 것을 들 수 있다. 이 모형의 특이한 사항은 경험의 장 이외에 피드백, 잡음 등을 통신상에서 중요한 요소들로 고려하였다는 것이다. 제시된 메시지를 수신자가 어떻게 받아들였는지에 관한 정보가 피드백 형태로 제시되며, 송신자는 이에 따라서 다시 메시지를 보낸다. 이러한 과정에서 잡음 요인으로 인하여 메시지가 정확하게 전달되지 못하는 상황이 발생할 수 있음을 이 모형은 보여주고 있다.

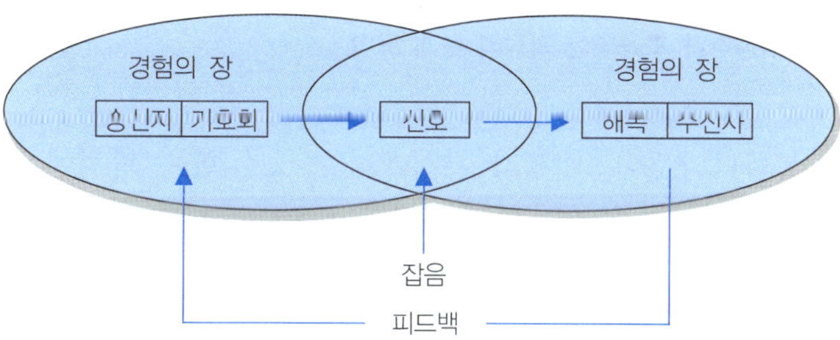

[그림 8-4] Schannon과 Schramm의 **통신모형**

이러한 통신모형에 입각하여 교수-학습 과정, 특히 매체를 활용하는 상황을 재조명하려는 접근방식이 시청각 교육통신이다. 1963년 Ely에 의하여, 시청각 수업의 전통은 시청각 통신으로 재규정 된다. 구체적인 경험을 제공하기 위한 시청각 매체의 강조로부터 전체적인 통신 과정을 강조하는 변화가 시도되었다. 시청각 통신의 목적은 학습자로 하여금 잠재능력을 최대한 발휘할 수 있도록 통신의 모든 방법과 매체를 효과적으로 활용하도록 하는데 있다.

Ely는 커뮤니케이션 이론, 초기 체제이론 그리고 학습이론을 결합하여 시청각과 교육통신 과정의 관계(AV relationships to educational communication process)를 나타내는 모형(**[그림 8–5]**)을 개발한다.

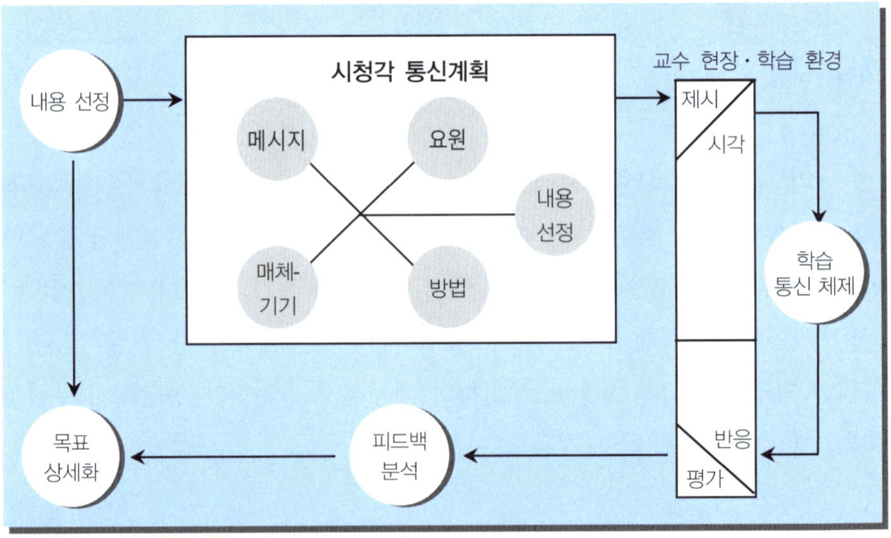

[그림 8-5] Ely의 시청각과 교육통신 과정의 관계 모형

Ely 모형에서 나타나듯이, '시청각 통신계획'이 교수-학습 과정에 포함되어 있다. 여기서 메시지는 학습 내용, 매체 기기는 메시지를 전달하는 수단인 교재나 교구, 요원은 메시지를 구성하거나 매체 활용을 돕는 전문 요원, 방법은 효과적인 수업을 실시하는데 필요한 구체적인 절차, 환경은 수업이 효율적으로 이루어질 수 있도록 하는 물리적인 상황이다.

이상의 모형은 비록 체제접근의 초기 형태를 보여주고 있지만, 체제에 포함되어야 하는 요소들을 모두 다 포함하고 있지 않다는 측면에서 제한적이다. Ely 모형은 내용 선정, 목표의 명세화, 피드백 분석 등이 시청각 통신 설계와 별도로 위치함으로써 통합적인 체제접근의 개념을 실현하는데 어려움이 있다. 실제적 측면에서도 시청각 통신은 교육공학의 학문적 정립에 그다지 큰 영향을 끼치지 못하였다. 오히려 1950년대 이후 미국 심리학의 주류를 형성한 행동주의적 접근이 교육공학의 정립 과정에 실질적인 영향을 미치게 되었다.

4) 교수 공학

1960년대에 이르러 시청각 통신은 교수 공학으로 발전하게 된다. 교수 공학은 매체를 수업의 보조물로 활용하려는 관점에서 탈피하여 매체의 활용을 공학적인 접근에서 파악하고자 하였다.

첫째, 초기 교수 공학의 형성에는 행동주의 심리학의 학습이론들, 특히 Skinner의 조작적 조건형성, 강화이론, 프로그램 학습이론이 많은 영향을 주었다. 프로그램 학습은 주어진 학습과제를 숙달하기 위하여 자극-반응의 원리에 따라서 학습자가 작은 단계로 제시된 문제 형식의 학습 내용을 자신의 학습속도에 맞게 자율적으로 진행하는 학습형태이다. 프로그램 학습은 행동적 교수-목표, 과제분석, 준거 지향 평가 등과 같은 원리와 개념을 교수-학습 과정에 적용한다(유승우 외, 2010).

둘째, 수업을 준비하고, 설계하고, 개발하는 과정을 하나의 체제(system)로서 파악하려는 교수개발(instructional development)의 개념이 발전하였다. 교수개발은 매체의 효과적인 활용에 관한 전통적인 지식뿐만 아니라 학습 현상 및 교수방식에 대한 과학적 지식을 체계적으로 활용하려는 노력이다. 결국, 교수 공학은 교수설계에 많은 영향을 주었으며, 다양한 학습방법들이 개발 및 보급되었다(유구종 외, 2005).

5) 교육공학

1977년에 교육공학(AECT)은 교육공학의 의미에 대한 공식적인 정의를 제시한다. 교육공학은 '인간의 학습에 포함된 모든 문제점을 분석하여 이에 대한 해결책을 고안하고 실행하며 평가관리하기 위하여 사람, 절차, 이념, 장치 및 조직을 포함한 복합적이고 통합된 과정이다.' 이 정의에 의하면, 교육공학은 인간학습에서의 문제들이 어떻게 규명되고 해결되는가에 대한 이론이며, 인간학습에서의 문제점들을 분석하고 해결하기 위하여 복합적이고 통합된 과정을 적용하는 일과 관련된 분야이다.

1994년에 사회의 발전 경향에 따른 교육공학의 학문적 성격, 개념 정의, 실제와의 관련성, 활동영역 연구와 논의를 바탕으로 교육공학에 대한 새로운 정의가 제시된다. 이 정의에 따르면, **교육공학이란 '학습을 위한 과정과 자원의 설계, 개발, 활용, 관리, 평가에 관한 이론과 실제이다**(Seels & Richey, 1994).

3. 우리나라 교육공학의 발달

한국의 교육공학은 비교적 짧은 시간 동안에 급속한 발전을 보여주는 대표적인 학문 분야로 알려져 있다. **1963년**에 시청각교육과(교육공학과의 전신)가 이화여자대학교에 최초로 설립된 이후, **1983년** 한양대학교에 교육공학과가 기존의 교육학과와 별도로 신설되는 계기를 마련하게 되었다. 또한, **1985년**에 전문 학술연구단체로서 한국교육공학회가 창립되었으며, 이때부터 하나의 학문 분야로서 활발한 연구가 진행되면서 실제 교육현장의 문제 등에 교육공학의 연구결과가 적용되기 시작하였다. **1996년** 한국교육공학회로 명칭이 변경됨과 거의 동시에 교육공학은 교육 및 사회 전반에 걸쳐서 큰 기대를 받기 시작했고, Web의 확산과 함께 국내의 교육 정보화 요구는 자연스럽게 교육공학 연구의 활용 및 교육공학자의 활발한 참여를 가져오게 하였다. 1990년대 중반 이후 미국을 중심으로 학위를 마친 신진학자들이 꾸준하게 유입되고, 2000년대를 기점으로 국내 대학원에서도 박사학위자들을 배출하면서 전문학술연구지인 '교육공학연구'가 2000년 이후 매년 4호씩 발행되고 있을 만큼 활발한 연구가 진행되고 있다.

한국 교육공학의 발전은 1990년대 중반 이후 나타난 사회적 변화와 요구와 밀접하게 관련되어 있다.

① **1995년 이후** 교육현장에 불어닥친 교육 정보화, 예를 들면 교단 선진화 및 ICT 활용 교육 등으로 이어지는 일련의 교육 정책적 요구는 자연스럽게 교육공학 연구를 강하게 요구하였다. 어느 때는 연구결과가 제대로 지원하지 못할 정도로 현실적인 변화가

앞서가서 오히려 문제가 발생하기도 하였다.

② **2000년 이후** 평생교육의 일환으로 도입된 '사이버대학'의 신설은 기존의 초·중등학교에서 요구하는 교육 정보화와 또 다른 차원의 고등교육의 교육 정보화를 가져오게 하였으며, 교육공학의 학문적 뒷받침에 대한 요구가 크게 일어났다.

③ **2000년을 기점**으로 기업에서 이루어지고 있던 교육 훈련이 이른바 인터넷 기반의 통신 훈련을 포함하게 됨으로써 교육공학 연구결과의 적용을 강하게 요구하기 시작하였다. 이른바 교수설계자에 대한 많은 요구가 학교 교육보다는 기업 교육의 이러닝(e-learning)을 중심으로 나타나기 시작하였다.

이러한 사회변화에 따른 교육공학의 학문적 발전 및 대응은 교육학과와는 별개의 교육공학과가 꾸준히 설립되는 것으로 알 수 있다. 1996년 안동대학교와 관동대학교에 2001년에는 건국대학교에 교육공학과가 설립되었으며, 그 뒤를 이어서 경상대학교, 공주대학교, 순천대학교, 제주대학교, 충북대학교, 한국교원대학교, 고려대학교, 성균관대학교, 우석대학교, 한양대학교 등에 컴퓨터교육학과가 신설됨으로써 다양한 분야에서 교육공학 연구와 실천의 확대 및 적용에 많은 공헌을 하고 있다(이성흠 외, 2009). 또한, 대학원 수준에서도 석사 및 박사과정이 꾸준하게 개설이 이루어지고 있으며, 교수 요원의 충원도 지속적으로 이루어지고 있음을 알 수 있다(박성익 외, 2010).

제4절 교육공학의 탐구 영역

1994년 AECT의 교육공학의 정의에 기초한 교육공학의 연구 영역을 살펴보기로 하자(조성일 외, 2006: 224-232). 미국교육공학회의 1994년 정의에 따르면, 교육공학의 연구 영역은 크게 설계, 개발, 활용, 관리, 평가의 다섯 가지 영역으로 구분할 수 있다. 이러한 구분의 근거는 "교육공학은 학습을 위한 과정과 자원의 설계, 개발, 활용, 관리 및 평가에 관한 이론의 실제이다."라는 정의에 기초한다.

1) 설계영역

설계영역은 교수체제 설계, 메시지 디자인, 교수전략, 학습자 특성의 네 가지 하위영역으로 여기서 설계란 수업목적의 달성을 위하여 필요한 학습 목표, 방법 및 전략을 기획하는 일이다. 즉 설계영역은 학습경험을 어떻게 안내할 것인가에 관한 미시적인 활동으로부터 시작하여 전체 교육 혹은 수업 과정을 기획하는 거시적 활동까지를 포함한다.

설계영역의 하위영역으로는 교수체제 설계, 메시지 디자인, 교수전략 등이 있다.

① **교수체제 설계**(instruction system design)**이다.** 이는 효과적인 수업을 개발하기 위하여 학습에 관한 과학적 이론과 수업에 관한 처방적 지식을 체계적으로 활용하려는 영역으로써 수업의 분석, 설계, 개발, 실행, 평가의 단계를 포함하는 체계적인 과정을 의미한다. 다시 말해, 학습자가 무엇을 배워야 하는지를 분석하고 어떻게 배워야 하는지를 구성하여 수업의 적절성을 결정하는 선행적·순환적 과정이다.

② **메시지 디자인**(message design)**이다.** 교수 장면에서 어떻게 메시지를 설계하는 것이 높은 학습효과를 가져올 수 있는가에 대한 영역으로써 인지과학 원리에 기초하여 학습 과정의 커뮤니케이션에 직접적인 영향을 미치는 메시지의 구체적인 표현형태를 계획하는 것인데, 이는 학습과제의 유형과 매체의 형태에 따라 달라질 수 있다.

③ **교수전략**(instructional strategy)**이다.** 특정 학습이론으로부터 수업방법에 관한 시사점을 도출하려는 차원에서 벗어나 보다 체계적인 처방성을 포함하는 교수 방법에 관한 연구 영역으로써 한 레슨 안에서 필요한 학습 내용을 체계화하고 일련의 수업형태나 학습활동을 기획하려는 것이다. 여기에서 학습자의 특성은 학습의 효과에 영향을 미치는 학습자의 일반적인 특성으로서 학습 내용, 방법, 매체 및 교수전략을 결정하는데 고려되어야 할 중요한 요소이다. 학습자의 특성에는 연령, 지능, 사회·경제적 환경, 선호하는 학습유형, 성격 등이 있다.

2) 연구·개발영역

연구·개발영역은 매체제작 분야로서 설계과정을 통해 나온 명세서에 근거하여 구체적인 교수 자료를 만들어 가는 과정이다. 연구·개발의 하위영역으로는 인쇄매체, 시청각 매체, 컴퓨터 기저 매체, 통합매체 등이 있는데 영화, 텔레비전, 컴퓨터 그리고 최근에는 멀티미디어에 이르기까지 계속하여 제공되고 있는 새로운 매체를 활용하여 교육 프로그램 또는 패키지를 개발하는 연구 영역이다.

① **인쇄 매체이다.** 기계를 사용하거나 사진 인화 절차를 사용하여 책이나 정지 화상 자료를 제작하고 전달하는 방법이다. 교육장면에서 일반적으로 쓰이고 있는 인쇄자료로써 교재는 주로 문자자료와 시각자료를 포함하고 있으며 어떤 방법으로 조직하느냐에 따라 학습의 과정뿐만 아니라 학습결과에도 영향을 미친다.

② **시청각 매체이다.** 음성과 시각적 메시지를 제시하기 위하여 기계와 전자기자재를 사용하여 자료를 제작하거나 전달하는 방법으로 필름, 슬라이드, 오버헤드 프로젝터(OHP), 텔레비전, 비디오 등을 활용하여 효과적으로 교육용 자료 등을 제작하는 방법을 다룬다. 특히 1997년부터 시행되고 있는 우리나라의 위성 교육 방송은 첨단 텔레비전 전파송신 기술이 교육의 장면에서 활용될 수 있는 한 가지 사례이다.

③ **컴퓨터 매체이다.** 컴퓨터를 이용하여 자료를 제작하고 전달하는 곧 컴퓨터를 교육매체로서 활용하는 방법을 의미한다. 컴퓨터의 교육적 활용은 지금까지 컴퓨터 보조 수업(CAI: Computer-Assisted Instruction) 혹은 컴퓨터 관리수업(CMI: Computer-Managed Instruction)에서와 같이 컴퓨터가 수업 과정을 직·간접적으로 지원하는 방향에서 탐색되어 왔으며 학습자와의 높은 상호작용을 보장함으로써 학습자 중심이라 할 수 있다.

④ **통합매체이다.** 멀티미디어 공학을 보다 발전적으로 활용하는 방식을 지칭하는 것 같은 컴퓨터의 제어 하에 다른 유형의 매체를 통합하여 다양한 자료와 정보를 개발하여 선날하는 영역이다. 첨단공학의 발전에 따라 컴퓨터는 이제 평면적인 문자자료의 제시로부터 보다 다양한 각종 동영상 자료를 입체적으로 제시할 수 있다.

그동안 교육공학은 학교 교육, 사회교육, 기업교육 등 모든 분야에 적용되어 많은 연구가 이루어지고 있으나, 이 시점에서 분명히 인식해야 할 것은 다양한 학문 분야의 다양한 연구영역 중에서 교육공학의 독자적인 연구영역을 확보해야 한다는 점이다. 교육공학은 타 학문 분야 간의 학문적 접근(interdisciplinary approach)을 취하고 있어 학문의 정체성을 위해서 분명한 연구영역이 제시되어야 한다. 교육공학이 타 학문과 적당한 수준에서 혼합 활용될 경우, 특히 문제해결 도구 및 기술로 인식될 때 교육공학은 학문으로서의 정체를 밝힐 수 없으며 더 이상 발전하지 못할 것이나. 따라서 교육공학의 연구영역을 분명하게 제시하기 위해서는 기존의 교육학 또는 교육 분야 학과가 어떻게 다르며 또한 어떻게 연결되어 있는지가 밝혀져야 할 것이다.

3) 활용영역

활용영역은 효과적인 학습을 위하여 자원을 사용하는 행위에 관한 연구영역으로서 교육공학에서 다른 영역보다 오래된 전통을 가지고 있다. 교수 매체의 체계적 설계나 제작에 대한 관심이 나타나기 이전부터 시청각자료들은 교수에 활용되어 왔다.

활용의 하위영역으로는 매체 활용과 보급, 수행 및 제도화, 정책과 규제로 구분할 수 있다.

① **매체 활용이다.** 매체 활용은 학습을 위한 자원의 체계적인 활용으로 교육 설계명세서에 기반을 둔 의사결정이다. Heinich 등은 ASSURE 모형에서 학습자를 분석하고 목표를 기술하며, 매체선정과 활용으로 학습자의 반응을 구하고 매체 활용을 평가하는 일련의 절차를 제시한다.

② **혁신의 보급이다.** 새로운 개념이나 정보의 채택과 보급을 목적으로 계획전략을 세우는 의사소통 과정으로 역사적으로 매체 사용 당사자의 관점에서 다루어져 왔으며 매체 전문요원 혹은 교사들의 활용방법에 그 역점을 두어 왔다. 1960년대 후반에 이르러 혁신의 확산이라는 새로운 아이디어는 혁신을 제공하는 사람에 초점이 맞추어지면서 어떻게 하면 새로운 교육공학으로 제안된 혁신에 대하여 수용자가 긍정적인 인식, 태도, 행동을 나타내도록 할 것인가에 대한 체계적인 접근의 필요성이 대두되게 되었다.

③ **실행과 제도화이다.** 새로운 교육공학의 특정조직 내에서 적절하게 사용하고 지원하는 것이다. 실행은 교수 자료나 전략을 실제 환경에서 사용하는 것이며 제도화는 한 조직의 문화와 구조 안에서 교수 혁신을 계속적으로 또는 일상적으로 추진하는 것으로, 이 두 가지는 개인과 조직 모두의 변화에 의존한다. 학교에서 컴퓨터를 효과적으로 활용하기 위해서는 학교조직의 변화에 대한 철저한 계획이 수반되어야 한다는 연구결과는 실행과 제도화의 중요성을 강조하고 있다.

4) 관리영역

관리영역은 교육공학의 여러 분야와 교육공학자들이 수행하고 있는 역할에 매우 중요한 부분으로 미디어 센터와 비디오 프로그램 운영에서부터 발전되었으며, 실제적 활용이 중요시됨에 따라 일반관리이론이 적용되고 채택되었다.

관리의 하위영역으로는 프로젝트 관리, 자원 관리, 전달체제 관리, 그리고 정보 관리가 있다.

① **프로젝트 관리이다.** 교수설계와 개발 프로젝트를 계획하고 감독하며 조정하는 활동을 포함하며, 이러한 활동을 통하여 프로젝트 관리자는 프로젝트의 목적과 세부 활동을 명확히 하고 예산을 설정하며 교섭을 하는 하위단계를 관리한다. 특히 성공적인 프로젝트의 실행을 위하여 방해요소가 무엇인지를 분석하고 해결하는 역할 등을 규명한다.

② **자원 관리이다.** 자원 관리란 요원, 예산, 자료, 시간, 시설 및 수업자원을 포함하는 자원 지원의 체제와 서비스를 기획하고 감시하며 조정하는 것을 말하며, 자원 관리의 두 가지 중요한 특징은 비용의 효과성과 학습의 정당성이다.

③ **전달체제 관리이다.** 교수 자료의 보급계획을 기획하고 점검하며 통제하는 일로서 교수 자료를 학습자에게 제시할 때에 사용하는 활용방법도 관리한다. 특히 이 영역은 원격교육 프로젝트에서 많이 나타나는데 하드웨어와 소프트웨어의 요구 조건은 무엇이며 사용자와 관리자에게는 어떠한 기술적 지원을 하여야 하며 설계자와 강사들에게는 어떠한 지침을 제시하여야 하는가 등의 문제를 다룬다.

④ **정보 관리이다.** 학습 자원을 공급하기 위하여 정보를 기획, 감시하고 적절히 저장하며 정보를 전달하거나 처리하는 것을 의미한다. 이는 학습자가 쉽게 정보를 사용할 수 있게 한다는 점에서 중요하다. 정보 관리를 어떻게 하느냐에 따라 교육과정과 교수설계 분야는 새롭게 규정될 수 있으며, 특히 많은 양의 정보를 수업목적으로 저장할 때 어떠한 방식으로 할 것인가에 대한 연구는 향후 정보 관리 체제의 중요한 하위영역이 될 수 있다.

5) 평가 영역

평가는 교육 공학적 과정 및 산물에 대하여 가치를 부여하는 활동영역으로 다양한 이론적 틀 속에서 실행되어 왔으며, 여기에서는 프로그램이나 프로젝트의 과정이나 산출물인 교수 자료, 목표나 교육과정의 질과 효과 등에 대한 가치를 결정하게 된다.

평가의 하위영역으로는 문제분석, 준거 지향 측정(절대평가)**, 형성평가, 총괄평가 등이 있다.**

① **문제의 분석이다.** 정보수집과 의사결정 전략을 사용하여 문제의 성질과 변인을 결정하는 것을 의미한다. 평가의 초기 과정으로서 문제의 분석은 교육적 요구를 분석하여 어디까지를 교육적 문제로 분류할 것인가를 포함하여 학습자의 특성을 확인하고 우선순위를 결정하는 것을 포함한다.

② **준거 지향 측정이다.** 사전에 정해진 내용에 대한 학습자의 완성도를 정하는 기술을 의미하며 우리가 통상 말하는 절대평가의 원래 의미를 말한다. 준거 지향 측정(criterion-referenced measurement)은 학습자가 해당되는 목표 또는 내용을 달성하였는지를 검사하는 것으로 내용 지향, 목표 지향, 영역 지향 측정으로 불리기도 한다.

③ **형성평가이다.** 수업의 전개 과정에서 수업의 적절성에 대한 정보를 수집하고 분석하여 이 정보를 향후 개발을 위한 기반에 이용하는 것으로 수업과정에서 학습자의 학습 목표성취 정도를 평가하고자 할 때마다 할 수 있다.

④ **총괄평가이다.** 프로그램이 완성된 후 실시되며 정보를 수집하고 분석하여 이 정보를 사용하는 것으로 프로그램의 유용성을 결정하기 위하여 외부고객이나 의사결정자에게 정보를 제공하는데 활용된다. 형성평가가 프로그램의 개발과정에서 실행되는 활동이라면 총괄평가는 프로그램이 모두 완성된 후 시행되는 평가이다. 형성평가는 자료수집을 위해서 관찰, 사후검토, 간단한 테스트를 활용하는 한편, 총괄평가는 보다 형식화된 자료수집의 절차와 방법을 활용하며 비교집단의 연구나 준 실험적 연구에서 사용한다.

상기에서 언급한 **교육공학의 다섯 가지 영역은 교수 이론, 학습이론, 지각이론, 매체 이론, 교육과정 이론, 상담이론, 조직이론, 정보이론, 인간공학, 기초논리학, 커뮤니케이션, 인공지능, 체제이론 등과 같은 주변 학문의 이론과 방법을 각각의 영역 안에서 도입하고 있음을 알 수 있다. 이들 이론은 인문과학, 인지과학, 정보과학, 사회과학, 철학, 미학, 경영학, 심리학 등의 학문영역에 속한다.**

상기에서 살펴본 바와 같이, 교육공학은 학교 교육이나 원격 교육, 기업 교육 등

기타 어떤 학문 분야에 적용되어도 교육공학의 핵심은 '학습의 중심', '학습효과의 극대화' 그리고 '학습 문제의 해결 과정'이라고 할 수 있다. 이러한 핵심적인 연구 영역을 보다 효과적으로 탐구하기 위해서 인접 학문 분야의 개념, 이론, 방법을 도입할 필요성은 있지만, 그것은 교육공학의 궁극적인 목적을 달성하기 위한 지원 활동이나 수단에 불과하다는 점을 분명히 해야 할 필요가 있다.

이처럼 목적과 수단의 이상적인 관계가 상호 협력적으로 조화롭게 모색될 때 교육공학의 학문적 가능성은 현실로 나타날 것이다(권성호, 1998). 결국, **교육공학은 "학습자의 창조적 사고와 학습효과의 극대화를 이루기 위해 공학의 원리와 기법이 교육 및 훈련 분야에 적용되는 모든 경우를 총칭하며, 문제해결을 위해 학습 과정과 자원의 설계, 개발, 활용, 관리 평가를 학문적 접근을 통해 총체적으로 연구·개발하는 실천적 응용학문"이라고 정의할 수 있다.**

제5절 교육공학의 적용

상기에서 교육공학의 출현 배경, 교육공학의 정의, 교육공학의 역사, 교육공학의 탐구 영역 등을 바탕으로 교육공학의 학문적 성격을 좀 더 쉽게 파악하기 위해 요즈음 학생 능동형 수업(구성주의, 자기 주도학습, 문제해결학습 등)을 실행에 있어 교육공학이 어떻게 적용될 수 있는지 고찰하기로 한다. 최근의 교수-학습 패러다임을 살펴보면, 학습자가 교사에게 직접 배우지 않아도 언제든지 원하는 지식을 학습할 수 있게 되었으며, 교수-학습 과정은 교사와 학생들 간의 상호작용 속에서 이루어지게 되었다. 이러한 교수-학습 패러다임의 변화와 더불어 역량 중심 교육이 강조되고 있는데, 고도의 디지털화와 글로벌 시대에 성공하기 위해 학생들의 미래 핵심역량으로 비판적 사고, 의사소통능력, 협업능력, 창의력(4Cs: Critical thinking, Communication, Collaboration, Creativity)이 중요시되고 있다(Mishra & Kereluik, 2011). 즉 **능동형 수업이란** 변화하는 교수-학습 패러다임에 맞춰 학생이 중심이 되어 수업을 진행하고, 나아가 미래사회 학생이 갖춰야 할 역량을 개발하는데 효율적으로 대응하기 위한 교수-학습방법이 학생 능동형 수업임을 알 수 있다.

따라서 **학생 능동형 수업을 실행하기 위해 교육공학이 어떻게 적용**될 수 있는지, 즉 교수-학습이론의 적용, 매체 활용 측면, 교수설계 측면 등으로 분류해서 살펴보기로 한다(권성연 · 김혜정 · 노혜란 · 박선희 · 박양주 · 서희전 · 양유정 · 오상철 · 오정숙 · 윤현 · 이동엽 · 정효정 · 최미나, 2018).

① **교수-학습이론의 적용이다.** 학생 능동형 수업은 구성주의적 교수-학습방법이 중요한데, 학습자들이 스스로 지식을 구성해 나가는 방식으로 진행되는 자기 주도적 학습, 그리고 이러한 학습자들이 학습을 촉진하기 위한 교사의 역할로서 모델링이나 코칭, 선행조직자 활용, 비계설정 등도 교수-학습방법으로서 의미를 가질 수 있다. 수업시간에 학생들을 가르치기 위한 교수 방법이나 학생들의 학습방법에 대해 고민하고, 특정 상황에 따라 교수-학습방법이나 교사의 역할이 어떻게 변해야 할지에 대한 이론적 배경을 제공하는 것이 바로 교육공학의 교수-학습이론이 실제 수업에 적용된 것으로 볼 수 있다.

② **매체 활용의 적용이다.** 매체 활용의 학생 능동형 수업에 적용할 수 있는 대표적인 형태 중 하나인 최근 유행하는 플립러닝(flipped learning), 거꾸로 수업을 고찰하는 것이 효과적이다. 플립러닝은 학습자가 온라인을 통하여 학습할 내용에 대해 사전학습을 수행하고, 실제 수업시간은 학습자의 활동을 중심으로 수업이 진행되는 수업방법이다. 플립러닝은 과목 및 환경에 따라 다양하게 진행할 수 있지만, 일반적으로 수업 전 학습자 사전학습과 수업 중 토론 및 협력 학습으로 구성된다. 수업 전 사전학습 단계에서는 학생들이 교사가 사전에 제공한 동영상 자료 및 콘텐츠 등을 활용하여 개별적으로 수업내용에 대해 학습하는데, 이를 위하여 활용하는 컴퓨터, 스마트 기기 등이 교육공학에서의 매체활용 측면으로 볼 수 있다. 또한, 해당 사이트의 학습관리 시스템을 활용하여 의견을 교환할 수 있는데 이러한 것들 역시 교육공학의 매체 측면이 반영된 것으로 볼 수 있다. 나아가서 최근 들어 플립러닝에서의 사전학습을 위해서 혹은 학생들 스스로 학습을 하는 과정에 MOOC 사이트를 활용하는 경우가 많은데, 이러한 사이트를 제작하고 이를 통하여 학습하는 방법에 대해 연구하는 것 또한 교육공학의 매체 활용 관련 이론이 실제 수업에 적용된 것으로 볼 수 있을 것이다.

③ **교수설계의 적용이다.** 상기에서 언급한 플립러닝은 일반적으로 사전학습 단계, 수업 단계, 그리고 수업 후 단계로 구분하여 설계하는데, 특히 사전학습 단계가 중요하며,

사전학습의 성공적인 수행이 수업의 전반적인 질을 좌우할 수 있다. 사전학습에서 어떠한 부분을 고려하고 강조할 것인지에 대해서, 그리고 이를 통해 달성해야 할 목표에 대해서도 사전에 계획을 수립되어야 할 것이다. 이처럼 수업을 단계별로 구분하고 특정 단계를 성공적으로 수행하기 위해 해당 단계에서 반드시 수행되어야 할 요소나 활동 등에 대해 연구하는 것이 교육공학의 교수설계 이론이 수업에 적용된 것으로 볼 수 있다. 또한, 기존의 강의식 수업에서 사용하였던 일제식 평가방식을 그대로 적용할 경우 학생들의 학업성취도를 제대로 파악하기가 어려울 것이다. 그래서 학생 능동형 수업에서는 사전학습 수행 여부에 대한 평가, 수업 중 수시평가, 수업 후 총괄평가 등 과정 평가의 개념을 적용하여 수업 과정에서 수시로 평가가 이루어져야 하는데 이러한 것을 체계적으로 고려하여 수업을 설계하는 것 또한 교수설계 요소로 볼 수 있다.

결국, 특정 방식의 수업을 수행에 있어 수업을 어떤 식으로 구성할지에 대해 고민하는 것이 **교수설계**이고, 이를 통하여 구성된 각 단계별로 교사와 학생의 적절한 역할 및 관계를 정립하는 것이 **교수-학습이론**이며, 전반적인 수업에서 어떠한 매체 및 도구를 활용할지와 실제 활용방안을 고민하는 것이 **매체 활용**으로 볼 수 있다.

제6절 교육방법에 대한 교육 공학적 접근

교육방법에 대한 교육 공학적 접근은 체제적 특성, 처방적 특성, 학습자 지향적 특성을 나타내고 있다(박성익 외, 2010).

① **체제적 특성이다.** 이는 전통적인 교육방법의 접근방식(시청각교육 혹은 시청각 통신)과는 다소간 상이하게 교육방법을 파악하려는 '체제적 교수설계' 관점이다. 체제적 교수설계는 수업을 설계하는 과정을 일종의 체제로 파악하여, 분석, 설계, 개발, 실행, 평가 등 5단계 활동을 기술하고 있다. 이 관점에 의하면, 각 단계의 활동과 그에 따른 결과는 다음 단계에 투입이 되며, 매 단계의 결과는 또한 앞 단계에 피드백을 제공하기도 한다. 학습에 관한 많은 과학적 지식들을 단편적으로 적용할 때 기대하는 수업의 목적을 제대로 달성할 수는 없다. 효과적인 수업이 되기 위해서는 수업과 관련된 모든 요소들을 최적의 모든 요소들을 최적의 수준에서 고려하여야 한다. 기존의 교수방법은 주로 방법 자체의 효과성에만 초점을 맞춘 반면에, 체제적 교수설계의 관점에

서 교수 방법의 개발은 결국 특정 교수-학습상황에서 제기되는 문제해결, 즉 교육목적의 달성 맥락에서 파악되어야 한다는 점을 부각하였다. 여기서 교수 방법은 더 이상 단편적인 방법으로만 그치지 않고 특정 교수-학습상황을 해결하는 과정에서 통합적으로 나타나는 요소로 파악된다. 매체를 단순히 보조물로서 파악해서는 안 되며 전체 수업의 과정에서 통합적으로 활용되어야만 효과적인 결과를 얻을 수 있다는 것이다. 매체의 체제적 활용과 관련된 대표적인 모형으로는 ASSURE 모형을 들 수 있다.

② **처방적 특성이다.** 여기서 '처방적'이라는 것은 어떠한 문제가 발생하였을 때 이를 해결하기 위하여 가장 적절한 방법을 사용한다는 것이다. 즉 문제해결을 위한 적절한 방법을 탐색하되, 이에 관련된 제반 사항을 면밀히 검토하고 그에 기초하여 최상의 방법을 제시하는 것으로 볼 수 있다. 교육공학 관점에서 교육방법에 관한 문제를 해결하기 위한 처방적 지식의 축적만 가지고는 해결되기 어려운 점이 있다. 그럼에도 불구하고 최근 스마트시대의 도래에 따라서 사회가 한층 고도화되는 과정에서 교육부문의 질적 향상에 대한 요구는 전례 없이 고조되고 있는 실정이다. 즉 보다 효율적이고 효과적이며, 매력적인 교육 혹은 수업의 실시가 요구되고 있는 것이다. 처방적 지식이 제대로 개발될 때 교육의 질적 수준은 일정한 수준 이상이 될 수 있다. 처방적 지식의 의미상 그 지식이 제대로 활용되기만 하면(조건, 목적, 결과의 확인과 이에 따라서 최적의 지식을 적용하는 것), 누가 그 지식을 활용하는가에 따른 변화의 정도를 최소화할 수 있기 때문이다. 교육 공학적 교육방법의 처방적 특성이 드러나는 이론으로 Gagné의 수업사태, Reigeluth의 학습과제 유형별 교수 이론, Keller의 동기 이론 등이 있다. 이러한 처방적 이론들은 교수 조건이 주어졌을 때 어떠한 교수전략을 사용할 것인가를 상세히 그리고 체계적으로 제시하여 주고 있다.

③ **학습자 지향적 특성이다.** '학습자 지향적'이라는 것은 학습자가 학습 과정을 지원하는 방식으로 교육환경, 즉 교수-학습환경이 제공되어야 한다는 말이다. 이때 **유의 사항**은 다음과 같다.

i) 학습자의 요구를 그 어느 때보다도 제대로 반영하려고 노력하여야 한다.

ii) 학습자의 사전 지식 및 경험을 고려하고, 반영하는 교수-학습방법이 개발되어야 한다. 학습자의 요구를 반영하여 개발된 교육 프로그램들이 실패로 끝나는 경우 그 원인 중 대표적인 것으로 학습자의 사전 지식 및 경험을 고려하지 않았다는 점을 들 수 있다.

iii) 학습자의 적극적인 참여를 도모하는 교수-학습방법이 개발되어야 한다.

연습 및 탐구문제

1. 교육방법의 개념과 교육공학의 개념을 비교해 보자. 어느 개념이 훨씬 더 큰가? 왜 그렇게 생각하는가?

2. 교육공학과 교수 공학, 그리고 교육방법의 의미와 관계에 대해 생각해 봅시다.

3. 교육공학의 학문 분야를 자기 언어로 정의하고, 교육공학자가 하는 일을 구체적으로 찾아 적어 보시오.

4. 오늘날 초·중등교육에서 교육공학의 중요성을 기술하세요.

5. 여러분이 중학교 자유학기제에 투입할 '중학생 직업체험 프로그램'을 준비하고 있다고 가정하자. 교육공학의 다섯 영역을 적용하여 각 영역에서 어떤 일을 해야 할 것인지 생각해 보자.

6. 교육공학의 다섯 가지 영역인 설계(Design), 개발(Development), 활용(Utilization), 관리(Management), 평가(Evaluation)에서 다루는 내용에 대해 생각해 보고, 교수-학습 과정에 적용방법을 토론해 보자.

Chapter 09

교수설계이론과 모형

〈학습 목표〉

1. 교수설계의 개념과 필요성을 설명할 수 있다.
2. 거시적 교수설계와 미시적 교수설계를 비교하여 설명할 수 있다.
3. 교수설계의 기본원리를 제시할 수 있다.
4. 왜 교수설계능력이 교사에게 중요한지 설명할 수 있다.
5. Tyler 모형, Dick & Carey 모형, Smith & Ragan 모형, ADDIE 모형, Gerlach & Ely 모형, Willis의 R2D2 모형, ASSURE 모형을 설명할 수 있다.
6. Tyler 모형, Dick & Carey 모형, Smith & Ragan 모형, ADDIE 모형, Gerlach & Ely 모형, Willis의 R2D2 모형, ASSURE 모형의 각 단계들을 이해하고 단계별 활동을 설명할 수 있다.

〈Key Word〉

교수설계, 교수설계 변인, 거시적 교수설계, 미시적 교수설계, Tyler 모형, Dick & Carey 모형, Smith & Ragan 모형, ADDIE 모형, Gerlach & Ely 모형, Willis의 R2D2 모형, ASSURE 모형

9장에서는 교수설계의 이론, 교수설계의 모형을 고찰하고자 한다.

제1절 교수설계의 이론

1절에서는 교수설계의 역사적 배경, 교수설계의 개념 및 필요성, 교수설계의 변인, 거시적 교수설계와 미시적 교수설계, 교수설계의 기본원리, 교수설계의 이론적 특성 등에 대해서 고찰하기로 한다.

1. 교수설계의 역사적 배경

교수설계는 교과 과정을 개선하기 위하여 학습에 관한 이론이나 지식을 활용하는 연결과학이다(Reigeluth, 1983). 이는 Dewey가 학습이론과 교육적 실제 간의 연계적 학문의 필요성을 주장함으로써 출발하였다. **교수설계의 역사적 근원**은 Thorndike가 학습법칙에 기초한 과학화를 실천하고자 한 시도에서 찾아볼 수 있다(Seattler, 1990).

또한, **교수설계**는 1930년대에 Tyler와 그 이후 Mager에 의한 교육목표와 형성평가에서 비롯되었고, 1950년대에 Skinner가 프로그램 수업을 고안함으로써 교수설계와 개발이 활발하게 전개되었다. 그리고 군대훈련을 통해 과제분석이라는 개념이 대두되면서 교수설계분석의 개념이 발전되었다(이화여자대학교, 2001). 게다가 1970년대에는 60여 개에 이르는 교수설계모형이 개발되었는데, 이들 모형은 학습 과정의 연구를 토대로 지난 25년간에 걸쳐 성장해 왔다(Dick & Carey, 1996). 이러한 **교수설계의 역사적 배경을 기술**하면 다음과 같다(Briggs, 1977). ① 교육·군대·산업계에서 연구된 개별 학습기구, 프레시(Pressy)의 교수 기계, 크라우더(Crowder)의 분지형 프로그램, 컴퓨터의 수업 적용, ② 행동주의 이론과 학습이론의 발달, 특히 Skinner의 강화이론과 교수 기계의 출현, ③ 공학의 발날로 인쇄 내체를 보조하는 시청각 기자재,

영화, TV, 비디오테이프의 발달 등이 있다.

이러한 배경으로 인하여 교수설계는 행동주의 심리학, 인지주의 심리학, 성인학습, 체제이론과 매체 공학 등 다양한 분야의 아이디어를 통합한 절충적인 성격을 띠고 있다(Bonner, 1988). 또한, 교수설계모형들을 분석한 연구들(Branson, 1991)에 의하면, 교수설계모형들은 모형이 적용되는 상황과 설계전략 및 검증 측면에 있어서, 다소간의 차이점을 지니고 있으나 설계 절차 및 검증 측면에 있어서, 다소간의 차이점을 지니고 있으나 설계 절차에 있어서는 공통적인 요소를 지니고 있는 것으로 나타났다.

교수설계를 다루는 대부분 모형과 과정들이 체제접근을 토대로 한다는 측면에서, 이들을 교수체제개발이라고 총괄적으로 지칭할 수 있다. 전형적인 교수체제개발 모형은 교수설계과정의 주요 단계로, 분석(analysis), 설계(design), 개발(development), 실행(implementation), 평가(evaluation) 등 5단계를 포함하고 있다(Dick & Carey, 2001). 그리고 기본적인 교수체제개발모형의 각 단계의 두음을 따서 ADDIE라고 하는 학자들도 있다(이화여자대학교 교육공학과, 2006).

ADDIE 모형 이외에도 교과단원 또는 단위 시간 수업이나 교육 프로그램을 설계하는데 적용될 수 있는 교수설계모형 중 대표적인 것으로 Tyler의 합리적 교육과정 개발모형, Smith와 Ragan 모형, Willis의 R2D2 모형, Gerlach와 Ely의 체제적 교수설계모형, ASSURE 모형 등이 있다. 이러한 모형 가운데 가장 널리 활용되는 것은 아마도 Dick과 Carey 모형일 것이며, 이 모형은 1978년 이후 5년을 전후해서 수정과 보완을 해왔다.

2. 교수설계의 개념 및 필요성

교수설계의 의미를 명확히 하기 위해서는 **교수**에 대한 정의를 먼저 알아야 할 것이다. **Corey**(1981)는 "교수란 학습자들로 하여금 특정한 조건하에서 특정한 행동을 학습할 수 있도록 학습자를 둘러싼 환경을 계획적으로 조정하는 과정이다"하고 했으며, Gagné(1985)는 교수를 "학습이 일어나도록 학습자의 내적, 외적 조건을 체계적으로 조정하는 것"이라고 했다. 결국, 교수란 "학습자가 의도된 지식, 기능, 신념 등과 같은 학습력을 합리적으로 학습하고 구성해 나갈 수 있도록 학습자의 내적, 외적 환경을 체계적으로 조정하는 과정(이종연, 2004)이다"라고 했다.

한편 **교수설계**(instructional design)는 '체제'를 강조하여 교수체제설계(instructional system design)라고 부르기도 하고, 설계를 '개발'이라는 용어로 대체하여 교수체제개발(instructional system development)이라고 지칭되기도 한다. 이 용어들의 공통점은 교수를 일회성 행위로 보는 것이 아니라 하나의 체제로 보는 접근(system approach)을 한다는 점이다(김보경, 2018).

교수설계에 대한 제 학자들의 견해는 다음과 같다.

① **서울대학교 교육연구소**(1998)는 "교수설계란 교육공학의 영역 중에서 개발 영역만을 지칭하는 협의의 수준에서 사용되기도 하며, 협의 수준에서 교수개발은 교수 자료, 강의 노트, 교수 계획들이 교수-학습을 위해 활용할 수 있을 만큼 실물화의 형태로 구현되는 것을 말한다"고 했다. 즉 인쇄자료 개발, 시청각자료 개발, 컴퓨터자료 개발, 기타자료 개발 등이 포함된다(박성익 외, 2006). 또한 "넓은 의미의 교수설계는 거시적인 차원에서 인간의 교육에 관련되는 문제를 분석하고, 이를 해결하는 방안을 설계·개발·평가하는 과정을 말한다. 즉 교수-학습활동이 보다 효과적이고 효율적으로 이루어질 수 있도록 교육 프로그램 혹은 교수체제를 분석 및 설계, 활용, 평가하는 것을 말한다"고 했다.

② **고재희**(2009)는 "교수설계란 교육에 관련된 모든 상황과 요소들에 대한 요구 및 문제점을 파악하고, 이를 토대로 교육목표에서 내용, 방법, 평가에 이르기까지, 교수체제의 전 과정을 계획하고 개발하기 위한 체제적 접근이다"라고 했다.

③ **Reigeluth**(1983)는 "교수설계란 교수의 과정(process of instruction)을 이해하고 개선하는데 관심을 두고 있는 학문영역으로 설계 활동의 목적은 기대하는 목표를 성취시키기 위한 최적의 수단을 강구하는 것이다. 그러므로 교수설계 분야는 근본적으로 학습자의 지식과 기능면에서 기대하는 변화를 가져오기 위한 최적의 교수 방법을 처방하는데 관심이 있는 분야이다"라고 했다.

④ **이종연**(2004)은 "교수설계란 교수의 목적을 성취시키기 위한 최적의 교수 활동을 처방해 주도록 인도하는 지시체계이기 때문에 교수의 질을 개선하고 이해하는 데 필수적인 학문 분야이다"라고 했다.

상기에서 다양한 학자들의 교수설계에 대한 개념을 종합하면, **교수설계란** 교수자, 교육내용, 학습자 등 수업에 필요한 구성요소의 상호작용을 통하여 학습자가 의도한 학습 목표를 최대한 성취할 수 있도록 교수-학습 과정을 투입-과정-산출로 이어지는 일련의 순환적 과정으로 구성하는 것, 즉 학습지도안을 작성하는 것으로 볼 수 있다. 결국, 교수설계는 교육에 관련된 모든 상황과 요소들에 대한 요구 및 문제점을 파악하고, 이를 토대로 교육목표에서 내용, 교수-학습 매체의 선정과 활용, 방법, 평가에 이르는 수업의 기본적인 구성 요소를 제공하는 절차인 동시에 학습과제의 성공적인 수행을 위하여 구성 요소들을 적절히 조직 및 통합하는 일련의 과정으로 볼 수 있다.

그리고 **교수설계의 필요성은 다음과 같다**(변영계·이상수, 2003).

① 수업 설계는 과학적이지 못한 전통적인 교육과정 개발과 교육목표 설정의 대안으로 그 필요성을 인정받고 있다.

② 교수설계는 설정된 목표와 교육내용, 교육방법, 매체, 평가 간의 유기적 통합을 통해 학습효과를 극대화시킬 수 있는 효과를 낼 수 있다.

③ 교수설계는 내용 전문가나 교사 입장이 아닌 학습자 입장에서 학습자에게 적합한 수업을 계획하게 해줌으로써 학습자의 적극적인 수업 참여를 유도하고 궁극적으로 수업의 효과를 높이게 해준다.

④ 체제적인 교수설계는 수업에 관한 전체적인 큰 그림을 제공해 줌으로써 수업 설계, 개발 실행에 관련된 전체 사람들 간에 통일된 노력을 기울이게 하고 수업 개선에 도움을 준다.

⑤ 교수설계는 수업 과정 중에 일어날 수 있는 오류나 잘못을 사전에 찾아내고 이를 교정할 수 있게 해준다.

3. 교수설계의 변인

교수설계변인은 교수 실행의 관점에 따라 차이는 있지만, 교수 조건(condition), 교수 방법(methods), 그리고 교수 결과(outcomes)로 구분할 수 있다(Reigeluth & Merrill,

1979). **교수설계변인을 고찰하면 다음과 같다**(김신자, 2000).

첫째, 교수 조건 변인이다. 이는 교수 방법의 효과와 상호작용하여 교수 결과를 산출하는 조건으로서 교수 방법을 처방하는데 중요한 요소이다. 교수 조건은 교수 설계자나 교사에 의해서 통제될 수 없는 제약 조건을 말한다. 만약 조건이 상황에 따라 교수설계자나 교사에 의해서 통제될 수 있다면 그것은 방법이 되는 것이다.

① **교과 내용의 특성이다.** 각각의 교과 내용은 다루고 있는 지식이나 그 지식의 구조가 다르며, 각기 다른 교수전략을 처방하는데 기초가 되어야 한다.
② **목적이다.** 성취하고자 하는 교수 목적의 수준이나 정도는 교수의 중요한 조건으로서 교수 방법에 영향을 미친다.
③ **학습자 특성이다.** 교수 조건 변인의 중요한 요소로 각 학습자의 적성, 학습 동기, 선수지식, 태도 등이 여기에 속한다.
④ **제약 조건이다.** 교수 매체, 인적·물적 자원, 시간, 재원 등이 제약 조건에 속한다.

둘째, 교수 방법 변인이다. 이 변인은 각기 다른 조건 하에서 다른 결과를 성취하기 위한 다양한 방법을 말한다. 그리고 교수 방법 변인은 조건과는 달리 교수설계자나 교사에 의해 조정될 수 있는 특징이 있다. 만약 교수 방법이 교수설계자나 교사에 의해서 조정될 수 없이 고정화될 때 이것은 교수 조건이 된다. 그러므로 교수 조건과 교수 방법은 항상 고정적으로 구분되어 있는 것이 아니라, 상황에 따라 서로 변화될 수 있는 것이다. 각각의 교수 조건과 교수 방법이 결합하여 새로운 형태의 교수 방법을 산출하게 되고, 이에 따라서 교수 결과를 얻게 된다.

교수 방법 변인에는 조직적 전략 변인, 전달 전략 변인, 관리 전략 변인이 있다(Reigeluth, 1983).

① **조직적 전략(organizational strategy) 변인이다.** 교수 내용을 조직하는 기본적 방법들을 말하는 것으로 여기에는 미시적 조직전략과 거시적 조직전략이 있다. i) **미시적 조직전략**(micro-strategy)은 단일한 개념이나 원리 등을 가르치고자 할 때 수업을 조직하는 방법이다. 이는 정의의 제시, 사례 제시, 연습문제 제시, 그리고 대안 제시 등의 수업을 조직하는 기본 방법이다. ii) **거시적 조직전략**(macro-strategy)은 단일 개념이나 원리가 아니라 여러 아이디어를 가르치고자 할 때 이 아이디어를 선정, 계열화, 요약 그리고 종합하도록 수업을 조직하는 방법이다.

② **전달전략(delivery strategy) 변인이다.** 교수과정에서 학습자에게 학습 내용을 전달하고, 학습자의 학습수행을 평가하는 수업의 전 과정을 이끌어 가는 방법을 말한다. 여기에서는 교수 매체, 교사 그리고 여러 교과서 등이 중요한 요소들이다.

③ **관리전략(management strategy) 변인**은 교수과정 중 언제 어떤 조직 및 전달전략의 요소들을 사용할 것인지를 결정하도록 도와주는 교수 방법의 변인이다. 수업을 계열화시키는 방법이라든지, 교수 매체 활용을 위한 시간표 작성 그리고 학습자들의 성적 기록 등의 활동이 여기에 속한다.

셋째, 교수 결과 변인이다. 교수 결과 변인은 수업의 효과성, 효율성, 그리고 매력성의 세 가지 요인이 있다. 교수 결과는 학습자의 성과보다는 수업 자체의 성과에 초점을 맞추고 있으며, 교수 활동의 최종 산물이다.

① **수업의 효과성(effectiveness)이다.** 학습자가 다양한 종류의 교수 내용을 획득한 정도에 의해 측정되는 것으로 이 수업의 효과성은 학습 목표성취 수준에 의해 측정된다.

② **수업의 효율성(efficiency)이다.** 수업의 효과성을 학습자가 사용한 시간과 교수의 비용(교사의 투입시간, 교수설계와 개발) 등으로 나눔으로써 이 효율성을 측정할 수 있다.

③ **수업의 매력성(appeal)이다.** 학습자가 지속적으로 학습하기를 원하는 정도에 의해 측정된다. 수업의 매력성 측면을 높이기 위한 전략들을 동기 유발 전략 요소라고 한다.

상기에서 제시된 교수설계 관련 변인들의 관계를 제시하면 **[그림 9-1]**과 같다.

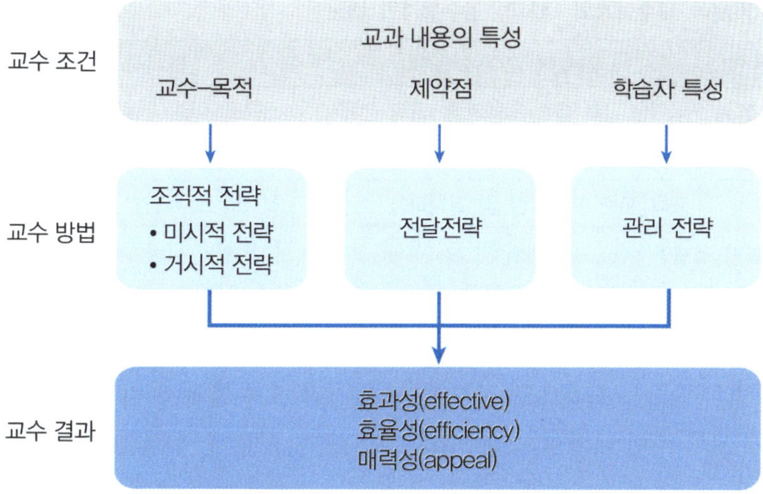

[그림 9-1] **교수설계 관련 변인들의 관계**

• 자료: 김신자(2000). 효과적인 교수설계 및 교수 방법. 서울: 문음사.

[그림 9-1]에서 살펴본 바와 같이, **교수 조건**(교수 목적, 교과 내용의 특성, 학습자의 특성, 제약 조건)은 교수 방법 선정에 영향을 미치고, **교수 방법**(조직적 전략, 전달전략, 관리 전략)은 교수 조건과 결합하여 **교수 결과**(수업의 효과성, 효율성, 매력성)를 나타내게 된다. 이때 각각은 고정된 것이 아니라 상호 관련 형태에 따라 새로운 결과를 산출하게 된다는 특징이 있다.

4. 교수설계모형의 분류

1) 거시적 교수설계와 미시적 교수설계

거시적 교수설계와 미시적 교수설계를 제시하면 〈표 9-1〉과 같다.

<표 9-1> 거시적 교수설계와 미시적 교수설계의 비교

구분	거시적 교수설계(ISD)	미시적 교수설계(ID)
대상 및 범위	국가의 교육체제, 교육과정, 교과 전체	소규모 수업, 단위 수업
목적	교과 내용 및 교육내용 선정	수업 실행에 대한 전략 수립
초점	교육 훈련 프로그램 및 교육과정	최적의 교수 방법 결정

• 자료: 조규락·김선연(2006). 교육방법 및 교육공학: 교육공학의 3차원적 이해. 서울: 학지사, p. 170.

〈표 9-1〉에서 살펴본 바와 같이, 거시적 교수설계와 미시적 교수설계의 구분을 대상 및 범위, 목적, 초점으로 구분했다. **거시적 교수설계**는 비교적 많은 분량의 교육과정을 선정하고 개발하는 것이며, 국가의 교육체제, 교육과정, 교과 전체 등을 의미하며, 이때 교육과정을 개발할 때에는 적어도 교수 목적을 달성할 수 있는 다양한 프로그램이나 한 학기 또는 수년이 지속되는 교육과정을 말한다. 그리고 이러한 광범위한 교수설계는 여러 사람의 협력을 필요로 하며, 교수의 각 요소들의 기능과 목표가 부조화하지 않아야 하고, 공동의 목표를 달성할 수 있도록 하기 위해서는 체제적 접근이 반드시 필요하기 때문에 교수체제설계(Instruction System Design: ISD)라고 할 수 있다. 이에 반해 교사가 이미 정해진 교육내용을 가지고 어떻게 효과적으로 가르칠 것인가에 초점을 두는 교수설계를 미시적 교수설계라고 할 수 있다. **미시적 교수설계**는 교사가 혼자서 수업을 준비하고 실행하기 때문에 개별 교사의 교육철학과 교수 아이디어가 적용되기 마련이다. 그래서 체제적 접근을 굳이 강조하지 않아도 교수자에 의해 일관된 관점이 적용될 수 있어 교수설계(instruction design)라고 부른다. 교사들은 그들의 수업을 위해 주로 미시적 교수설계를 하게 된다. 하지만 일부 교사들은 국가 교육과정 개발에 참여하거나, 교과서를 개발하거나, 교사연수 프로그램을 개발하는 일에 참여하여 거시적 교수설계를 하기도 한다.

2) 전통적 교수설계모형과 구성주의적 교수설계모형

교수-학습에 대한 인식론적 관점인 객관주의와 구성주의 패러다임 중 어떤 것을 선정하느냐에 따라, 어떤 지식과 기능을 어떻게 가르치고 왜 가르쳐야 하는가와 같은 교수-학습방법과 수업 설계 활동에 상당한 차이가 나타날 수 있다.

전통적 교수설계모형은 객관주의에 기초하므로 교수자가 지식을 학습자에게 그대로 전달할 수 있다는 것을 전제로 한다. 객관주의는 지식이나 진리가 사람들의 외부에 객관적으로 존재한다고 가정한다(변영계·이상수, 2003). 객관주의 관점에서 학습자는 객관적으로 존재하는 실제에 대한 관계 및 법칙을 파악하는 것이 중요하다. 학습은 이미 존재하는 지식을 교사가 학습자에게 전달하는 과정이며, 객관적 실체나 지식을 학습자에게 각인시키는 과정이다. 교육은 객관적인 지식을 효과적으로 가르치기 위한 계획을 설계하고 수업 활동을 통하여 학습자에게 전달하는 것이다(Bednar et al., 1991).

객관주의적 교수설계모형은 학습자의 객관적인 이해를 유도하기 위한 수업 활동에 초점을 두며, 가르칠 지식을 선정하고 분석하는 것이 주(主) 활동이 된다. 인식 주체와 독립적으로 존재하는 외부의 지식구조를 학습자에게 전달할 수 있는 최상의 방법을 찾는 것이 중요하다. 따라서 수업 목표 및 과제의 구체적인 분석과 목표 달성을 위한 수업 전략을 기획하는데 초점을 둔다.

전통적 교수설계모형의 특징을 제시하면 〈표 9-2〉와 같다.

<표 9-2> 전통적 교수설계모형의 공통적인 특징

특징	내용
계열적·선형적 절차	설계과정은 일련의 단계를 통해 진행된다. 설계 절차는 폭포와 같다. 폭포가 위에서 아래로 흘러내리듯이 한 단계의 결과는 다음 단계를 시작하기 위한 필수적인 자료가 된다.
위계적이고 체계적인 계획	설계는 명확한 행동목표를 포함하는 잘 계획된 행동으로 시작된다. 체계적이고 순서적이며, 사전 계획된 방법에 따라 교수설계업무가 진행된다.
목표의 개발 안내	명확한 행동목표는 필수적이다. 교수 목표와 객관적인 평가도구를 개발하는데 상당한 노력을 투자해야 한다.
설계 전문가의 핵심적 역할	좋은 교수 자료와 자원을 생산해 내기 위해선 교수설계에 대해 일반적이고 보편적으로 적용 가능한 원리를 많이 아는 전문가가 필요하다.
신중한 내용의 계열화와 하위기술 진술	교수설계과정에 복잡한 과제를 하위구성요소로 나누고 하위구성요소를 분리하여 가르쳐야 한다. 교수 활동뿐만 아니라 하위기술들을 순서화하는데 특별한 주의를 기울여야 한다.

특징	내용
지식전달의 강조	기초적인 사실을 전달하고 전문가가 선택한 기술을 배양하는 것이 강조되기에 직접적인 교수법이 선호된다. 컴퓨터에 기반하여 교육이 진행되어도 컴퓨터가 전통적인 교사의 역할을 수행하는 경향이 있다.
총괄평가의 강조	평가와 관련된 대부분의 노력을 총괄평가에 기울인다. 왜냐하면, 개발된 자료가 효과적인지 아닌지를 확인하기 때문이다.
객관적 자료강조	자료가 많을수록 더 좋고 더 객관적이다. 출발점 행동의 확인에서부터 과제와 개념분석, 사전검사, 사후검사에 이르기까지 객관적인 자료의 수집과 분석을 강조한다.

• 자료: 박성익 · 임철일 · 이재경 · 최정임(2015). 교육방법의 교육공학적 이해. 파주시, 경기도: 교육과학사.

한편 **구성주의적 학습환경설계모형**은 전통적 입장과 정반대이다. 학습자들이 교수자로부터 객관주의에서 말하는 객관적 실체로서 지식을 그대로 전달받을 수 있다고 믿지 않는다. 이 때문에 구성주의적 설계모형에서는 전통적인 설계모형에서 중요하게 여기는 교수자에 의한 교육내용의 세부적이며 계열적인 제시보다는 학습자의 주관적 경험에 근거한 개인적 의미 창출을 돕도록 하는 교육내용이 되도록 노력한다. 구체적으로 말하면, 학습자들의 실제 삶의 맥락에서 경험하는 또는 앞으로 경험하게 될 내용을 과제나 문제로 제공하고 동료학습자들 사이의 활발한 협력 활동과 같은 상호작용을 핵심적 사항으로 삼는다. 따라서 설계는 교수자의 시각에서가 아니라 학습자의 시각에서 이루어진다. 즉 각 단계의 활동이 교수자가 교수 목표달성을 위하여 취해야 할 활동이 아니라 학습자들이 취해야 할 활동으로 이루어진다.

구성주의적 교수설계모형의 공통적인 특징은 〈표 9-3〉과 같다.

〈표 9-3〉 구성주의적 교수설계모형의 공통적인 특징

특징	내용
순환적 · 반복적 · 비선형적 · 무질서적 절차	교수설계절차는 순환적이거나 반복적이다. 무엇을 가르칠지, 어떻게 학습자를 참여시킬지와 같은 문제를 반복한다. 또한, 비선형적이기에 다른 것보다 먼저 끝내야만 하는 단계가 없다. 사용자와 전문가들에 의해 순환적인 평가가 계획되며 수정뿐만 아니라 재설계가 이루어질 수도 있다.
조직적 · 개발적 · 반성적 · 협동적 계획	막연한 계획으로 시작해서 프로젝트를 진행하며 구체적인 내용으로 채워진다. 개발은 반드시 협동으로 이루어지며 교수 자료를 사용할 많은 사람으로 구성된 설계팀이 함께 일한다.

특징	내용
설계와 개발과정을 통한 목표도출	사전에 선택된 목표는 개발을 이끌지 못한다. 목표와 비전은 개발과정에서 도출되며, 처음부터 확립될 수 없다. 개발과정을 통해 점차 명확해질 뿐이다.
일반적 설계 전문가의 부재	모든 분야에 적합한 설계 전문가가 없다. 교수설계전문가는 교수설계과정에서 중요한 기여는 할 수도 있지만, 전문가보다는 촉진자의 역할을 수행한다.
유의미한 맥락에서의 학습 강조	맥락이 제거된 기존의 전통적인 학습은 교실 밖에서는 유용하지 않은 죽은 지식을 초래한다. 따라서 학생들은 배운 내용을 실제 생활에 적용할 수 있어야 하며 이를 위해 맥락 안에서의 이해와 기술을 개발하는데 초점을 둔다.
형성평가 강조	형성평가는 산출물을 개선하는데 필요한 피드백을 제공한다. 따라서 형성평가에 많은 노력을 기울인다.
주관적 자료 강조	학습 결과는 드러나거나 관찰될 수는 있지만 수량화될 수는 없다. 특히 선다형 시험으로는 다양한 목적과 목표를 적절하게 평가할 수 없다. 주관적 자료가 강조되면, 행동적 목표가 상대적으로 덜 중요하게 된다.

• 자료: 박성익·임철일·이재경·최정임(2015). 교육방법의 교육 공학적 이해. 파주시, 경기도: 교육과학사.

그리고 **전통적 교수설계모형과 구성주의적 교수설계모형의 차이점**은 〈표 9-4〉와 같다.

〈표 9-4〉 전통적 교수설계모형과 구성주의적 교수설계모형의 차이점

전통적 교수설계모형	구성주의적 교수설계모형
• 객관주의적 인식론 • 교수자의 활동에 초점 • 학습자의 개별적 활동 강조 • 목표 및 내용의 세부화, 계열화 • 계열화를 위한 선수지식의 중요성 강조	• 상대론적 인식론 • 학습자의 활동에 초점 • 학습자의 자발적이며 협력적 활동 중시 • 목표 및 내용의 통합적 관점 • 지식구성을 위한 이전 지식 및 경험의 중요성 강조

• 자료: 김광현(2018). 좋은 수업을 위한 교육방법 및 교육공학. 고양시, 경기도: 어가, p. 146.

3) 체계적 교수설계모형과 체제적 교수설계모형

체계적 교수설계모형은 단계적이고 순차적인 절차를 의미하므로 설계 활동을 위해 사전에 세분화된 절차를 포함한다. 따라서 체계적 접근은 사전에 미리 정해진 절차나 단계에 따라 주어진 목표를 효과적·효율적으로 달성하기 위해 수업 활동을 설계하는 것을 의미한다.

한편 **체제적 교수설계모형**은 공통의 목적을 달성하기 위해서 체제를 이루는 모든 요소가 상호협력해야 한다는 것을 의미한다. 교수설계에서의 체제적 접근은 교수-학습에 영향을 미치는 전체요소들 혹은 상황의 모든 국면을 동시에 고려하기 위한 것이다. 역동적이고 비순차적이며 다양한 상황 변인을 동시에 고려해야 하는 특징을 갖는다. 따라서 체제적 접근은 학습에 영향을 줄 수 있는 모든 변인을 고려하여 상황에 적합하도록 창의성과 융통성을 발휘하여 설계하는 것을 의미한다.

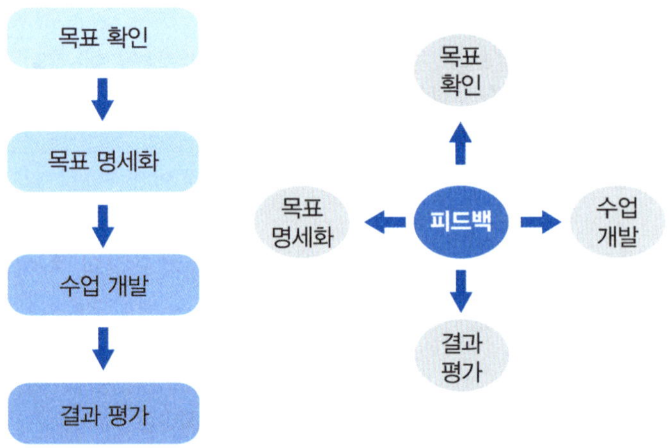

[그림 9-2] 체계적 교수설계모형(좌)과 체제적 교수설계모형(우)

• 자료: 김진영·김연순·오선아·이성주·이순덕·진화봉(2023). 교육방법 및 교육공학. 서울: 복앤정, p. 117.

초기 수업 설계가 체계적 접근을 강조했던 것은 한층 철저한 분석을 통해 교수설계를 과학적으로 접근해야 한다는 입장 때문이었다. 그러나 체계적 교수설계모형은 모든 단계를 순차적으로 수행해야 하는 과정의 비효율성으로 인해 많은 시간과 비용을 투자해야 한다는 비판이 제기되었다(강이철, 2009). 설계라는 활동이 무한대의 창의성을 요구하는 창조적이고 반복적인 활동이기 때문에 비선형적(non-linear)이고 비순차적인 성격을 갖는 체제적 접근이 보다 적합할 수 있다.

5. 교수설계의 기본 원리

Dick과 Carey(1996)는 **교수설계가 효과적인 이유**를 다음과 같이 제시하고 있다.

① 교수설계의 초기부터 명확한 목표 진술에 초점을 두기 때문에, 후속되는 계획 및 실행단계를 효과적으로 이끌 수 있다.

② 교수설계의 각 단계를 연결하며, 특히 목표에 따라 가장 적합하고 효과적인 교수전략 혹은 학습조건들을 고안할 수 있다.

③ 이 모형은 실험적이고 반복적이기 때문에 초기 설계과정에서의 오류를 지속적으로 수정 보완함으로써 보다 효과적인 교수프로그램으로 완성할 수 있다.

또한 **김영수(1998)는 수업 설계의 기본원리는 체제이론에 기초하고 있으며 체제이론에서 도입된 교수설계원리를 다음과 같이 제시**하고 있다.

① 수업(체제)은 상호작용하는 일련의 필요한 구성 요소가 통합되어 이루어지며, 수업의 구성 요소는 역동적이며, 하나의 활동은 다른 요소에 영향을 미친다.

② 체제접근에 의한 교수설계는 수업 구성 요소의 상호작용 관계를 분석하는 것을 시사하며, 설계자의 총체적인 노력이 통합될 것을 요구한다.

③ 체계적인 교수설계과정은 순차적이면서 융통성 있는 계열을 따른다.

④ 교수설계의 절차는 하나의 연구에 기반을 두고 일관성 있게 진행한다.

⑤ 교수설계는 현장 적용을 통한 경험적인 검증과 이에 기초한 전체 수업계획의 개선을 요구한다.

⑥ 교수설계는 최종 산출물을 다른 대안이나 최소한의 원래 목표와 비교할 것을 요구한다.

상기에서 Dick과 Carey(1996), 김영수(1998)가 제시한 교수설계 기본원리는 교수설계 과정의 주요 특성이라고 할 수 있다. 이들 원리를 토대로 교수설계과정을 거쳐 현장 수업 연구에서 효과성이 검증된 **교수-학습 과정별 교수설계 원리와 학습원리를 대비하여 제시**하면 〈표 9-5〉와 같다.

<표 9-5> 교수-학습 과정에 따른 교수설계원리

교수설계원리	학습원리
수업 목표의 명확한 제시	• 학습자가 학습 목표를 명확히 인지하면 학습은 촉진된다. • 학습자가 학습 목표를 획득하는 절차를 이해하면 학습은 촉진된다. • 학습이 완료되었을 때, 기대되는 결과나 모범작품을 관찰하면 학습은 촉진된다.
학습 동기 유발	• 학습과제에 집중하면 학습이 촉진된다. • 학습 목표의 가치를 인식하면 학습이 촉진된다. • 수업 목표달성에 자신감을 가지면 학습이 촉진된다. • 학습 과정에서 성공적 경험을 계속하면 학습이 촉진된다.
학습 결손의 발견과 처치	• 학습자가 해당 과제의 선수학습요소를 충분히 학습하였을 때, 목표달성이 용이하다. • 선수학습에 대한 자신의 결손을 분명히 알 수 있을 때, 보충학습 효과를 촉진한다. • 선수학습 결손 부분에 적절한 보완학습 자료나 보충학습 자료를 제공하면 효과적이다.
학습 내용의 제시	• 학습능력 수준에 맞게 학습활동을 개별화하면 학습에 효과적이다. • 학습활동에 능동적으로 참여하도록 하면 학습은 촉진된다. • 수업 목표의 유형에 따라서 수업사태를 제공해 주어야 효과적이다. • 학습자의 다양한 학습양식에 맞는 수업 매체를 선택하여 주어야 효과적이다. • 수업 목표의 하위구성요소를 계열화 순서에 맞게 제시하여야 효과적이다. • 학생들의 수업이해력에 맞는 설명 방식을 선택하여야 학습이 효과적이다. • 새로운 개념이나 원리학습은 선행조직자를 활용하여야 효과적이다.
연습	• 학생들에게 연습의 기회를 제공할 때, 안내를 어느 정도의 수준으로 할 것인가를 고려하여야 한다. • 연습은 새롭고 다양한 상황에 적용해 볼 수 있도록 하여야 효과적이다. • 연습은 학습자의 개인차를 고려하여 연습량을 조절할 수 있도록 하여야 효과적이다.
형성평가와 피드백	• 학습결과에 대하여 즉각적으로 정보를 제공해야 효과적이다. • 학습오류에 대해서는 즉각적이며, 구체적으로 교정해 주어야 효과적이다.
전이와 일반화	• 학습한 것을 자신에게 익숙한 생활 경험에 적용해보면 효과적이다. • 학습 직후 학습 내용을 정리하면 파지 및 전이의 일반화 수준이 높아진다.

• 자료: 변영계·이상수(2003). 교수설계. 서울: 학지사, pp. 57~69.

6. 교수설계의 이론적 특성

교수설계이론은 인간의 학습과 발달을 촉진하는 보다 나은 방법을 처방해 주는 이론이다. 모든 **교수설계이론들은 다음과 같은 특징이 있다**(Reigeluth, 1999).

① **교수설계이론은 기술(記述) 지향적이기보다는 설계(設計) 지향적이다.** 즉 주어진 사태의 인과관계에 초점을 두기보다는 주어진 목표달성을 위한 수단을 처방하는데 초점을 둔 이론이다. 자연현상이나 사회현상을 설명하는 이론은 대부분 특정 현상이나 사태에 대하여 그 원인과 결과 간의 관계를 파악하여 객관적으로 기술하는데 초점이 있다. 하지만 설계이론은 주어진 목표의 달성을 위한 다양한 접근방법 중 현실적 여건을 고려하여 최선의 접근방법을 처방해 주는 이론이다. 의사가 환자를 진료한 다음 환자의 병을 치료하는 방법 중에서 환자의 현재 연령, 건강상태, 치료비 부담의 문제 등 여러 가지 여건을 고려하여 최선의 처방을 내라는 것에 비유할 수 있다.

② **교수설계이론은 학습을 촉진할 수 있는 교수 방법과 그 방법이 활용되거나 활용되어서는 안 될 상황을 구체화해 준다.** 학생의 학습을 촉진하는 방법은 여러 가지가 있을 수 있다. 그러나 이러한 방법을 효과적으로 사용하기 위해서는 이 방법의 사용에 적합한 다양한 요소를 고려하여야 한다. 설계이론은 이처럼 특정 과제의 학습을 촉진할 수 있는 교수 방법과 그 교수 방법이 어떠한 상황에서 사용되어야 하는가에 대한 정보를 제공한다.

③ **모든 교수설계이론에서 교수 방법은 한층 세분된 하위방법 요소로 나뉠 수 있고, 이 하위방법 요소가 교육 실제에 도움을 준다는 것이다.** 대개의 교수 방법은 그 방법이 지니는 다양한 요소로 구성된다. 이 다양한 교수 방법의 요소는 해당 방법이 사용될 수 있는 상황에 따라 효과적으로 사용될 수도 있고 그렇지 않을 수도 있다. 따라서 교육 실제에 도움이 되는 것은 바로 이 상황의 특성과 관련된 하위방법 요소라는 의미이다.

④ **교수설계이론에서 권장하는 교수 방법은 결정적이기보다는 개연적이다.** 이는 교수설계에서 권장하는 방법들이 기대되는 학습결과를 보장하지 못하고, 단지 기대되는 결과가 나타날 개연성을 높인다는 의미다. 이는 교수 활동의 방법에 영향을 미치는 요소가 많기 때문에 특정 교수 방법을 활용한다고 해서 특정의 목표달성을 보장할 수는 없다는 것이다.

제2절 교수설계의 모형

교수설계모형은 제 학자마다 다양하게 개발되어 왔다. 2절에서는 Tyler의 합리적 교육과정 개발모형, Dick과 Carey 모형, Smith와 Ragan 모형, 교수설계의 일반모형: ADDIE 모형, Willis의 R2D2 모형, Gerlach와 Ely의 체제적 교수설계모형, ASSURE 모형 등에 대해서 고찰하기로 한다.

1. Tyler의 합리적 교육과정 개발모형<미시적 교수설계모형>

Tyler의 합리적 교육과정 개발모형은 교육과정 개발의 합리적 절차를 제시하는 모형으로 다양한 교수설계모형의 발전에 크게 기여하였다. 그는 「교육과정 수업의 원리」라는 소책자에서 교육과정 개발에 관한 자신의 견해를 담고 있다. 즉 **교육과정과 수업을 하나의 과정으로 간주하고 네 가지 교육과정 구성요소**를 다음과 같이 밝히고 있다.

① 학교에서 달성하고자 하는 교육목표는 무엇인가?
② 수립된 교육목표를 달성하는데 유용한 학습경험은 어떻게 선정하는가?
③ 효과적인 수업을 위해 선정된 교육경험은 어떻게 조직할 수 있는가?
④ 학습경험의 효과성은 어떻게 평가할 수 있는가?

상기의 네 가지 문제의식에 답하기 위하여 Tyler는 자신의 교육과정 개발모형을 구안하였는데, 이를 제시하면 [그림 9-3]과 같다.

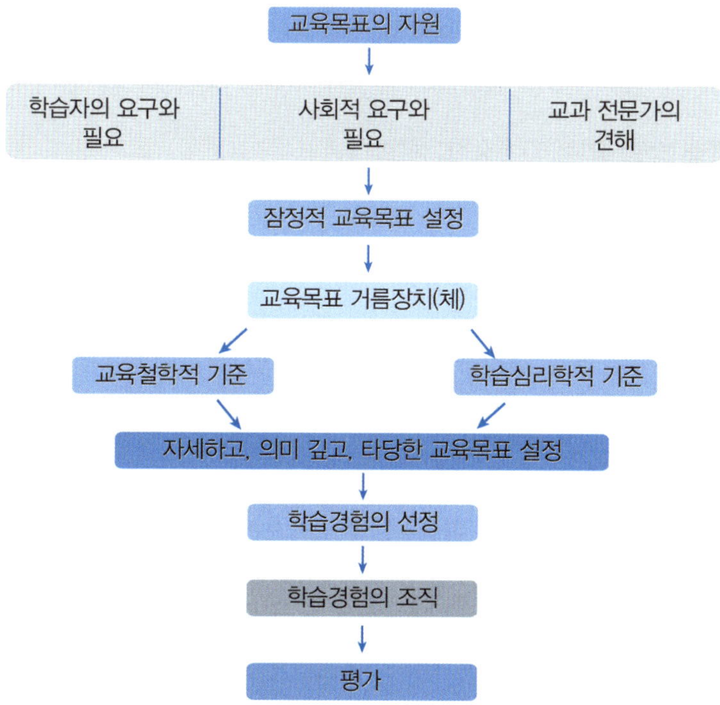

[그림 9-3] Tyler의 합리적 교육과정 개발모형

Tyler의 합리적 교육과정 개발모형은 교수 목표 설정 단계, 학습경험의 선정단계, 학습경험의 조직단계, 학습경험의 평가단계로 구분해서 제시하면 다음과 같다(강현석, 2011; 홍후조, 2011).

첫째, 교수 목표 설정 단계이다. 목표 수립에 있어서 고려해야 할 사항은 ① 학습자의 필요한 요구, ② 현대사회의 필요와 요구, ③ 교과 전문가의 견해를 들고 있다. 이들 자원에서 잠정적 목표를 추출한 후, 과연 교육목표가 가르칠 가치가 있는 목표이며 학습 가능한 목표인지를 교육철학과 학습심리학을 도구로 하여 선정한 후에 구체적인 목표를 결정되어야 한다고 했다. 이렇게 설정된 구체적인 목표는 목표의 기능을 수행하고, 교육 철학적 기준과 학습심리학적 기준을 고려한 후, 자세하고 의미 깊고, 타당한 교육목표 설정함으로써 관련된 사람들과 서로 달리 해석되지 않도록 하는 내용과 행동이 동시에 포함된 행동적 용어로 진술되어야 한다고 했다.

둘째, 학습경험의 선정단계는 설정된 교육목표를 달성할 수 있는 학습경험을 선정하여야 한다. 학습경험의 종류는 다음과 같다.

① 사고력을 발달시키는데 유용한 경험
② 정보습득에 도움이 되는 경험
③ 사회적 태도 발달에 도움이 되는 학습경험
④ 흥미 개발에 도움이 되는 학습경험

또한, 이들 **학습경험을 선정하는 데는 일반적인 원칙**이 있다.

① **기회의 원칙이다.** 교육내용은 학생들이 교육목표 달성에 필요한 학습경험을 하는 기회를 제공해야 한다.
② **만족의 원칙이다.** 학생들이 학습활동에 있어서 만족을 느끼는 경험이어야 한다.
③ **학습 가능성의 원칙이다.** 학습경험은 학생들이 현재 수준에서 경험이 가능한 것이어야 한다.
④ **일 목표 다 경험의 원칙이다.** 하나의 목표를 달성하기 위해서는 여러 가지 학습경험이 필요하다.
⑤ **일 경험 다 성과의 원칙이다.** 동일한 학습경험을 통해 다양한 교육결과를 가져올 수 있다.
⑥ **협동의 원칙이다.** 학습자들 서로 간에 협동적으로 문제를 해결해 갈 수 있는 경험으로 구성되어야 한다.

셋째, 학습경험의 조직단계이다. 학습경험의 조직이란 선정된 경험들의 학습을 효과적으로 하는 방안으로서 학습 순서를 정하는 것이다. 이들 학습경험을 조직하는 데 조직의 준거로는 계속성(continuity), 계열성(sequency), 통합성(integration)이 있다.

① **계속성(continuity)이다.** 이는 중요한 교육과정 요소를 시간을 두고 연습하고 개발할 수 있도록 여러 차례에 걸쳐 반복적으로 기회를 주는 것이다(단순 반복).
② **계열성(sequency)이다.** 계속성과 관련되지만, 학습 내용이 단계적으로 깊어지고 높아지도록 조직하는 것을 의미한다(심화 반복).
③ **통합성(integration)이다.** 교육과정 경험의 수평적인 관계에 관련되는 것으로서 해당 교육과정의 핵심적 요소가 여러 교과에서 다루어짐으로써 학생이 통합적인 관점을 형성하도록 조직하는 것을 의미한다.

넷째, 학습경험의 평가단계이다. 평가의 과정은 교육과정과 수업 프로그램에 의해서 교육목표가 실제로 어느 정도로 실현되었는지를 결정하는 과정이다. 이러한 평가의 개념은 두 가지 측면을 지니는데, 하나는 학생의 행동을 평가하여 교육목표의 달성 정도를 확인하는 것이며, 다른 하나는 프로그램이 진행되고 난 이후에 실시함으로써 두 평가결과 간의 차이로 프로그램의 효과를 평가한다. 따라서 학습성과의 평가는 학습자의 목표 달성도를 알아보기 위한 목적과 교수프로그램의 효과성을 알아보기 위한 목적 두 가지로 수행된다.

2. Dick과 Carey 모형<거시(체제) 교수설계모형>

Dick과 Carey의 체제적 교수설계모형은 교육공학의 발달과정에서 언급한 대로 1970년대 교육공학이 체제이론을 받아들이면서 개발된 모형이다(Dick & Carey, 1978). 초기 모형은 행동주의와 인지주의적 학습관에 기반하였으나, 이후 지속적인 보완으로 구성주의적 접근도 포함하여 현재의 모습을 가지게 되었다. 그리고 이 모형은 효과적인 수업 프로그램을 개발하는데 필요한 일련의 단계들과 그 단계 간 역동적인 관련성에 초점을 맞추고 있다. 따라서 초보자나 경험이 적은 수업설계자가 유용하게 사용할 수 있다(유승우 외, 2018).

Dick과 Carey의 체제적 교수설계모형은 [그림 9-4]와 같이 10단계로 구성된다(백영균 외, 2018; 김보경, 2018; 유승우 외, 2018; 권성연 외, 2018; 이성흠 외, 2009).

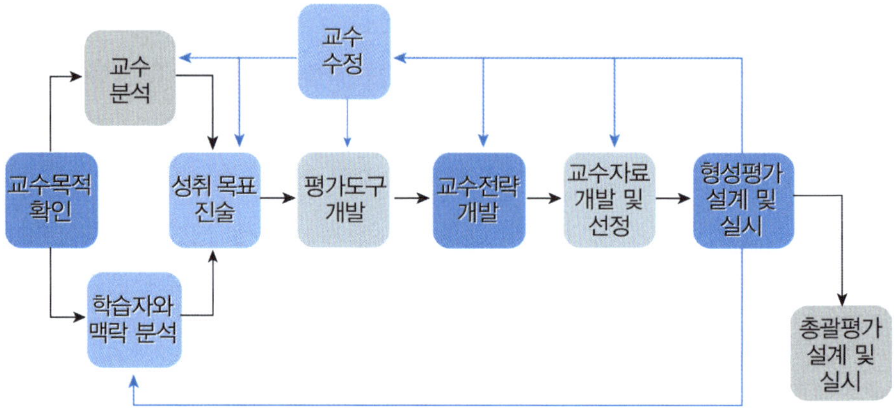

[그림 9-4] Dick과 Carey의 체제적 교수설계 모형

• 자료: 김보경(2018). 학교수업 설계를 위한 교육방법 및 교육공학. 서울: 학지사, p. 50.

첫째, 교수 목적 확인하기(identifying instructional goal)**이다.** 가장 처음에 할 일은 설계하고자 하는 프로그램을 학습자들이 이수하였을 때 어떤 새로운 지식, 기술, 태도들을 습득하게 될 것인지를 결정하는 것이다. 이것을 이 모형에서는 교수 목적(goal)이라고 부르며, 수행 목표(objective)보다는 한층 포괄적인 개념으로 사용하고 있다. ① 교수 목적 확인을 위한 분석이다. 프로그램에 대한 요구분석, 학습에 문제가 있는 학생들의 실제 경험 분석, 현재 그 일을 하고 있는 사람들이나 새로운 프로그램 개발을 요구하는 사람들로부터 얻어진 자료를 분석하여 교수 목적을 도출할 수 있다. ② 교수 목적 리스트 작성이다. 교수 목적은 보통 여러 개이므로 리스트로 작성될 수 있다.

둘째, 교수 분석 실행하기(conducting a goal analysis)**이다.** 이 단계는 최종 학습목적을 성취하기 위해 학습자가 배워야 할 학습유형을 파악하고, 학습 목표와 관련된 하위기능 및 필요한 학습절차 등을 분석하는 활동이 이루어진다. 목표분석은 교육 및 훈련 프로그램에서 다룰 학습 내용을 확인하는 활동으로, 학습 목표를 달성했을 때 학습자들이 보여줄 수 있는 구체적인 성취 행동을 밝히는 것이다. 하위기능 분석은 목표의 각 단계별로 하위기능들은 무엇이며 선후 관계는 어떠한지 규명하는 것이다. 교수 분석은 전문적인 역량을 요하는 단계이며 최종적으로 그림, 도표, 차트 등의 형태로 표현된다.

셋째, 학습자와 맥락 분석하기(analyzing learners and contexts)**이다.** 교수전략에 영향을 미치는 학습자 특성을 분석하는 단계이다. 학습자가 지니고 있어야 할 교수목표의 학습에 필요한 교수 분석단계에서 수행한 교수 목표의 하위기능구조에서 학습자가 현재 어느 수준에 도달하였는가를 확인하는 선수학습기능과 학습자들의 특성에 대하여 분석한다. 적합한 교수전략을 설계할 수 있도록 학습자의 적성, 학습양식, 지능, 동기, 태도 등의 학습자 특성을 고려한다. 학자들의 연구에 의하면, 학습자의 특성 중 가르치고자 하는 내용 영역에 대한 사전지식의 정도가 교수프로그램의 성공 여부를 예측할 수 있는 가장 중요한 요인이라고 한다.

넷째, 성취목표 진술하기(writing performance objectives)**이다.** 이 단계는 수행(성취) 목표를 진술하는 단계로, 수업이 종료된 후 학습자가 할 수 있을 것으로 기대되는 성과를 구체적으로 진술한다. 수업목표는 나타내 보일 행동, 그 행동이 수행될 조건이나 상황, 그 행동의 성취기준 등이 기술된다. 하지만 수업목표의 유형에 따라 이들 세 가지 요소의 비중이 서로 다르다. 예컨대, 태도 목표인 경우는 행동이 수행될 조건이 중시되며, 운동기능 목표인 경우는 행동의 성공기준이 중시된다.

다섯째, 평가도구 개발하기(developing assessment instrument)**이다.** 앞 단계에서 전술한 수업목표들의 달성 여부를 확인할 수 있는 평가 문항을 개발하는 단계이다. 이를 위해 어떤 학습 목표가 제시되었는지 확인한 후, 목표에 서술되어 있는 학습자의 수행 행동유형과 평가 문항이 요구하는 것이 일관성 있도록 개발해야 한다. 이렇게 개발된 평가도구를 통해 학습자의 성취수준 또는 학습결과를 측정할 수 있는 것이다.

여섯째, 교수전략 개발하기(developing instructional strategy)**이다.** 전 단계까지 수집된 종합자료를 중심으로 최종 학습 목표를 성취하기 위한 수업 운영방법을 결정하는 단계이다. 교수전략 개발의 종류에는 동기유발, 목표제시 등의 교수 전(前) 활동, 교수 계열화, 교수 단위 크기 결정, 정보와 예시의 제시 등과 관련되는 정보제시 활동, 마지막으로 연습 수행, 송환 활동과 같은 학습자 참여 활동이 있다.

일곱째, 교수 자료개발과 선정하기(developing and selecting instructional materials)**이다.** 이 단계는 실제로 가르칠 수업자료를 선택하거나 개발하는 단계다. 교수전략 개발단계에서 결정된 전략들에 따라서 사용할 수업자료와 수업 프로그램을 개발한다. 학습자 매뉴얼, 멀티미디어를 포함한 각종 교수 자료, 각종 검사 도구, 교사용 지침서 등이 개발되어야 한다.

여덟째, 형성평가 설계와 실행하기(designing and conducting formative evaluation of instruction)**이다.** 이 단계는 우수한 교수프로그램을 만들기 위하여 교육현장에 투입하기 전에 시범적으로 프로그램을 적용해 보고 자료를 수집하여 프로그램 개선에 활용한다. 형성평가의 방법으로는 일대일 평가, 소집단평가, 현장 평가 등을 고려해야 한다.

아홉째, 교수 수정하기(revising instruction)**이다.** 형성평가 결과에 따라서 학습 목표를 달성하는데 예견되는 여러 가지 문제점을 확인하여 수업 과정에서 잘못된 곳을 수정 및 보완한다.

열째, 총괄평가 설계와 실행하기(designing and conducting summative evaluation)**이다.** 이 단계는 수업을 실행하고, 그 결과에 대해서 총괄평가를 실행하는 단계이다. 설계가 완성된 교수프로그램의 총체적인 평가를 실시한다. 엄밀히 말하면, 이는 교수설계과정에 포함되는 것은 아니며, 별도의 평가자에 의해서 프로그램의 총체적인 가치에 대하여 평가하여야 한다.

3. Smith와 Ragan 모형<거시 교수설계모형>

이 모형은 크게 분석단계, 전략개발단계, 평가단계로 구분하고 있다. Smith와 Ragan(1999)은 자신들의 교수설계모형을 직선형으로 모형화한 것은 교수설계에서 수행해야 할 과업을 단순화하고, 논의의 주제를 순서화하기 위한 것일 뿐 실제 교수설계과정에서는 세 가지 단계가 동시적으로 수행되는 복잡한 상호작용적 관계에 있다고 하였다.

Smith와 Ragan(1999) 모형을 제시하면 **[그림 9-5]**와 같다.

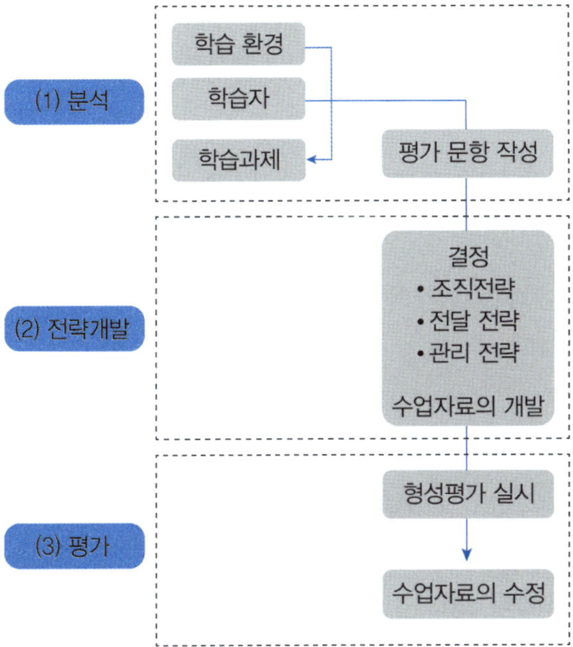

[그림 9-5] Smith와 Ragan(1999)의 교수설계모형

• 자료: 유승우 외(2018). 교육방법 및 교육공학. 파주시, 경기도: 양서원, p. 269.

[그림 9-5]에서 고찰한 바와 같이, **Smith와 Ragan(1999) 모형을 구체적으로 제시**하면 다음과 같다(백영균 외, 2018; 유승우 외, 2018; 유구종 외, 2005).

첫째, 분석단계이다. 이 단계는 학습 환경분석, 학습자 분석, 학습과제 분석, 평가 문항의 작성 등을 수행한다.

① **학습 환경분석이다.** 교수프로그램이 실행될 환경에 대하여 기술하고, 요구분석을 실시한다. 학습 환경분석이란 주변 여건, 교사, 교육과정, 이용 가능한 교수 매체, 교사 및 학생조직 등을 기술하며, 요구분석은 현행의 교수 프로그램이 적절하지 못하거나 새로운 프로그램을 개발하여야 하는 경우에 수행된다. **요구분석의 모형은 다음과 같다.**

㉠ **불일치 기반모형이다.** 이는 5단계로 수행된다. i) 현행 교수 프로그램 목표의 기술, ii) 현행 프로그램의 목표성취의 정도 기술, iii) 현재 상태와 바람직한 상태 격차의 기술, iv) 목표의 우선순위를 정함, v) 어떤 요구가 교수적 요구인지를 판단하여 교수설계나 개발이 이에 대한 해결책이 될 것인가를 판단 등으로 수행된다.

㉡ **문제기반 요구분석이다.** 이는 해결해야 할 문제와 학습자 지식 사이의 관계를 규명하고, 문제가 학습과 관련된 문제인가를 분석하며, 교수 프로그램을 통하여 해

결 가능한가를 규명하는 순서로 진행한다.

㉢ **혁신기반 요구분석이다.** 이는 혁신의 본질을 고찰하고, 혁신과 관련 있는 교수 목표를 규명한다.

② **학습자 분석이다.** 교수프로그램의 적용 대상인 학습자의 특성을 분석하는 것이며, 학습자 특성의 범주는 인지적·신체적·정서적·사회적 특성 등 네 가지가 있다.

학습자의 특성은 학습자 간의 유사성·차별성 차원과 안정적·가변적 차원의 두 가지 차원으로 제시하면 〈**표 9-6**〉과 같다.

<표 9-6> 학습자 특성의 네 가지 범주

구분	유사성	차별성
안정적	지각 능력 정보처리 능력 학습유형과 조건	지능 인지 양식 사회 심리적 특성 성, 민족성, 인종
가변적	지적발달과정 언어적 발달과정 사회 심리적 능력 도덕적 발달과정 기타	지적발달상태 기타발달상태 일반적 선수학습 세부적 선수학습

• 자료: 백영균 외(2018). 스마트시대의 교육방법 및 교육공학. 서울: 학지사, p. 191.

③ **학습과제 분석이다.** 교수 프로그램에서 다루어야 할 학습 내용이 어떤 유형인가를 분석하는 것으로서 학습결과의 유형에 따라 분류할 수 있다. Smith 등은 Gagné의 학습 유형 분류방식을 적용하여 분류했다. 학습유형의 분류는 다음 단계인 전략개발 단계에서 수업전략을 결정하고 학습 내용의 구조와 위계에 따라 가르칠 순서와 수업시간당 학습량 등을 결정하는데 영향을 준다.

④ **평가 문항의 작성이다.** 학습 환경분석과 학습자 특성 분석, 학습과제 분석을 실시하면 해당 프로그램에서 추구하는 교수 목표와 학습과제가 명료화된다. 교수목표가 명세화되고, 학습 결과의 범주가 명료화되면 이에 따라 수업 결과에 대한 평가 문항을 작성할 수 있다.

둘째, 전략개발단계이다. 이 단계는 조직전략, 전달 전략, 관리 전략을 결정하고, 수업을 개발한다.

① **조직전략이다.** 여기서는 수업이 어떻게 계열화되고, 어떤 학습과제가 어떤 순서로 어떻게 제시될 것인가를 결정한다. 문제해결학습을 위한 전략, 선언적 지식학습을 위한 전략, 개념학습을 위한 전략, 원리학습을 위한 전략, 절차학습을 위한 전략, 인지 전략 학습을 위한 전략, 태도·동기·흥미 학습을 위한 전략 등을 서로 다르게 제시한다.

② **전달 전략이다.** 주로 수업 매체의 사용과 학습집단 구성에 초점을 둔 학습 내용 전달을 위한 상호작용의 과정을 의미한다.

③ **관리 전략이다.** 수업의 운영을 조정하고 안내하는 전략을 말한다. 수업 실행을 위한 시간 계획, 학습자원의 관리 및 분배, 학습자·교수자 관리 등을 포함한다.

④ **수업의 개발이다.** 조직전략과 전달 전략, 관리 전략을 결정하고 난 다음 실제적 수업 자료 및 프로그램을 개발하여야 한다. 수업 자료 및 프로그램은 인쇄물 기반 자료, 컴퓨터 기반 멀티미디어 자료, 교수용 비디오 자료, 교수용 운영자료 등이 있다.

셋째, 평가단계이다. 이 단계는 형성평가를 실시하고 그 결과를 토대로 수업을 수정한다. 평가는 형성평가와 총괄평가로 구분되는데, 형성평가는 개발된 수업 자료 및 프로그램이 적합하게 개발되었으며 적절하게 작동하는가를 평가하는 과정이다. 형성평가에는 내용 전문가, 설계전문가, 교수자, 학습자 등이 참여한다. 형성평가 과정에서 수집된 정보를 활용해 수업 자료나 프로그램에 나타난 문제점을 수정하고 보완한다. 총괄평가는 개발한 수업 자료를 실제 학습자들에게 실시한 후, 학습자들의 학습결과를 중심으로 이루어진다.

4. 교수체제 개발의 일반모형: ADDIE 모형<거시(체제) 교수설계모형>

ADDIE 모형은 일반적인 모형으로 분석(analysis), 설계(design), 개발(development), 실행(implementation), 평가(evaluation)의 첫머리 글자를 따서 명칭을 붙였다. 이 모형은 1975년 플로리다 주립대학교의 교육공학센터(ccntcr for cducational technology)에서

미군을 위해서 최초로 개발되었다. 그 후 오랜 시간에 걸쳐 다듬어졌으며, 특히 마지막 평가단계가 여러 차례 수정되고 정교화된 결과 현재의 모습을 갖추게 되어, 1995년에 비로소 각 단계의 첫 글자를 따서 ADDIE라는 이름을 가지게 되었다. 초기에는 각 단계가 순차적으로 진행되는 형태를 나타내다가 1980년대 중반에 각 단계가 서로 영향을 주는 동적인 모형으로 정리되었다(김보경, 2018). 특히 다른 모형은 ADDIE 모형의 특정 단계를 강조하여 확장하거나 축소한 형태로 볼 수 있기 때문에 ADDIE 모형을 잘 이해하는 것이 다른 모형을 이해하기가 매우 쉽다. **ADDIE 모형의 단계**는 [그림 9-6]과 같다.

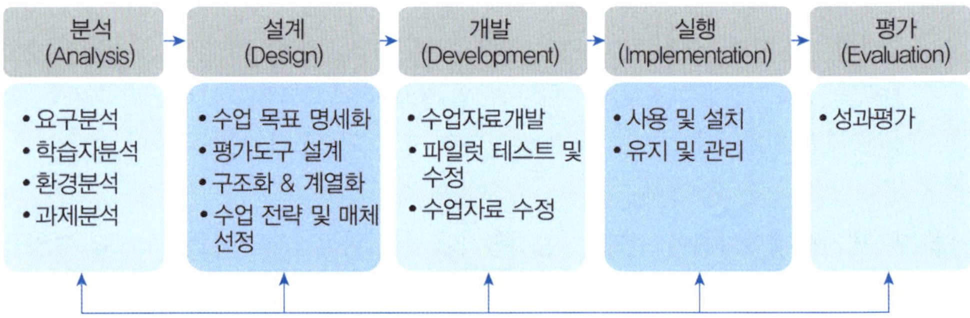

[그림 9-6] 교수체제개발의 일반모형: ADDIE 모형

• 자료: 유승우 외(2018). 교육방법 및 교육공학. 파주시, 경기도: 양서원, p. 261.

[그림 9-6]에서 살펴본 바와 같이, **ADDIE 모형**을 구체적으로 제시하면 다음과 같다(유승우 외, 2018; 권성연 외, 2018; 김보경, 2018; 유구종 외, 2005; 고재희, 2009).

첫째, 분석단계이다. 이 단계는 학습과 관련된 요인들을 분석하는 것으로 학습 내용을 정리하는 과정으로, 요구분석, 학습자분석, 환경분석, 과제분석이 포함된다.

① **요구분석이다.** 여기서는 바람직한 기대 상태와 현재 상태의 차이를 찾아내어 달성해야 할 수준이나 과제를 분석하며, 이 차이가 학습 목표가 된다. 즉 요구분석에는 어떤 문제가 있는지를 확인하고, 이 문제 또는 부족한 점이 교수-학습활동을 통해 개선되어야 한다는 타당성에 대한 근거를 확보하며, 문제가 해결된 상태의 목표를 도출한다. 요구분석을 위해서는 대상자와의 면담, 관찰, 전화 인터뷰, 설문 등을 실시하기도 한다.

② **학습자분석이다.** 학습자 특성을 파악하는 것으로 지능, 선수학습 능력, 적성, 인지 양식, 학습양식, 학습 동기와 태도 등을 분석하여 설계를 위한 기초자료로 활용한다.

③ **환경분석이다.** 이는 이용 가능한 자원과 제약조건들을 미리 분석함으로써, 교수설계의 결과물이 실행 가능하도록 하는데 의의가 있다. 환경분석에는 학습환경, 수행환경, 개발환경이 포함된다. 학습환경은 학습자들이 새로운 지식, 기능, 태도를 습득하는 학습현장을 의미한다. 수행환경은 습득한 지식, 기능, 태도를 활용하는 직무환경을 의미하고, 개발환경은 특정한 교육 프로그램이 설계되고 개발되는 환경을 의미한다.

④ **과제분석이다.** 수업목표 달성을 위하여 필요한 지식, 기능, 태도 등을 파악하고 이들 간의 관계와 계열성을 밝히는 작업이다. 과제분석에서는 학습과제의 특성과 학습과제를 구성하고 있는 하위 구성요소 간 관계를 분석한다.

둘째, 설계단계이다. 이 단계는 분석단계에서 밝혀진 바를 바탕으로 어떻게 교수-학습활동을 계획할 것인가를 결정하는 단계로, 교육 활동에 대한 구체적인 청사진을 제시하는 단계이다. 여기에는 수행목표 명세화, 평가도구 설계, 구조화 및 계열화, 수업전략 및 매체선정 등이 포함된다.

① **수행목표 명세화이다.** 학습자들이 수행해야 할 성취 행동 또는 학습성과를 행동적인 용어로 기술하는 것이다. 수행목표는 학습자가 수업이 끝난 후에 수행해야 할 성취 행동(performance), 그 행동이 나타날 수 있는 조건(condition), 그리고 성공적인 성취 행동으로 판단할 준거(criterion)를 포함하여 진술한다.

② **평가도구 설계이다.** 진술한 수행목표 달성 저도를 측정할 수 있는 평가도구를 개발한다. 수행목표 진술 이후에 곧, 바로 평가도구를 개발하는 이유는, 여기서 개발되는 평가가 교수 목표를 평가의 준거로 삼는 준거 지향평가의 성격이 강하기 때문이다. 그러므로 앞서 진술한 수행목표가 그대로 평가항목이 될 수 있다.

③ **구조화 및 계열화이다.** 교수 방법과 교수전략이 개발되었으면 학습과제들을 이에 맞추어 조직하고 배열하는 작업이 필요하다. 계열화란 가르칠 순서를 정하는 작업으로, 모든 교육을 순차적으로 나열하여 계열화할 수 있고, 의미 있는 단위로 잘라 몇 시간씩 모듈(module)로 조직할 수도 있다. 사례를 들면, 금연의 절차를 금연 준비기, 금연 실천기, 금연 유지기로 구분하고 각 단계를 거치게 되면 금연교육 프로그램의 목표에 달성할 수 있도록 순차적으로 계열화할 수 있다.

④ **수업전략 및 매체선정이다.** 수업 매체는 교수-학습의 효과와 효율을 위하여 사용하는 도구로, 학습 내용을 학습자에게 제시하거나 학습자의 수업 활동을 촉진시키는 역할을 한다. 학습 내용, 학습자 특성, 수업방법 및 전략에 따라 적합한 수업 매체를 결정한다.

셋째, 개발단계이다. 설계단계에서 결정된 설계명세서에 따라 실제 수업에서 사용할 수업자료나 수업 프로그램을 제작하는 단계이다. 이 단계는 수업자료개발, 파일럿 테스트 및 수정, 수업자료 수정 활동이 포함된다.

① **수업자료개발**은 디지털 자료개발(영상자료, 이미지 자료, 프레젠테이션 자료)과 아날로그 자료개발(교재, 활동지, 워크시트 등과 같은 인쇄자료)이 있다.
② **파일럿 테스트(pilot test) 및 수정이다.** 수업자료나 프로그램의 초안을 만들고, 교과 전문가와 학습자를 대상으로 파일럿 테스트를 실시한다. 파일럿 테스트를 통해 수집한 정보를 바탕으로 수업자료나 프로그램을 수정하여 실제 수업현장에서 활용할 최종적인 산출물을 만들어 낸다.
③ **수업자료 수정이다.** 파일럿 테스트 결과는 수업자료나 프로그램 자체를 수정하는 것뿐만 아니라 수업목표가 제대로 설정되었는지, 과제분석은 타당하게 이루어졌는지, 학습자 특성은 적절히 파악되었는지 등 설계의 전체 과정에 대해 검토하고 수정할 기회를 제공한다.

넷째, 실행단계이다. 이 단계는 개발단계에서 완성된 최종 산출물인 수업자료나 프로그램을 실제 현장에 적용하는 단계이다.

① **사용 및 설치이다.** 실행단계는 개발된 수업자료나 프로그램이 교육과정 속에 설치되어 계속적으로 유지될 수 있도록 관리하는 활동이 포함된다. 또한, 원활한 실행을 위한 시설, 기자재, 예산, 인적자원 등 필요한 지원체제도 포함된다.
② **유지·관리이다.** 의도한 목적을 달성하기 위해서 수업자료나 프로그램의 실행에 필요한 지원체제를 구비하는 것이 중요하다. 지원체제에 대한 대책 수립 및 시행, 특정한 시설, 예산, 기자재, 특수한 전문가나 기술 요원이 필요한지 등을 미리 검토하여 지원이 이루어질 수 있도록 해야 한다.

다섯째, 평가단계이다. 이 단계는 최종 산출물이 의도한 목적을 충실히 달성하였는지 확인하는 과정이다.

① **성과 평가이다.** 여기서는 수업 프로그램의 가치를 판단하는 총괄평가를 실시한다. 이는 실제 수업현장에 투입하여 실행된 수업자료나 프로그램의 효과성과 효율성을 평가하는 것이다. 총괄평가 결과를 토대로 해당 자료나 프로그램의 계속 사용 여부, 문제점 파악, 수정사항 등을 결정한다.

상기에서 고찰할 바와 같이, ADDIE 모형의 각 단계별 기능과 세부 활동, 산출결과를 제시하면 〈표 9-7〉과 같다.

<표 9-7> ADDIE 모형의 단계별 기능과 세부 활동, 산출결과

구분	기능	세부 활동	산출결과
분석 (analysis)	학습과 관련된 내용 정의	요구분석, 학습자분석, 환경분석, 학습과제 분석	요구, 교육목적, 제한점, 학습과제
설계 (design)	분석 결과를 토대로 수업 방법의 구체화	수행목표 명세화, 평가도구 개발, 수업 전략 및 수업 매체선정	수행목표, 수업 전략 등을 포함한 설계 명세서
개발 (development)	설계 명세서에 따라 실제 사용할 수업 프로그램이나 수업자료 제작	수업자료 제작, 파일럿 테스트 실시 및 수업자료 수정	완성된 수업자료
실행 (implementation)	프로그램을 실제 현장에 활용하고 관리	수업자료 활용·관리	실행된 수업자료
평가 (evaluation)	프로그램의 효과성, 효율성 결정	총괄평가	프로그램의 가치와 평가보고서

• 자료: 유승우 외(2018). 교육방법 및 교육공학. 파주시, 경기도: 양서원, p. 264.

5. Gerlach와 Ely의 체제적 교수설계모형<미시(체제) 교수설계모형>

Gerlach와 Ely의 체제적 교수설계모형(1971)은 다른 교수설계모형에 비하여 수업 단계를 계획하는데 한층 자세한 요소들을 포함하고 있다. 대개의 모형이 목표설정, 출발점 행동 진단, 수업지도, 평가단계로 나누고 이들 각 단계에서 고려해야 할 사항들을 자세하게 언급하지 않고 있는 데 비해, 이 모형은 수업지도 단계에서 교수설계자가 고려하여 설계해야 할 사항을 다섯 가지로 나누어 제시하고 있는 것이 그 특징이라고 했다(변영계·이상수, 2003).

Gerlach와 Ely의 체제적 교수설계모형은 [그림 9-7]과 같다.

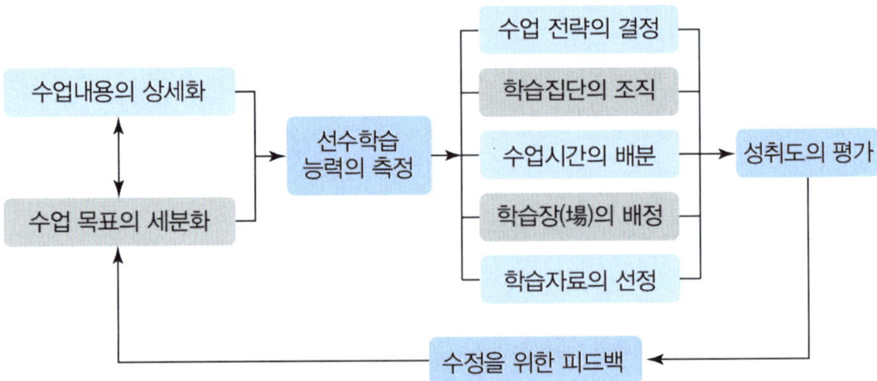

[그림 9-7] Gerlach와 Ely의 체제적 교수설계모형

• 자료: 유구종 외(2005). 교육방법 및 공학. 서울: 창지사, p. 169.

Gerlach와 Ely의 체제적 교수설계모형은 수업을 위한 체제적 모형의 요소를 다음과 같이 제시하고 있다.

① 수업내용의 상세화, ② 수업 목표의 세분화, ③ 선수학습 능력의 측정, ④ 수업전략의 결정, ⑤ 학습집단의 조직, ⑥ 수업시간의 배분, ⑦ 학습장의 배정, ⑧ 학습자료의 선정, ⑨ 성취도의 평가, ⑩ 평가결과의 분석과 수정을 위한 피드백 등으로 이루어지고 있다.

6. Willis의 R2D2 모형<구성주의적 학습환경설계모형>

구성주의적 학습환경설계모형에는 인지적 도제이론(cognitive apprenticeship, 본 교재: 164~165 참조), 앵커드 교수(anchored instruction, 본 교재: 161~162 참조), 인지적 유연성이론(cognitive flexibility theory, 본 교재: 162~163 참조), 문제해결학습(problem solving learning, 본 교재: 155~156 참조), 자원기반학습(resource-based learning, 본 교재: 165~167 참조) 등이

있다. 여기에서는 기존의 체제적 교수설계모형들이 실증주의적이고 객관주의적인 점을 비판하면서 **Willis와 Wright(2000)는 구성주의적 관점의 R2D2(Recursive, Reflective Design and Development) 모형을 제안하였다.** R2D2 모형은 정의(definition), 설계와 개발(design and development), 확산(dissemination)의 초점을 지향한다(Willis & Wright, 2000).

이 모형은 분명한 시작과 끝이 없는 대신 정의, 설계와 개발, 확산이라는 세 가지 주요 초점 사이에 끝없는 상호작용이 존재하며 동일한 이슈가 여러 번 언급된다. 결국, 이 모형은 기존의 선형적인 단계모형들과는 달리 순환적이고 비선형적인 설계과정을 추구한다.

R2D2 모형의 초점과 과제는 〈표 9-8〉과 같다.

〈표 9-8〉 R2D2 모형의 초점과 과제

초점(focus points)	과제(tasks)
정의 (definition focus)	• 전단분석 • 학습자분석 • 과제 및 개념분석
설계와 개발 (design & development focus)	• 매체와 형태 선정 • 개발환경의 선정 • 산출물 설계와 개발 • 원형개발(rapid prototyping) • 형성평가 중심의 평가전략
확산 (dissemination focus)	• 최종 포장(packaging) • 유포와 보급 • 채택

• 자료: 유승우 외(2018). 교육방법 및 교육공학. 파주시, 경기도: 양서원.

상기 〈표 9-8〉에서 고찰한 바와 같이, **R2D2 모형을 좀 더 구체적으로 제시**하면 다음과 같다(유승우 외, 2018).

① **정의의 초점(definition focus)이다.** 설계자가 해야 할 주된 과제는 진단분석, 학습자 분석, 과제 및 개념분석이다. 이 모형은 초반에 명시적인 목표를 설정하지 않는다. 다만 설계와 개발과정에서 자연스럽게 나타나는 목표에 의존한다.

② **설계와 개발의 초점**(design & development focus)**이다.** 설계자가 해야 할 주된 과제는 매체와 형태 선정, 개발환경의 선정, 산출물 설계와 개발, 원형개발(rapid prototyping)과 형성평가 중심의 평가전략을 수립하는 것이다. 지속적인 성찰(reflective)과 순환적인(recursive) 상호작용이 이루어지는 과정이다. 즉 프로토타입 개발을 기초로 하여 이해 당사자들의 참여 및 성찰을 최대화하고 형성평가를 통해 최종 수업 산출물을 만들어 가는데 초점을 둔다.

③ **확산의 초점**(dissemination focus)**이다.** 설계자가 해야 할 주된 과제는 최종적 산출물의 포장, 보급 및 채택이다. 개발된 수업 산출물의 효과성 및 효율성을 판단하기 위한 총괄평가는 중요하게 다루어지지 않는다.

7. ASSURE 모형<거시(체제) 교수설계모형>

교수 매체를 사용하여 교육 활동의 효과를 극대화하기 위해서는 체계적인 교수설계가 요구된다. 체계적인 교수설계란 교수 활동을 위한 모든 구성요소를 기능적으로 조직하는 절차 및 과정을 의미하는데, 여기서는 '무엇을'보다는 '어떻게' 가르칠 것인가에 초점을 맞추게 된다. 즉 어떻게 매체를 활용하여 원하는 교수 목적에 도달할 수 있도록 교육의 구성요소들을 체계적·체제적으로 조직하는가에 관심을 기울인다. 교수 매체를 활용하기 위한 체제적 교수설계모형의 대표적인 모형으로 **ASSURE 모형**을 소개하면 [그림 9-8]과 같다(이화여자대학교 교육공학과, 2001).

A	S	S	U	R	E
Analyze Learner	State Objectives	Select, Methods Media and Materials	Utilize Media and Materials	Require Learner Participation	Evaluate and Revise

[그림 9-8] ASSURE 모형

• 자료: 이화여자대학교(2001). 21세기 교육방법과 교육공학. 서울: 교육과학사.

[그림 9-8]의 ASSURE 모형은 Heinich와 그 동료들이(1996) 교수-학습 과정에서 교

수 매체의 효과적인 활용을 위하여 고안한 모형이다. 이 모형은 학습자분석(analyze learner), 목표진술(state objective), 교수 방법·매체·자료의 선정(select methods, media and materials), 매체와 자료의 활용(utilize media and materials), 학습자의 참여 유도(require learner participation), 평가와 수정(evaluate and revise)이며, 이들 첫 글자를 따서 ASSURE라 하였다. 매체를 활용하기 위한 ASSURE의 모형의 장점은 교사가 교육현장에서 쉽게 활용할 수 있는 실천적인 모형이라는 점이다. 일반적인 수업모델은 교수 분석 과정에서 시작하여 수업의 전 과정에서 일어나는 문제를 종합적으로 다루고 있기에 복잡하고 여러 유형의 전문가가 필요하다.

반면, **ASSURE 모형을 사용하면 교수 매체를 활용하는 학습지도안을 쉽게 작성할 수 있다. 이들 여섯 단계를 보다 체계적으로 적용하기 위하여 각각의 단계를 구체적으로 살펴보면 다음과 같다**(주영주 외, 1999; 이화여자대학교, 2001).

첫째, 학습자 분석이다. 학습자의 특성과 교재의 내용 및 제시방법은 교수 매체의 효과에 지대한 영향을 미친다. 그러므로 교수 매체를 활용한 교수 활동을 계획하는 첫 번째 단계는 학습자를 분석하는 일이라고 할 수 있다. 학습 목표에 성공적으로 도달하기 위해서는 학습자를 잘 파악하여야 한다. 학습자 특성의 첫 번째 요인은 연령, 학력, 직위, 지적인 적성, 문화, 사회·경제적인 요인 등과 같은 일반적인 특성이다. 이들 일반적인 요인은 학습 내용과 직접적으로 관련이 있지는 않으나 수업의 수준을 결정하거나 적절한 예를 선택할 때 도움을 준다. 두 번째 요인은 학습자의 출발점 행동이다. 출발점 행동이란 새로운 학습을 시작하기 이전에 학생이 지닌 지식, 기능 및 태도를 의미한다. 이러한 학생들의 출발점 행동은 표준화된 검사지, 교사가 만든 시험지를 통한 사전검사나 학습집단의 대표와의 대화, 학습자에게 직·간접적으로 물어보는 방법 등을 이용하여 측정할 수 있다. 세 번째 요인은 학습양식이다. 개개 학습자가 어떻게 학습환경을 인지하고 반응하느냐에 관한 심리학적인 특징 또한, 매체선정의 요인으로 작용한다. 아직까지 확실하게 학습자의 학습양식의 특성에 따른 매체선정과 교수 방법이 밝혀지지는 않았지만, 감각적인 선호도, 정보를 처리하는 습관, 동기적 요인 등이 영향을 미치는 것으로 알려져 있다. 학습자의 특성을 분석한 결과 학습자의 적성과 능력이 많은 차이를 보이는 집단에서는 개별적인 보충수업이나 심화학습을 수행함으로써 학습자의 능력에 따라 진도를 선택할 수 있도록 해야 한다. 또한, 학습자가 수업의 주제에 대해 흥미를 잃어버린 경우, 학습자의 학습 동기 및 흥미를 일으킬 수 있도록 극적인 영화나 모의 게임 등을 이용해 보는 것도 좋을 것이다. 학습 내용 중 새로운 개념에 접하게 되었을 때 학습자에게 구체적인 경험을 제공하기 위하여 견학 또는 시범을 고려해 볼 수도 있다. 지식과 학습경험의 격차가 심한 학습자들에게는 비디오테이프나 영화를 이용하여 구체적인 학습경험과 지식을 공통적으로 제공하여 학습자 개개인의 격차를 감소시키도록 노력할 수 있다.

둘째, 목표진술이다. 교수 매체의 체계적인 활용을 위한 두 번째 단계는 목표 진술로서 가능한 한 자세하게 학습자가 학습을 마친 후의 행동을 진술하여야 한다. 학습자들이 도달할 목표지점은 어디인지, 어떠한 새로운 능력을 발휘할 수 있어야 하는지를 진술하는 일이다. 목표는 참고자료의 요구분석이나 과정의 요목 등에서 뽑아낼 수 있다. 그러나 이와 같은 목표가 어디에서 나왔는지와는 상관없이 교수 활동의 결과로 교수자가 아닌 학습자가 무엇을 할 수 있는지가 분명하게 진술되어 있어야 한다. **교수 매체를 활용하는데 있어서 목표를 구체적으로 진술함으로써 우선 교사 자신에게 다음과 같은 도움을 줄 수 있다.**

① **교사 자신이 무엇을 가르쳐야 할지 명확하게 한다.** 즉 교사는 목표를 통하여 교수 활동의 일관성을 유지할 수 있다.
② **학습자가 목표에 도달하였는가를 확인하기 위한 평가의 내용, 절차, 방법의 준거를 결정할 수 있게 된다.**
③ **교사가 목표에 도달하기에 가장 적합한 교육내용, 교수-학습전략과 매체를 선정하는데 지침이 된다.**

구체적인 목표의 제시는 교사뿐만이 아니라 학습자 자신도 학습을 성취하는데 이용할 수 있다. 구체적으로 명확하게 진술된 목표는 학습자가 무엇을 배워야 하는지를 정확하게 인식하게 되고, 그에 대한 준비를 하게 되므로 결국 선행조직자의 역할을 수행하게 된다. 그러므로 학습 목표는 가능한 한 자세하고 명확하게 구체적으로 진술하도록 해야 한다. 예를 들면, '교수 매체의 유용함을 이해한다'라는 포괄적이고 추상적인 진술보다는 '교사가 되려고 하는 학생들은 투시 환등기를 미리 제시된 기준에 따라서 올바르게 설치할 수 있다'라고 구체적이면서도 명확하게 진술하는 것이 필요하다. 구체적으로 목표를 진술하는데에는 여러 가지 방법이 있지만, 특히, Mager의 교수 목표진술의 방법을 적용하면 좋다.

Mager는 목표진술을 위한 구성 요소로 다음 네 가지를 제시하였다(Heinich et al., 1996).

① **A(Audience)**: 누가 학습할 것인지에 대한 대상을 분명히 하고,
② **B(Behavior)**: 학습자가 성취해야 하는 것을 관찰 가능한 행동으로 진술하며,
③ **C(Condition)**: 목표에 도달하는데 사용되는 자원, 시간 등의 제약을 제시하고,
④ **D(Degree)**: 학습자가 목표를 달성했는지의 여부를 나타내는 기준을 제시한다.

셋째, 교수 방법, 매체, 자료의 선정이다. 일단 학습자가 파악되고 학습 목표가 진술되었으면 교수자는 학습자의 현재 수준의 지식, 기술 및 태도를 파악하였고 도달해야 할 학습 목표를 파악하고 있으므로 교수-학습 과정의 처음과 끝의 계획이 끝난 것이라 볼 수 있다. 그러므로 교수자는 이제부터 이들 두 과정을 연결하는 다리를 놓아야 한다. 즉 어떤 수업 방법을 선정할 것인지, 어느 매체를 사용할 것인지, 그리고 매체와 교수 방법을 실행하기 위하여 어떠한 교재들을 활용할 것인지를 결정해야 한다.

① **교수 방법의 선정**

교육방법은 교수형태, 즉 교육내용을 제시하는 형태로 앞서 설정된 교육목표를 성공적으로 달성하기 위해서 선정된 교육내용을 학습자에게 효과적으로 전달하기 위한 수단이다. 학습자, 교사, 학습 내용 및 목표 간의 체계적이고도 조직적인 상호작용을 이끌어내는 방법으로 매체선정의 기초를 마련한다.

교수 방법은 수업의 내용이나 목표에 따라서, 학습자에 따라서, 교사의 교육관에 따라서, 또는 교육의 외적 조건에 따라서 결정될 수 있다. 교육방법의 종류로는 강의법, 탐구학습법, 토의법, 협동 학습법, 발견학습법 등 다양한 방법이 있으므로 각각의 경우에 적절한 방법을 선정, 사용하는 것이 좋다.

② **교수 매체선정**

각각의 매체는 제각기 독특한 특성을 가지고 있다. 따라서 가르치고자 하는 내용과 목표가 어떤 환경하에서 제공될 것인지를 파악하여 가장 효과적인 교수 매체를 선정하는 작업이 무엇보다도 우선되어야 하겠다.

특정한 내용을 가르치기 위하여 다양한 교수 자료 중 매체를 선정하거나 제작할 때에는 Kemp(1989)의 학습자 집단의 크기에 따른 '매체 선택표'(media selection diagrams)를 참조하면 좋다. Kemp의 매체 선택표는 교수 매체의 특성과 학습과제의 성격을 고려하여 교수-학습 형태에 따라 가장 효과적인 교수 매체를 선택하는 과정을 제시한다. 이를 도식화하면 **[그림 9-9]**와 같다.

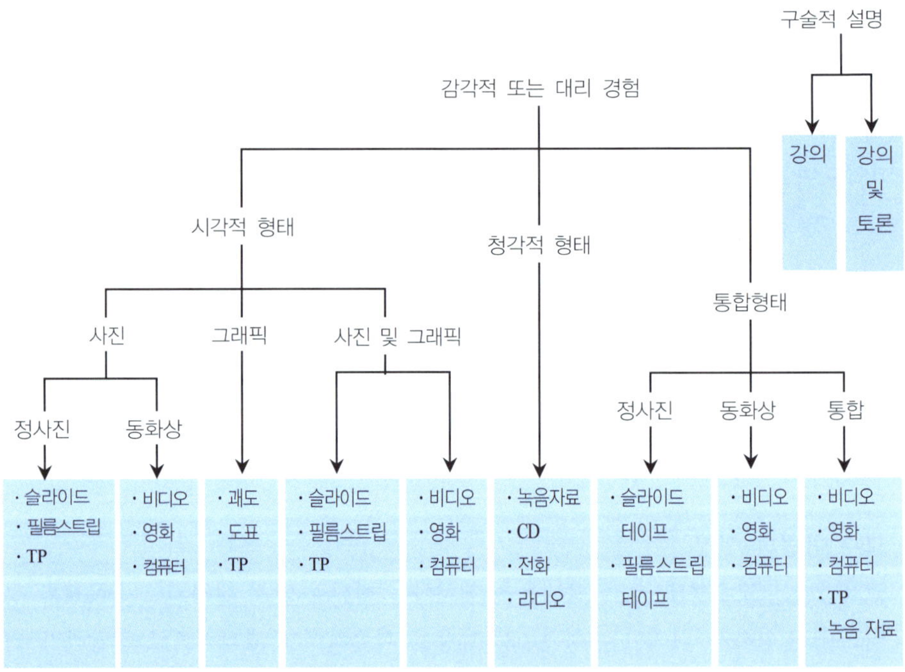

[그림 9-9] 대집단 또는 보통 규모의 학습자를 위한 매체 선택표

• 자료: 이화여자대학교(2001). 교육방법과 교육공학. 서울: 교육과학사.

③ **교수 자료의 선정**

학습 목표를 달성하기 위하여 교수 자료를 선정하는 방법에는 다음 세 가지가 있다.

㉠ 이미 만들어진 기존의 자료 중에서 적합한 것을 골라서 사용하는 방법이다. 후보가 되는 여러 자료 중에서 특정한 것을 선택해야 할 때에는 학습자의 특성, 학습목표의 성격, 교수 방법 및 학습상황에서의 시설, 환경 등의 요소를 고려하여 결정해야 한다.

㉡ 기존의 자료가 적절하지 못할 때는 이들 자료의 녹음내용이나 캡션 등을 수정하거나 재편집하여 사용한다. 이는 시간이나 비용의 관점에서 볼 때 새로 교재를 제작하는 일보다 상당히 효율적일 수 있다.

㉢ 교재를 완전히 새로 제작하는 방법이 있다. 적절한 교재를 찾을 수 없으면 학습목표를 달성하기에 적절한 것을 교사 스스로 제작해야 하는데, 이때에는 학습자가 성취해야 할 목표는 무엇인가? 원하는 수준의 자료 만들기에 충분한 기술, 장비, 시간은 확보할 수 있는가? 교재 제작에 충분한 시간적 여유는 있는가 등을 미리 생각해 보아야 한다.

넷째, 매체와 자료의 활용이다.

① **1단계, 즉 일단 사용할 매체와 자료가 선정되었거나 제작이 완료되었다면 자료를 활용할 차례이다.** 교수 매체의 효과적인 제시는 사전 시사로부터 시작한다. 제시할 자료들을 지정된 장소에서 미리 시사해 봄으로써 학생들의 수준과 목표에 적합한지를 결정하고 자료의 상태를 결정할 수 있다.

② **2단계는, 어떤 순서로 제시할 것인가를 미리 정하고 리허설을 해본다. 수업의 목적과 진행단계에 맞추어 자료의 제시 순서를 결정해야 하는 것이다.**

③ **3단계로는, 수업을 전개할 주변 환경을 정비해야 한다.** 교수 매체를 어디에서 사용하든 학습자들에게 안락한 의자, 적절한 환기, 온도 및 밝기 등이 제공되어야 하며, 매체에 따라 암막 시설, 충분한 전원 공급 및 다양한 조명 조절장치 등이 요구될 수도 있다.

④ **4단계에는, 학습자를 사전 준비시킨다.** 학습자들의 주의를 집중시키기 위하여 제시할 내용의 소개, 학습할 주제와의 관련성, 또는 사용할 교수 매체에 대한 정보나 특별한 용어에 대해 미리 설명해 줌으로써 동기유발을 제공해야 한다.

⑤ **5단계는, 교수 자료를 제시한다.** 교수 매체를 제시할 때 교수자는 프레젠테이션 기술을 발휘하여 능숙하게 대처해 나가야 한다.

다섯째, 학습자의 참여 유도이다. 학습은 내용의 일방적인 전달로만 이루어지는 것이 아니라 학습자가 학습 과정에 능동적으로 참여할 때 더욱 효과적으로 이루어질 수 있다. 따라서 가장 효율적인 학습상황은 학습자가 목표달성을 위해 능동적으로 참여할 수 있도록 실제 행동을 요구하는 일이다. Skinner를 포함한 행동주의적 견해에 의하면, 반응은 노트에 필기를 하거나 말로 대답하는 것처럼 공공연한 유형의 것과 입속으로 단어를 되풀이해 읽어보는 행위와 같이 은밀한 유형의 것이 있는데, 짧은 시간 동안에는 효과가 비슷하나 장시간의 학습에서는 공공연한 반응이 한층 효과가 크다. 또 능력이 다소 떨어지는 학생들에게는 반응에 대한 피드백이 빠를수록 효과가 크다고 한다.

Kemp는 학습 과정에 학습자의 능동적 참여를 유도하는 방법을 다음과 같이 소개하였다.

① 즉각적인 필기나 구두의 반응을 요구하는 질문을 제시한다.
② 필기 활동을 제시한다.
③ 보거나 들은 것으로부터 선택, 판단, 결정을 실행하도록 요구한다.
④ 보거나 들은 활동이나 기술과 관련된 수행을 요구한다.

여섯째, 평가와 수정이다. 교수 활동이 끝나면 전체적인 윤곽을 잡고 이에 대한 효과를 평가해야 한다. 평가는 ASSURE 모형의 마지막 단계이기도 하지만 지속적인 매체 활용을 위한 시발점이기도 하다. 가장 널리 사용되는 평가방법은 시험지에 연필로 답을 써나가게 하여 학습자의 성취도를 측정하는 것이다. 학습자가 미리 진술된 학습 목표를 얼마나 잘 성취했나 하는 것은 학습을 지도하는 교수자들에게 매우 중요한 관심사이다.

그러나 학습자의 학습 목표달성 외에도 평가되어야 할 두 가지 사항이 더 있는데, 그중 한 가지는 사용한 교수 매체와 교수 방법에 대한 평가이다. 즉 교수자가 사용한 특정한 교수 매체는 효과가 있었는지? 학습자들의 성취에 비해 투입된 비용이 적당했는지? 제시에 소요된 시간은 예정된 대로였는지? 교수 매체의 사용이 학습자가 목표에 도달할 수 있도록 도와주었는지? 교수 매체가 학습자의 흥미를 유발시키는데 효과적이었는지? 교수 매체가 학습자의 참여를 유도했는지 등에 대하여 평가해야 하는데, 이는 다음번 교수 매체 사용 시 참고하기 위해서도 필요하다. 또 하나는 교수-학습 과정에 대한 평가이다. 이는 교수과정을 진행시키는 동안 수시로 할 수 있다. 즉 수업 전에는 학습자의 능력과 선정된 자료가 적절했는지? 학습 도중에는 진단을 목적으로 학습자들에게 퀴즈 등을 통해 평가를 제대로 했는지 등을 알아보아야 한다. 그러나 평가가 끝났다고 하여 교수 활동이 완전히 끝난 것은 아니다. 그 이유는 평가란 교수 매체의 효과적인 활용을 위해 ASSURE 모형을 계속 다시 사용하기 위한 출발점에 불과하기 때문이다.

연습 및 탐구문제

1. 최근 교육현장에서도 교수설계라는 개념이 점차 보급되고 있다. 교사들도 '수업 준비'라는 용어보다 '수업 설계'라는 용어를 더 빈번하게 쓰기 시작하였다. 만일 교수설계의 개념이 없는 사람들이 수업이나 교육 프로그램을 개발한다면 어떠한 현상이 일어날지 생각해 봅시다.

2. 교수설계모형을 적용하여 교수설계를 할 때 요구되는 역량은 무엇인지 제시하고, 이를 향상 방안은 무엇인지 자신 생각을 제안해 보시오.

3. 형성평가는 교수설계자들이 할 수 있지만, 총괄평가는 외부전문가들에 의해 실행한다. 그 이유는 무엇이라고 생각하는가?

4. 우리의 교육 현실에서 교수설계가 필요한 이유는 무엇인지 설명하고, 구체적 적용 방안을 탐색해 보시오.

5. Dick & Carey 모형과 ADDIE 모형의 공통점과 차이점을 비교하여 설명해 보시오.

6. Smith & Ragan 모형에 따라 교수설계를 실행해 보시오.

7. ADDIE 모형의 다섯 단계를 건물 짓는 과정에 비유하여 설명해 보자. 교수설계와 건축의 차이점은 무엇인가?

8. Gerlach와 Ely의 체제적 교수설계모형에서 나타나는 장단점을 논의해 보시오.

9. ASSURE 모형의 학습자 특성 분석을 통해, 중학교 1학년 남학생들은 설명식 수업을 지루해하며, 신체를 움직이는 활동을 좋아하는 것으로 나타났다. 과학 수업에서 이들을 대상으로 '마찰력'을 가르치고자 할 때, 어떠한 교수 매체를 선정하여 사용하는 것이 좋을지 생각해 봅시다.

Chapter 10

하이브리드 러닝

제1절 e-러닝
제2절 u-러닝
제3절 m-러닝
제4절 블렌디드 러닝
제5절 스마트 러닝
제6절 MOOC
제7절 소셜 미디어

〈학습 목표〉

1. e-러닝의 특성과 유형, 학습 인프라 구성 요소를 설명할 수 있다.
2. u-러닝의 개념 및 특성, 기초 활동 유형을 설명할 수 있다.
3. m-러닝의 특성을 설명할 수 있다.
4. e-러닝, u-러닝, m-러닝을 구분해서 설명할 수 있다.
5. 블렌디드 러닝의 특성, 접근방식을 설명할 수 있다.
6. 스마트 러닝의 개념, 목적, 특성을 설명할 수 있다.
7. MOOC의 교육방법 및 교육 공학적 측면에서 장점과 문제점을 설명할 수 있다.
8. 소셜미디어의 유형을 분류해서 설명할 수 있다.

〈Key Word〉

e-러닝, u-러닝, m-러닝, 블렌디드 러닝, 스마트 러닝, MOOC, 소셜미디어, 블로그, 위키미디어, 유튜브, 트위터, 페이스북

하이브리드(hybrid)란 원래 이질적인 요소가 서로 섞인 것으로 이종(異種), 혼합, 혼성, 혼혈이라는 의미를 지닌다. 보다 넓은 의미로는 이종을 결합, 부가가치를 높인 새로운 무엇인가(시장이나 영역 등)를 창조하는 통합 코드로 인식되고 있다. 휴대폰에 전화통화기능과는 전혀 관련성이 없어 보이는 카메라, MP3 기능 등을 섞어 휴대폰 가치를 올리는 것과 같은 이치다. 또한 다양성과 다원성으로 해석되기도 한다. 다양성과 다원성이라는 기초 위에서 반대 의견을 포함한 사회의 다양한 목소리를 포용, 통합하는 하이브리드적 접근방식이 정치·사회적 통합 코드로 최근 관심을 모으고 있다(Daum 백과사전, 2019). 즉 하이브리드는 두 가지 기능과 역할이 하나로 합쳐진 것을 말한다.

스마트폰이나 패드를 기반으로 한 PC를 활용해서 학습하는 학습자를 상상할 수 있다. 그들은 최첨단의 동일한 환경에서 가장 전통적인 컴퓨터 활용학습에 몰입하기도 하고 가장 최근의 페이스북, 유튜브, 트위터를 학습에 활용하기도 한다. 바로 이런 것이 합쳐진 새로운 학습환경 또는 새로운 학습 기제를 활용한 학습에 대한 표현을 '하이브리드 러닝'으로 조작적 정의를 하였다. 따라서 **하이브리드 러닝**은 다양한 컴퓨팅이 하나로 통합되는 것은 물론이고 학습자 개개인에게 맞춰진 적응된 컴퓨팅의 세팅과 활용을 학습자가 자기 주도적으로 할 수 있는 학습 내용과 그 환경 구성에 대한 표현이라 할 수 있다(백영균 외, 2018).

먼저 **'웹기반 학습'에서부터 블렌디드 러닝까지의 개념과 특성**에 대해서 살펴보자(백영균 외, 2018: 290~292). 교육이라는 장면에서 정보통신기술의 발달이 본격적으로 논의되기 시작한 혹은 접목되기 시작한 원기(元氣)를 거슬러 올라가면, 1994년도가 하나의 분수령이 될 수 있음을 알 수 있다. 1994년도를 기준으로 인터넷을 초·중등학교에 도입되기 시작한 시기와 그렇지 못한 시기로 구분되어질 수 있기 때문이다. 1994년도 이전에는 인터넷이 군대나 대학의 전유물이었다. 1994년도에 조선일보가 초등학교를 대상으로 전개한 KIDNET 사업과 1995년도에 중앙일보가 중학교를 대상으로 전개한 NIE 사업을 살펴보면, 1994년도가 정보통신기술을 교육의 장면과 함께 논의되기 시작한 중요한 시기임을 알 수 있다. 이 시기를 굳이 붙인다면 IIE(Internet In Education)라고 명명할 수 있다. 이 시기는 교사는 아주 느린 인터넷 속도 때문에 수업시간에 인터넷을 직접 사용하기보다는 대체로 수업 전에 인터넷을 사용해서 교재연구를 하는 사례가 많다.

이어 1997년 2월에 미국의 Badrul Khan 교수에 의해서 편집된 『웹 기반 학습(Web Based Instruction)』이라는 책이 출판되었고, 처음으로 **WBI(Web Based Instruction)**이라는 개념이 등장한다. 웹상에 구현된 수업이라는 의미다. 보통 수업은 3요소에 의해서 정의되는데 교사의 행위인 '교수'와 학생의 행위인 '학습' 그리고 '교육과정'이 그것이다. 웹 기반 수업의 '수업' 또한 이와 같은 속성이 요구된다. 따라서 웹 기반 수업으로 표현되는 인터넷의 교육적 활용환경에서는 교사도 있고, 학생도 있다. 그리고 학생들이 학습하는 교육용 콘텐츠도 필수적인 요소가 된다. 그러나 이와 같은 요소만 충족한다고 해서 모두가 웹 기반 수업으로 표현되지는 않는다. 웹 기반 수업에서 '기반'에 대한 해석이 추가적으로 필요한데, '웹 기반'은 웹이 수업의 상당 부분을 주도한다는 의미를 갖는다. 따라서 학습자는 마치 오프라인 교실수업에 참여하여 교사주도 수업에 참여하듯이 인터넷에서도 비슷하게 진행되는 수업이라 이해하면 보다 쉽게 이해할 수 있다.

Khan은 1998년 6월에 다시 WBL(Web Based Learning)이라는 개념을 제안한다. WBL은 웹상에서의 교육이 대부분 학습자의 '자기 교수 원리'로 진행된다는 점을 강조하여 제안된 개념이다. 그에 따르면, 웹상에서 아무리 교수자가 수업을 주도한다고 하더라도 학습에 대한 통제권을 학습자가 가지고 있다는 것을 강조하여 웹 기반 학습에 대한 개념을 제안하였다. 이는 웹상에서 교사의 활동이 있다 하더라도 학습자가 자기 교수 원리를 통해 학습하는 것이 훨씬 중요하며 비중도 높다라고 보는 Khan의 제안이 WBL 개념을 탄생시켰다.

1999년에 접어들면서 다양한 계열의 개념들이 등장하는데, **WBT(Web Based Training)**, **WBC(Web Based Courseware)**, **WBE(Web Based Education)** 등과 같은 개념이 그것이다. 이들 W 계열의 개념은 총 5개가 된다. 이들에 대한 개념 구분이 모호하여 다이어그램을 그려 설명할 수 있다.

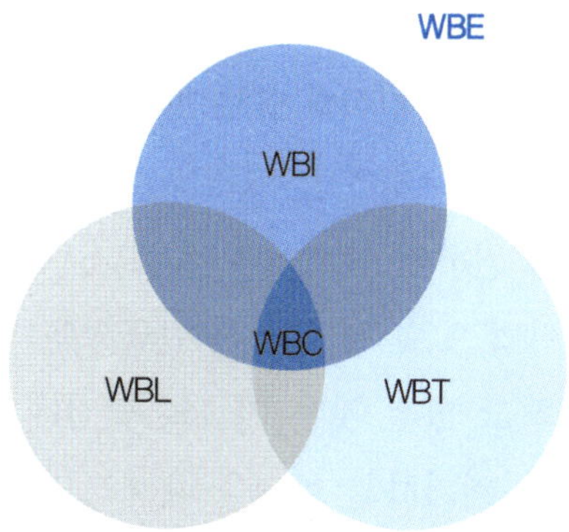

[그림 10-1] W 계열의 개념 구분

• 자료: 백영균 외(2018). 스마트 시대의 교육방법 및 교육공학. 서울: 학지사, p. 292.

상기 **[그림 10-1]**에서 살펴본 바와 같이, 웹 기반 코스웨어(WBC)는 작은 학습단위가 되기 때문에 웹 기반 수업이나 웹 기반 학습 그리고 웹 기반 연수도 포함될 수 있다. 또한 웹 기반 연수(WBT)는 통칭하여 원격연수로 표현되기도 했던 초창기 인터넷을 활용한 연수의 개념으로 이해될 수 있다. 이는 후에 이 러닝이나 블렌디드 러닝 등의 개념으로 발전된다.

2000년도에 진입하면서 초·중등학교에는 본격적으로 ICT라는 개념이 등장한다. 정보통신기술이 바로 그것이다. 교사가 수업을 할 때 정보통신기술을 교육의 장면에 적극적으로 활용할 것에 대한 사항이다. ICT 개념과 사업은 현재까지 다른 고도화된 정보통신기술의 응용과 함께 여전히 공존하는 강력한 개념이다.

제1절 e-러닝

e-러닝은 원격교육의 한 가지 형태이다. e-러닝의 개념은 그 범위나 강조점에 따라 매우 다양하게 정의되고 있다. 광의의 e-러닝은 모든 형태의 테크놀로지 기반 학습(technology enhanced learning)을 통칭하는 용어이기도 하며, 협의의 e-러닝은 온라인 또는 웹 기반 학습에만 국한하여 사용하는 용어이기도 하다. **Rosenberg**(2001)는

e-러닝이란 "지식과 성과를 향상시키는 다양한 종류의 문제해결 방안을 전달하기 위하여 인터넷 기술을 활용하는 것이다"라고 했다. **Khan**은 "인터넷 자원과 디지털 테크놀로지를 활용하여 개방성, 융통성 그리고 분산성을 가진 학습환경을 제공하며, 누구나 원하는 시간에 원하는 장소에서 잘 설계된 학습자 중심의 양방향 학습을 가능하게 하는 학습방법"으로 정의했다. **한국교육학술정보원**(2005)은 e-러닝의 개념이 공통적으로 내포하고 있는 것은 기술의 발전에 힘입어 학습상황에서 발생될 수 있는 불편한 요소는 제거하고 학습을 체계적으로 지원하는 학습방법이라는 것이다. **American Society for Training & Development**(ASTD)는 e-러닝에 대해 좀 더 광범위하게 정의하고 있는데, "특정한 학습의 목적을 위해 전자적 테크놀로지에 의해 학습, 전달, 중재되는 어떠한 것"이라고 정의했다. 때문에 온라인학습, 웹 기반 학습, 컴퓨터 기반 학습을 모두 포함시키고 있다. 그러나 원격교육의 상황이지만 책과 같이 전자적 형태가 아닌 것은 e-러닝에서 제외시키고 있다(백영균 외, 2018).

상기에서 다양한 e-러닝에 대한 개념을 종합적으로 정리하면, 인터넷의 발전에 발맞추어서 학습상황에서 발생될 수 있는 불합리한 요인을 제거하고 학습을 체계적으로 지원하는 학습방법으로 볼 수 있다. e-러닝은 웹을 기반으로 하는 점, 컴퓨터 네트워크를 통하여 온라인으로 이루어진다는 점, 전자화된 가상공간에서의 학습이 강조된다는 점 등으로 인해 가상교육(cyber education), 온라인 학습(online learning), 웹 기반 훈련(web-based training), 인터넷 기반 수업(internet based instruction) 등 다양한 이름으로 활용되고 있다. 특히 성인교육 및 기업교육 분야에서 e-러닝이 이미 활발하게 적용되고 있다. 시간과 공간의 제약이 거의 없기 때문에 직장에 다니는 성인들의 교육에 매우 유용한 형태이기 때문이다(김보경, 2018).

e-러닝의 특성을 구체적으로 제시하면 다음과 같다(Rosenberg, 2001).

① 네트워크 기술이 발전함에 따라 e-러닝에서는 다양한 매체를 활용하여 학습자들에게 다양한 형태의 학습 내용을 전달할 수 있다.
② 풍부한 학습 자원들을 활용하여 전달할 수 있다.
③ 학습자들이 원하는 방법으로 학습을 진행할 수 있다.
④ 최신 정보를 제한된 장소에서 벗어나 어느 장소에서나 효과적·효율적으로 주고받을

수 있다.

⑤ 컴퓨터와 인터넷을 활용하여 학습자와 학습자, 교수자와 학습자 등이 정보나 의견을 교환하고, 온라인 토론을 통해 고도의 상호작용적 의사소통이 가능하다(김서영, 1997).

⑥ 동시적·비동시적 상호작용을 통해 협력 학습이 가능하다(Romiszowski & Maxon, 1996).

⑦ 직접적 대면의 단점을 극복하고, 사회 심리적 부담 없이 활발하게 상호작용할 수 있는 기회를 제공한다(정인성·나일주, 2004).

e-러닝의 유형 분류는 〈표 10-1〉과 같다.

〈표 10-1〉 e-러닝의 유형 분류

기준	유형
교수 방법	반복연습형, 개인교수형, 게임형, 시뮬레이션형, 문제해결형, 자료제시형
면대면 활동의 유무	온라인 학습, 혼합학습
활용되는 기술	가상현실기반 학습, 증강현실기반 학습
콘텐츠의 유형	동영상 강의 기반 학습, 화상시스템 기반 학습, 애니메이션 기반 학습
실시간 여부	실시간 학습, 비실시간 학습

• 자료: 백영균 외(2010). 유비쿼터스 시대의 교육방법 및 교육공학. 서울: 학지사.

e-러닝의 기준을 교수 방법, 면대면 활동의 유·무, 활용되는 기술, 콘텐츠의 유형, 실시간 여부에 따라 유형 분류를 소개하면 다음과 같다(백영균 외, 2010).

① **e-러닝을 교수 방법에 의해 분류할 수 있다.** 언어와 같이 반복이 중요한 학습에는 반복학습형이, 수학과 같이 개인별 수준에 맞추어 진행되는 개인교수형 등이 있다.

② **면대면 활동의 유·무**에 따라 학습의 전 과정이 온라인에서만 진행되는 온라인학습과 온라인학습과 오프라인 학습을 모두 포함하는 혼합학습(blended learning)이 있다.

③ **활용되는 기술**에 따라 가상현실과 증강현실로 분류할 수 있다. 가상현실(virtual reality)이란 컴퓨터 기술을 이용하여 만들어 낸 가상의 상황이나 환경을 사람의 감각기관을 통해 느끼게 하여 사용자가 가상이지만 실제와 같은 현실에 있다고 느끼면서 상호작용하게 하는 기술을 말한다. 이에 반해 증강현실(augmented reality)은 가상현실의 한 분야로서, 컴퓨팅 기술을 물리적인 실제 사물에 삽입(embedded)하여 본래의 현실을 더욱 풍부하게 경험할 수 있다는 개념이다. 현실 세계의 기반 위에 가상의 사물을 합성하여 현실 세계만으로는 얻기 어려운 부가적인 정보들을 보강해 제공할 수 있

다. 특히 스마트 기기를 활용한 유비쿼터스 기술로 인해 증강현실이 점차 보편화되어 가고 있다.

④ **콘텐츠의 유형**에 따라 교실에서의 교사 중심의 강의식 수업을 동영상으로 촬영하여 이를 서비스하는 동영상 강의 기반 학습이 있다. 다른 유형으로 교수자와 학습자가 실시간으로 서로의 얼굴을 보면서 수업을 진행하는 화상 시스템 기반 학습이 있다.

⑤ **교수-학습이 실시간으로 이루어지는지, 그렇지 않은지에 따라 실시간 학습과 비실시간 학습으로 구분할 수 있다.**

한편 e-러닝 학습 인프라는 e-러닝 학습을 수행하기 위해서 필요한 기반구조를 의미한다. 즉 인터넷과 같은 네트워크, 컴퓨터, 학습시스템, 학습콘텐츠, 저작도구 등과 같이 e-러닝 학습을 원활하게 수행하도록 지원하는 체제를 의미한다. **e-러닝 학습시스템은 일반적으로 학습관리시스템(LMS), 학습콘텐츠관리시스템(LCMS), 기타 학습지원 시스템 등으로 구성된다**(유승우 외, 2018).

첫째, 학습관리시스템이란 가상학습환경에서 교수-학습을 효율적이고 체계적으로 준비, 실시, 관리할 수 있도록 지원해 주는 시스템을 의미한다.

학습관리시스템은 학습자 지원, 교수자 지원, 운영 및 관리 지원 기능으로 분류할 수 있다.

① **학습자 지원기능**은 학습자가 웹을 기반으로 운영되는 학습 과정을 등록하고 학습하는데 필요한 기능들을 제공해 줌으로써 학습자가 새로운 환경에서 어려움 없이 학습 과정을 마칠 수 있도록 도와줄 수 있는 기능을 의미한다.

② **교수자 지원기능**은 교수자가 웹을 기반으로 운영되는 학습 과정을 마칠 수 있도록 준비하기 위하여 교수-학습 과정을 설계하고, 학습자료를 개발하며, 교수-학습을 실시한 후 사후관리를 하는데 필요한 기능을 지원해 줌으로써 컴퓨터 사용에 익숙하지 않는 교수자들도 부담 없이 새로운 교수-학습환경을 활용할 수 있도록 도와주는 기능이다.

③ **운영 및 관리 지원기능**은 교수자와 학습자가 웹을 기반으로 교수-학습을 할 수 있도록 강의 개설에서부터 평가결과의 학적부 반영까지 관련된 기능을 시스템에 의해서 지원받을 수 있도록 도와주는 기능을 의미한다.

둘째, 학습콘텐츠관리시스템은 e-러닝 학습에 필요한 학습콘텐츠를 생성, 수정하여 학습활동에 활용할 수 있도록 제공함은 물론 학습콘텐츠에 관한 관리를 담당하는 기능을 수행하는 지원시스템이다.

셋째, 기타 학습지원 시스템은 학습과는 직접 관계가 없지만 사이버 공간의 학습자에게 학습을 유도하고 간접적인 접촉을 통해 학습의 효과성을 높이는 기능을 제공한다. 이러한 지원시스템에는 커뮤니티시스템, 메일시스템, 채팅시스템, 실시간 평가시스템, 실시간 강의시스템 등이 있다.

제2절 u-러닝

유비쿼터스(ubiquitous)란 라틴어에서 유래한 것으로 '도처에 있다', '언제 어디서나 존재한다'는 의미를 가지고 있다. '언제 어디서나 존재한다'는 의미는 책상 위 PC의 네트워크화뿐만 아니라 휴대전화, TV, 게임기, 휴대용 단말기, 카 내비게이터, 센서 등 PC가 아닌 모든 비(非) PC 기기가 네트워크화되어 언제, 어디서, 누구나 대용량의 통신망을 사용할 수 있고, 저(低) 요금으로 커뮤니케이션할 수 있는 것을 가리킨다. 1998년 유비쿼터스라는 용어를 처음으로 사용한 미국 제록스 팰러앨토 연구소의 Mark Weiser 소장은 유비쿼터스 컴퓨팅이 메인프레임, PC에 이은 제3의 정보혁명의 물결을 이끌 것이라고 주장하였다(윤승금 외, 2006: 13~14).

u-러닝에 대한 견해를 소개하면 다음과 같다. 교육인적자원부(2004)는 '유비쿼터스 러닝(ubiquitous learning)'의 약자로 교육과 관련된 물리적 공간의 관련 기관과 사물들을 지능화하고 이들을 연결시켜, 학습자들이 언제, 어디서나, 교육내용에 상관없이, 교육용 디지털 단말기를 사용하여 학습정보에 접근하고 필요한 학습을 할 수 있는 이상적인 학습체제이며, 한국교육학술정보원(2005)은 교육 정보화 용어집에서 u-러닝을 유비쿼터스 학습환경을 기반으로 학생들이 시간, 장소, 환경 등에 구애받지 않고 일상생활 속에서 언제, 어디서나 원하는 학습을 할 수 있는 교육 형태를 말

한다고 개념화하였으며, 학습 장소, 학습 시간, 학습 콘텐츠, 교수-학습방법 등이 〈표 10-2〉와 같이 변화할 것이라고 지적하였다(박정환 외, 2008).

〈표 10-2〉 u-러닝의 개념 정의

구분	내용
학습 장소	언제, 어디서나 원하는 학습이 이루어지고, 일상생활에서 접하는 다양한 문제해결에 필요한 학습을 즉시 할 수 있는 환경 구현 • 교육의 장소가 교실, 사이버 공간에 이어 일상생활 공간으로 확대
학습 시간	시간적 제약이 줄어들고 학습자의 능력과 생활 패턴, 시간 계획에 따라 최적의 학습 가능
학습 콘텐츠	사물의 기능과 장소와 사용자의 능력에 따라 적응적이고 역동적인 콘텐츠로 변화
교수-학습방법	• 독서, 조사, 관찰, 실험, 숙고하기, 대화와 토론, 피드백 등 고등정신 능력 함양과 관련된 수업방법은 지속 • 학생주도의 학습활동이 강화되고 일상생활, 사물, 현장과 밀접히 연계된 학습 방법 및 상호작용 강화 • 일상과 학교에서 수집된 학생 학습 이력이 축적 및 분석되어 맞춤형 수준별 학습 자료가 개개인에게 전송되며, 개인별 및 수준별 맞춤형 학습이 일반화 • 학부모의 학습 과정 참여가 활발해지고 모니터링 기능의 강화(자녀 학습에 대한 실시간 모니터링, 교사와의 용이한 소통 등) • 학습의 누적 평가결과에 따라 개인별 수준과 분량, 콘텐츠 형태가 조정된 맞춤형 과제가 즉시 개인 디바이스로 전송, 다운로드 됨 • 야외 체험학습에서 자유롭게 이동하면서 사물에 관한 멀티미디어 학습정보는 실시간으로 제공받으며, 메모 정보를 교환하거나 협동 학습 전개 • 실시간으로 3D를 이용한 입체감 있는 정보를 양방향으로 교환함으로써 창의적인 공동 연구 진행 등

• 자료: 박정환 외(2008). 알기 쉬운 u-러닝. 서울: 학지사, p. 32.

상기에서 살펴본 바와 같이, **u-러닝**은 학교나 도서관 등 특정 장소에서 학습하거나 인터넷을 통해 학습정보를 습득하던 기존의 방식과는 구분된다. u-러닝 환경에서는 면대면 교실수업과 인터넷 기반 수업을 통합할 수 있으며, 가상교육(cyber education)의 제한점으로 지적되는 인간적인 접촉의 상실이나 독립학습에 대한 두려움, 그로 인한 동기유발 저하 등을 보완할 수 있다. **u-러닝 환경**은 교육 중심에서 학습중심으로, 개념 중심에서 실천 중심으로, 학습통제에서 학습자에 대한 조언으로 교육체제의 변화가 일어난다. **u-러닝의 목표**는 학습자가 언제, 어디에서나 어떤 내용이건, 어떤 단말기로도 학습할 수 있는 교육환경을 조성함으로써 더욱 창의적이고 학습자 중심적인 교육과정을 실현하는데 있다(유승우 외, 2010).

한편 유비쿼터스 기반의 교육환경은 무선 인터넷과 개인용 단말기(PDA, net-book)의 급속한 발달과 보급으로 가속화되고 있다. **유비쿼터스 교육환경**은 물리적으로 제한된 교실에서 수행하는 학습환경이 아닌, 세상의 모든 곳을 학습의 장으로 활용하는 열린 환경이라 할 수 있다. 예를 들어, 우리가 여행을 하는 중에 어떤 문화재를 보게 된다면 유비쿼터스 환경에서는 그와 관련된 학습을 즉시 할 수 있다. 학습자가 지니고 있는 IT 기기(wearable)의 칩과 문화재 속의 칩(RFID)이 서로 연결되어 학습자의 궁금한 점에 대해 관련 내용이 자동으로 나타나 스스로 학습할 수 있는 정보가 제공된다. 이와 같은 상황은 기존 학습자가 인터넷 등에 의도적으로 접속하거나 이동해야 하는 방식에 학습자 개인의 필요와 상황에 맞는 개별화된 맞춤 교육으로의 획기적인 전환을 가져오는 것으로 볼 수 있다(유승우 외, 2018).

따라서 **u-러닝의 특성**을 정리하면 다음과 같다(유승우 외, 2018; 박정환 외, 2008; 서정희, 2005; Ogata & Yano, 2003).

① **접근성(accessibility)이다.** 학습자는 어느 곳에서나 그들이 작성한 문서, 데이터, 비디오 자료들에 접속할 수 있으며, 이러한 정보는 학습자의 요청에 의해 제공되기 때문에 자기 주도적인 학습이 이루어지게 된다. 결국, 접근성은 언제 어디서나 네트워크에 연결이 가능함을 의미하며 인터넷을 중심으로 정보들이 서로 연결되어 있어 정보에 대한 접근 영역을 이전보다 더 크게 확장시킬 수 있다. 학습자는 무선 인터넷을 통해 자유롭게 정보에 접근할 수 있고 제약 없이 검색할 수 있다.

② **즉각(시)성(immediacy)이다.** 학습자가 어디에 있든지 학습자는 즉시적으로 원하는 정보를 얻을 수 있어 신속하게 문제를 해결할 수 있게 된다. 또는, 현장에서 생긴 의문을 기록하거나 녹음해 둘 수 있다. 즉각성은 어디서든 학습자가 원하는 정보를 바로 획득함으로써 그 즉시 당면한 문제해결에 도움을 받을 수 있다.

③ **상호성(interactivity)이다.** 학습자는 전문가, 교사 또는 학생들과 동시적 또는 비동시적으로 언제나 상호작용할 수 있다. 그러므로 전문가와 지식에 보다 접근하기가 쉬워진다.

④ **확장성이다.** 이는 무선통신을 이용하여 다른 기기들과 정보의 교환이 가능하며 기기간 직접 연결을 통해 확장된 서비스를 제공받을 수 있는 특징이다. 결국, 확장성은 학

습자 간 정보를 공유하거나 정보의 저장과 가공을 용이하게 하는데 도움을 준다.

⑤ **비가시성이다.** 이는 일상 주변 모든 사물, 환경, 제품 속에 안 보이도록 스며 있어서 학습자가 별도의 사용법을 익히거나 존재 자체를 의식하지 않고 사용할 수 있다.

⑥ **개인성이다.** 완벽하게 개인화된 학습자원을 학습자에게 제공한다. 이를 위해서 학습자원체제는 개인화 및 맞춤화가 완벽하게 구현되는 트래킹 기술을 기반으로 운영된다. 개인 인증 기능으로 이용자 각자의 학습 내력을 저장하고 이들 정보를 유의미하게 연계하며 콘텐츠를 제공한다. 결국은 개인 신상정보에 따라 필요한 정보 또는 지식을 실시간, 위치기반으로 제공하고 개인의 욕구 발생에 따라 각기 다른 학습 목표를 설정하고 학습수행의 과정이 목표설정과 거의 실시간으로 이루어지도록 운영된다.

⑦ **영구적인 학습 자원 관리(permanency)이다.** 학습자가 의도적으로 삭제하지 않는 이상 결코 그들의 작업내용을 잃지 않는다. 또한, 모든 학습 과정을 매일매일 지속적으로 기록하게 된다.

⑧ **학습활동 맥락성(situating of instructional activities)이다.** 학습은 일상생활 속에 내재되며, 모든 문제나 관련된 지식은 자연스럽고 실생활과 밀접히 연관된 형태(authentic forms)로 제시된다. 이것은 학습자로 하여금 문제 상황의 특성을 알아내고 관련된 활동을 할 수 있게 도와준다.

⑨ **다면적 학습공간을 제공한다.** 물리적 공간과 사이버 공간, 오프라인 학습조직과 모바일 학습조직을 유연하고 조화롭게 연계하고, 다양한 표상 형태의 학습 자원을 적시에 개별화하여 제공한다. 또한, 공동체적인 학습환경을 제공한다. 정규 교육기관, 비정규 교육기관, 지역사회, 집단, 개인 등 사회 각 분야에서 제공하는 연수, 강좌, 자문, 정보, 자격증 시험 같은 다양한 학습 자원과 프로그램들을 제공한다.

⑩ **인지, 정의, 심신의 통합학습을 제공한다.** 이처럼 다양한 목표가 통합적으로 학습될 수 있도록 관련 자원을 제공하며, 가치교육과 감성개발 교육을 원활하게 제공한다. u-러닝은 학교와 교실에 국한하지 않고 생활 속에서, 즉 실생활과 관련된 문제 상황에서 학습이 이루어진다. 실생활 속의 학습문제는 인지적, 정의적, 심동적 내용을 모두 포함하고 있다. 이러한 통합적 목표를 달성하기 위해 언제, 어디에나 편재해 있는 컴퓨터는 인간의 오감을 자극하여 인간의 변화를 지속적으로 요구할 것이다. 또한, 지식은 한곳에 머물러 있는 것이 아니라 나의 지식이 다른 학습자에게 전달되어 새로운 지식이 창출되고, 새롭게 창출된 지식은 또다시 나에게 전달되어 새롭게 발전된 지식으로 거듭나게 된다.

⑪ **학습은 보이지 않은 곳에서 이루어질 것이다.** 학습은 형식적인 공간에서뿐만 아니

라 언제, 어디에서나 이루어질 것이다. 어디에 가든 무엇을 하든 학습자는 단지 학습을 향해 몰입하게 될 것이다. 이는 매체나 기술을 사용한다는 의식조차 없는 상태에서 가능하게 된다.

⑫ **u-러닝에서 평가는 다양한 자료를 바탕으로 다면적으로 이루어진다.** 진정한 평가를 위해서는 학습활동이 이루어지는 전 과정에서 나타난 다양한 증거를 기반으로 이루어져야 한다.

유비쿼터스 기반의 컴퓨터는 모든 학습 과정에서 나타나는 학습자의 활동을 기록하고 평가자에게 정보를 제공할 것이다. 언제, 어디에나 편재해 있는 컴퓨터는 실시간으로 교육에 참여하고 학습자의 발달상황을 점검하며, 학습상황에서 나타난 문제점과 적절한 대안을 제시할 것이다.

그리고 서정희 외(2006)는 u-러닝의 교수-학습모형을 연구하면서 **u-러닝 환경에서의 학습활동을 중심으로 기초 활동유형**을 [그림 10-2]와 같이 도출하였다.

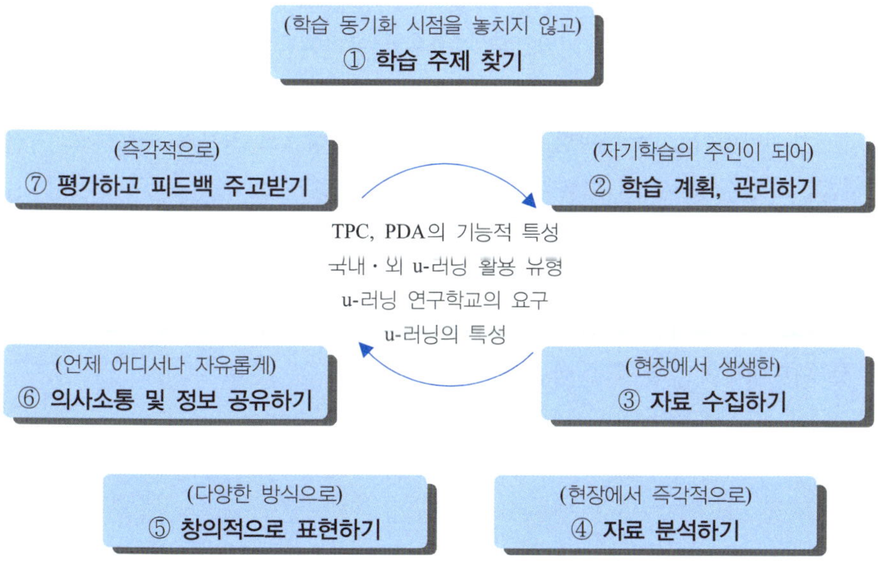

[그림 10-2] u-러닝 기초 활동유형

• 자료: 유승우 외(2018). 교육방법 및 교육공학. 서울: 양서원, p. 337.

① **학습 동기화 시점을 놓치지 않고 학습 주제 찾기이다.** 학습 주제 찾기는 유비쿼터스 학습 환경에서 학습자가 자신을 둘러싼 교실 안 혹은 교실 밖 환경에서 다양한 설정

을 통해 스스로 동기가 유발되어 학습 주제를 찾도록 하는 활동 유형이다.

② **자기학습의 주인이 되어 학습 계획 및 관리하기이다.** 학습 계획 및 관리하는 1인 1 PDA/TPC를 통하여 학습자 개개인이 개인적인 학습 도구를 상시적으로 휴대함으로써 실생활 속에서 학습이 이루어지는 전 과정에서 이들을 학습 계획과 학습 관리의 도구로 활용하는 유형을 의미한다.

③ **현장에서 생생한 자료 수집하기이다.** 자료 수집하기 유형은 다양한 u-러닝 기기들(PDA, TPC, 디지털카메라, 휴대폰 등)을 이용하여 학습에 필요한 각종 아날로그 자료들을 데이터, 사진, 오디오, 동영상과 같이 디지털화하여 수집하는 학습활동 유형이다.

④ **현장에서 즉각적으로 자료 분석하기이다.** 자료 분석하기는 다양한 u-러닝 기기들의 기능이나 특징을 이용해 수집한 자료를 분석하여 가설을 검증하거나 결론을 도출하는 학습활동 유형이다.

⑤ **자신에게 맞는 다양한 방식으로 창의적으로 표현하기이다.** 창의적으로 표현하기는 자신의 아이디어를 표현하기 위하여 수집한 자료나 분석결과를 가공하여 프레젠테이션, 홍보물, 포스터 등의 창작물을 만드는 학습활동 유형이다.

⑥ **언제 어디서나 자유롭게 의사소통 및 정보 공유하기이다.** 의사소통 및 정보 공유하기는 유비쿼터스 기술을 기반으로 일상생활 공간에 존재하는 사물과 학습활동 공간에 존재하는 사물들까지 지능화와 네트워크가 이루어진 환경에서 학습자가 사람, 사물, 데이터베이스 등 다양한 매체와 실시간 쌍방향으로 정보를 공유하고, 여러 사람들과 의견을 교환하여 협력하는 학습활동 유형이다.

⑦ **즉각적으로 평가하고 피드백 주고받기이다.** 평가하고 피드백 주고받기는 유비쿼터스 환경에서 학습자들의 선수 지식과 학습 과정 및 학습결과를 퀴즈, 학습일지, 포트폴리오 등의 다양한 방법으로 평가하고, 평가결과를 학습자에게 즉각적이고 지속적으로 피드백하여 주는 교수-학습활동 유형이다.

제3절 m-러닝

모바일(mobile)은 이동성을 의미하는 것으로 모바일 통신기기에는 노트북, 휴대폰, 개인용 휴대용 단말기(personal digital assistant: PDA) 등의 장비 등이 있다. 모바일

러닝(mobile learning)이란 이러한 장비들을 이용하여 언제 어디서나 쉽고 저렴하게 무선으로 인터넷에 접속하여 다양한 형태의 정보를 획득하고 활용하여 학습하는 것을 말한다.

언제 어디서나 이루어지는 교육적 비전을 달성하려는 차원에서 등장한 m-러닝은 e-러닝의 특수한 형태로서 그 특징은 다음과 같다(유승우 외, 2010: 318~319).

① **m-러닝은 e-러닝의 시공간을 초월한 교육에 이동 가능성(movability)을 추가하는 새로운 학습 형태이다.** m-러닝은 '학습대상(learning objects)', 즉 학습 내용이라고 알려진 적은 양의 지식을 전달하는데 적합하며, 이동통신 장치가 교실 현장에서 학습자의 학습능력의 차이에 따른 수준별 학습을 가능하게 하는 도구로써 이용될 수 있는 커다란 잠재력을 가지고 있다.

② **학습에 대한 자기 주도성(self-directed)이다.** 이는 시간적 및 지리적 자유를 의미하며, 자신의 이해능력, 학습능력에 따라서 학습 속도를 스스로가 조절할 수 있다.

③ **학습 장소의 편재성(ubiquity)이다.** 이는 언제 어디서나 실시간으로 학습이 가능한 것을 의미한다. 이동성이 보장되는 휴대용 단말기를 통한 학습이기 때문에 학습자는 장소에 관계없이 항상 학습할 수 있는 환경이 갖추어져 있는 상태이다.

④ **즉시 접속성(instant connectivity)이다.** 이는 무선단말기를 통하여 학습을 위한 사전의 준비단계 없이 접속하여 실시간으로 학습할 수 있는 특징을 의미하며, 학습을 위하여 학습 매체가 구비되어 있는 학습환경, 학습을 위한 장소 이동이 필요하지 않으며 개인의 휴대형 단말기를 통하면 편리하게 접속하여 학습이 가능하다.

⑤ **학습공동체 형성(learning-community)이 가능하다.** 이는 자기 주도적으로 원하는 지식을 습득하는 과정에서 일정한 상호작용이 지속되며, 특정 지식을 공유하는 사람들끼리 새로운 학습공동체를 형성하며, 모바일의 환경에서는 학습 내용에 대한 정보를 단문전송장치(short message system: SMS), 또는 전화통화를 이용해 보다 빠르고 쉽게 얻을 수 있으며, 학습공동체 구성원들과 원활한 상호관계를 유지할 수 있다.

⑥ **학습의 개별성을 지원한다.** 자신의 고유 단말기를 통하여 이루어지는 학습이기 때문에 학습자는 문자(text), 음성, 동영상 등 다양한 학습 형태를 자신의 취향에 맞게 선택할 수 있으며, 학습에 대한 내용도 자신이 특별히 원하는 것을 선택할 수 있다.

최근 학교 현장에서 정보통신기기를 활용한 자기 주도적이고 창의적인 수업이 적극 권장되고 있는데, 초·중·고등학교에서는 무선 랜 노트북과 PDA 등을 이용한 인터넷 활용 수업이 활발하게 시범 적용되고 있으며 대학에서는 초·중등과는 달리 단체적으로 모바일(mobile)을 이용한 학사관리 시스템 및 모바일 인터넷 교육의 확산이 활발히 전개되고 있다(한상용 외, 2003).

디지털 학습 매체가 교육현장에 도입되어 활용되는 e-러닝, m-러닝, u-러닝의 구별요소를 학습공간, 매체 활용, 주요 기술 등의 영역에서 비교하면 다음 **〈표 10-3〉**과 같다.

〈표 10-3〉 e-러닝, m-러닝, u-러닝의 구별요소

구분	e-러닝	m-러닝	u-러닝
학습공간	• 학습자가 안정된 물리적 공간에 위치하고 사이버 공간을 통하여 하는 학습 • 온라인에서 이루어지는 학습활동과 오프라인에서 이루어지는 학습활동이 분리되어 이루어짐	• 물리적 공간에서 이동하면서 사이버 공간을 통하여 하는 학습 • 온라인에서 이루어지는 학습활동과 오프라인에서 이루어지는 학습활동이 여전히 분리되어 이루어짐	• 물리적 공간에 내재되어 있는 사이버 공간을 의식하지 않으면서 일상적인 물리적 공간에서 하는 학습 • 물리적 공간에 존재하는 사물과 학습활동 공간에 존재하는 사물까지 센서/칩/라벨 등을 포함, 지능화/네트워크화하는 것으로 정보화 영역이 확대 온라인/오프라인이 모두 통합된 학습활동이 이루어짐
주된 기기	• 주된 PC 단말기 기반/PC의 네트워크 기반	• PDA 모바일 전화기, 태블릿 PC 등 물리적으로 움직이면서 사용 가능한 모바일 기기	• 입거나 들고 다니는 컴퓨터와 같은 다양한 차세대 휴대기기/이들 휴대기기의 네트워크 기반
트래킹/자연 인터페이스 구현 정도	• 트래킹 지원/자연 인터페이스 거의 구현 안 됨	• 트래킹 지원/자연 인터페이스 수준 낮음	• 학습행동 트래킹을 통해 유연한 교육을 가능하게 하는 기술, 언어나 시각 등의 자연 인터페이스 매개
학습 분절/몰입	• 안정된 물리적 환경에 위치하면서 일어나는 학습이므로 학습의 분절 현상은 상대적으로 낮음	• 기술적인 한계 등으로 학습의 분절이라는 문제의 잠재성이 매우 높음	• 유비쿼터스 기술의 구현으로(트래킹 구현, 에이전트 기술 구현) 분절의 가능성 기본적으로 해결/지속적 학습몰입을 원활히 지원
주요 기술	• 인터넷, 유선망, 웹 기술 활용	• 무선 인터넷 활용	• 무선 인터넷, 증강현실, 웹 현실화 기술 활용

구분	e-러닝	m-러닝	u-러닝
학습 수혜자	• 회원/등록생으로 가입되었을 때 학습활동이 이루어짐	• 회원/등록생으로 가입되었을 때 학습활동이 이루어짐	• 개인의 학습요구 발생 시에 학습자의 상황 정보는 물론 학습서비스 정보까지 언제 어디서나 실시간/연속적으로 인식, 추적 그리고 의사소통하여 상황인식 학습활동이 이루어짐
학습 발생 시점	• 접속하고 있을 때(일상생활과 학습공간의 분리)	• 접속하고 있을 때(일상생활과 학습공간의 분리)	• 생활하고 있을 때(일상생활과 학습의 일체화)

• 자료: 김태영 외(2005). 미래 교육 시나리오에 기반한 e-러닝 표준화 로드맵 V2 연구. 한국교육학술정보원 연구보고서 KR 2005-28.

제4절 블렌디드 러닝[5)]

미국 굴지의 교육기업인 서티런(CertiLearn) 사의 교수설계자이자 부사장인 Judith 박사는 '새로운 이름의 옛 친구(an old friend gets anew name)'라는 표현으로 블렌디드 러닝(혼합형 학습)을 최초로 소개했다. 이는 "학습효과를 향상하기 위한 교육현장에서 다양한 교육방법을 혼합한 것은 새로운 개념이 아니다"라고 했다. 하지만 e-러닝의 한계를 극복하고 교육 효과를 향상시키기 위해 향후 주목해야 할 방법으로 간주했다.

블렌디드 러닝(Blended Learning)은 두 가지 학습방법을 결합하여 이루어지는 학습이다. 즉 면대면 교실수업과 온라인(사이버) 학습 등 오프라인과 온라인 활동을 결합한 학습이 대표적이다. 초·중등학교 현장에서 기존의 면대면 교육과 e-러닝 등을 결합한 블렌디드 러닝이 주목받는 이유는 면대면 교육이 가진 시간적·공간적 제한점을 e-러닝의 장점을 통해 보완할 수 있기 때문이다. 이와 반대로 e-러닝의 문제점으로 지적되는 인간적인 접촉의 상실이나 홀로 학습에 대한 두려움, 이로 인환 동

5) 백영균 외(2018). 교육방법 및 교육공학. pp. 298~301 인용해서 재편집.

기유발 저하 등을 면대면 교육으로 보완할 수 있다는 측면이 면대면 교육과 e-러닝을 결합한 혼합학습의 장점이 된다.

블렌디드 러닝의 특성은 다음과 같이 제시하고자 한다(주영주, 2005).

① **블렌디드 러닝은 학습이 단지 한 번의 이벤트가 아니라 지속적인 과정이라는 개념 아래 설계되었다.** 기존 교육과의 온·오프라인 통합을 실전 연계를 가능하게 하여 지속적인 학습이 가능하다.

② **학습공간과 기회의 확대이다.** 온·오프라인 학습환경의 장점과 단점을 고려하여 개발되므로 시간과 공간을 초월한 교수설계가 가능하다. 학습 장소와 시간에 구애받지 않으므로 학습 장소를 집이나 거리, 업무현장 어디로든지 확대할 수 있다.

③ **교육의 효과성을 극대화할 수 있다.** 교수-학습 과정 및 방법, 다양한 교수 매체와 전략을 콘텐츠의 특성, 학습자의 학습 스타일에 맞게 적절히 조화시켜 설계 및 개발할 수 있다.

④ **개발시간과 비용을 최적화할 수 있다.** 온라인 형태의 경우 개발비용은 많이 들지만 실행에 드는 비용을 최소화할 수 있고, 오프라인 방식은 실행에 드는 비용이 비교적 높은 편이나 시간 활용을 집중시킬 수 있는 장점이 있다.

또한, **블렌디드 러닝을 계획할 때 추구하는 목적에 따라 효율성, 효과성, 학습자 자기 주도성 증진, 성과 향상, 실천공동체 육성 등을 고려할 필요가 있다.**

① '효율성 증진'에서는 교육훈련비용 감소, 학습 시간 단축, 신속한 훈련 서비스 등이 있다.

② '효과성 증진'에서는 지식 유형에 따른 온라인과 오프라인의 통합 등이 있다.

③ '학습자 자기 주도성 증진'과 '성과의 향상'에서는 학습과 업무의 통합, 학습의 적시성 등이 있다.

④ '실천공동체 육성'에서는 학습성과의 지속적 사후관리, 비공식적 학습경험 촉진, 지속적 지식공유와 창조 지원이 필요하다.

그리고 **블렌디드 러닝에서 온라인과 오프라인을 통합할 때는 다섯 가지 혼합방식이 있을 수 있다.**

① 오프라인 학습과 온라인학습이 만나는 '학습공간의 통합',
② 자기조절학습과 협동 학습이 만나는 '학습 형태의 통합',
③ 구조화된 학습과 비구조화된 학습이 만나는 '학습유형의 통합',
④ 기성형 콘텐츠와 주문형 콘텐츠가 만나는 '학습 내용의 통합',
⑤ 학습과 업무가 만나는 '교육과 훈련의 통합'으로 나뉜다.

블렌디드 러닝의 접근 방식을 제시하면 〈표 10-4〉와 같다.

〈표 10-4〉 블렌디드 러닝의 접근 방식

영역	블렌디드 옵션
학습자	자기 주도학습, 그룹 기반 학습
시간	실시간·비실시간 합성
공간	온·오프라인 연계
콘텐츠	구조화·비구조화된(학습객체) 학습
방법	강의식, 사례연구, 전문가, 패널 토의, 그룹 토의, 경험학습, 역할연기, 시뮬레이션, 워크숍, 팀 활동, 독서 연계 등
중점적인 활동	콘텐츠 중심, 프로세스 중심, 상호 활동, 스킬 개발, 사고 활동
학습 성향	적응자, 조정자(accommodator), 동화자(assimilator), 통합자
테크놀로지	텍스트 기반, 오디오 기반, 비디오 기반, 컴퓨터 기반 등
학습 차원	single loop learning, double loop learning
상호활동 수준	학습자-강사, 학습자-학습자, 학습자-커뮤니티, 학습자-tool, 학습자-지식경영시스템, 학습자-학습 환경 등 연계

• 자료: 백영균 외(2018). 교육방법 및 교육공학. p. 301.

제5절 스마트 러닝

인터넷의 보급으로 e-러닝이 학교 교육과 기업교육에 확산되었고, 최근에는 스마트 기기를 활용한 스마트 러닝에 많은 관심을 가지고 있다. 스마트 러닝은 e-러닝에 기반한 것으로, e-러닝을 보다 확장하거나 변화시키는 양면적 성격을 가지고 있다고 하였다(임병노·박정영, 2012). 기술적 측면에서 스마트 러닝은 스마트폰, 태블릿 PC 등과 같은 스마트 디바이스에 e-러닝을 접목한 것으로 볼 수 있다(백영균 외, 2018).

스마트 러닝에 대한 여러 학자의 입장을 소개하면 다음과 같다.

① **Allyn Radford**(2010)는 "스마트 러닝이란 새로운 지식과 기술을 활용한 독립적이고 지능적인 교육을 통해 학습자 행동의 변화를 이끌어 내는 활동"이라고 정의했다.

② **전자신문**(2010)에서는 "스마트 러닝은 스마트폰, 미디어 태블릿, e북 단말기 등의 모바일기기를 이용한 학습콘텐츠와 솔루션을 통칭하며 인터넷 접속은 물론 위치 기반 서비스, 증강현실 등 다양한 기술 적용이 가능한 스마트 기기의 장점을 활용해 기존 e-러닝과 차별화된 서비스를 제공한다"라고 했다.

③ **국가정보화전략위원회·교육과학기술부**(2011)에서는 "스마트 러닝은 e-러닝과 u-러닝의 연계선상에 있는 개념으로 21세기 지식기반사회에서 요구되는 새로운 교육방법, 교육과정, 평가, 교사 등 교육체제 전반의 변화를 이끌기 위한 지능형 맞춤-교수학습 지원체제로서, 최상의 통신환경을 기반으로 인간을 중심으로 한 소셜 학습(social learning)과 맞춤형 학습(adaptive learning)을 접목한 학습 형태이다"라고 정의했다.

④ **Kinshuk**는 "스마트 러닝은 단순히 모바일기기 혹은 스마트 기기를 활용한 또 다른 형태의 e-러닝을 의미하는 것이 아니라 스마트 러닝과 모바일 러닝이 다른 점은 스마트 러닝이 e-러닝의 나아갈 방향을 제시하는 패러다임적 의미라는 것이다"라고 정의했다.

⑤ **백영균 외**(2018)는 "스마트 교육이란 21세기 학습자 역량 강화를 위한 지능형 맞춤 학습체제로 교육환경, 교육내용, 교육방법 및 평가 등 교육체제를 혁신하는 동력이라 할 수 있다"고 했다.

⑥ **유승우 외**(2018)는 "스마트 러닝은 학습과 평가, 분석이 실시간으로 이루어져 자기주도학습이 가능하도록 구성된 시스템으로 교육현장에서는 스마트 디바이스(스마트폰, 태블릿 PC 등)를 활용한 교육으로 통용되고 있다"고 했다.

상기에서 다양한 학자들의 견해를 종합 정리하면, **스마트 러닝이란 태블릿 PC, e북 단말기, 스마트폰 등 다양한 디바이스와 다양한 학습 환경을 가진 학습자들이 모여 공통의 주제로 학습 커뮤니티를 형성하여, 다양한 미디어와 자료를 상호 공유하는 과정에서 지식을 구성하고 재생산하는 모든 형식, 비(非) 형식 학습-소셜 학습(social learning)과 맞춤형 학습(adaptive learning)을 접목한 학습 형태-를 지칭**하는 것으로 볼 수 있다.

이러한 스마트 러닝의 개념을 기반으로 교육부(2011)는 **스마트 러닝의 개념적 틀**을 〈표 10-5〉와 같이 제시하고 있다.

<표 10-5> 스마트 러닝의 개념적 틀

구분	내용
self-directed (자기 주도적)	• **지식생산자**: 지식수용자에서 지식의 주요 생산자로 학생의 역할 변화, 교사는 지식 전달자에서 학습의 조력자로 변화
	• **지능화**: 온라인 성취도 진단 및 처방을 통해 스스로 학습하는 체제
motivated (흥미)	• **체험중심**: 정형화된 교과 지식 중심에서 체험을 기반으로 지식을 재구성할 수 있는 교수-학습 방법 강조
	• **문제해결 중심**: 창의적 문제해결과 과정 중심의 개별화된 평가 지향
adaptive (수준과 적성)	• **유연화**: 교육체제의 유연성이 강화되고 개인의 선호 및 미래의 직업과 연계된 맞춤형 학습 구현
	• **개별화**: 학교가 지식을 대량으로 전달하는 장소에서 수준과 적성에 맞는 개별화된 학습을 지원하는 장소로 전환
resource enriched (풍부한 자료)	• **오픈마켓**: 클라우드 교육 서비스를 기반으로 공공기관, 민간 및 개인이 개발한 풍부한 콘텐츠를 교육에 자유롭게 활용
	• **소셜네트워킹**: 집단지성, 소셜 러닝 등을 활용한 국내외 학습 자원의 공동 활용과 협력 학습 확대
technology embedded (정보기술 활용)	• **개방화**: 정보기술을 통해 언제, 어디서나 원하는 학습을 할 수 있고, 수업방식이 다양해져 학습의 선택권이 최대한 보장되는 교육환경

• 자료: 교육부(2011). 스마트 교육 추진전략 실행계획.

그리고 **스마트 교육의 목적**은 다음과 같다(백영균 외, 2018).

① 서책형 교과서의 한계를 극복하고 교실수업 개선과 학생별 맞춤형 교수-학습을 위한 디지털 교과서 개발 및 적용에 있다. 디지털 교과서란 교과 내용과 참고서, 문제집, 학

습 사진, 공책, 멀티미디어 요소 자료 등의 기능을 연계한 미래형 교과서를 의미한다.

② 정보기술을 통해 언제, 어디서나 원하는 학습을 할 수 있고, 수업방식이 다양해서 학습 선택이 최대한 보장되는 교육복지 정착의 새로운 패러다임을 설계한다.

③ 교육체제의 유연성이 강화되고 개인의 적성 및 미래의 직업과 연계된 맞춤 학습 구현으로 꿈의 학교, 행복한 교실, 흥미 학습을 실현한다.

④ 클라우드 교육서비스를 기반으로 공공기관, 민간 및 개인이 개발한 풍부한 콘텐츠를 교육에 자유롭게 활용하고, 집단지성, 소셜 러닝 등을 활용한 학습 자원의 공동 활용과 협력 학습 기반을 마련한다.

⑤ 변화된 기술 및 제도 등 교육 패러다임에 부응하는 교사 역량 고도화를 위한 교원연수 지원체제 구축과 예비교사교육을 강화한다.

스마트 러닝은 미래 교육의 한 모습으로 다음과 같은 특성을 가지고 있다(유승우 외, 2018).

① 스마트 러닝은 웹 2.0의 특징인 공유와 참여를 통한 소통 및 상호작용을 갖춘 사회적 학습이다.

② 스마트 러닝은 언제, 어디서나 학습이 이루어지는 상시성을 띠고 있다. 이를 통해 교실이라는 물리적인 경계는 물론이고 학습 구성원의 경계도 허물어지고 있다.

③ 스마트 러닝은 맞춤형 학습을 가능하게 하는 지능적이고 적응적인 특성을 지니고 있다.

④ 스마트 러닝은 학습이 학습자의 실제 삶과 유리되지 않는 실제성을 띤다.

⑤ 스마트 러닝의 학습활동은 테크놀로지를 기반으로 이루어진다.

웹 2.0이나 소셜 미디어의 특징은 상호 작용성, 소통, 관계, 즉각적 피드백 등이며, 이러한 특징은 스마트 러닝을 설명할 수 있는 이론적 배경으로 사회적 구성주의, 사회적 실재감, 사회적 관계자본이론, 게임화 이론 등을 제시했다(강인애·임병노·박정영, 2012: 291).

① **사회적 구성주의**(social constructivism)는 문화적·사회적 맥락에 속해 있는 학습자들 간의 상호작용을 통해 학습이 이루어진다고 본다. 학습자들은 일상에서 자연스럽게 발생하는 비 형식 또는 무형식 학습을 통해 배우게 되며, 이러한 학습을 다른 사람들과 공유하면서 사회적 협상의 과정을 거쳐 학습의 타당성을 인정받게 된다. 스마트 러닝은 이러한 사회적 구성주의 학습을 하기에 매우 적합한 학습환경이다.

② **스마트 러닝에서는 물리적으로 떨어져 있는 사람들로부터 즉각적인 피드백이 가능**

하기에 사회적 실재감(social presence)을 높여준다. 사회적 실재감은 교수 실재감(teaching presence)을 높여준다. 교수 실재감이란 교수의 설계와 운영에 대한 학습자의 인식수준으로, 교수자가 질 높은 학습활동을 설계하고 이를 촉진시키는 수업 운영을 할 때 학습자들이 교수적 지원을 언제라도 받을 수 있다고 느끼는 정도를 말한다(Garrison, 2000). 이러한 실재감은 학습에 긍정적인 영향을 미치게 된다(강명희 외, 2011; 김지심 외, 2010; Garrison & Arbaugh, 2007; Wang & Kang, 2006).

③ **사회적 관계자본이론(social relation capital theory)**은 사회구성원들 간의 관계와 교류를 통해서 사회적 자산이 강화되어 간다는 것이다. 스마트 러닝에서는 교사와 학생 이외에 누구라도 학습에 참여할 수 있는 개방적인 학습 환경이기 때문에 학습이 진행될수록 사회적 관계가 강해지고 이는 사회적인 자산이 될 수 있다.

④ **게임화 이론(gamification theory)**은 학습이 게임이 아님에도 불구하고 게임으로 인식하여 흥미를 느끼고 참여 동기가 생겨 활동에 몰입하는 것을 말한다. 스마트 러닝은 다양한 앱을 활용하기 때문에 학습활동을 게임과 같이 흥미롭게 진행할 수 있고, 타인과 경쟁하면서 학습 목표를 성취할 수 있다.

제6절 MOOC

MOOC는 대학 또는 다양한 교육기관에서 대중들에게 무료로 서비스되는 온라인 강의이다. **MOOC의 출현 배경**은 다음과 같다(이병현, 2015).

① **사회 철학적 요인**으로서 교육에 대한 박애주의적 정신, 누구에게나 지식이 공유되어 배움에 대해 제한을 받아서는 안 된다는 인식이 출현 배경으로 볼 수 있다. 2002년부터 매사추세츠공과대학교를 중심으로 추진되어 온 OER(open educational resources: 공개교육자료) 운동으로 강의 비디오, 수업 노트, 평가 문항 등의 자료들이 공유되었다. MOOC는 이러한 OER의 연장선상에서 강의 코스가 공개되는 것까지 확장되면서 출현되었다고 볼 수 있다.

② **사회 경제적 요인이다.** 2008년 이후 세계적인 경기 침체로 미국 정부의 대학 재정지원 감소, 대학생 학자금 대출 급증으로 교육재정 문제가 심각해지기 시작했다. 이 시

기의 MOOC는 대학에 교육대상의 전 세계적 확보, 교육자원의 재활용, 대학의 홍보, 대학교수의 홍보, 타 기관과의 파트너십 형성 등에 도움을 줄 수 있다.

③ **교육적 요인이다.** MOOC를 통해 교육의 질을 높일 수 있다. 대규모 학습자들의 강의 코스에 대한 이력과 반응을 통해 어떠한 자료가 필요한지, 어떠한 온라인 학습방법이 효과적인지에 대한 빅데이터가 산출된다. 이러한 자료는 수업을 혁신할 수 있는 통찰력을 제공해 줄 수 있다.

④ **기술적 요인이다.** 이는 ICT 기술이 일반인들에게도 보편적으로 보급되었음을 의미한다. 요즘 직업적 세계가 급변하는 가운데 직업교육과 평생교육의 요구로 인해 학령기가 아닌 일반인들의 온라인 코스 수강이 보편화됨을 의미한다.

대형온라인 공개강좌(MOOC: Massive Open Online Courses)는 2012년 이후 스탠포드 대학 출신의 교수들이 주도가 되어 설립된 코세라(Coursera)와 하버드대학교와 MIT (Massachusetts Institute of Technology)가 주도되어 설립한 에드엑스(edX)에 의해 널리 알려진 새로운 방식의 이-러닝으로 개방원격교육(ODL: open and distance learning)과 공개교육자료(OER: open educational resources)라는 기반 위에 기존의 이-러닝과는 다르게 대체로 2~3만 명의 학습자들을 대상으로 온-라인을 통해 무료로 대학의 강좌를 제공하는 형태이다. 특히 고등교육 기회의 보편화와 민주화라는 이상을 실현할 수 있는 하나의 방안으로 간주되기도 한다(유승우 외, 2018).

MOOC의 형태는 ODL과 OER이 있다. ODL은 온라인 원격교육을 의미한다. 수많은 원격대학과 원격 교육기관의 교육을 말하는 광범위한 개념이다. 이에 반해 OER은 교육자료의 저작권을 풀어서(open licensing) 제공하는 것으로, 교육자료 공유를 말하는 것이다. 온라인 강좌가 저작권을 풀어 모든 이에게 공개하였다면 OER에 포함될 수도 있다. MOOC는 이 두 가지에 기반하고 있다. 개방형 원격 교육 형태를 취하고 있다. 그러나 특정 원격 교육기관이라고 보기는 어려우며, 온라인 코스의 한 사례로는 볼 수 있다. 코스(course)라는 용어를 사용한다는 것은 원격 교육기관 강좌의 목표, 학습 이력 관리, 피드백, 평가, 수료 등의 일련의 절차가 있다는 것을 의미한다. 그리고 저작권의 공개 정도에 따라 OER에 속할 수도 있고, 속하지 않을 수도 있다(김보경, 2018).

MOOC는 누구나 쉽게 가입하고 등록할 수 있다. 그리고 원하는 코스를 선택하여 공부할 수 있다. 코스에는 강의 비디오를 학습하는 것과 각종 자료들을 열람할 수도 있고 다른 학습자들과 함께 온라인 포럼에 참석하기도 한다. 온라인 평가가 있어 코스를 제대로 이수하고 적정 수준의 평가점수를 받으면 필요한 경우, 그 강좌를 이수한 이수증을 발급받기도 한다. 전통적인 대학의 한 학기 분량의 코스는 너무 길어 이수율에 영향을 주기 때문에 주제에 따라서는 단기간 코스(4~6주)로 하는 것이 적합하다고 본다(이병현, 2015).

MOOC가 교육방법 및 공학적 측면에서 좋은 점으로는(유승우 외, 2018), ① 세계 명문대학의 강의를 공개함으로써 경제적 부담이 큰 고등교육의 값싼 보급이 가능하다. ② 학습자로 하여금 자기 주도적으로 무엇을 배울지를 결정하여 최적의 조건에서 시간 제약 없이 반복적으로 학습할 수 있게 한다. ③ 학습자들과 학습자들이 네트워크를 형성하여 상호작용하는 능동적인 교육이 가능하다.

한편 **MOOC의 다양한 장점에도 불구하고 몇 가지 문제점들을 제시**하면 다음과 같다(김보경, 2018).

① 다수의 원격교육이 대부분 중도탈락률이 매우 높다. 무료이며 간단하게 등록할 수 있다는 점에서 등록하는 사람은 많지만 이수하는 비율은 10% 미만이다.
② 강의 비디오를 통한 지식전달모형이 주를 이루기 때문에 단순 지식 전달 강의에는 적합하지만, 그 외 다양한 상호작용과 창의적 활동으로 설계하기에는 한계가 있다.
③ 고등교육의 보편화가 실현될 것이라는 연구결과가 있다. 이들은 자기계발을 위해 또는 직업과 관련된 전문성을 개발하기 위해서 수강하는 것으로 나타났다.
④ 세계적인 명문대학의 강좌에 대한 호기심과 도전의식으로 수강하는 이들도 있는 것으로 나타났다. 이러한 이유로 고등교육 기회의 균등화를 실현하기보다는 오히려 교육의 격차를 심화시킬 수도 있다는 우려를 초래할 수 있다. 하지만 오늘날 평생학습의 시대를 맞이하여 MOOC는 교육의 개방성이라는 측면에 근거하여 교육 혁신을 주도하고 고등교육뿐만 아니라 초·중등교육을 위한 인프라의 관점에서 국가 차원의 관심과 더불어 지속적으로 확산될 것이다.

제7절 소셜 미디어

7절에서는 소셜 미디어의 개념과 종류-블로그, 위키미디어, 유튜브, 트위터, 페이스북-, 소셜 미디어 활용의 사례 등에 대해서 고찰하기로 한다(유승우 외, 2018; 백영균 외, 2018).

1. 소셜 미디어의 개념과 종류

인터넷상에서 정보를 모아 보여주기만 하는 웹 1.0에 비해 웹 2.0은 사용자가 직접 데이터를 다룰 수 있도록 데이터를 제공하는 플랫폼이 정보를 더 쉽게 공유하고 서비스를 받을 수 있도록 만들어져 있다.

웹 1.0은 홈페이지 관리자나 운영자가 정보를 전달하는 형태였기 때문에 관리자의 능력에 따라 홈페이지의 정보량이 정해진다. 하지만 웹 2.0은 사용자가 직접 정보를 생성하고 공유를 하여 관리자가 아닌 사용자 스스로가 정보를 만드는 형태이다. 사례를 들면, 블로그나 위키피디아 같은 것들이다. 즉 사용자가 직접 정보의 생성과 공유에 참여하는 형태인 것이다. 이러한 형태는 개인의 정보가 모여 방대한 정보를 만들고 쉽게 공유됨으로 모든 사용자에게 양질의 정보가 빠르게 생겨나고 관리된다는 장점이 있다. 웹 2.0의 특징은 바로 개방, 참여, 공유로 요약할 수 있다. 인터넷 환경에서는 누구나 개방된 플랫폼에서 데이터를 사용할 수 있으며, 이를 자유롭게 이동하거나 수정할 수 있다. 즉 소수 전문가의 지식이 아닌 다양한 사람들의 지성을 모아 지식을 구축하므로 실제적이고 역동적이며 창조적인 지식을 구축할 수 있게 되는, 즉 집단지성이 가능하게 되는 것이다.

웹 1.0과 웹 2.0을 비교하면 〈표 10-6〉과 같다.

<표 10-6> 웹 1.0 vs 웹 2.0

웹 1.0	웹 2.0
읽기 전용 콘텐츠(read-only content)	사용자 생성 콘텐츠(user-generated content)
아이볼스(eyeballs)	핸즈(hands)
스티키니스(stickiness)	신디케이션(syndication)
에디터(editors)	버즈(buzz)
개인 웹사이트(personal websites)	블로깅(blogging)
중앙집중식(centralized)	클라우드 방식(crowdsourcing)

• 자료: 백영균 외(2018). 교육방법 및 교육공학. p. 252.

그리고 **소셜 미디어란** 쌍방향 테크놀로지를 통해서 텍스트, 이미지, 오디오, 비디오 등을 전송하거나 제작할 수 있는 다양한 멀티미디어의 구성 요소와 사회적 상호작용을 통해 참여자들이 정보와 지식, 의견을 공유하고 통합하는 다양한 활동이라 정의한다. 즉 일반 대중이 만들어 낸 콘텐츠로 하나의 커뮤니티 내부에서 콘텐츠가 교환되는 것으로 소셜 미디어를 정의할 수 있으며, 좁은 의미로는 수천 명에게 자신의 메시지를 제시함으로써 그들의 강력한 연대감으로 결속하는 것으로 정의하기도 한다(백영균 외, 2018).

1) 블로그

블로그란 웹(Web) 로그(log)의 줄임말로 관심사에 따라 자유롭게 정보를 올리고 출판 및 방송이 가능한 다양한 형태를 갖춘 1인 미디어이다. 특히 정보 제공이 목적인 웹 1.0과 달리 정보의 개방과 참여가 가능한 웹 2.0 도구로써 정보를 공유하고 나눌 수 있는 새로운 개념의 미디어로는 블로그가 가장 일반적인 형태이다(유승우 외, 2018).

블로그는 RSS(really simple syndication)[6] 기능을 활용하여 새로운 정보를 신속하게 전달할 수 있고 전달받을 수 있다. 또한, 원격 코멘팅 기능을 이용하여 교사가 적절한 조언과 제언이 가능하다. ① 교사 측면에서는 블로그를 통해 숙제를 공지하

6) 관심 있는 블로그의 최신 글 목록을 몇 백 개든 한꺼번에 받아 볼 수 있게 해 주는 것으로, 콘텐츠 배급(content syndication)을 위해 나온 XML 형태의 규격 중 하나인데, 웹사이트끼리 서로 자료를 주고받기 위한 규격이다. RSS를 이용하면 관심 있는 사이트들을 직접 방문할 필요 없이 최신 내용을 볼 수가 있다.

고, 가정통신문을 대신하며, 학교 월중 행사계획이나 급식메뉴 안내 등을 통해 학생 또는 학부모에 대하여 더욱 폭넓은 정보 공유가 가능해질 것이다. 그리고 ② 학습자 활동 측면에서는 학생들은 다양한 활동의 결과와 지식을 멤버들과 공유하고 하급생들 또는 인근 지역의 타 학교 학생들과의 정보 교환 창구로 활용할 수 있을 것이다. 더군다나 공연 안내, 독서감상문, 추천 도서 소개, 모임 공지, 중간 결과물을 보관하는 파일링 캐비닛(filing cabinet) 역할을 할 수 있을 것이다. 또한, **포트폴리오**는 장시간에 걸쳐 학생들의 발달 과정을 지속적으로 종합적으로 평가할 수 있도록 모아 놓은 모음집으로 교육현장에서는 수행평가의 한 유형으로 많이 활용하고 있다. 학생들의 자료철이나 수업 중에 만든 성과물을 블로그에 올려놓는다면 학생들의 성장 과정을 일목요연하게 이해할 수 있는 자료가 되며, 학생들도 포트폴리오를 제작하면서 디지털카메라 등 다양한 기기의 작동법을 자연스럽게 익히게 될 것이다. 그리고 학부모도 교내활동 사항이나 과제들을 열람할 수 있고, 학부형 공지나 참여 등을 통하여 다양한 온라인 활동이 가능할 것이다(백영균 외 2018).

블로그를 활용한 다양한 교육적 효과를 제시하면 다음과 같다(유승우 외, 2018).

① 학습자들의 비판적, 분석적, 논리적 사고력을 증진시킨다. 이는 단순히 블로그를 생성한다고 해서 이루어지는 것은 아니며, 교사나 운영자가 사고력 증진을 위한 다양한 교수-학습 전략을 사용해야 한다.

② 웹검색, 정보공유, 정보수정 등을 통해 학습자들이 정보를 직관적으로 선택하고 조합하며, 새롭게 창조할 수 있는 능력을 기를 수 있다.

③ 블로그 환경에서 친밀감, 실재감, 사회적 맥락화를 높여줌으로써 학습자들 간의 사회적 상호작용을 증진할 수 있다.

④ 블로그는 학습자에게 학습자율권을 부여함으로써 자기 주도적인 학습이 가능하게 해준다.

⑤ 학습자들은 블로그를 통해 어떤 지식이 구성되고 결과물이 산출될 수 있는지를 반추함으로써 최적의 지식을 형성할 수 있다.

2) 위키미디어

위키 기반의 사이트들은 이전의 관리자가 내용을 수정하고 기록을 남길 수 있었던 단점을 보완하여 웹 접속자라면 누구든지 그 내용을 수정하고 추가할 수 있도록 개방성을 갖추어 인터넷상의 공동체 시스템으로 발전하였다.

위키의 특징을 제시하면 다음과 같다.

① 누구나 참여할 수 있으며 공통의 작업은 집단지성을 만드는 것으로 발전한다는 것이다. 이때의 집단은 그 집단을 이루고 있는 각각의 구성원인 개인보다 훨씬 뛰어난 지적 활동을 보인다는 것을 기초로 하고 있다.

② 이런 활동은 사회적 구성주의에서 강조하고 있는 협력 학습과 일치하고 있는 부분이다. 상호작용을 통해 개인의 지식이 구성되며 이를 위한 공동의 작업 틀로서 위키가 활용된다.

③ 위키 서비스의 대표적인 예인 위키피디아(www.wikipedia.org)는 전문성을 가진 소수 집필진의 참여에 의해 개발되는 기존의 백과사전과는 달리, 다수의 참여가 오히려 잘못된 지식을 퍼뜨리는 악영향을 끼칠 수 있다는 우려가 제시되기도 하면서, 위키의 출현으로 인해 주목받은 개념인 '대중의 지혜(the wisdom of crowds)'에 대한 논쟁이 일기도 하였다(백영균 외, 2018).

그리고 위키를 교육적 측면에서 가장 많이 활용하는 형태는 학급 단위의 프로젝트에 위키를 활용하는 것이다. 이런 프로젝트에서 학습자 간의 협력과 교수자와의 상호작용을 통해 프로젝트의 과제를 해결해 나가는 것이다. 이렇게 위키는 자료의 수집, 교수자의 수업에 대한 리뷰, 기존의 제시 도구를 대신해 사용될 수 있으며, 교육 외적으로는 다양한 협동과정을 통해 문제를 해결하는 도구로 활용될 뿐만 아니라 작업에서 의사소통을 유연하게 할 수 있다(한국학술정보원, 2009). 결국, 위키는 누구나 편집권을 가지고 주도적으로 학습을 진행해 나갈 수 있다는 점, 정해진 학습 기간 동안 변화된 것을 확인할 수 있다는 점, 즉각적인 피드백을 통해 유연한 의사소통이 가능하다는 점, 공동 집필할 수 있는 저작환경을 제공해 준다는 점 등이 교수-학습을 위한 시사점이라고 할 수 있다.

한편 **위키의 교육적 활용형태를 제시하면 다음과 같다**(김길모·김성식·이인숙·강성국, 2010).

① **언어사용 학습이다.** 다른 학습자나 교사에게서 피드백을 받을 수 있으며, 자신도 그러한 활동에 참여하는 것으로 언어사용 학습활동이 교실 현장보다 높은 교육적 효과

를 얻을 수 있을 것으로 본다.

② **지식 저장소이다.** 최신의 정보를 얻을 수 있는 공간으로 특정 분야의 기사들이 모여 있는 정보 저장소 혹은 사이트로 연결해 주는 중재자 역할을 하며 최신의 연구정보를 공유한다.

③ **프로젝트 학습 관리 도구이다.** 정해진 학습 기간 동안 변화된 것을 확인할 수 있는 점을 이용하여 이를 협동적 프로젝트 학습과제에 적용할 수 있다.

④ **협동 학습이다.** 자율적 참여에 의존하여, 누구나 편집권을 가지고 주도적으로 자기학습을 조장할 수 있고, 공동 집필 과정에서 누구나 수정하고 첨삭할 수 있다. 이러한 협력적인 환경은 학습자를 읽고 쓰는 능력을 기르게 하며 학습자들의 학습 태도를 협동적으로 만들어 준다.

⑤ **토론학습이다.** 능동적인 참여와 자율성, 그리고 묵시적인 사용자 간의 합의를 통해 자기주장을 자유롭게 표현할 수 있다.

⑥ **지식공유와 지식 전문가이다.** 학습자들이 지식생성과 공유의 전문가 역할을 하도록 한다. 이는 학습자들이 학습활동에 더욱 적극적으로 참여하게 되고, 지속적인 학습 자료 수집과 분석, 그리고 학습자의 개별학습을 촉진시키게 된다.

⑦ **의사결정 도구이다.** 백과사전용 협업지식 축적을 뛰어넘어 문제해결, 위기관리, 특명 사항 처리 등 기업의 52%를 차지하는 비정형 프로세스를 지원하고 시간에 따라 진화하는 아이디어 지식을 협업으로 축적하는데 뛰어난 적합성을 가지는 솔루션으로 활용하고 있다.

⑧ **집단지성 구현이다.** 조직지식의 공유와 획득, 창출에 있어서 지식경영시스템이나 인포메이션 포털보다 좀 더 개방적이고 유연하게 이루어질 수 있도록 해 주며 집단 지성(collective intelligence)의 축적과 기업 내부 구성원 간의 상호작용을 보다 원활하게 하는데 효과적이다.

⑨ **의견교환 및 공유이다.** 공동집필할 수 있는 저작환경, 누구나 수정 편집 가능, 인터넷상의 가상작업공간을 제공함으로써 다양한 층의 사람들을 사용자로 흡수하여 주제에 제한이 없는 다양한 의견교환의 장이 된다.

3) 유튜브

소셜 미디어에는 두 가지 용어의 개념이 내포되어 있다. 하나는 사회적 네트워킹(social networking)의 개념으로 네트워킹이 기계로부터 사람들에게는 확장되고 있다는 것으로 개인 간에 그리고 그룹 간에 광범위한 사회적 관계를 구축된다는 의미이며 또 다른 하나는 사용자 제작 콘텐츠(user generated content)로 웹 서비스 제공업체는 이용자들이 콘텐츠를 업로드하고 공유할 수 있는 장(field)만을 제공하며 내용은 사용자들이 직접 제작한 콘텐츠로 구성된다는 개념이다.

소셜 미디어 분류로는 첫째로 유튜브(YouTube)를 들 수 있다(백영균 외, 2018). 유튜브는 사용하기 쉬운 환경으로 컴퓨터를 사용하는 누구나 동영상을 올릴 수 있도록 함으로써 몇 분 안에 수백만 명이 볼 수 있도록 하였다. 이에 따라 이제는 비디오 공유를 인터넷 문화의 중요한 한 부분으로 보게 되었다. 유튜브의 다양한 동영상 자료는 수업자료나 동기 부여 자료로 쓰일 수 있으며, 실제 제작해서 업로드하는 활동을 통해서 적극적이고 활동적인 수업을 구성할 수도 있다. 그리고 유튜브 콘텐츠는 학습자들에게 귀중한 학습 자원이 될 수 있다. 학습자들로 하여금 비디오로부터 영감을 얻거나, 비디오 제작에 참여하여 자신들의 경험이나 지식을 비디오로 구성하여 업로드할 수 있도록 해 준다. 유튜브 콘텐츠들을 어떤 학습 목표를 달성하기 위해서 활용하는가가 주어진 과제일 것이다. 왜냐하면, 비디오는 강력한 동기 부여의 도구이기 때문이다. 유튜브에 올리기 위한 콘텐츠를 만들어 내는 과정은 매우 의미 있는 학습의 경험이 된다. 왜냐하면, 콘텐츠를 만들고, 공유하는 사이에 모든 사람이 참여하고, 자신의 의견을 낼 수 있으며 이런 과정 속에서 사회적 교류와 협동을 경험하기 때문이다. 사례를 들면, 올라와 있는 코멘트들은 몇 가지 논의거리를 만들어 내기도 하며, 서로 다른 관점의 2~3개의 영상물을 비교함으로써 토론을 촉진시킬 수도 있다. 또한, 자료창고, 즉 도서관으로서의 역할도 유튜브는 할 수 있다.

유튜브의 교육적 활용방법은 다음과 같다(조민경, 2011).

① **학습 커뮤니티(learning community)이다.** 전원이 의견을 내고, 참여할 수 있으며, 공통의 창조물을 만들고 공유할 수 있다.

② **과제(assessment item)이다.** 전통적인 과제에서 벗어나 짧은 영상물이 과제를 대신할 수 있다.

③ **미디어에 대한 경험(experience in new media)이다.** 새로운 미디어를 경험하면서 정보와 지식을 습득할 수 있다.

④ **토론을 위한 도구(discussion tool)이다.** 자신의 콘텐츠에 대한 코멘트들이나 연관되어 있는 다른 관점의 영상물들은 토론을 위한 좋은 도구가 된다.

⑤ **가상도서관(virtual library)이다.** 일반 텍스트가 갖지 못하는 요소들이 포함될 수 있고, 학생들에게 강의를 비롯하여 다양한 정보를 제공한다.

4) 트위터

트위터는 트윗이라고 일컫는 메시지를 사용자들 간에 보내고, 읽는 무료 소셜네트워킹이자 마이크로 블로깅 서비스이다. '**트윗**(tweet)'이란 말은 작은 새가 지저귀는 소리를 나타내는 영어 단어이다. 즉 사용자 수가 많으며, 실시간 대화와 비슷한 방식으로 이야기가 오가는 특징이 있기 때문에, 누군가가 시작한 이야기가 급속히 유포되어 세계적인 이슈가 되는 일도 일어난다. 그리고 트윗은 140자 정도의 단문으로 이루어지며 글을 작성하게 되면 글쓴이의 페이지와 글쓴이의 팔로워들에게 글이 송부된다. 팔로워들은 다시 그 글을 친구들에게 보내거나, 볼 수 있도록 허용할 수 있다. 또한, 트위터는 스마트폰 등 이동통신 기기를 이용한 글 등록도 편리하다. 이러한 특징은 스마트폰의 급속한 대중화에 힘입어 트위터도 더불어 대중화되고 있다. 스마트폰의 특징인 시간과 공간의 제한 없이 어디서든 인터넷에 접속할 수 있다는 점, 그리고 즉각적으로 반응을 보이고 참여할 수 있다는 점 덕분에 트위터의 이용률이 더욱 높아지고 있는 실정이다. 이런 트위터는 교실에서 학습에 활용할 경우 학습자들 간의 협동심이나 학습 내용에 대한 이해를 도울 수 있으며, 수업 중 혹은 그 이후라도 유용한 채널이 될 수 있다. 사례를 들면, 수업이 끝난 후 교수자가 트위터를 통해서 학생들의 관계를 좋게 형성한다거나 학습을 독려할 수 있다. 아울러 활용 팁이나 질문, 과제 등을 부여할 수도 있다. 즉 트위터는 교실상황에서나 또는 교실 밖에서 지속적인 대화가 가능하며 이를 통해 학생 간 혹은 학생과 교사 간 교류가 가능하다. 그리고 스마트폰을 소지하고, 푸시 기능을 설정했다면 이는 즉각적인 피드백을 줄 수 있는 방법이 된다. 수업 전에 준비사항에 대해 학생들에게 공지할 수도 있고, 학생들 역시 과제를 하다 의문 사항을 물어볼 수도 있으며, 이를 다른 학생이 답변할 수도 있다. 트위터는 교수자나 학습자를 팔로잉할 수 있을 뿐만 아니라 전문가들을 팔로잉해서 그들의 글을 확인할 수도 있다. 유명인을 팔로잉할 수도 있다. 이렇게 교수자 외에 다양한 전문가가 간접적으로 교실상황에 투입될 수 있다. 새로운 분야에 대한 아이디어와 정보를 공유할 수 있고, 다양한 다른 교육경험을 공유할 수 있다(백영균 외, 2018).

트위터의 교육적 활용방법은 다음과 같다(조민경, 2011).

① **채팅(class chatter)이다.** 교실 안과 밖의 지속적인 연결로 학습의 경험이 교실 밖에서도 연결되어 이어진다.

② **커뮤니티(class community)이다.** 학생들의 대화는 이어지며 발전하고, 생산적인 것이 되며, 교수자는 더불어 학생들의 성향을 파악할 수 있다.

③ **현실 인식(get sense of the world)이다.** 퍼블릭 타임라인(public timeline)을 통해 지구상에 일어나는 다양한 일들과 관심사, 주목하고 있는 사건들을 알 수 있다.

④ **트랙 기능(track a word)이다.** 관심 있는 단어를 트랙 기능을 통해 포스팅하거나 정보를 얻을 수 있다.

⑤ **즉각적 피드백(instant feedback)이다.** 교수자의 즉각적인 피드백이 가능하며(특히 스마트폰이 있다면 푸시 기능을 이용), 학생들 간에 질문과 답변이 오갈 수도 있다.

⑥ **전문가 팔로잉(follow a professional)이다.** 학생들은 전문가를 팔로잉할 수 있으며 그들의 글을 실시간으로 확인할 수 있다.

⑦ **학습의 극대화(maximizing the teachable moment)이다.** 트위터라는 공간에서 벌어지는 실제적인 일들을 통해 맥락적인 학습이 가능하다.

⑧ **공공의 메모장(public notepad)이다.** 영감이나 생각 짧게 공유하기에 좋으며 다른 사람의 생각들도 좋은 정보가 된다.

5) 페이스북

페이스북은 프로필, 페이지, 그룹 등 세 가지 유형의 서비스로 이루어져 있으며, 개방, 참여, 공유, 협력을 근간으로 한 기술기반으로 개방형 응용프로그램 개발 인터페이스를 제공하여 다양한 응용과 확장이 가능한 플랫폼 서비스이다.

① **프로필이다.** 페이스북에서 사용되는 가장 기본이 되는 개인 공간으로 개인정보 설정에 따라 글의 공개범위를 설정할 수 있으며, 많은 친구와 더불어 다양한 스토리, 사진, 동영

상 등을 무제한으로 공유할 수 있다.

② **페이지이다.** 이는 단체, 기업, 공인 등을 대표할 수 있는 관리자가 운영할 수 있는 퍼블릭 프로필로 게시물이 모든 사용자에게 공개된다. 사용자는 '좋아요(like)' 버튼을 클릭해서 쉽게 페이지의 게시물을 뉴 스피드(new speed)에서 받아볼 수 있다. 아울러 페이스북 앱을 개발해 페이지에 다양한 기능을 덧붙일 수 있다.

③ **그룹이다.** 이는 소규모모임에 가장 적합한 도구로 볼 수 있다. 공유 문서 도구를 이용해서 함께 문서를 작성하거나, 그룹 채팅을 실시간으로 즐기거나, 사진 및 이야기를 공유할 수 있다. 공개, 비공개, 비밀그룹으로 모임의 목적에 따라 공개범위를 설정할 수 있다. 페이스북 사용자는 현실 세계를 사이버 세상으로 확장한 실세계의 연속선상에 있게 된다. 페이스북의 목적이 '현실 세계의 사람과 사람을 이어 주고 연결해 주는 것'에 있기에 인터넷 사이버상의 또 다른 활동공간이 아닌 현실 세계의 보완으로서의 서비스를 페이스북은 제공한다고 볼 수 있다. 페이스북은 소셜 네트워크 서비스의 핵심인 친구나 지인들과 쉽게 교류가 가능하며 비슷한 관심사 및 관심 분야의 전문가를 용이하게 접촉할 수 있다. 그리고 페이스북은 스마트 기기 등 모바일 디바이스에 탑재되어 장소와 시간을 구애받지 않고 사용함으로써 실재감(presence) 있는 학습환경 구현을 가능하게 한다. 페이스북 사용자들은 학습환경에 감정이입을 하기 전에 상호작용을 통한 공감대 형성을 통한 사회화과정을 거쳐 토론 등과 같은 학습활동을 하기 때문에 매우 효과적인 소그룹을 통한 학습을 할 수 있다(백영균 외, 2018).

연습 및 탐구문제

1. 하이브리드 러닝은 단순히 두 가지 기능이나 역할이 합쳐진 것 이상의 의미를 갖는다고 설명하였다. 구체적인 예를 제시해 보시오.

2. e-러닝, u-러닝의 환경이 교수-학습 측면에 어떠한 변화를 가져오게 되었는지 서술해 봅시다.

3. e-러닝의 의미와 특징, 초·중등교육현장에서의 구체적인 활용 현황에 대하여 설명해 봅시다.

4. e-러닝과 스마트 기기를 활용한 학습의 가장 근본적인 차이점이 무엇인지 컴퓨팅과 학습자의 관계를 가지고 설명하시오.

5. 학습자 중심 교육의 맥락에서 블렌디드 러닝은 교육의 패러다임을 어떻게 변화시킬 수 있는지를 설명하고, 구체적 적용방안을 제시하시오.

6. 향후 소셜 미디어의 발전 방향에 대하여 예측해 보고, 교육현장에 어떠한 변화를 가져올 것인지 논의해 봅시다.

7. 교실에서 소셜 미디어 활용의 순기능과 역기능을 기술하시오.

8. 소셜 미디어의 개념과 종류에 대하여 기술하시오.

9. 현재 최신 공학의 사례를 들고 그것이 교실 및 교실 밖의 상황에서 어떻게 활용될 수 있는지를 기술하시오.

Chapter 11

4차 산업혁명과 미래 교육

〈학습 목표〉

1. 4차 산업혁명에 따른 미래 교육의 설계에 대하여 설명할 수 있다.
2. 4차 산업혁명의 특징과 핵심기술을 설명할 수 있다.
3. 4차 산업혁명에 따른 교육방법과 교육공학의 활용 측면의 가치성을 이해할 수 있다.
4. 미래학교의 모습에 대하여 제시할 수 있다.

〈Key Word〉

4차 산업혁명, 4차 산업혁명의 핵심기술, 인공지능, 빅데이터, 머신 러닝, 딥 러닝, BYOD, makerspace, 3D 프린팅, 적응적 학습 테크놀로지, 디지털 배지, 착용형 테크놀로지, 온라인 학습, 로보틱스, 학습분석 테크놀로지, 사물인터넷, 미래 교육의 특징, 기계학습, 인간학습, DeSeCo 프로젝트의 핵심역량, 미래학교의 모습

11장에서는 4차 산업혁명과 교육, 최근 교육공학의 동향, 미래 교육의 설계, 미래 학교의 모습 등에 대해서 고찰하기로 한다.

제1절 4차 산업혁명과 교육

4차 산업혁명에 대한 개념 정의가 다양하다. 즉 4차 산업혁명은 3차 산업혁명의 연장선이라고 주장하기도 하고, 4차 산업혁명은 이전의 산업혁명과는 전혀 다른 차원의 혁명으로 보기도 한다. 따라서 1절에서는 4차 산업혁명에 따른 미래사회의 변화, 4차 산업혁명의 특징 및 핵심기술 등을 기술하고자 한다.

1. 4차 산업혁명에 따른 미래사회의 변화

삶의 공간의 측면에서 산업혁명을 고찰하면, 1차와 2차 산업혁명은 오프라인의 물질혁명이라고 볼 수 있다. 증기기관의 개발은 인간의 장거리 이동이 용이해졌으며 평면적인 삶의 공간이 확장되었다고 볼 수 있다. 전기는 컨베이어벨트나 엘리베이터의 개발로 삶의 공간에 수직적 확장을 초래하였다. 반면에 3차 산업혁명에서는 가상의 온라인 공간이 새롭게 개발되었다. 이로 인해 새로운 삶의 공간이 인간에게 추가되었고, 인간의 삶의 공간은 더욱 확장되고 다채로웠다. 그리고 4차 산업혁명은 사물인터넷, 인공지능, 빅데이터 등의 기술로 인해 가상의 공간과 물리적 공간의 불연속성을 극복하게 되었다. 즉 두 공간이 인간을 중심으로 연결되고 융합하게 되면서 두 공간을 연결해 주는 새로운 형태의 서비스가 주요 산업형태가 된다(김보경, 2018).

4차 산업혁명에 따른 미래사회의 변화에 대하여 유엔미래보고서 2040에서는 다음과 같이 제시하고 있다(박영숙 외, 2013).

① 2020년이다. 인터넷 사용자가 50억 명을 넘는다. 생각만 해도 뇌파를 통해 문자 메시지가 전달된다.
② 2023년이다. 인간과 인간 사이에 뇌로 지식을 전파하고 전달할 수 있게 된다.
③ 2026년이다. 인간의 능력과 비슷한 로봇 손이 개발된다.
④ 2029년이다. 인간과 동일한 인공지능을 가진 안드로이드가 등장해 인간처럼 행동하게 된다.
⑤ 2030년이다. 전 세계 대학교 절반이 문을 닫고 대학의 온라인 무료과정이 보편화된다. 스마트폰, 웨어러블 컴퓨터를 넘어 몸에 이식되는 바이오 폰의 시대가 온다.

상기에서 **2030년까지의 교육의 미래의 내용**을 고찰했다. 이를 토대로 유엔미래 보고서 2040에서는 다음과 같이 제시하고 있다(박영숙 외, 2013).

① **교육 분야에서는 전통적인 학교와 교사는 변하지 않는다.** 하지만 교육방법 측면은 폭발적으로 증가하는 지식을 수동적으로 수용하는 지금과는 달리, 스스로 찾게 된다. 학생들은 소셜 미디어, 모바일 학습, 상호 교환 학습을 한다. 게임 학습, 증강현실 및 가상현실 체험, 지식공학(knowledge engineering) 등이 교육산업의 중심이 될 것이다.
② **디지털화와 증강현실 등의 기술 발달은 디지털 교과서를 학교에서 활용하게 함으로써 최신 지식이 즉시 업데이트되는 교육을 가능하게 하며, 가상현실 및 증강현실로 인해 견학 등을 가지 않고 역사적 명소를 비롯해 세계 어디든 직접 체험하며 교육할 수도 있다.**
③ **미국의 미래학자 Jason Swanson도 공교육이 잠재적으로 2030년까지 사라질 것으로 예측했다.** 그는 공교육만이 아니라 현재의 모든 교육시스템이 사라질 수 있다고 한다. 교실에서 학생을 모아 놓고 일괄적 교육이 아닌 맞춤형 교육이 미래 교육의 형태가 될 것이다.
④ **2030년이 되면 모든 전통적인 교실수업이 90%는 개방형 온라인 무료교육으로 바뀐다.**
⑤ **슈퍼컴퓨터와 인공지능이 발달되어 나타나는 전문가시스템으로 인해 질문은 교사에게 하는 것이 아니라 전문가시스템에게 하게 된다.** 교사는 지식을 가르치는 사람이 아닌 학생의 조력자, 인성훈련 담당자, 상담자 역할로 변화한다.
⑥ **미래에는 사물인터넷, 웨어러블 컴퓨터, 생체이식된 지식의 도구들이 점차 우리 주변의 모든 환경을 바꾸고, 통합 데이터 마이닝 통계분석 등을 통해 최선의 결정을 내려준다.** 그 결과 인간의 행동은 개인의 자유와 자유의지로 하는 것이 아니라 환경

속에서 알려주는 정보 중 최상의 선택을 통해 실행하게 되며, 모든 결정은 프로그램에 의지하게 된다.

⑦ **Paul Saffo는 스마트폰 소멸을 예측했다.** 스마트폰으로 인해 개발된 음성인식기술이 스마트폰을 소멸시킬 것으로 예측했다. 이 음성인식은 먼저 스크린을 소멸시켜서 자동차 장비, 스마트폰, 컴퓨터가 모두 음성으로 명령하고 동작하고 답하게 될 것이다. 스크린이 사라지만 컴퓨터는 굳이 손에 들거나 손을 이용할 필요가 없어진다.

⑧ **컴퓨터나 기계가 사람의 몸으로 이식된다. 이 칩으로 인해 개인의 모든 정보는 순간적으로 전송될 수 있다.**

⑨ **인간의 기억을 차단할 수 있다.**

2. 4차 산업혁명의 특징 및 핵심기술

Schwab(2016)은 4차 산업혁명을 "디지털 혁명인 3차 산업혁명에 기반을 두고 있으며, 기존의 디지털(digital), 물리적(physical), 생물학적인(biological) 영역의 경계가 사라지면서, 융합(fusion)되는 기술적인 혁명"이라고 정의했다. Schwab은 4차 산업혁명의 속도, 범위, 체제에 대한 충격이 이전 산업혁명과는 전혀 다르다고 주장하고 있다.

이러한 **4차 산업혁명의 뚜렷한 특징으로 연결과 지능과 연관시켜 고찰하고자 한다**(김보경, 2010).

① **4차 산업혁명은 초연결(hyper-connectivity)을 지향한다.** 하나의 대상은 네트워크에 의해 복잡하게 연결되어 있기에 그 대상 하나만을 두고 정의하기 어렵다. 한 개인 또는 한 사물에게 하나의 자극이 주어지면 그 당시 그와 복잡하게 연결된 전체 대상(node)들이 직·간접적으로 같이 반응하기 때문에 그러한 모든 반응을 총체적으로 고려하여야만 그 대상을 명확하게 정의하고 특징지을 수 있게 된다. 즉 물리 세계와 가상 세계가 연결되고 사물인터넷 기술로 모든 개체(object)는 연결되어 복잡계가 심화되는 특징이 있다.

② **초지능(super-intelligence)을 지향한다.** 인공지능이 개발되고 로봇이나 일반 사물에도 지능이 심어지게 되면 개인의 의사결정과 판단력의 정확도를 넘어선 지능사회가 된다. 인간의 지능과 기계의 지능이 같은가에 대해서는 논란의 여지가 있기에 두 지

능을 단순히 비교하기는 어렵다. 그럼에도 불구하고 빅데이터에 기반한 현상의 패턴 분석과 미래 예측력은 매우 강력하다고 볼 수 있다. 아울러 기계가 사람처럼 생각하고 배울 수 있도록 하는 기술인 '딥 러닝(deep learning)'이 비약적으로 발전하게 되면서 '사물의 지능화'가 보편화 된다. 또한, 사물과 사물, 사물과 인간의 연결을 통해 고도의 지능화된 생활이 가능할 것이다.

4차 산업혁명의 주요한 특징인 초연결과 초지능은 융합과 공유를 통해 가능해지며, 현실과 가상을 잇는 고부가가치를 창출하는 선순환 사이클을 만들게 된다. 기존의 사물에 센서를 내장하여 빅데이터를 수집하고, 데이터가 수집되는 시점과 동시에 인공지능으로 분석되어 미래를 예측하고 최적의 상태를 찾아내어 다시 사물에 정보를 보내게 된다. 이러한 사이클은 실시간으로 이루어지게 되어 그 사물은 현실에서 더 큰 부가가치를 창출하게 된다.

4차 산업혁명의 핵심기술로는 인공지능, 빅데이터, 로봇, 생명과학, 뇌과학, 사물인터넷(IoT) 등이 있다. 이 가운데 **미래 교육에 가장 영향을 미칠 것으로 기대되는 인공지능과 빅데이터에 대해서 고찰하고자 한다**(김보경, 2018).

첫째, 인공지능(AI: artificial intelligence)이다. 이는 인간의 지능으로 수행되는 지각, 추론, 이해 등을 컴퓨터 프로그래밍으로 구현되는 기술로, 컴퓨터가 인간의 지능적인 행동의 일부를 모방할 수 있도록 하는 것을 의미한다.

인공지능의 역사적 변천 과정을 제시하면 다음과 같다.

① 1940년대부터 그 개념적 모델링이 시작되었다.

② 1956년 John McCarthy가 다트머스 회의에서 인공지능이라는 용어를 처음 사용하게 되면서 하나의 학문 분야로 자리 잡게 되었다.

③ 이후 1970년대까지 빠른 속도로 발전하였으며, 자연어 처리와 같은 성공적인 프로그램들이 개발되면서 황금기를 보냈다. 이후 복잡한 문제해결에 실패하게 되면서 연구지원이 줄어들었다. 인공지능 관련 시장이 무너지면서 인공지능의 암흑기가 1990년대 초반까지 이어졌다.

④ 이후 다양한 데이터가 축적되면서 이를 빠르게 분석해 주는 논리 알고리즘이 개선되어 스스로 학습하는 머신 러닝(machine learning)의 형태로 발전하였다.

⑤ 이후에는 인간의 뇌 구조를 모방하여 사람처럼 생각하고 배울 수 있는 딥 러닝(deep

learning)의 성능이 비약적으로 발전하면서 인공지능은 다시 황금기를 보내고 있다.

또한, 인공지능 기술은 우리의 삶의 형태와 문화 일반을 바꿀 기술로 인식되고 있으나, 동시에 윤리적인 문제도 수반하고 있다. 이러한 인공지능 기술은 사무직이나 지식노동자들의 일자리를 대체할 것으로 예상된다. 하지만 인공지능의 오작동 또는 판단 오류에 대해 누가 책임을 질 것인가는 상당한 법률적 및 윤리적 고려가 필요하다. 그리고 인공지능이 교육에 활용된 사례를 소개하면, 미국 조지아공과대학교의 인공지능 조교인 Jill Watson은 IBM의 Watson 플랫폼에 기반하고 있다. 자연어 처리, 데이터 분석, 학습 기술 등을 탑재하고 있으며, 온라인 교과와 관련된 정보를 학습시키고, 학생들의 질문에 답을 제공하는 조교로 활동하고 있다.

둘째, 빅데이터(big data)이다. 이는 너무 방대하여 기존의 방법이나 도구로 수집, 저장, 분석 등이 어려운 정형 및 비정형 데이터들을 의미한다. 일반적으로 검색이나 SNS 등을 통해 지속적으로 데이터가 생성되는 형태를 띠고 있어서 사람이 수작업으로 분석하기 어렵기에 기계나 인공지능이 분석해야 한다.

빅데이터의 특징을 일반적으로 3V로 표시한다.

① **데이터의 크기(volume)가 100TB 이상의 데이터를 빅데이터라고 본다.** 전 세계가 한 해에 생산한 총정보량이 2016년에는 10ZB였으나, 2020년에는 40ZB에 육박할 것으로 예상하고 있다. 그러므로 빅데이터 처리 기술은 필수적이라고 볼 수 있다.

② **빅데이터는 데이터의 유형이 매우 다양(variety)하다.** 데이터의 출처로 볼 때, 이-메일, SNS와 같은 인터넷 데이터가 있으며, 사용자의 위치 정보, 센서와 같은 장비에서 생성되는 정보가 있다. 아울러 인간에게서 생성되는 데이터가 있고, 기계에서 생성되는 데이터가 있다.

③ **데이터의 생성, 저장, 유통, 처리 속도(velocity)가 매우 빠르다.** 데이터의 업데이트가 실시간으로 진행되며, 스트리밍으로 제공되는 데이터가 많아 실시간 분석이 중요하다.

제2절 최근 교육공학의 동향

New Media Consortium은 2015년부터 2017년까지 최신 공학의 기술적, 경제적 동향을 분석하고, 이들이 교육현장에 도입될 가능성과 시기를 예측하며 Horizon Report에 구체적으로 나타나 있다.

Horizon Report에 담긴 교육현장에서 활용할 최신 테크놀로지 동향을 제시하면 〈표 11-1〉과 같다.

<표 11-1> 교육현장에서 활용할 최신 테크놀로지 동향

구분	2015 보고서	2016 보고서	2017 보고서
1년 이내	개인 단말기 활용(BYOD)	메이커 스페이스	메이커 스페이스
	메이커 스페이스	온라인 학습	로보틱스
2~3년 내	3D 프린팅	로보틱스	학습분석 테크놀로지
	적응적 학습 테크놀로지	가상현실	가상현실
4~5년 내	디지털 배지	인공지능	인공지능
	착용형 테크놀로지	착용형 테크놀로지	사물인터넷

• 자료: New Media Consortium(2015, 2016, 2017). Horizon Report: 2015 K-12 Edition. Retrieved on Dec. 28, 2017. From http://cdn.nmc.org/media/2015(2016; 2017)-nmc-horizon-report-k12-En.pdf.

〈표 11-1〉에서 고찰한 바와 같이, 메이커 스페이스는 1년 이내에 보급과 활용될 것으로 예측하고 있다. 학습분석과 인공지능, 적응적 학습 테크놀로지가 수년 내에 도입될 것으로 예상되고 있다. 착용형 테크놀로지와 사물인터넷 등이 중장기적으로 도입될 것이라는 전망을 해 볼 수 있다.

상기에서 제시된 각 공학의 의미와 교육적 기능을 제시하고자 한다(권성연·김혜정·노혜란·박선희·서희전·양유정·오상철·오정숙·윤현·이동엽·정효정·최미나, 2018: 34~42 재인용).

첫째, 개인 단말기 활용(BYOD)이다. BYOD(bring your own device)는 일반 비즈니스 영역에서 생겨난 일종의 정책적 관행으로써(Ballagas, Rohs, Sheridan, & Borchers, 2004), 이는 기관이나 사업장의 업무를 각 개인 소유의 단말기를 이용하여 수행한다는 개념이다. 교육영역에서 BYOD 정책은 매우 민감한 문제로 여전히 많은 학교나 교사들은 수업 중 휴대폰 사용을 금지하고 있으며, 학교에서는 제한된 단말기만을 사용하도록 하고 있다. 하지만 테크놀로지는 학교와 개인의 일상 속에 깊이 들어가 있으며, 개인의 일상적 생활과 각종 단말기는 분리하기 어려운 지경에 이르고 있다. '개인 휴대 단말기를 학교 수업에서 어떻게 활용해야 하는가?', '관련된 정책적 이슈는 무엇인가?', '기술적으로 해결되어야 할 점은 무엇인가?' 등의 문제에 대해서 진지하게 고민하고, 시급히 대책을 마련해야 한다(Afreen, 2014).

둘째, 메이커 스페이스(makerspace)이다. 이는 지역사회나 교육기관에 위치한 일종의 공동 작업공간이다. 많은 경우 최신의 고급·고가의 장비들을 보유하고 있기도 하지만, 교육목적을 고려할 때, 장비들의 보유 여부가 필수는 아니다. 오히려 실제적 작업을 통한 문제해결과정의 경험, 창의적·비판적 사고의 함양, 인내와 회복력의 훈련 등이 더 핵심적 요소라고 할 수 있다(Halverson & Sheridan, 2014). 초기에는 메이커 스페이스가 열정적인 테크놀로지 사용자들이 정기적으로 모여 프로그래밍 기법, 전자 장비, 공작 도구 등과 관련된 최신의 정보와 경험, 지식을 공유하는 비공식적 온라인 커뮤니티를 지칭하였으며, 해커스 페이스, 해커 랩 등으로 불리기도 하였다. 기술의 발전으로 각종 장비들의 보급형 브랜드가 등장하고, 가격도 저렴해지면서, 학교 등 비영리 기관에서 다양하게 활용되고 있다. 이에 따라 일반 사용자의 접근이 훨씬 용이해졌고, 일선 학교에서도 교육용 목적을 위한 각종 메이커 스페이스의 구축과 활용 추세가 급격히 증가하고 있다.

셋째, 3D 프린팅이다. 1990년대 초반 미국 텍사스 주립대학교에서 개발한 레이저 접합 기기가 3D 프린터의 최초 모형으로 알려져 있다. 3D라는 이름이 붙여진 것은 2000년 즈음에 미국 매사추세츠 공과대학원 학생들이 잉크젯 프린터에 신소재 물질을 사용하는 실험 도중에 붙여졌다고 한다. 3D 프린터를 활용하면 저렴한 가격으로 비행기 부품을 생산할 수 있고, 건축가들은 건물의 모형을 만들어 볼 수 있으며, 의사들은 신체 이식용 장기를 만들 수도 있다. 이런 가능성은 현재 3D 프린팅 시장을 급속하게 확장시키고 있는 상황이다. 아울러 그 교육적 활용 가능성 역시 크게 주목받고 있다(Canessa, Fonda, & Zennaro, 2013).

넷째, 적응적(adaptive) 학습 테크놀로지이다. 이는 각 학습자들에게 최적의 맞춤형 학습경험을 제공하고자 하는 운동의 결과로 등장하였다. 개별 교사들이 특정 학습자들을 위한 다양한 교육과정과 수업방법을 개발하고 시행하는 것은 현실적으로 매우 어려운 상황이다. 적응적 학습 테크놀로지는 온라인과 면대면 학습상황을 병행하면서, 개별학습자들의 수준과 적성을 고려한 개별화 수업을 실현시킬 수 있는 기반을 의미한다(Mettler, Massey, & Kellman, 2011). 가장 기본적인 수준에서, “만일 ~하다면, ~하라”의 논리적 구문에 입각하여, 학습자의 수행에 따라 적절한 교육적 처치를 제공하는 방식을 의미한다. 대량의 데이터를 처리하고 판단하는 인공지능시스템과 학습활동을 기록하는 데이터가 결합하여, 개별학습자의 학습 수준과 패턴에 따라 적절한 차후의 활동 및 내용을 제시하는 기술을 지칭한다.

다섯째, 디지털 배지(Digital Badge)이다. 디지털 배지는 온라인상에서 수행되는 다양한 방식의 공식 및 비공식적 학습활동을 기록하고, 추적하고, 인정하는 체제 중 하나이다(Gibson, Ostashewski, Flintoff, Grant, & Knight, 2015). 성인을 포함한 모든 연령대의 학습자들은 다양한 방식으로 학습활동을 수행하고, 교육적 경험을 향유하고 있다. 학습경험은 매우 단기적이고 즉흥적인 수준의 것에서부터, 장기적이고 고도로 구조화된 형태의 것일 수도 있다. 교육 관련 게임을 몇 차례 수행한 것일 수도 있고, 특정 분야의 강좌를 체계적으로 수강한 것일 수도 있다. 어떤 식으로든 이들은 자신의 학습을 진행하고 있으며 만일 이들이 축적되고 공식화될 수 있다면, 학교 안과 밖에서의 교육적 경험은 비약적으로 풍부해질 것이다. 하지만 현재의 교육시스템은 학교 등 공식적 교육기관에서 제공하는 성적, 수료, 졸업장 등에 의존하고 있다. 디지털 배지 운동은 이러한 현실 교육체제의 제한점을 해소해 줄 수 있는 하나의 대안으로 꼽히고 있다. 디지털 배지의 사례를 제시하면(http://blog.naver.com/PostView.nhn?blogId=mathesis_time&logNo=221168787256#, 2019), 미국 캘리포니아의 UC 데이비스는 농업 분야에서는 세계적으로 유명한 대학이다. UC 데이비스에서는 8개 학과를 융합하여 실무와 현장체험학습 중심의 SA & SF(Sustainable Agriculture and Food Systems)라는 교육과정을 만들었다. 이 교육과정의 특성상 성과를 단순히 점수로 매기기는 어렵다고 생각하고, 개인의 학습성과를 증명해 줄 다른 수단을 찾게 되었는데, 이것이 바로 ‘디지털 배지(Digital Badge)’이다.

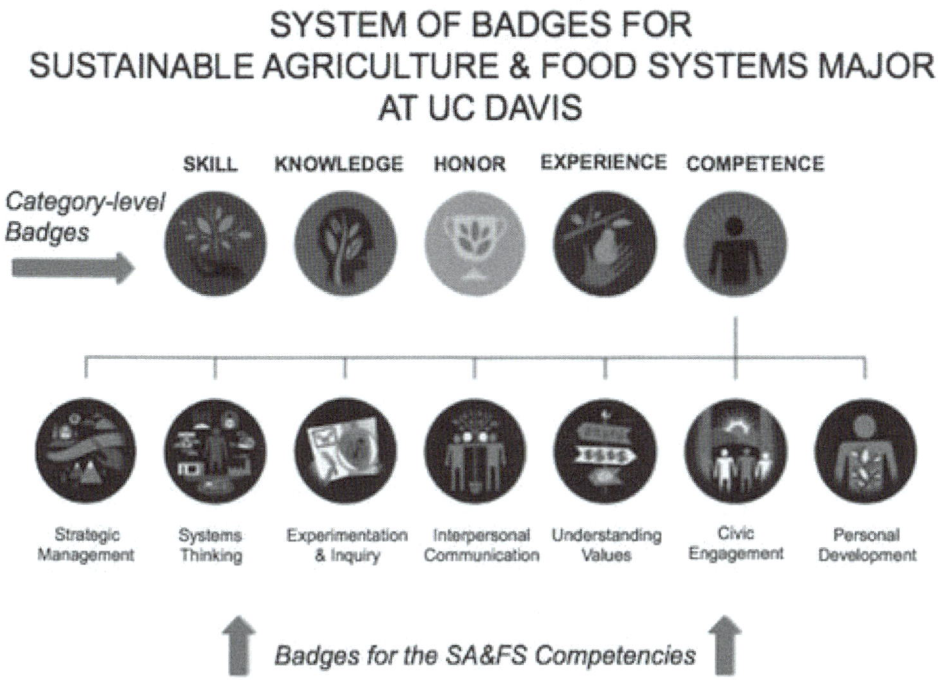

[그림 11-1] 디지털 배지의 사례

• 자료: http://blog.naver.com/PostView.nhn?blogId=mathesis_time&logNo=221168787256#.

학생들에게 필요한 지식, 기술, 경험을 바탕으로 일곱 가지 핵심역량을 도출했고, 각 역량을 5단계로 구분했다. 각 단계에서 요구되는 지식과 기술을 갖추면 해당 단계의 디지털 배지를 수여한다. 지금까지는 개인의 역량을 판단할 때 대학 졸업장이나 성적표, 공인기관에서 발급한 인증서 등이 사용되었다. 어느 학교를 나왔고, 무엇을 전공했는지를 알려주며, 발급기관이 어디냐가 매우 중요하다고 한다. 반면에 디지털 배지를 클릭하면 어느 교수의, 어떤 강의를 들었는지, 토론내용과 과제 내역까지 볼 수 있다. 디지털 배지는 그 배지가 상징하는 특정 영역의 업무에 대한 지식과 활용능력이 있다는 것을 나타내고 있다. 또 하나의 기관이 아니라 여러 곳에서 다양한 디지털 배지를 받을 수도 있다. 졸업증이나 성적표보다 개인의 역량을 훨씬 잘 설명해 주고 있다. 일생 동안 개인이 학습 목표를 세우고 성취해 나가기 위한 이정표가 될 수도 있고, 사회나 기업에서 능력을 평가받기 위한 일종의 온라인 포트폴리오 역할도 할 수 있다. UC 데이비스에서 시작한 디지털 배지는 많은 기업, 기관, 단체로 확장되었다. 특히 학위 인정이 안 되는 칸아카데미나 MOOC에서는 강의 수료 보상을 위한 수단으로 적극 활용하고 있는 실정이다. 이미 DELL, HP 등의 기업에서는 직원을 선발할 때 디지털 배지를 이용하고 있으며, MS, 시스코 등 디지털 배지를 도입하는 기업, 기관도 점점 늘어나고 있는 실정이다. 하지만 개별 배지에 대한 이해도 부족과 신뢰도를 확보문제는 해결해야 할 과제로 남아 있다.

여섯째, 착용형 테크놀로지이다. 이는 시계, 안경 등과 같이 사용자가 착용할 수 있는 스마트 기기를 일컫는다. 스마트 직물의 테크놀로지를 활용하면, 셔츠나 재킷, 신발 등과 같은 형태로 작용하면서 다른 기기와 통신하며, 다양한 데이터를 수집·분석하고, 각종 기능들을 수행할 수 있다. 이들 착용형 테크놀로지가 보급되면, 사용자의 일상생활 속에 깊숙이 테크놀로지의 기능들이 작용하게 되고, 인식하지 못하는 중에도 사용자의 신체 기능, 소셜 미디어의 활용, 위치 정보 등에 따른 다양한 생활·활동 패턴이 분석되고 최적의 서비스가 제공될 수 있다. 동시에 다양한 가상현실 기기를 통하여 더욱 역동적이고 풍부한 가상의 실제가 현실과 융합되어 제공될 수도 있다(Knight, Gajendragadkar, & Bokhari, 2015).

일곱째, 온라인 학습이다. 스마트 단말기의 보급, BYOD 정책, 적응적 학습 테크놀로지의 발달 등은 온라인 학습에 대한 새로운 관심을 불러일으키고 있다. 전체 학생들이 학교 수업현장에서 온라인과 디지털 자료에 접근하고 가공할 수 있는 환경이 된다면, 순수한 의미에서의 오프라인 활동이란 존재하지 않게 될 것이다. 수업 중에도 학교 밖 공간과 소통하게 되고, 방과 후에도 온라인을 통한 학습이 일상적인 일이 될 것이다. 많은 학교와 교육기관에서는 이미 온라인용 수업을 개발하여 제공하고 있으며, 이들 강의나 활동과 수업 내 학습활동의 연계를 꾀하고 있다. 특정한 필요와 대상만을 위한 온라인 학습활동이 이제는 전체 학생들과 사용자들을 대상으로 한 적응적 형태로 진화하고 있다.

여덟째, 로보틱스(robotics)이다. 이는 일정한 활동을 수행할 수 있는 자동화된 기계, 즉 로봇을 설계하고 적용하는 영역을 말한다. 현재 로봇은 군사 영역, 산업 영역 등에서 위험하거나 반복적인 작업, 혹은 인간의 힘으로 수행하기 어려운 작업을 대체하는 용도로 활용되고 있다. 학교 교육에서는 논리적 사고와 프로그래밍 능력을 고양시키고, 수학, 과학개념의 실제적 적용 능력을 향상시킬 목적으로 로봇의 작동과 제어를 활용하기도 한다(Curto & Moreno, 2016). 각종 로봇 경진대회에 참여하는 학생들의 열정과 고도화된 전문성을 살펴보면, 로보틱스가 교육에 일반화되어 적용되었을 때 가져올 변화의 일면을 엿볼 수 있을 것이다.

아홉째, 가상현실이다. 이는 사람이나 사물과 관련된 실제적 경험을 테크놀로지를 활용하여 가상으로 재현해 낸 것을 의미한다. 기본적으로 컴퓨터를 통하여 삼차원 이미지를 구성하고 이와 상호작용할 수 있도록 하는 기술을 말한다. 가상현실의 최근 동향은 제스처 기반이나 촉각 기반 입력장치들이 활용되면서 삼차원 이미지에 더해 가상현실의 실제감을 더욱 높이고 있다. 예를 들면, 고대인의 삶을 재현해 낸 3차원 가상현실 학습자료는 인쇄물에 제시된 유물 사진 한 장보다 훨씬 더 풍부한 학습경험을 제공할 수 있을 것이다(Greenwald et al., 2017).

열째, 학습분석 테크놀로지이다. 이는 새롭게 부각되기 시작한 학습분석 테크놀로지는 이미 구조화되어 있거나 혹은 구조화되지 못한 채 분산되어 있는 각종 데이터베이스, 기업연구소의 시장 분석보고기법, 데이터 시각화 도구, 모델링 및 예측 시스템, 텍스트 분석 도구 등을 모두 포괄한다(Ferguson, 2012). 즉 말해서 학습관리 시스템, 각종 사물인터넷, 공식 및 비공식적 기록 등을 통하여 집적된 수많은 종류의 대용량 데이터들이 자동분석 시스템에 의하여 처리되어 학습과 관련된 다양한 진단과 예측, 처방을 내놓는 것을 일컬어 학습분석 테크놀로지라고 한다.

열한째, 인공지능이다. 이는 기계학습 알고리즘과 대량의 데이터에 기반하여 과업을 수행하고 의사결정을 내린다. 인공지능은 학습분석 테크놀로지의 한 영역으로, 비구조화된 데이터군에서 스스로 일정한 패턴을 발견해 내고 관련된 의사결정을 내릴 수 있는 시스템을 의미한다. 인공지능이란 데이터를 의미 있게 분석하고 현실적 의사결정을 내릴 수 있는 논리체계를 스스로 학습하며 구축해 나갈 수 있는 기제를 포함하고 있다는 것이다(Lane, Yacef, Mostow, & Pavlik, 2013). 만일 이러한 인공지능 기술이 학습 분야에 완벽히 적용된다면, 개별학습자들의 학습요구와 패턴을 감지하고 각각에 적합한 해법을 제안해 냄으로써 개별적 완전학습의 이상을 실현해 줄 수 있을 것으로 기대된다.

열둘째, 사물인터넷이다. 이는 데이터 수집 혹은 처리기능을 내장하고, 이들 정보를 송수신할 수 있는 사물 간 네트워크를 의미한다. 이를 통해 사용자는 각 기기를 원격제어할 수 있고, 상태를 점검 및 추적하며, 적절한 경우 경보를 보낼 수도 있다. 학교에서도 자동감지시스템을 이용하여 전기사용량을 줄일 수도 있고, 안전을 확보할 수도 있다. 학습자들의 행동 패턴을 감지하고, 어떤 교육적 처치가 이에 적합한 결과를 내놓을지 분석함으로써 사물인터넷을 교육적으로 활용하는 것도 가능할 것이다(Hwang, Kim, & Im, 2017).

제3절 미래 교육의 설계

3절에서는 미래 교육의 예측, 수업 및 학습 측면에서의 공학 활용, 교사 측면에서의 공학 활용, 미래 교육의 설계 등에 대해서 고찰하기로 한다(권성연 외, 2018; 하수연 외, 2018; 김보경, 2018).

1. 미래 교육의 예측

Heinich, Molenda, Russell과 Smaldino(2002)는 이미 2002년에 미래 교육의 동향으로 매체들이 통합될 것이고, 전통적 시청각 매체는 여전히 사용될 것이며, 컴퓨터 기반 매체가 발전하며, 원격통신 매체가 확산되고, 발전된 상호작용 테크놀로지가 적용될 것이라고 보았다. 이러한 맥락에서 볼 때, **향후 다가올 미래 교육의 특징을 제시하면 다음과 같다.**

① **교육의 근본인 오감을 통한 교육은 사라지지 않을 것이므로 오감도 자극을 주는 매체는 여전히 활용될 것이다.** 특히 학부모의 요구와 경제적 사정으로 인해 새로운 매체의 도입이 어려운 경우는 지금의 매체가 그대로 활용되도록 할 것이다.

② **정보는 이제 종이책에 담기는 것이 아니라 전자책에 담기게 된다.** 정지 화상, 동영

상, 애니메이션이 용이하게 활용될 것이다. 나아가 증강현실이 적용되어 실물과 가상 정보가 결합되어 제시될 것이다.

③ **학생들은 발표 시 종이 보고서와 말로만 하는 것이 아니라 개별적으로 준비한 멀티미디어 수업자료를 개별 스마트폰으로 투사하여 발표할 것이다.**

④ **교실은 앞면만 프레젠테이션하도록 구성되지 않고, 4 벽면과 천장 등 모두 스크린화하여 돔의 형태를 취할 것이다.** 가상현실이 더욱 발전되면 수업자료가 현장과 같이 벽과 천장에 360° 투사되어 마치 현장에 와 있는 듯한 느낌을 줄 것이다.

⑤ **창이 없으므로 환기시설과 냉난방시설이 교실 아래쪽에 설치되어 전기에너지는 더 소요될 것이다.**

⑥ **교실 앞뒷면에 전문가시스템으로서의 챗봇이 있어 학생들의 질문을 받고 관련 정보를 제공해 준다.** 또한, 학생의 필요에 따라 상담도 응해 준다. 챗봇이 여러 개 있는 것은 전문가로서의 위상을 높여 반응속도를 증대하기 위해서이다.

⑦ **교사는 지식전달도 아니고 안내자, 조력자도 아니며 수업을 관리하는 지휘자의 역할을 할 것이다.**

⑧ **학생들에게는 스마트 장갑(smart glove)이 지급된다.** 이 스마트 장갑을 통하여 가상현실로 스크린에 비친 사물의 압력·무게·온도까지 느낄 수 있다.

⑨ **미래에는 디지털을 이용한 교육이 증대되고, 자연 친화 교육은 보완적 교육으로 지속될 것이다.** 왜냐하면, 학생들이 생활하는 사회의 적응을 위해서 디지털 문화의 습득이 보다 중요해진다. 그러나 자연은 삶의 기본적인 터전이므로 자연 속에서의 교육은 등한시 되지 않을 것이다.

⑩ **미래 교육에는 인간의 자유의지를 길러주는 교육이 더 강조될 것이다.**

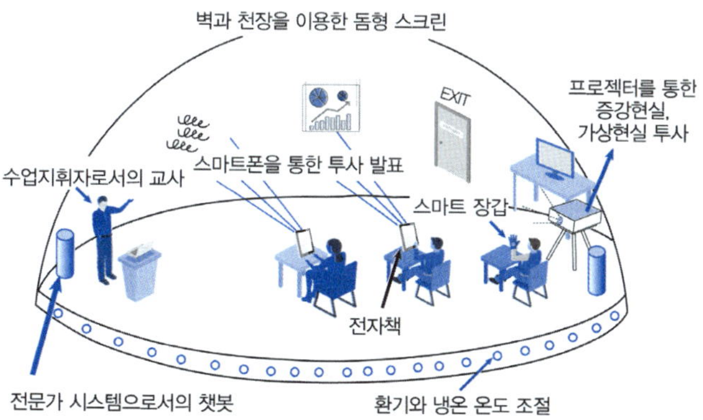

[그림 11-2] 미래교실 상상도

• 자료: 하수연 외(2017). 유아 교사를 위한 교육방법 및 교육공학. 서울: 동문사, p. 300.

2. 수업 및 학습 측면에서의 공학 활용

테크놀로지의 발달은 새로운 활용 가능성을 열어놓게 되었고, 수업과 학습의 장면을 전통적 사고에서는 상상하기 어려운 방식으로 변화시킬 것이다.

수업 및 학습 측면에서 테크놀로지의 활용을 하면 다음과 같은 좋은 점이 있을 것으로 제시하고 있다(권성연 외, 2018).

① **개별화된 학습과 경험의 제공이다.** 최신 테크놀로지의 수업 활용은 교육적 상상력이 미치는 범위만큼이나 다양한 사례들을 고려해 볼 수 있다. 우선 테크놀로지를 활용함으로써 개별학습자에게 더욱 의미 있고, 적합한 학습경험을 제공할 수 있다. 사례를 들면, 학습자들이 특정 수업목표와 관련해서 일련의 활동목록 중 하나를 선택하여 수행하도록 설계할 수 있다. 같은 수업을 수강하는 학습자라도 에세이 작성, 웹사이트 개발, 외부 전문가와 면담 조사를 수행할 수 있으며, 평가는 각 활동에 적합한 루브릭(rubric)을 활용할 수 있다. 학습자들은 각자의 선호나 성향에 따라 상이한 학습경험을 선택하고 주도해 나갈 수 있으며, 결과적으로 각자에게 더 의미 있고, 적합한 방식으로 수업목표를 달성할 수 있다.

② **실제적 학습 기회 제공이다.** 다양한 디지털 학습기기 및 자료들을 활용함으로써 학습자들에게 실제적인 문제를 중심으로 프로젝트를 조직하고 운영해 나가도록 할 수 있다. 소규모 연구보고서를 교사에게 제출하는 대신에 소셜 미디어나 웹사이트에 제시하도록 한다면, 학생들은 실제의 연구자나 지역사회의 실천공동체로부터 실제적인 의견을 들을 수 있을 것이다. 예를 들면, 설득력 있는 논설문 작성의 과정을 학습하는 수업에서는, 학습자로 하여금 실제의 공공서비스 관련 제안 동영상을 제작하여 SNS 등에 공유하고, 독자들로부터 건설적인 피드백을 얻도록 할 수도 있다. 이를 통해 학습자는 주장의 초안 작성, 수정, 공유의 과정을 경험할 수 있을 것이다.

③ **학교 밖 공동체와의 역동적 협력이다.** 테크놀로지는 학습자들로 하여금 교실의 시·공간을 넘어서도록 할 것이며, 이를 통해 학습자들은 학교 밖의 가용한 학습자원들, 예를 들어, 박물관, 도서관, 타 지역의 학급 등을 적극적으로 활용할 수 있게 된다.

④ **학습자 개인의 학습 욕구와 진로지원이다.** 테크놀로지는 학습자가 스스로 열정을 발현하고, 개인적 흥미를 추구할 수 있도록 돕는다. 가족여행을 준비하며 특정 국가나 도시의 역사와 문화를 공부하려 한다거나, 컴퓨터 게임을 사랑하여 기초적 프로그래밍 언어를 배우고자 하는 학생은 일반적 교육과정에 비추어 독특하고 개별적인 사례

에 해당한다. 공식적 교육과정과 수업 활동에서 이러한 개별적 요구를 모두 해결하기에는 한계가 있다. 테크놀로지의 활용은 이러한 개별적 열정과 관심을 해결하는 데에 도움이 될 수 있다. 이를 통해 학습자들은 자기 주도적 평생 학습자로서의 기본 소양을 갖추어 나가게 된다.

⑤ **모든 이들을 위한 교육의 실현이다.** 모든 학습자들의 테크놀로지에 대한 접근이 평등해질 때, 정보격차의 문제는 해소될 것이며, 학습을 통한 성찰과 성숙의 기회가 모든 이들에게 공평하게 주어질 것이다. 직업이나 다른 이유들로 학교 출석이 어려운 성인들의 경우에도, 다양한 온라인 학위과정이나 교육자료들을 통하여 자신의 교육적 필요를 충족시킬 수 있을 것이다.

3. 교사 측면에서 공학적 활용

테크놀로지의 활용은 기존의 수업형태에 새로운 테크놀로지가 단순 추가되는 식으로 교육의 실제에 작용하지 않는다. 오히려 근본적 구조의 변화를 유발하게 되는데, 교사의 위상과 역할 역시 크게 변화될 것이다.

테크놀로지의 기본적 활용전략의 방향에 더하여 교사 역할의 근본적 변화에 대해서 제시하면 다음과 같다(권성연 외, 2018).

① **확장된 교육 연구 및 실천공동체의 일원이다.** 테크놀로지가 충분히 활용되는 교육환경에서, 교사들은 단위학교의 울타리를 넘어 지역사회 및 전 세계 교육공동체에 책임 있는 일원으로 참여하게 된다(서경혜, 2008). 테크놀로지의 발달은 교사들로 하여금 같은 직장 동료들과의 협력관계에만 머물게 하지 않는다. 이들은 지역, 혹은 더 나아가 전 세계의 교사들과 교류하며 자신의 교육·교과에 대한 안목을 넓히고, 수업에 대한 노하우를 공유할 수 있게 된다. 지역기관과 협력하여 학생들이 실제적 경험을 통해 교과의 지식을 학습할 수 있는 활동을 기획할 수도 있다.

② **매력적 수업의 설계와 개발이다.** 교사들은 테크놀로지를 활용함으로써 이전보다 훨씬 매력적이고 적절한 학습경험을 설계할 수 있다. 학습자들의 관심과 수업의 목표를 연결시킬 수 있는 방법과 전략은 몇 개의 것으로 국한되지 않고, 무한히 열려 있다고 할 수 있다. 교사는 기존의 매체를 새롭게 활용할 수도 있으며, 새로운 테크놀로지를

시험적으로 적용해 볼 수도 있다. 최신의 테크놀로지가 제공하는 다양한 기능과 가능성을 활용함으로써 교사들은 기존의 매체와 방법이 구현하기 힘들었던 매력적이고 역동적인 활동을 설계하고 제공할 수 있게 되었다(이민경, 2014).

③ **최신 테크놀로지의 도입과 확산이다.** 교사는 새로운 테크놀로지를 학습의 관점에서 시행해 보고 평가하며, 확산시키는 역할을 수행한다. 시장에는 동일한 목적을 위한 다양한 솔루션이 존재하며, 학교와 교육청의 제한된 예산은 이들을 사전에 실행해 보고 평가해 볼 것을 요구한다. 이러한 평가는 기술적 측면에만 국한되지 않고, 학생들의 사생활 침해나 윤리적 문제 등에 대한 점검도 포함한다. 선도적 혁신가로서의 교사는 이처럼 현재의 테크놀로지에 관련 정책이 올바른 접근을 취하고 있는지, 의도한 성과를 내놓고 있는지 점검하고 선도해 나가는 역할을 한다(조소영·조규락, 2012).

④ **학습 촉진자, 동기 부여자로서의 역할이다.** 네트워크의 속도와 범위가 고도화되고, 교육현장에서의 BYOD 정책이 실현되어 나가면서, 교사는 더 이상 모든 관련 주제에 정통한 전문가일 필요가 줄어들게 되었다. 학생들은 수업 중 관련 내용을 검색할 수 있고, 세계적 석학의 설명을 참고할 수 있으며, 교사 역시 이들 자료를 참조하여 수업을 진행할 수 있기 때문이다. 오히려 어떻게 하면 학생들로 하여금 적절한 정보자원을 검색하고, 정보의 신뢰성을 판단하며, 테크놀로지를 활용해 본인의 생각을 표현할 수 있도록 할 것인가를 잘 이해하는 것이 중요한 역량으로 대두한다(서미연·김현진, 2017). 이를 통해 교사는 학습자들이 주도적으로 문제를 해결해 나가고, 자신의 학습에 대해 깊이 성찰해 보도록 도울 수 있을 것이다.

⑤ **공동학습자로서의 교사이다.** 교사는 자신의 학생 및 동료들과 함께 공부하는 공동학습자가 될 수 있다. 그리고 교사는 학습자들에게 교과의 세계를 펼쳐 줄 길과 도구를 안내해 줄 수 있어야 하며, 호기심과 열정을 지니고 함께 지식을 구성해 나갈 모범이 되어야 한다. 즉 교사는 자신의 학생들에게 바라는 바로 그 학습자가 되어야 한다(장인옥, 2013).

⑥ **소외된 학생들과 함께하는 교사이다.** 테크놀로지의 활용은 교사로 하여금 소외 학생들의 학습촉매제가 되도록 할 수 있다. 그리고 테크놀로지의 발달은 인터넷의 발달을 함께 가져왔고, 보다 많은 사람들이 더욱 편리하게 네트워크에 접근하고 활용할 수 있는 기반이 마련되었다. 인터넷, 양질의 콘텐츠와 기기들에의 접근이 평등하게 된다면, 테크놀로지 활용에 능숙한 교사는 전통적으로 소외된 집단의 학생들에게 양질의 수업을 제공할 수 있을 것이다.

4. 미래 교육의 설계

4차 산업혁명 시대를 맞이하여 인공지능과 교육, 기계학습과 인간학습, 질문하는 교실을 통하여 미래 교육의 설계를 고찰하기로 한다(김보경, 2018).

첫째, 인공지능과 교육 측면이다. 인공지능에 의해 인간과 인간이 상호작용하는 것이 아닌 인간과 도구(기술)가 상호작용하는 시대가 열린 것이다. 이는 도구가 인간 활동에서 주체(subject)의 역할을 한다는 것을 의미한다. 그리고 사회 각 분야를 막론하고 도구가 주체되는 현상을 어떻게 이해하고 수용할 것인지에 대한 논의가 필요하다. 인공지능이 사회적 화두가 되기 전부터 교육부에서는 지식 기반 사회 인재상의 변화로 창의·인성 교육을 강조하기 시작하였다(교육부, 2010). 국가경쟁력은 곧, 인성이 뒷받침된 창의적 인재의 경쟁력이라는 것이다. 이러한 창의·인성에 관한 담론은 교육에서 무엇을 아는 '지식'이 아닌 무엇을 할 수 있는 '역량(competency)' 중심 교육과정을 운영하는데 영향을 미치게 되었다. 또한, 최근에는 고등교육에서도 3R(reading, writing, Arithmetic) 위주의 지식 전달을 목표로 하는 과거 산업사회 교육 패러다임에서 벗어나 공동체, 사회, 전 지구적 문제를 협력적으로 해결해 나가는데 필요한 미래 핵심역량인 자기관리 역량, 지식정보처리 역량, 창의적 사고 역량, 심미적 감성 역량, 의사소통 역량, 공동체 역량을 함양하기 위해 교육과정을 재구성하고 있다(교육부, 2015).

이러한 **역량 중심교육을 강조하고 있던 가운데 인공지능이 화두가 되면서 교육에서는 세 가지 입장을 보이고 있다.**

① **인공지능을 교육의 방법이나 환경으로 활용하고자 하는 적극적 입장이다.** 사례를 들면, 인공지능이 학생의 학습을 1:1 맞춤형 관리를 해 주거나 학습 멘토링을 해 줄 수 있으며, 교사를 대신하여 교육을 직접적으로 실행하는 역할도 가능하다는 것이다(Woolf, 2009).

② **인공지능 시대에 교육이 해야 할 일은 무엇인가를 고민하는 소극적 입장이다.** 인공지능이 언어, 추론, 기획, 수리 등에서 인간보다 뛰어나다면 인간은 인공지능이 적용될 수 없는 영역인 감정적·정서적·창의적 능력을 더 계발하여야 한다는 입장이다.

하지만 인공지능이란 기술이며, 기술은 인류 역사 이래 퇴보한 적이 없다는 점에서 적극적 입장이 공격을 받기도 한다.

③ **전통적인 교육에서 강조했던 3R 교육이 인공지능 시대에서도 여전히 중요하므로 교육의 내용이 크게 바뀌지 않아도 된다고 주장하는 배타적 입장이다.** 인공지능에 관련된 논쟁이나 규제를 하기 위해서는 사고훈련이 되어 있는 인간이 필요하다(O'Connor, 2016). 태어날 때부터 인공지능의 맞춤형 도움을 받아 독립된 인지기술을 훈련할 기회가 없는 세대는 인공지능의 통제 속에 살게 될 것이다. 따라서 인공지능 시대가 도래하여도 교육의 방법과 형식은 달라질 수 있으나 교육의 핵심적 내용은 달라지지 않아야 한다는 점이다.

이러한 세 가지 관점에서 한 가지 공통된 것은 교육에서 인간을 배제할 수 없다는 점이다. 인공지능이 교육을 해 줄 수는 있으나, 교육을 받는 것도 인간이며, 인공지능이 할 수 없는 영역이 무엇인지를 고민하는 것도 인간이며, 인공지능에 관련된 논쟁이나 규제도 인간이 한다는 것이다. 그러므로 인공지능이 발달할수록 인간의 능력과 역량은 더 개발되어야 한다. 이를 위해서는 공동체를 형성하고 그 안에서 서로 대면하면서 긍정적 관계를 맺으며 살아가는 공동체 역량을 강화하는 것이 더욱 중요하다. 이를 지지해 주는 이론으로 매체 풍요이론(media richness theory)이 있다. **매체 풍요이론이란** 조직의 성공적 경영을 위해서 해당 조직체 내에서 유통되는 정보의 불명확성과 애매성을 감소시켜 정보의 성격에 맞는 정도의 풍요성을 갖춘 매체를 이용해야 한다는 것이다(Daft & Lengel, 1984). 다양한 매체 가운데 면대면(face to face context)은 즉각적인 피드백이 가능하고 개인 언어적 또는 비언어적 반응에 초점을 맞춘 상호작용이 가능하다는 점에 비추어 다른 매체들에 비해서 가장 풍요성이 높은 매체라고 볼 수 있다(Lee, Lim, & Kim, 2014). 이러한 측면에서 볼 때 인간이 개발할 수 있는 기술 중 가장 풍부하여 인공지능을 능가할 수 있는 것은 바로 사람과 사람이 직접 만나서 하는 그 무엇이라고 하겠다.

둘째, 기계학습과 인간학습 측면이다. 기계는 어떤 대상에 대해 디지털로 코딩된 정보들을 학습하지만, 인간은 디지털로 코딩되지 않는 그 무엇까지 포함하여 대상 그 자체를 느끼고 알게 된다는 것이다. 즉 기계가 학습하여 아는 것과 인간이 아는 것은 다르다는 것이다. 계산, 논리 또는 추론과 같은 지능은 인공지능이 우월할 수 있으나 정의감, 인류애와 같은 가치를 실현하기 위해 인간의 보편적 감정을 가지고 판단하는 것은 인간만이 해야 할 일이다. 따라서 인간의 학습과 기계의 학습은 분명 다르다는 것을 인정하고 그것이 어떠한 차이가 있는지를 밝혀야 한다. 그리고 기계가 할 수 없는 일들이 미래사회에서 큰 가치를 발휘할 것이다. 가치 있는 그것이 무엇인지 밝히고 가르치는 것이 미래 교육을 준비하는 교사들이 해야 할 일이라고 볼 수 있다.

셋째, 질문하는 교실 측면이다. 4차 산업혁명의 물결이 밀려오는 가운데, 교사들은 학생들에게 수업을 통해 어떠한 능력을 길러주어야 하는가에 대한 고민이 생길 수 있다. OECD에서는 1998년부터 2002년 사이에 DeSeCo(Defining and Selecting Key Competencies) 프로젝트를 실행하였다.

그리고 **단순히 직업교육에서의 능력이 아니라 인간의 보편적 삶의 질을 높일 수 있는 능력인 역량을 선정**하여 〈표 11-2〉와 같이 제시하였다.

〈표 11-2〉 경제협력개발기구(OECD)의 DeSeCo 프로젝트의 핵심 역량

범주	핵심 역량
자율적으로 행동하기	1.1 넓은 시각에서 행동하는 능력 1.2 인생의 계획과 개인적 과제를 설정하고 실행하는 능력 1.3 자신의 권리, 관심, 한계, 욕구를 옹호하고 주장하는 능력
도구를 상호적으로 활용하기	2.1 언어, 상징, 문자를 상호작용하도록 활용하는 능력 2.2 지식과 정보를 상호작용하도록 활용하는 능력 2.3 기술을 상호작용하도록 활용하는 능력
사회적 이질집단에서 상호작용하기	3.1 다른 사람들과 관계를 잘 맺는 능력 3.2 협동하는 능력 3.3 갈등을 관리하고 해결하는 능력

• 자료: OECD(2005). The Definition and Selection of Key Competencies－Executive Summary. Retrieved from http://deseco.ch/bfs/deseco/en/index/02.html

〈표 11-2〉에서 정의된 역량이 지향하는 것은, 결국 개인적, 독단적인 방법이 아닌 '상호적인' 방식으로 '문제를 해결하는 능력'으로 볼 수 있다. 상호작용의 시작은 타인과 대화하는 것이며, 그 시작은 '질문'하는 것이다. 질문은 대화를 시작하게 하고 지속하게 하는 것이다(Burbules, 1993). 특히 학습에서의 질문은 교육적인 대화를 이

끌어 갈 수 있는 역할을 한다. 학습자의 질문은 학습의 능동성과 주체성을 가지게 하며 이해를 점검하는 중요한 인지 전략이다. 질문은 4차 산업혁명 시대에서 인공지능이 흉내 내기 어려운 고차적·통합적 사고를 할 수 있는 훈련의 가장 기본이라고 볼 수 있다. 인공지능 시대에 인류에게 필요한 것은 '질문'과 '탐구'라고 하였다(오세욱, 2017). 인간은 질문하며, 인공지능은 대답하는 것으로 볼 수 있다. 따라서 교사는 미래 교육을 준비하는 간단하면서도 곧바로 실행할 수 있는 방법 중 하나는 학생에게 질문을 많이 하게 하고, 학생으로부터 질문을 많이 받는 것이다. 학생들이 궁금한 것이 생기면 주저하지 않고 질문할 수 있는 심리적 안전지대를 만들어 주는 것이 미래를 준비하는 교사가 해야 할 일이다.

5. 미래학교의 모습

새로운 테크놀로지와 관련하여 정확하게 미래를 예견하는 것은 결코 쉽지 않다. Heinich, Molenda, Russell, Smaldino(2002)는 **미래학교의 모습**을 다음과 같이 제시하고 있다.

① **테크놀로지와 교육이다.** 기술 발달이 반드시 교실 변화를 초래하는 것은 아니다. 기술을 수용하는 개인의 생각이나 재정에 따라 변화의 정도와 속도가 달라진다.

② **교실의 구조이다.** 교사 1인에 의존하지 않고 부모, 자원봉사자, 학생 개인교수자 등과 분업으로 수업이 진행된다.

③ **교사의 역할 변화이다.** 기술이 교사를 대체하지는 않는다. 그러나 교사의 역할은 정보전달자에서 학습자원 코디네이터로 변화하고 있다. 덧붙여 교사는 촉진자, 관리자, 상담자, 동기 유발자로 변하고 있다. 교사는 만물 박사가 아닌 옆에서 도와주는 안내자가 될 것이다.

④ **학습을 도와주는 지능적 대행자(intelligent agent)이다.** 미래의 교실에서는 지능적 대행자와 같은 도구가 학습 과정을 촉진할 것이다. 지능적 대행자란 살아 있는 존재와 같은 특징을 지닌 컴퓨터 프로그램이다(Baylor, 1999). 교실에서의 지능적 대행자의 역할은 학생들이 정보를 관리할 수 있도록 돕는 정보 도우미로서의 역할, 학습을 촉

진시키는 개인 교사로서의 역할, 학습자의 사고를 지원해 주고, 안내해 주고, 확장시켜 주는 코치로서의 역할, 학습자가 특별한 경험을 할 수 있도록 도움을 주는 역할 등으로 볼 수 있다.

⑤ **학교 매체 센터의 기능 확대이다.** 24시간, 일주일 내내 정보를 제공하고, 기록보관 및 관리를 한다.

⑥ **학교와 가정의 커뮤니케이션의 증가이다.** 학교와 학부모 간의 친밀한 기회가 증대된다.

⑦ **가정의 기술기반 학습센터로써 기능수행이다.** 학생은 가정학습이 가능하고 직장인은 재택근무가 확보된다.

현재 진행되고 있는 4차 산업혁명 시대도 미래 교육에도 큰 영향을 미칠 것이다. 4차 산업혁명은 인공지능, 빅데이터, 로봇기술, 생명과학이 주도하는 차세대 산업혁명으로서 사물인터넷, 인공지능에 기반을 둔 만물 초지능 혁명이다. 이러한 동향은 인간의 삶과 교육현장에도 큰 반향을 불러일으킬 것이다. 특히 4차 산업혁명 시대에는 새로운 삶의 패턴을 창조하는 사람 이외에는 인공지능의 음지 아래 인간다운 삶을 포기하여야 한다는 것을 강하게 시사하고 있기에 교육에서 중요시되어야 할 것이 무엇인지도 고려해야 할 것이다(하수연 외, 2018).

연습 및 탐구문제

1. 인간의 지능과 기계의 지능에는 어떠한 차이가 있을지 생각해 보자. 또한, 기계가 모사할 수 없는 인간의 독특한 지적 작용에는 어떠한 것이 있는지 생각해 보자.

2. 미래 초·중등교육은 어떻게 변화될지 예측해 보시오.

3. 인공지능을 교육에 도입하는 세 가지 입장 중 자신이 지지하는 입장을 생각해 보고, 그 이유를 설명해 보자.

4. 오늘날 학생들은 어떠한 학습공간에 살고 있는지 그 특징을 기술해 보시오.

5. 교실에서 질문하지 않은 많은 이유를 생각해 보고, 이를 학습자 내적 요인과 외적 요인으로 구분해 보자.

6. 학생들이 더 많이 질문하기 위해 교사가 할 수 있는 지원전략은 무엇이 있는지 생각해 보자.

참고문헌

강명희·김나연·김민정·김지윤·임현진(2011). 사이버대학생이 인식하는 교수 실재감, 학습실재감, 학습성과 간의 구조적 관계 규명. **교육정보미디어연구**, 17(2), 153~176.

강이철(2001). **코스웨어 설계를 위한 교육공학의 이론과 실제**. 서울: 학지사.

강이철(2009). **교육방법 및 공학의 이론과 적용**. 서울: 학지사.

강이철(2019). **교육방법 및 교육공학**. 파주시, 경기도: 양성원.

강이철(2023). **최신 교육방법 및 교육공학**. 파주시, 경기도: 양성원.

강인애·임병노·박정영(2012). '스마트 러닝'의 개념화와 교수-학습 전략 탐색: 대학에서의 활용을 중심으로. **교육방법연구** 24(2), 283~303.

강현석(2011). **현대 교육과정 탐구**. 서울: 학지사.

고재희(2009). **통합적 접근의 교육방법 및 교육공학**. 서울: 교육과학사.

교육부(2010). 창의인성교육 기본 방안.

교육부(2011). 스마트 교육 추진전략 실행계획.

교육부(2015). 2015 개정교육과정총론.

권건일·손춘자(2002). **실기교육방법의 이해**. 서울: 정민사.

권성연·김혜정·노혜란·박선희·박양주·서희전·양유정·오상철·오정숙·윤현·이동엽·정효정·최미나(2018). **교육방법 및 교육공학**. 파주시, 경기도: 교육과학사.

권성연 외(2018). **교육방법 및 교육공학**. 파주시, 경기도: 교육과학사.

권성호(1995). **교육공학원론**. 서울: 양서원.

권재원(1985). **인간학습과 교육**. 서울: 형설출판사.

김경진·김경(2019). **교육방법 및 교육공학**. 서울: 아카데미프레스.

김광웅(1988). **교육심리학**. 서울: 창지사.

김광자(2000). **교수학습 방법의 이해**. 서울: 집문당.

김광현(2018). **좋은 수업을 위한 교육방법 및 교육공학**. 고양시, 경기도: 어가.

김길모·김성식·이인숙·강성국(2010). 위키의 교육적 활용 활성화 방안. 한국컴퓨터교육학회, 2010(13).

김두범·박영희(2003). **실기교육방법론**. 서울: 도서출판 학이당.

김보경(2018). **학교 수업 설계를 위한 교육방법 및 교육공학**. 서울: 학지사.

김복영(1998). 홀리스틱 유아교육과정의 이론과 실제. 열린유아교육학회 세미나 자료집.

김서영(1997). 원격영상강의에서 발생하는 상호작용의 빈도 유형이 학습자의 동기유발에 미치는 영향. 이화여자대학교대학원 석사학위논문.

김신곤·김준규·권기·최혜란(1999). **실기교육방법의 탐구**. 서울: 학지사.

김신자(2000). **효과적인 교수설계 및 교수 방법**. 서울: 문음사.

김영수(1998). **교수설계**. 서울대학교 교육연구소(편). 교육학 대백과사전(pp. 291~300). 서울: 하우 동설.

김영채(1988). **학습심리학 입문**. 서울: 박영사.

김옥환 외(1977). **교육심리학**. 서울: 형설출판사.

김유미(2009). **두뇌를 알고 가르치자**. 서울: 학지사.

김은영·이영주(2015). 해외 대학의 플립드 수업사례분석연구. **평생학습사회** 11(1), 95~119.

김종량(1995). **교육공학: 수업 공학의 이론과 실제**. 서울: 문음사.

김준권·옥장흠(2008). **교육방법 및 교육공학**. 서울: 학이당.

김준권 외(2008). **교육방법 및 교육공학**. 서울: 학이당.

김지심·강명희(2010). 기업 이러닝에서 학습자가 인식한 교수 실재감과 학습 실재감, 학습효과의 구조적 관계 규명. **아시아교육연구**, 11(2), 29~56.

김진영·김연순·오선아·이성주·이순덕·진화봉(2023). **교육방법 및 교육공학**. 서울: 북앤정.

김진호·최철용·박혜경·강병재(2001). **교육방법의 기초**. 서울: 문음사.

김충기 외(2001). **현대 상담이론과 실제**. 서울: 교육과학사.

김충기(2000). **교육심리학**. 서울: 동문사.

김태영 외(2005). 미래교육 시나리오에 기반한 e-러닝 표준화 로드맵 V2 연구. 한국교육학술정보원 연구보고서 KR 2005-28.

나일주·정인성(1998). **교육공학의 이해**. 서울: 학지사.

나일주·정인성(2006). **교육공학의 이해**. 서울: 학지사.

노석준·오선아·오정은·이순덕 역(2008). **교수-학습을 위한 교육공학**(Educational Technology for Teaching and Learning, 3rd ed.).(T. J. Newby, D. A. Stepich, J. D. Lehman, & J. D. Russel 저), 서울: 학지사(원전은 2006년에 출판).

노승윤(2000). **실기교육 방법론**. 서울: 양서원.

노은호·민경일(2002). **교수·학습 방법론**. 서울: 동문사.

문선모(1996). **현대 교육심리학**. 서울: 교육과학사.

박상호 외(1999). **최신 교육방법·교육공학**. 서울: 집문당.

박성익·임철일·이재경·최정임(2015). **교육방법의 교육 공학적 이해**. 파주시, 경기도: 교육과학사.

박성익 외(1999). **교육방법의 교육 공학적 이해**. 서울: 교육과학사.

박성익 외(2007). **교육방법 및 교육 공학적 이해**. 서울: 교육과학사.

박성익 외(2010). **교육방법의 교육 공학적 이해**. 파주시, 경기도: 교육과학사.

박숙희·염명숙(2007). **교수-학습과 교육공학**. 서울: 학지사.

박숙희 외(1999). **교육방법 및 교육공학**. 서울: 학지사.

박숙희(1999). **교육방법 및 교육공학**. 서울: 학지사.

박영숙·제롬 글렌·테드 고든·엘리자베스 플로레스큐(2013). **유엔미래보고서 2040**. 경기도: 교보문고.

박정환 외(2008). **알기 쉬운 u-러닝**. 서울: 학지사.
배윤희·차현진·안미리(2015). 영재교육을 위한 플립 러닝 모형개발. 한국교육정보미디어학회 춘계학술대회 자료집. 한국교육정보미디어학회.
백영균·박주성·한승록·김정겸·최명숙·변호승·박정환·강신천·김보경(2010). **유비쿼터스 시대의 교육방법 및 교육공학**. 서울: 학지사.
백영균·한승록·박주성·김정겸·최명숙·변호승·박정환·강신천·윤성천(2018). **스마트 시대의 교육방법 및 교육공학**. 서울: 학지사.
백영균 외(2003). **교육방법 및 교육공학**. 서울: 학지사.
변영계·김영환·손미(2000). **교육방법 및 교육공학**. 서울: 학지사.
변영계·김영환·손미(2007). **교육방법 및 교육공학**. 서울: 학지사.
변영계·이상수(2003). **수업 설계**. 서울: 학지사.
변영계 외(2001). **교육방법 및 교육공학**. 서울: 학지사.
변영계(2000). **교수·학습이론의 이해**. 서울: 학지사.
서경혜(2008). 학교 밖 교사학습공동체에 대한 사례연구. **한국교원교육연구**, 25(2), 53~80.
서미연·김현진(2017). 중등교사의 테크놀로지 활용 학습자 중심 수업을 위한 교수설계 활동체제의 변화. **교육공학연구**, 33(3), 681~708.
서울대학교 교육연구소편(1998). **교육학용어사전**. 서울: 하우출판사.
서재복(2008). **교육사·교육철학**. 서울: 학이당.
손미(1999). 자원기반 학습을 통한 자기 주도학습 및 정보 활용능력 신장. **초등교육연구**, 13(1), 185~211.
송준석(2003). **실기교육방법의 이해**. 서울: 도서출판 학이당.
신나민·하오선·장연주·박종향(2019). **이판사판 교육방법 및 교육공학**. 서울: 박영 story.
신득렬 외(2005). **쉽게 풀어쓴 교육철학 및 교육사**. 서울: 양서원.
신용일(1998). **교육심리학 신강**. 서울: 동문사.
신재한(2017). **21세기 창의융합인재 양성을 위한 교육방법 및 교육공학**. 서울: 이모션북스.
신재한(2017). **교육방법 및 교육공학**. 서울: 이모션북스.
신재흡 외(2005). **교육심리학**. 서울: 박학사.
신재흡 외(2006). **학교경영의 이론과 실제**. 서울: 학지사.
신재흡 외(2010). **유아교사론**. 서울: 양서원.
신재흡(2008). **신교육학의 탐색**. 서울: 도서출판 학이당.
신재흡(2017). **교육방법 및 교육공학의 이론과 실제**. 서울: 동문사.
신재흡(2023). **교육과 심리 -교육의 심리학적 이해-**. 파주시, 경기도: 교육과학사.
신차균 외(2006). **교육철학 및 교육사의 이해**. 서울: 학지사.
오세욱(2017). AI 시대 인류에게 필요한 것은 '질문과 탐구'. http://naver.me/5zcFJOJI에서 검색.
유구종·강병재(2005). **교육방법 및 교육공학**. 서울: 창지사.

유승우·임형택·권충훈·이성주·이순덕·전희정(2018). **교육방법 및 교육공학**. 파주시, 경기도: 양서원.

유승우 외(2010). **교육방법 및 교육공학**. 파주시, 경기도: 양서원.

유재봉 외(1995). **교육방법과 교육공학**. 서울: 동문사.

유평수·서재복·최지은·김보경(2016). **중등 예비교사를 위한 학교현장실습**. 파주시, 경기도: 공동체.

윤광보·김용욱·최병옥(2008). **교육방법과 교육공학의 이해**. 파주시, 경기도: 양서원.

윤승금 외(2006). **정보화 교육**. 서울: 태영출판사.

이민경(2014). 새로운 교실 만들기의 가능성. **교육비평**, 33, 201~212.

이병현(2015). MOOC 학습자들의 특성에 관한 국외 문헌 고찰. **교육공학연구**, 31(3), 365~399.

이병현(2017). 미국 MOOC 최근 운영 동향을 통해 본 MOOC 역할과 K-MOOC 운영에 대한 시사점. **교육정보미디어연구**, 23(2), 227~251.

이성진(1990). **학교에서의 행동수정**. 서울: 배영사.

이성진(1998). **교육심리학 서설**. 서울: 교육과학사.

이성호(1999). **교수 방법론**. 서울: 학지사.

이성호(2001). **교수 방법론**. 서울: 학지사.

이성흠·이준(2009). **교육방법 및 교육공학 -의사소통, 교수설계, 그리고 매체 활용-**. 파주시, 경기도: 교육과학사.

이용환 외(2001). **교육방법·교육공학**. 서울: 재동문화사.

이인숙·한승연·임병노·이지연·이현우·이은배(2020). **학습자 중심 수업을 위한 교육방법 및 교육공학**. 용인시, 경기도: 문음사.

이종숙·최태식(2004). **실기교육 방법론**. 서울: 도서출판 학이당.

이종연(2004). **교육공학의 이해와 적용**. 서울: 원미사.

이주하(2003). **실기교육 방법의 이해**. 서울: 도서출판 학이당.

이지현·박정은(2014). 뇌과학 기반 교수설계 전략의 탐색. **교육공학연구**, 30(3), 335~359.

이칭찬·신민희(2000). **신교육방법 및 교육공학**. 서울: 동문사.

이화여자대학교 교육공학과(2002). **21세기 교육방법 및 교육공학**. 서울: 교육과학사.

이화여자대학교 교육공학과(2006). **교육공학**. 서울: 교육과학사.

이화여자대학교 교육공학과(2007). **21세기 교육방법 및 교육공학**. 서울: 교육과학사.

임규혁(1996). **교육심리학**. 서울: 학지사.

장인옥(2013). 테크놀로지를 활용한 영재 교수-학습에서 '공동학습자'로서의 교사 역할. **영재와 영재교육**, 12, 117~134.

전희옥(2014). 사회과 거꾸로 교실 수업모형 개발. **사회과교육연구**, 21(4), 51~70.

정미경·한윤영·권재기·안혜진(2020). **효과적인 수업을 위한 교육방법 및 교육공학**. 고양시, 경기도: 공동체.

정순목·김인회(1985). **교육이란 무엇인가**. 서울: 대은 출판사.
정원식 외(1990). **현대 교육심리학**. 서울: 교육출판사.
정인성·나일주(2004). **원격 교육의 이해**. 서울: 교육과학사.
정지웅·김지자(1995). **자기 주도학습의 길잡이: 본질적인 개념들에 대한 전문가들의 논평**. 서울: 교육과학사.
정찬주·최택식·고명석·강영숙(1999). **교육방법론**. 서울: 도서출판 학이당.
조규락·김선연(2006). **교육방법 및 교육공학: 교육공학의 3차원적 이해**. 서울: 학지사.
조민경(2011). 구성주의에 기초한 소셜미디어(social media) 활용에 대한 교사연수 프로그램 개발연구. 경희대학교 교육대학원 석사학위논문.
조벽(2001). **조벽 교수의 명강의 노하우 & 노와이**. 서울: 해냄.
조성일 외(2006). **지식기반사회에서 교육방법 및 교육공학의 이론과 실제**. 서울: 동문사.
조소영·조규락(2012). Rogers의 혁신의 확산이론에 기반한 초등학교 교사의 e-러닝 확산과 채택. **교육공학연구**, 28(2), 409~438.
조용개·심미자·이은화·이재경·손연아·박선희(2009). **성공적인 수업을 위한 교수전략**. 서울: 학지사.
주영주 외(1999). **교수 매체의 제작과 활용**. 서울: 남두출판사.
주영주(2005). 온·오프라인의 만남, 블렌디드 러닝으로 학습효과 높인다. 월간 에듀넷 2005년 가을호 특별기고.
최성희 외(2000). **통신망의 교육적 활용**. 서울: 학지사.
최정임(1997). 상황학습이론에 따른 학습 내용의 구성. 교사의 역할, 평가 원리에 대한 고찰. **교육학연구**, 35(3), 213~239.
하수연·박원혁(2018). **유아교사를 위한 교육방법 및 교육공학**. 서울: 동문사.
하수연 외(2017). **유아교사를 위한 교육방법 및 교육공학**. 서울: 동문사.
한국교육개발원(1984). **수업의 질을 높이기 위한 새 수업방안 탐색**. 서울: 한국교육개발원.
한국교육공학회(2005). **교육공학용어사전**. 서울: 교육과학사.
한국학술정보원(2009). 초·중등교육에서 웹 2.0의 교육적 활용-개념편, 2009 KERIS 이슈리포트, 연구자료 RM 2009-6.
한방교·윤길근(2000). **교육방법론 -실기교육 방법론의 교육심리학적 기초-**. 서울: 동문사.
한방교·윤길근(2002). **실기교육 방법론**. 서울: 동문사.
한상용 외(2003). 모바일 컴퓨터 환경의 교육적 활용방안 연구. 한국교육학술정보원 연구보고서 KR 2003-2.
한정선 외(2009). **교육공학 -정의와 논평-**. 파주시, 경기도: 교육과학사.
한충효(1997). **교육심리학의 구조연구**. 서울: 교육과학사.
허형(1997). 유아교육과정의 방향: 구성주의적 접근. 유아교육학의 연구 동향. 제3회 유아교육학술대회발표자료집, 87~111.
허희옥(2001). **컴퓨터 교육방법 탐구**. 서울: 교육과학사.

홍후조(2011). **알기 쉬운 교육과정**. 서울: 학지사.

Anderson, R. C., & Faust, G. W.(1974). *Educational Psychology: The Science of Instruction and Learning.* N.Y.: Dodd, Mead.

Atkinson, J. W.(1983). *Personality, Motivation and Action.* New York: Pareger.

Ausubel, D. P.(1963). *The Psychology of Meaningful Verbal Learning.* Grune & Stratton.

Ayaduray, J., & Jacobs, G. M.(1997). Can Learner Strategy Instruction Succeed?. The Case of Higher Order Questions and Elaborate Responses. *System, 25*(4), 561-570.

Bednar, A. K., Cunningham, D., Duffy, T. M., & Perry, J. D.(1991). Theory into Practice: How do We Think? In G. J. Anglin (Ed.), *Instructional Technology: Past, Present, and Future* (pp. 88-101), Englewood. CO: Libraries Unlimited.

Bergmann, J.,& Sams, A.(2012). Flip your Classroom: Reach Every Student in Every Class Every Day. Eugene, OR: International Society for Technology in Education.

Berliner. D. C., & Cahen, L. S.(1973). Trait-Treatment Interaction and Leaning. In F. K. Kerlinger (ed.), *Review of Research in Education.* Itasca : Peacock.

Berlo, D. K.(1960). *The Process of Communication: An Instruction to Theory and Practice.* New York: Holt, Rinehart and Winston.

Bloom, B. S.(1968). *Learning for Mastery, Evaluation Comment.* Vol. 1, No. 2, Center for The Study of Instructional Program, Los Angeles Univ. of California.

Bloom, B. S.(1976). *Human Characteristics and School Learning.* N.Y.: McGraw-Hill.

Borich, G. D.(2000). *Effective Teaching Methods* (4th ed.). Merrill, Prentice Hall.

Borich, G. D.(2007). *Effective Teaching Methods* (5th ed.). Upper Saddle River, N. J.: Prentice Hall.

Boudourides, M. A.(1998). Constructivism and Education: A shopper's Guide. Teaching of Mathematics.

Briggs, L. J.(1977). *Instructional Design: Principles and Applications*. Englewood Cliffs, New Jersey: Educational Technology Publications.

Briggs, L. J., & Wager, W. W.(1981). *Handbook of Procedures for the Design of Instruction,* 2nd ed. Englewood Cliffs, N.J. : Educational Technology.

Bruner, J. S.(1966). *Toward a Theory of Instruction.* Cambridge: Harvard University Press.

Burbules, N. C.(1993). *Dialogue in Teaching*. New York & London: Teachers College, Columbia University.

Caroll, J. B.(1963). *A Model of School Learning*. Teachers College Record.

Chipman, S. F., Segal, J. W., & Glaser, R.(1984). (eds.). *Thinking and Learning Skills: Current Research and Open Questions.* Hillsdale, N.J.: Erlbaum.

Cooper, J. M., et al.(1994). *Classroom Teaching Skills* (5th ed.). Lexington: D.C.: Health and Company.

Corey, S. M.(1981). The Nature of Instruction. In M. D. Merrill (Ed.), *Instructional Design: Readings*. Englewood Cliffs, New Jersey: Prentice-Hall.

Cronbach, L. J., & Snow, R. E.(1969). *Individual Differences in Learning Ability as Function of Instructional Variables.* Stanford University.

Cronbach, L. J., & Snow, R. E.(1977). *Aptitudes and Instructional Methods.* N.Y.: Irvington Publishers.

Daft, R. L., & Lengel, R. H.(1984). Information Richness: A New Approach to Managerial Behavior and Organizational Design. In L. Cummings, & B. M. Staw (Eds.), *Research in Organizational Behavior 6*, (191-233). Homewood, IL: JAI Press.

Definition and Terminology Committee of the Association for Educational Communications and Technology(2007). Definition. In A. Januszewski & M. Molenda (Eds.), *Educational technology: A Definition with Commentary.* New York: Lawrence Erlbaum.

Dick, W., & Carey, L.(1996). *The Systematic Design of Instructions* (4th ed.). New York: Harper Collins.

Donald, A. Maley(1978). *Industrial Art's Teacher's Handbook.* Allyn and Bacon Inc.

Driscoll, M. P.(1994). *Psychology of Learning for Instruction*. Boston: Allyn and Bacon.

Ely, D. P.(ed.)(1963). *The Changing Role of the Audiovisual Process in Education: A Definition and a Glossary of Related Terms* (January-February), Supplement 6.

Fisher, C. W., et al.(1981). Teaching Behaviors. Academic Learning Time and Student Achievement: An Overview. In C. Denham & A. Lieberman (Ed.), *Time to Learn.* Washington, DC: U. S. Department of Education.

Flanders, N. A.(1960). *Interaction Analysis in the Classroom: A Manual for Observers.* Minnesota: University of Minnesota, College of Education.

Gage, N. L.(1963). *Handbook of Research on Teaching.* Chicago: Rand McNally & Co.

Gagné, R. M.(1967). Instruction and The Conditions of Learning. In L. Siegel (ed.), *Instruction*. Chandler Publishing.

Gagné, R. M.(1970). *Conditions of Learning.* N.Y.: Holt, Rinehart and Winston.

Gagné, R. M.(1985). *The Conditions of Learning and Theory of Instruction*. New York: Holt, Rinehart and Winston.

Gagné, R. M.(1985). *The Conditions of Learning* (4th ed.). N. Y.: Holt, Rinehart & Winston.

Gagné, R. M.(1985). *The Conditions of Learning and Theory of Instruction* (4th ed.).

Englewood Cliffs, New Jersey: Prentice-Hall.

Garrison, D. R., & Arbaugh, J. B.(2007). Researching the Community of Inquiry Framework: Review, Issues, and Future Directions. *Internet and Higher Education, 10*, 157-172.

Glaser, R.(1962). Psychology and Instructional Technology. In R. Glaser, *Training Research and Education*. N.Y.: John Willey & Sons Inc.

Guglielmino, L. M.(1977). *Development for Self-directed Learning Readiness Scale.* Unpublished Doctoral Dissertation. University of Georgia.

Heinich, R., Molenda, M., Russell, J. D., & Smaldino, S.(2002). *Instructional Media and the New Technologies of Instructions* (7th ed.). Upper Saddle River, New Jersey: Merrill/Prentice.

Holt, J.(1964). *How Children Fail.* New York: Pitman.

Hulse, S., Egeth, H., & Deese, J.(1981). *The Psychology of Learning.* New York: McGrew Hill.

Hunkins, F. P.(1994). *Effective Questions, Effective Thinking*, 2d ed. Needham Heights, Mass.: Gordon Publishers.

Hyman, R. T.(1974). *The Ways of Teaching*. Boston: Lippincott Company.

Jacobsen, D., et al.(1985). *Methods for Teaching: A Skill Approach*. Columbus: Charles E. Merrill Publishing.

Jensen, E.(1998). *Teaching with the Brain in Mind.* Virginia: Association for Supervision and Curriculum Development.

Johnson, D. W., & Johnson, R. T.(1992). Positive Interdependence: Key to Effective Cooperation. In R. Hertz-Lazarowitz & N. Miller (Eds.), *Interaction in Cooperative Groups*. N.Y.: Cambridge University Press.

Jones, B. F., Palincsar, A. S., Ogle, D. S., & Carr, E. G.(1987). Strategic Teaching and Learning: Cognitive Instruction in the Context Areas.

Joyce, B., Weil, M., & Calhoun, E.(2004). *Models of Teaching* (7th ed.). Boston, M. A.: Allyn & Bacon.

Kagan, S.(1992). *Cooperative Learning: Resources for Teachers*. San Juan Capistrano. CA: Resources for Teachers.

Kemp, J.. E., & Smellie, D. C.(1989). *Planning, Producing and Using Instructional Media*. New York: Harper & Row.

Kiewa, K. A.(1991). Aids to Lecture Learning. *Educational Psychologist*(Winter 1991), 37-53.

Knowles, M. S.(1975). *Self-directed Learning: A Guide to Learners and Teachers.* Chicago: Follett Publishing Co.

Lebow, D.(1993). Constructivism Values for System Design: Five Principles Toward a New Mindset. *Educational Technology Research and Development, 41*(3), 416.

Lee, J., Lim, C., & Kim, H.(2014). Development of a Flipped Learning Design Model for Innovation in Higher Education. Educational Technology Research and Development.

Leighton, M. S.(1994). Cooperative Learning. In James M. Cooper, J., et al. (eds.), *Classroom Teaching Skills*. D. C. Health and Company.

Mary B. R.(1974). What-time and Reward as Instructional Variables. *Journal of Research in Science Teaching*, 81-97.

Maslow, A. H.(1970). *Motivation and Personality* (2nd ed.). New York: Harper & Row.

McClelland, D. C.(1965). *Human motivation.* Glenview Illinois: Scott, Jresman and Co.

McGregor, D.(1960). *The Human Side of Enterprise*. New York: McGraw-Hill.

Mishra, P., & Kereluik, K.(2011). What 21st Century Learning? A Review and a Synthesis. In Proceedings of Information Technology & Teacher Education International Conference(pp. 3301-3312).

Neil, A. S.(1960). *Summerhill.* New York: Hart.

New Media Consortium(2015, 2016, 2017). Horizon Report: 2015 K-12 Edition. Retrieved on Dec. 28, 2017. From http://cdn.nmc.org/media/2015(2016; 2017)-nmc-horizon-report-k12-En.pdf.

OECD(2005). The Definition and Selection of Key Competencies-Executive Summary. Retrieved from http://deseco.ch/bfs/deseco/en/index/02.html

Pavlov, I. P.(1928). *Lectures on Conditioned Reflexes.* New York: Liveright.

Piaget, J., & Inhelder, B.(1969). *The Psychology of the child* (H. Weaver, Trans). New York: Basic Books (Original Published, 1967).

Reay, D.(1994). *Selecting Training Methods.* London: Kogan Page.

Reigeluth, C. M.(1979). In Search of a Better Way to Organization Instruction: The Elaboration Theory. *Journal of Instructional Development, 2*(3), 8-15.

Reigeluth, C. M.(1983). Instructional Design: What is it and why is it?. In C. M. Regeluth (Ed.), *Instructional Design Theories and Models: An Overview of their Current Status*. New Jersey: Lawrence Erlbaum Associates.

Reigeluth, C. M.(1999). *Instructional Design Theories and Models: A New Paradigm of Instructional Theory*. New Jersey: Lawrence Erlbaum Associates.

Reigeluth, C. M.(1999). *Instructional Design Theories and Models Vol II: A New Paradigm of Instructional Theory*. N.J.: Lawrence Erlbraum Associates.

Reigeluth, C. M., & Stein, R.(1983). Elaboration Theory. In C. M. Reigeluth (Ed.), *Instructional-design Theories and Models: An Overview of their Current Status.*

Hillsdale N. J.: Erlbaum.

Reiser, R. A.(2007). Chapter 1: What field did you say you were in? In R. A. Reiser & J. V. Dempsey (Eds.), *Trend and Issues in Instructional Design and Technology* (2nd ed.). Upper Saddle River, N. J.: Pearson/Merrill.

Reiser, R. A., & Ely, D. P.(1997). The Field of Educational Technology as Reflected through its Definitions. *Educational Technology Research & Development, 45*(3), 63-72.

Rogers, C. R.(1942). *Counseling and Psychotherapy.* Cambridge, Mass: McGraw-Hill Book Co.

Rogers, C. R.(1951). *Client-centered therapy.* Boston: Houghton Mifflin.

Romiszowski, A. J., & Maxon, J. M.(1996). Computer-Mediated Communication. In D. Jonassen (Ed.), *Handbook of Research for Educational Communications and Technology* (pp. 438-456). Simon & Schuster Macmillan.

Rosenberg, M. J.(2001). *E-learning: Strategies for Delivering Knowledge in the Digital Age*. New York: McGraw-Hill.

Ross, C. C., & Stanley, J. C.(1959). *Measurement in Today School*. Englewood Cliff, N.J.: Prentice-Hall Inc.

Saettler, P.(1990). *The Evolution of American Educational Technology.* Englewood, CO: Libraries Unlimited.

Schannon, C. E., & Schramm, W.(1964). *The Mathematical Theory of Communication.* Urbana: The University of Illinois Press.

Seaberg, D. I.(1974). *The Four Face of Teaching: The Role of the Teacher in Humanizing Education.* Santa Monica, Calif.: Goodyear Pub. Co., Inc.

Seattler, P. C.(1990). *The Evolution of American Educational Technology*. Englewood, Co.: Libraries unlimited.

Seels, B. B., & Richey, R. C.(1994). *Instructional Technology: The Definition and Domains of the Field.* Washington, DC: Association for Educational Communications and Technology.

Shunk, D. H.(2004). *Learning Theories: An Educational Perspective* (4th Ed.). Upper Saddler River, New Jersey: Pearson Hall.

Skinner, B. F.(1938). *The Behavior of Organisms: An Experimental Analysis.* Englewood Cliffs, N. J.: Prentice-Hall.

Slavin, R. E.(1990). *Cooperative learning: Theory, Research, and Practice*. Englewood Cliffs. N.J.: Prentice-Hall.

Stein, B. S., Littlefield, J., Bransford, J. D., & Persampieri, M.(1984). Elaboration and Knowledge Acquisition. *Memory and Cognition, 12*, 522-529.

Wang, M., & Kang, M.(2006). Cybergogy for Engaged Learning: A Framework for Creating Learner Engagement Through Information and Communication Technology. In M. S. Khine (Ed.), *Engaged Learning with Emerging Technologies* (pp. 225-253). New York: Springer Publishing.

Willis, J., & Wright, K.(2000). A General Set of Procedures for Constructivist Design: The New R2D2 Model. *Educational Technology, 40*(2), 5-20.

Wilson, B., & Cole, P.(1992). A Critical Review of Elaboration Theory. *Educational Technology Research and Development, 40*(3), 63-79.

Woodridge, R. L.(1964). "The Development of Cooperative Education in the United States.". *Journal of Cooperative Education,* Nov.

Woolf, B. P.(2009). Building Intelligent Interactive Tutors: Student-Centered Strategies for Revolutionizing E-Learning. San Francisco: Morgan Kaufmann Publishers. http://blog.naver.com/PostView.nhn?blogId=mathesis_time&logNo=221168787256#.

찾아보기

본문색인

기타

인명색인

저자소개

▪ 신재흡 교수

전)

- 한국 유아교육·보육복지학회 서울지회장, 연구윤리위원장
- 한국 교육행정학회 윤리위원장, 재정기금위원장, 부회장 선출위원장, 조직규정위원장
- 한국 교원교육학회 감사, 대외협력위원장, 윤리위원장, 중등교육위원장, 홍보기금위원장
- 한국 교육학회 선거관리위원장
- 한국 교육정치학회 윤리위원장, 감사
- 한국 실천교육학회 인성위원장
- 한국재정경제학회 윤리위원장
- 한국 생태유아교육학회 이사
- 한국 홀리스틱학회 편집위원
- 경기도교육청 수석교사 선발위원
- 서울특별시교육청 학교장 경영능력 평가위원
- 구리시청 보육정책위원
- 한국 교육정책연구소 전문위원

현)

- **한국 유아교육·보육복지학회 회장**
- 한국 교원교육학회 부회장
- **한국 교육행정학회 이사 및 주삼환 교육리더십상 위원**
- 한국 교육정치학회 이사
- 한국 미래유아교육학회 이사
- 경기도 교육정책자문위원회 위원
- **전국교육대학원장협의회 부회장**
- **한성대학교 교육대학원장**

〈수상〉

- **서양교육변천사 탐구〈2022년도 세종도서 학술부문 우수도서 선정〉(2022)**
- **Hansung University Best Research상 수상〈2023학년도 연구영역평가(2021~2023: 3년)〉(2024)**
- 부총리 겸 교육부장관상(제2024-841호) 교육공로상(2024)
- 한국교원단체총연합회장상(제199251호) 교육공로상(2024)

〈저서〉

- 교육방법과 교육공학(공)
- 교육학의 이해
- 교육사회학(공)
- 장학행정 이론과 실제(공)
- 지식기반사회에서의 교육방법 및 교육공학의 이론과 실제(공)
- 교육행정발달사 탐구(공)
- 교육심리학(공)
- 교육방법 및 교육공학의 이론과 실제
- 학교경영의 이론과 실제(공)
- 유아교사론(공)
- 한국 교육의 질 관리를 위한 장학행정
- 신교육학의 탐구
- 현직교사를 위한 현장교육 연구의 이론과 실제
- 교육실습의 이론과 실제
- 교육행정 및 교육경영
- 교육사회학
- 학생지도와 상담을 위한 생활지도의 이해
- 교육입문을 위한 지침서 교육학의 이해
- 교육행정 및 교육경영(공)
- 교육 조직행위론의 탐구
- 영유아 교육행정
- 중등교직실무(공)
- 학교폭력 예방의 이론과 실제(공)
- 이론과 실제를 겸비한 교직실무(공)
- 인성을 기반으로 한 보육교사론
- 학교폭력 예방과 학생의 이해
- 사례 중심의 아동권리와 복지
- 영유아 교사를 위한 교육행정 및 교육경영
- 사례 중심의 유아교사론
- 21세기 스마트시대의 교사 양성을 위한 교육방법 및 교육공학
- 21세기의 다양한 교육리더십
- 교육행정 및 교육경영 -학교경영 탐색-
- 한국 교육변천사 탐구
- 교육과 사회 -교육의 사회학적 이해-
- 글로벌시대의 문화 다양성을 위한 다문화사회와 교육

- **서양교육변천사 탐구(2021)-2022년도 세종도서 학술부문 우수도서 선정**
- EDUTOPIA 구축을 위한 효과적인 장학의 이론과 실제
- 초·중등 예비교사를 위한 교직실무
- 4차 산업혁명 시대의 교육리더십 트렌드
- 예비교사를 위한 학교폭력 예방 및 학생의 이해
- 영유아 교육행정 및 교육경영
- 서양 교육철학
- 교육과 심리 -교육의 심리학적 이해-
- 한국 교육사상의 맥(脈)
- 다양성·소통·상호작용·결속시대의 다문화교육 -다문화 교육의 대안: 상호문화교육-

〈논문〉

- 한중 중등교육의 국제화 활성화 방안(공저)
- 경찰대학생 임용·학사 분리방안 및 졸업정원제 도입연구(공저)
- 경찰대학 치안정책과정 교육 효과측정지표 개발(공저)
- 평생학습국가 건설과 유아교육·보육시스템의 기능 강화 방안에 대한 연구(공저)
- 유아교사가 지각한 임파워먼트와 조직 헌신성과의 관계연구(공저)
- 교사가 지각한 유아교육기관 원장의 변화 지향적 지도성과 교사의 직무성과 간의 관계연구(공저)
- 유아교육기관 원장의 변화 지향적 리더십과 교사집단의 직무 만족과의 관계
- 유아교육기관 원장의 분산적 리더십과 조직문화와의 관계
- 교사가 지각한 학교장의 변혁적 지도성과 학교 조직문화 및 조직 효과성 간의 관계연구
- 도덕적 지도성과 임파워먼트가 교직 헌신에 미치는 영향 분석
- 변혁적 지도성과 조직헌신이 조직 시민 행동에 미치는 영향 분석
- 학교장의 감성적 리더십과 임파워먼트가 학교조직 효과성에 미치는 영향 분석
- 서번트 리더십과 팔로워십이 학교 조직 효과성에 미치는 영향 분석
- 학교장의 서번트 리더십과 학교 조직문화가 학교 조직 효과성에 미치는 영향 분석
- 학교장의 서번트 리더십과 임파워먼트가 조직 시민 행동에 미치는 영향 분석
- 감성적 리더십, 학교 조직문화, 직무 만족 간의 구조 관계

유·초·중등 예비교사들의 원(학교) 수업 설계를 위한

교육방법 및 교육공학의

이론과 실천

초판 1쇄 인쇄 / 2025년 6월 18일
초판 1쇄 발행 / 2025년 6월 28일

저　자 / 신　재　흡
발행인 / 이　중　수
발행처 / **동　문　사**

서울특별시 서대문구 홍제원 1길 12
(홍제동 137-8)
Tel: 02)736-3718(대), 736-3710, 3720
Fax: 02)736-3719
등록번호: 1974.04.27 제9-17호
가격: 23,000원

ISBN: 979-11-6328-630-1 (93370)
E-mail: dong736@naver.com
www.dongmunsa.com